John Komlos

Ökonomisches Denken nach dem Crash

Grundlagen der Wirtschaftswissenschaft

Band 22

John Komlos

Ökonomisches Denken nach dem Crash

Einführung in eine
realitätsbasierte Volkswirtschaftslehre

Aus dem Amerikanischen übersetzt und überarbeitet
von Prof. Dr. Volker Grzimek (Berea College)

Metropolis-Verlag
Marburg 2015

Bibliografische Information Der Deutschen Bibliothek

Die Deutsche Bibliothek verzeichnet diese Publikation in der Deutschen Nationalbibliografie; detaillierte bibliografische Daten sind im Internet über <http://dnb.ddb.de> abrufbar.

Metropolis-Verlag für Ökonomie, Gesellschaft und Politik GmbH
http://www.metropolis-verlag.de
Copyright: Metropolis-Verlag, Marburg 2015
Alle Rechte vorbehalten
Amerikanische Originalausgabe: What Every Economics Student Needs to Know and Doesn't Get in the Usual Principles Text, M.E. Sharpe, Inc., 2014
ISBN 978-3-7316-1083-0

Inhalt

Teil I
Ökonomische Modelle vs. Realität

1 Einleitung

Die jüngste Finanzkrise hat erneut deutlich bewiesen, wie leicht unregulierte Märkte Volkswirtschaften ins Chaos stürzen können. Trotzdem bleiben die volkswirtschaftlichen Lehr- und Fachbücher sowie Vorlesungen so gut wie unverändert und die grundlegenden und systematischen Schwächen der freien Marktwirtschaft werden kaum vermittelt.[1] Stattdessen werden weiterhin die unbegrenzten Vorteile der freien Marktwirtschaft als Geschenk des Himmels gepriesen, und es scheint eine allgemeine Verschwörung darüber zu bestehen, zu verschweigen, dass ohne staatliche Hilfe unzählige Großkonzerne zum Zeugnis der „schöpferischen Zerstörung" Schumpeters geworden wären.[2] Als es hart auf hart ging, waren nur die Zentralbanken in der Lage, unzählige Billionen von Dollar, Euro oder Pfund zur Stützung der Märkte zu drucken und somit Großbanken, Automobilhersteller und Versicherungsgesellschaften vor dem sofortigen Bankrott zu retten.

Der doktrinäre Ansatz in der Lehre der Ökonomie wird durch die oft wiederholte, aber ziemlich arrogant klingende Behauptung „Wir wissen, dass Märkte funktionieren" deutlich. Stattdessen sollten Wissenschaftler zugeben, dass, wenn Märkte auch in gewissen Fällen gut funktionieren, dies nur unter geeigneten institutionellen Rahmenbedingungen geschehen kann und dass Märkte unter den falschen Voraussetzungen nicht nur ineffizient sein können, sondern es auch einigen wenigen Insidern ermöglichen, sich moralisch bedenkliche Vorteile zu verschaffen. Schon in der Nachkriegszeit haben die heute fast in Vergessenheit geratenen deutschen Ordoliberalen diese Achillesferse der Märkte erkannt. Deshalb ist es unsere wichtigste Aufgabe, die Umstände, die das optimale Funktionieren der Märkte verhindern, so klar wie möglich zu erklären und geeignete Gegenmaßnahmen vorzuschlagen. Das

---

[1] Bradford DeLong, „Economics in Crisis", *The Economists' Voice* 8 (2011) 2: S. 1-2.

[2] Joseph Stiglitz stellte fest, dass die Sichtweisen in den Einführungsbüchern nicht sonderlich variieren. Joseph Stiglitz, „On the Market for Principles of Economics Textbooks: Innovation and Product Differentiation", *Journal of Economic Education* 19 (1988) 2: S. 171-182. David Colander, *Economics*, achte Auflage (New York: McGraw-Hill Irwin, 2010) ist einer Perspektive, die nicht dem Mainstream folgt, noch am aufgeschlossensten. Vgl. auch Jane Lopus und Lynn Paringer, „The Principles of Economics Textbook", in *International Handbook on Teaching and Learning Economics*, Hrsg. Gail Hoyt und Kim Marie McGoldrick.

ideologische Engagement für den „Markt-Fundamentalismus", das zur exzessiven Abhängigkeit von Märkten von der Politik führte, war der fundamentale
Auslöser für die derzeitige prekäre Lage in der Weltwirtschaft. Hoffentlich
wird der vorliegende Band diese Missverständnisse beseitigen, indem er eine
umfassendere Perspektive für den Unterricht der Volkswirtschaftslehre bietet.

Das folgende Bekenntnis von Alan Greenspan, der 18 Jahre lang die U.S.-
amerikanische Zentralbank nach dem Dogma der Deregulierung leitete, ist
der beste Beweis für die entsetzlichen Fehlkalkulationen der fundamentalisti-
schen Marktideologie. Auf die Frage des Kongressabgeordneten Henry
Waxman, ob Greenspan als überzeugter Verfechter der Selbstregulierung der
Märkte fehl gegangen war, musste Greenspan zugeben, einen gravierenden
Fehler begangen zu haben:

> „Mein Irrtum bestand darin, fest anzunehmen, dass die Unternehmen, ins-
> besondere die Banken, … ihre eigenen Aktionäre und ihr Eigenkapital aus
> reinem Selbstinteresse schützen würden. … Das Problem dabei ist, dass das
> Finanzsystem, das als äußerst solide Konstruktion sowie als festes Funda-
> ment des Marktwettbewerbes und der freien Marktwirtschaft angesehen
> wurde, zusammenbrach und … das … schockierte mich. Ich habe immer
> noch nicht ganz verstanden, wie es geschehen konnte."[3]

Selbstverständlich ist Greenspan da kein Einzelfall: Im Laufe der Weltgeschich-
te findet man unzählige Beispiele für Menschen mit ähnlichen ideologischen
Scheuklappen. Waxman fuhr fort:

> „Als Erklärung gaben Sie an: Ich habe eine Ideologie: Meines Erachtens
> sind freie Märkte die konkurrenzlos beste Methode , die Wirtschaft zu orga-
> nisieren."

Greenspan gab daraufhin dem Kongressabgeordneten eine philosophische
Antwort:

> „Was versteht man unter Ideologie? … [es] ist ein konzeptioneller Rahmen
> für die Art und Weise, mit der sich Menschen mit der Realität befassen. Jeder
> hat seine eigene … Ja, ich habe in meinem Modell, wie die Welt funktio-
> niert, … eine Schwachstelle gefunden …"

Waxman: „Mit anderen Worten, Sie fanden, dass Ihre Weltanschauung, Ihre
Ideologie, nicht richtig waren."

Greenspan: „Genau. Das ist genau der Grund, warum ich so schockiert war."[4]

---

[3] Dieses und alle nachfolgenden Zitate aus englischsprachigen Quellen wurden von Volker
Grzimek ins Deutsche übertragen.

[4] „Waxman zu Greenspan: „Haben Sie sich geirrt?", YouTube video, 5:05, gepostet von
„NancyPelosi", am 23. Oktober 2008.

Dieses Mal hatte Greenspan Recht: In der Wirtschafts(-lehre) ist Ideologie unvermeidlich, weil man ihr mit gewissen Werten und einem individuellen Denksystem begegnet, d.h. mit einigen vorgefassten Anschauungen darüber, wie die Welt funktioniert.[5] Das Schockierende dabei ist Greenspans Schock.

Immerhin hatte es mehrere Cassandras gegeben: Dean Baker, Brooksley Born, Edward Gramlich, Paul Krugman, Raghuram Rajan, Nouriel Roubini, Peter Schiff, Robert Shiller, Joseph Stiglitz, Nassim Taleb und John Taylor, um nur einige bedeutende Gegner seiner Ideologie zu nennen. Sie alle kannten Greenspan und das Establishment gut. Sie waren keine Außenseiter. In der Mehrzahl handelte es sich um Wissenschaftler, Professoren an bekannten Universitäten oder Menschen, die sich anderweitig ausgezeichnet hatten. Anstatt sorgfältig und offen auf ihre begründeten Warnungen zu hören, verwarf Greenspan jedoch ihre Ideen und vereitelte kaltblütig Brooksley Borns tapfere Bemühungen, ein Jahrzehnt vor dem Zusammenbruch Derivate zu regulieren.[6]

Schon 2002 erkannte Dean Baker das Entstehen der Blase im Immobilienmarkt und warnte, dass „das Platzen der Immobilienblase zwischen 1,3 und 2,6 Billionen US-Dollar an Immobilienwerten vernichten könnte"[7]. Ebenso verwies die Titelgeschichte der Juni-Ausgabe 2005 der Zeitschrift „The Economist" auf den weltweiten Anstieg der Immobilienpreise als „die größte Blase der Geschichte", und im März 2006 veröffentlichte Forbes einen Artikel, in dem die Entwicklungen als „bedrohlich" bezeichnet wurden.[8] Man brauchte nicht promoviert zu haben, um zu erkennen, dass die Immobilienpreise völlig überhöht waren.[9]

Die Ideologie spielt eine bedeutende und unvermeidliche Rolle in den Sozialwissenschaften. Beobachter der menschlichen Gesellschaft können sich nicht einfach von ihren vorgefassten Ideen befreien, weil „jeder dazu tendiert soziale Erfahrungen unter dem Einfluss der ihm eigenen Ideologie zu interpretieren."[10] Eine der vielen Einschränkungen konventioneller Ökonomen ist

---

[5] Ideologie ist ein Glaubenssystem ohne empirische Grundlage, das soziale, wirtschaftliche oder politische Bestrebungen und Politik rechtfertigt. In der Konsequenz kann sie nicht empirisch widerlegt werden.

[6] Brooksley Born betreffend, siehe die ausgezeichnete PBS-Dokumentation, „Frontline: The Warning".

[7] Dean Baker, „The Run-up in Home Prices: A Bubble", *Challenge* 45 (2002) 6: S. 93-119.

[8] Edward M. Gramlich, *Subprime Mortgages: America's Latest Boom and Bust* (Washington, DC: Urban Institute Press, 2007). The Economist, http://www.economist.com/node/407902.

[9] The Market Oracle, „Financial Regulators and insiders had Foreknowledge of the U.S. Housing Bubble", 17. April 2010.

[10] Wikipedia Autoren, „Frankfurt School", *Wikipedia: The Free Encyclopedia*.

ihre Abneigung, diesem Problem adäquat zu begegnen und die bedeutende
Rolle der Ideologie in der Wirtschaftspolitik anzuerkennen. In Lehrbüchern
wird dies einfach ignoriert. Doch ist es, wie Greenspan selbst zugab, unmöglich, unsere Gedanken unbeeinflusst von Grundannahmen zu entwickeln,
und diese Annahmen sind zwangsläufig von unserer eigenen Denkweise,
Weltanschauung sowie unseren intellektuellen Fähigkeiten und Emotionen
beeinflusst, was grundlegende Auswirkungen auf die gesamte Disziplin hat.

Man kann also Ideologie und Ökonomie nicht einfach trennen: Unsere
politischen, moralischen und philosophischen Präferenzen und Abneigungen
– bewusste wie unbewusste – bestimmen große Teile unseres wirtschaftlichen
Denkens und unserer Auffassung des Weltgeschehens.

Viel von dieser Ideologie wird durch unsere politische Philosophie geprägt.
Mit anderen Worten: Entgegen der vorherrschenden Lehrmeinung wird die
Wirtschaftswissenschaft trotz ihrer häufigen Verwendung von Mathematik
erst dann als rigorose Disziplin bezeichnet werden können, wenn sie nur
noch auf überprüfbaren, empirischen Erkenntnissen basiert. Unser langfristiges Ziel sollte darin bestehen, eine solche empirische Grundlage zu bilden.
Das unmittelbare Ziel wäre, zu beweisen, dass die Ansichten der Hauptströmung unvollständig und daher irreführend sind. Auf diese Art und Weise
könnten Studenten mit alternativen Aspekten zur Standardpräsentation der
Themen vertraut gemacht werden, die ihr Wissen ergänzen und ihr Verständnis der Wirtschaftswissenschaften erweitern würden.

Mein Credo

Angesichts Greenspans Eingeständnisses finde ich es angebracht, mein eigenes
Credo darzulegen – die Prämissen, die mein eigenes Weltbild geprägt haben.
Ich halte meine Anschauung für progressiv, demokratisch und humanitär:[11]
Damit meine ich, dass ich an die Möglichkeit glaube, unsere Lebensqualität
signifikant zu verbessern, indem wir uns statt auf unser Einkommenswachs-
tum mehr auf die Erhöhung unserer Lebenszufriedenheit konzentrieren.[12]

Meiner Überzeugung nach sollten wir unsere ökonomische Analyse mit
empirischer Evidenz anstelle von Theorien aus dem Elfenbeinturm begin-

---

[11] Mark A. Lutz und Kenneth Lux, *Humanistic Economics: The New Challenge* (New
York: Bootstrap Press, 1988); George P. Brockway, *The End of Economic Man: An Introduction to Humanistic Economics* (New York: W.W. Norton & Company, 1991).

[12] Siehe zum Beispiel die Blogs auf der Website des Center for American Progress.

nen.[13] Das Kernstück der Disziplin sollte auf empirischer Evidenz statt auf Annahmen beruhen. Nach den Worten der Wirtschaftswissenschaftlerin Deirdre N. McCloskey, die Autorin zahlreicher Fachwerke ist, „… sollte die wirtschaftswissenschaftliche Forschung die Welt erforschen und nicht nur reines Denken bedeuten."[14]

Mit anderen Worten, Wirtschaftswissenschaftler sollten sich weniger auf deduktive Logik und Mathematik verlassen, damit Ökonomie mehr zu einer induktiven Disziplin wird.[15] Menschen sind keine leblosen Objekte, deren Lebenslauf durch eine mathematische Funktion von einigen Variablen genau beschrieben werden kann. Im Gegensatz zu Planeten können sie ihre Richtung und Meinung ändern. Wirtschaftswissenschaftler sollten nicht versuchen, aus der Ökonomie eine axiomatische Disziplin wie die euklidische Geometrie zu machen, in der von der Annahme ausgegangen wird, dass die kürzeste Entfernung zwischen zwei Punkten eine Gerade ist. Dies ist natürlich intuitiv plausibel, aber nur bis man wie Einstein anfängt, jenseits der euklidischen Ebene zu denken.

Um die Welt um uns herum zu verstehen, brauchen wir ökonomische Theorien, die auf empirischen Daten beruhen, die sich auch dann behaupten, wenn sie vom Hörsaal aus sogar in die ärmsten Slums übertragen werden.[16] Die Teile des Wirtschaftspuzzles fügen sich im New Yorker Stadtteil Harlem, mit einem durchschnittlichen jährlichen Haushaltseinkommen von 17.700 Dollar nicht so reibungslos zusammen wie in Fairfax County, im Staat Virginia, mit einem Durchschnittseinkommen von 107.000 Dollar, dem Doppelten des nationalen Durchschnitts.[17] Darüber hinaus brauchen wir eine Wirtschaftswissenschaft, die nicht von anderen Sozialwissenschaften isoliert ist, sondern Erkenntnisse aus der Soziologie, Psychologie, Philosophie und den Politikwissenschaften integriert. Ökonomen, die sich auf Kosten dieser Diszi-

---

[13] Piero Sraffa, *Production of Commodities by Means of Commodities: Prelude to a Critique of Economic Theory* (Cambridge: Cambridge University Press, 1960).

[14] Deirdre McCloskey, *The Secret Sins of Economics* (Chicago: Prickly Paradigm Press, 2002).

[15] Donald N. McCloskey, „The Rhetoric of Economics", *Journal of Economic Literature* 31 (1983) 2: S. 482-504.

[16] Ronald Coase, der berühmte Nobelpreisträger in Ökonomie, bezog sich auf das übermäßige Theoretisieren in der Ökonomie als „Blackboard-Ökonomie". Ich übersetze es als Wirtschaftstheorie in Hörsälen oder Klassenzimmern.

[17] http://homes.point2.com/Neighborhood/US/New-York/New-York-City/Manhattan/Harlem-Demographics.aspx; Francesca Levy, „America's 25 Riches Counties", Forbes.com 4. März 2010. Sechs der reichsten Landkreise befinden sich im Großraum von Washington DC.

plinen auf Mathematik konzentrieren, neigen dazu, die wirtschaftlichen Probleme zu vernachlässigen, die mit Mathematik alleine nicht lösbar sind.[18]

Meine ökonomischen Prinzipien sind nicht nur progressiv sondern auch humanistisch, indem sie auf Werte konzentriert sind, die das Wohl der ganzen Menschheit verbessern können. Ich ziehe es vor, mich auf Menschen zu konzentrieren und darauf, wie sie leben und fühlen, und nicht auf leblose Gegenstände wie Geld oder abstrakte Begriffe wie Industrieproduktion oder Bruttoinlandsprodukt, wie Ökonomen sie häufig anstelle der menschlichen Dimension verwenden. Ich glaube nicht, dass das monetäre Einkommen automatisch glücklich macht. Meines Erachtens sollte das Hauptaugenmerk der Wirtschaft weder auf Konsum, Geld und Effizienz noch auf das BIP-Wachstum gerichtet sein, sondern auf eine Verbesserung der Lebensqualität der Bevölkerung. Im aktuellen wirtschaftlichen System gibt es jedoch so viele Widersprüche und Konflikte, dass unwahrscheinlich ist, dass es die Lebensqualität der Menschheit nachhaltig verbessert. Wie E.F. Schumacher formulierte: „Das Auffälligste in der modernen Industriegesellschaft ist, dass sie so hohe Ansprüche stellt und so wenig vollbringt. Die Ineffizienz der modernen Industriegesellschaft erreicht einen Grad, der die normale Vorstellungskraft übertrifft."[19] Mit „so wenig vollbringen" meinte er, dass die Wirtschaft trotz erreichter hoher Einkommen nur wenig Zufriedenheit in das Leben der Menschen bringt. Mit anderen Worten, wir sollten nicht versuchen, so viel wie möglich zu produzieren, sondern uns intensiver darauf einstellen, mehr Genugtuung aus bescheidener Produktion zu schöpfen: „Das Ziel sollte sein, maximales Wohlbefinden mit minimalem Konsum zu erreichen." Schumacher beharrte auch darauf, dass die Arbeit in kleineren Unternehmen viel zufriedenstellender wäre, da die Arbeitnehmer mehr Autonomie besäßen.

Außerdem glaube ich, dass wir nicht mit Adam Smiths „Wealth of Nations" beginnen müssen, sondern mit seiner „Theorie der moralischen Empfindungen" (1759), in der er ganz eindringlich festgestellt hat, dass wir eine angeborene Empathie gegenüber unseren Mitmenschen besitzen.[20] Moral und die

---

[18] Donald N. McCloskey, „Rhetoric of Economics".

[19] Ernst F. Schumacher, *Small is Beautiful: Economics As If People Mattered* (New York: Harper Torchbook, 1973).

[20] „Mag man den Menschen für noch so egoistisch halten, es liegen doch offenbar gewisse Prinzipien in seiner Natur, die ihn dazu bestimmen, an dem Schicksal anderer Anteil zu nehmen, und die ihm selbst die Glückseligkeit dieser anderen zum Bedürfnis machen, obgleich er keinen anderen Vorteil daraus zieht, als das Vergnügen, Zeuge davon zu sein. Ein Prinzip dieser Art ist das Erbarmen oder das Mitleid, das Gefühl, das wir für das Elend anderer empfinden, ... sobald wir dieses entweder selbst sehen, oder sobald es uns so lebhaft geschildert wird, dass wir es nachfühlen können. Dass wir oft darum Kummer empfinden, weil andere Menschen von Kummer erfüllt sind, das ist eine Tatsache, die zu

ethischen Grundsätze der Fairness sind Teile unserer Natur. Wir sollten diese Ideen bei unseren wirtschaftswissenschaftlichen Betrachtungen nicht ausschließen. Daher komme ich zu der Ansicht, dass die Ökonomie eine gerechte Gesellschaft anstreben sollte, eine, in der Mitgefühl wichtiger ist als Effizienz. Die Bedeutung von Gerechtigkeit ist sicherlich vielschichtig, aber das gibt uns nicht das Recht, sie zu ignorieren. Ich sehe den Kampf gegen Leid und Ungerechtigkeit sowie die intensiven Bemühungen zur Verbesserung von Menschenwürde und Selbstwertgefühl als wichtige Aspekte der Wirtschaft an.

Die Humanistische Wirtschaft

Eine humanistische Wirtschaftwissenschaft muss kein Widerspruch in sich sein. Sie impliziert die Vision eines gerechten und freundlicheren Kapitalismus in einer wirklich demokratischen Gesellschaft, der die Menschen nicht nur wirtschaftlich stark macht, sondern es ihnen ermöglicht, mit weniger Unsicherheit und weniger Zukunftsangst zu leben. Dieser Kapitalismus mit menschlichem Antlitz umfasst eine Wirtschaft mit „null" Arbeitslosigkeit, „null" Inflation, „null" langfristiges Handelsbilanzdefizit und „null" Staatsschulden im Verlauf eines Konjunkturzyklus.[21] Man könnte ihn den Kapitalismus der vier Nullen nennen.

Sein Schwerpunkt wäre nicht ausschließlich Konsum und Produktion, wie aus Lehrbüchern meistens zu entnehmen ist, sondern bestände in den Vorteilen eines sinnvollen Lebens. Da die Menschen weder einfach noch hauptsächlich „Wirtschaftssubjekte" sind, geraten die Werte des „Mainstreams" mit ihrer Fokussierung auf Profit oft in Konflikt mit den menschlichen Werten. Anstatt Wachstum um jeden Preis zu befürworten, würde der Kapitalismus mit menschlichem Antlitz für mehr Menschen zu einem erfüllten, weniger gehetzten und letztendlich zufriedeneren Leben führen. John M. Keynes hatte eine ähnliche Meinung: „Ich denke, dass der Kapitalismus, klug verwaltet, wahrscheinlich effizienter für die Erreichung wirtschaftlicher Ziele eingesetzt

---

augenfällig ist, als dass es irgendwelcher Beispiele bedürfte, um sie zu beweisen; denn diese Empfindung ist wie alle anderen ursprünglichen Affekte des Menschen keineswegs auf die Tugendhaften und human Empfindenden beschränkt, obgleich diese sie vielleicht mit der höchsten Feinfühligkeit erleben mögen, sondern selbst der ärgste Rohling, der verhärtetste Verächter der Gemeinschaftsgesetze ist nicht vollständig dieses Gefühls bar." Adam Smith, *Theorie der ethischen Gefühle* I.I.1 (Hamburg, 1994 [¹1759]).

[21] Sicherlich sollten Staaten gelegentlich einander Kredit gewähren, aber meiner Meinung nach sollten diese Defizite nicht langfristiger Natur sein. Ich sehe auch die Probleme, die Deflation hervorbringt, doch glaube ich, dass ein Inflationsziel von 2% kein erstrebenswertes Ziel ist – wir sollten ein niedrigeres Ziel setzen.

werden kann als jedes denkbare alternative System. Aber das allein ist in vielerlei Hinsicht sehr zu beanstanden. Unser Problem ist, eine soziale Organisation zu schaffen, die so effizient wie möglich ist, ohne unsere Vorstellungen von einem zufriedenstellenden Leben zu verletzen."[22]

Ich stimme mit Erich Fromms Behauptung überein, dass die Menschenrechte „eine ausreichende materielle Basis, um ein menschenwürdiges Leben zu leben" einschließen und dass „ein Mensch das gleiche Recht wie ein Hund hat, zu leben und nicht zu verhungern".[23] Ökonomen sollten deutlich machen, dass der Zweck eines jeden Wirtschaftssystems nicht Wachstum um seiner selbst willen ist. Es ist nicht die effiziente Allokation von Ressourcen, sondern die Bereitstellung eines würdevollen Lebens, in dem das gesamte Nationaleinkommen gerecht verteilt ist und die Menschen nicht kämpfen müssen, um ihre Grundbedürfnisse zu befriedigen, und so weit wie möglich ihr menschliches Potenzial ausschöpfen können – und das bedeutet auch ausreichend Freizeit, um am sozialen und politischen Gemeinschaftsleben teilhaben zu können.

Menschen setzen fälschlicherweise Wirtschaftswachstum mit steigenden Lebensstandards gleich und stimmen in den Pro-Wachstum-Chor der Politiker ein. Allerdings widersprechen Umfragen und Erhebungen diesem Glauben. Trotz allen Wachstums der letzten Jahrzehnte entziehen sich uns die echte Zufriedenheit und das reale Glück. Darüber hinaus berücksichtigt die „Wachstum-um-jeden-Preis-Perspektive" nicht das entscheidende Problem der Verteilung des Einkommens, weil Wirtschaftswachstum nicht den Notleidenden, den Obdachlosen, der ungebildeten Unterschicht oder der Mehrheit derer, die unterbeschäftigt sind, helfen wird. Es gibt viel Unzufriedenheit mit der Wirtschaft sowie mit dem politischen System.[24] Das Problem ist, dass die meisten der Unzufriedenen noch nicht verstehen, wie die extremistischen Befürworter freier Märkte uns in die Irre geführt haben.

De-jure-Chancengleichheit ist unzureichend für eine gerechte Wirtschaft ohne De-facto-Chancengleichheit. Das Privileg finanziellen Reichtums bietet Lebenschancen, die anderen verwehrt sind. Babys armer Familien haben viel weniger Chancen auf ein erfülltes Leben als Babys wohlhabender Familien. Ihre unterschiedliche sozioökonomische Herkunft führt dazu, dass ihre Zu-

---

[22] John M. Keynes, *The end of laissez-faire* (London: Hogarth Press, 1926).

[23] Gemäß Erich Fromm, ist es das „Recht eines jeden Menschen, sich als Individuum und als Mensch zu entfalten". „Erich Fromm pt. 1", YouTube video, 10:04, gepostet von „Oisin29", 14. November 2008, URL: http://www.youtube.com/watch?v=cpA29NeA8J8&feature=related (Stand 29. Januar 2012).

[24] Thomas E. Mann und Norman J. Ornstein, *It's Even Worse Than It Looks: How the American Constitutional System Collided With the New Politics of Extremism* (New York: Basic Books, 2012).

kunft in sehr unterschiedlichen Bahnen verlaufen wird. Eine solch zufällige Erstzuteilung von Lebenschancen kann unmöglich die Basis für eine gerechte Gesellschaft sein. Unser Ziel sollte es sein, ein Umfeld zu schaffen, in dem Babys mehr Chancengleichheit haben und diejenigen, die mit einem Startnachteil geboren werden, von der Gesellschaft eine Kompensation für ihr anfängliches „Pech" erhalten.[25]

Mein Ziel beim Schreiben dieses Buches ist es, ein kritisches Rahmenwerk als Ergänzung zu herkömmlichen Lehrbüchern zu schaffen – Lehrbüchern, die meinen, über der Moral zu stehen und die oben erwähnte Ungleichheit ignorieren zu können, die sie selbst zu schaffen geholfen haben. Wie wir hunderte Male seit der industriellen Revolution und am deutlichsten im Jahr 2008 gesehen haben, sind freie Märkte eine menschliche Erfindung, die oft dysfunktional ist und unser blindes Vertrauen nicht verdient. Darüber hinaus muss es einen besseren Weg geben, als Fortschritt in Form von Geld zu messen. Man muss kein naiver Utopist sein, um von einer Gesellschaft entsetzt zu sein, in der man hinter jeder Ecke – manchmal buchstäblich – Szenerien großer ökonomischer und gesellschaftlicher Ungerechtigkeit antreffen kann. So ist dieses Buch einem Kapitalismus mit menschlichem Antlitz gewidmet.

Willkommen in der Lehrbuchökonomie

„Was haben George Akerlof, Kenneth Arrow, Daniel Kahneman, Paul Krugman, Thomas Schelling, Herbert Simon, Amartya Sen, Robert Shiller, Michael Spence, Joseph Stiglitz und Oliver Williamson gemeinsam?" wäre eine großartige Frage in einer volkswirtschaftlichen Einführungsvorlesung. Es ist tragisch, dass die Beiträge dieser nobelpreisgekrönten Ökonomen in der Regel in volkswirtschaftlichen Lehrbüchern ignoriert oder in obskuren Fußnoten versteckt werden. Anstatt den Studenten ihre kritischen Ideen nahe zu bringen, beschränken sich die meisten Einführungslehrbücher auf den Lobgesang der freien Märkte – eine Utopie die außerhalb des Hörsaals nicht viel Relevanz hat. Daher sind die meisten Lehrbücher nicht wirklich geeignet, um die Grundlagen des real existierenden Kapitalismus in der globalisierten Welt des 21. Jahrhunderts zu verstehen. Vielmehr schaffen sie eine Karikatur der Wirtschaft auf einem Niveau von Abstraktion, das es den Studenten unmöglich macht, die gesellschaftlichen Realitäten zu verstehen. Sie verewigen das Kli-

---

[25] Zum Beispiel besitzt ein gewisser Anthony Pritzker ein Haus, das etwa 20-mal so groß wie das durchschnittliche Haus in den Vereinigten Staaten ist, nur weil er in der Wahl seiner Eltern mehr Glück hatte als andere hatte. Mark Holtzman, „Big is Back", *Wall Street Journal*, 10. Februar 2012.

schee, dass Märkte effizient sind und dabei automatisch zu einem glückseligen Leben führen, und singen weiterhin ein Loblied auf die immensen Erfolge der freien Marktwirtschaft, während alle kritischen Stimmen unterdrückt werden.

Super-Rationalität herrscht in diesem utopischen Reich voll von Konsumenten, die ausreichend gebildet sind, um jedes Detail der Wirtschaft zu kennen und zu verstehen, und daher stets nichts weniger als das Beste tun, um ihren Nutzen zu maximieren. Sie besitzen ein perfektes Verständnis von allen Nuancen im Kleingedruckten von Verträgen und eine vollkommene Voraussicht von Anfang bis zum Ende ihres Lebens. Informationsüberflutung ist kein Problem für Otto Normalverbraucher und die Welt ist voll von Informationen, die jederzeit frei und unmittelbar verfügbar und kinderleicht zu verstehen sind. Menschen treten als Erwachsene ins Wirtschaftsleben ein, in ihren Vorlieben und Geschmäckern voll ausgebildet, werden aber gleichzeitig in ihrer Kindheit von Unternehmen nicht beeinflusst. Es gibt keine Markenprodukte und Waren haben keine qualitative Dimension. Daher ist Einkaufen ein Kinderspiel: zwei Schachteln generisches Müsli oder drei? Es gibt keine falschen Versprechungen, sodass Käufer nicht auf der Hut sein müssen. Es gibt kein Bedauern in dieser idyllischen Wirtschaft, keine Notwendigkeit für Ermessensentscheidungen oder Intuition, kein Gefühl, keine wirkliche Unsicherheit und daher keine Fehler und keine Notwendigkeit, sich um Anwaltskosten oder andere Zwangsmaßnahmen oder Transaktionskosten kümmern zu müssen.[26] Tatsächlich gibt es keine Gesellschaft, keine Kinder, kein Geschlecht, keine unsichtbaren Barrieren, keine Klassen und somit keine Unterschicht, keine Ungleichgewichte der Macht und keine rassischen, räumlichen oder zeitlichen Dimensionen. Die Konsumenten werden nicht durch Werbung oder durch andere Menschen im Konsum beeinflusst.

Produzenten wohnen ebenfalls in dieser imaginären Wirtschaft; sie wissen ebenfalls alles, sowohl über die Konsumenten wie auch über ihre eigenen Unternehmen, und daher können sie ihre Gewinne stets leicht maximieren. Tatsächlich gibt es in dieser Wirtschaft überhaupt keine Unternehmen im Sinne einer modernen Aktiengesellschaft, nur einfache Einheiten, die im Einklang agieren. Es gibt keine Aktionäre oder Vorstandsvorsitzenden, die ihr eigenes Einkommen und nicht die Gewinne des Unternehmens maximieren könnten. Diese Pseudo-Firma muss nicht werben, um die Konsumenten davon zu überzeugen, ihre Produkte zu kaufen, und hat keinen Anreiz, Kartelle zu formen,

---

[26] Oliver E. Williamson, „The Economics of Organization: The Transaction Cost Approach", *The American Journal of Sociology* 87 (1981) 3: S. 548-577.

Konsumenten zu täuschen oder das System zu manipulieren.[27] Lobbyisten sind eine ausgestorbene Spezies, sodass es keinen politischen Prozess gibt, der die Spielregen zugunsten der Wohlhabenden und Einflussreichen manipulieren kann.[28] Lösungen werden in Form einer einzigen Entscheidung ohne Vorgeschichte und ohne weitere Auswirkungen auf Folgeperioden präsentiert. In der Tat spielt die Zeit in dieser statischen Welt keine Rolle: Die Vergangenheit ist passé und die Zukunft ist offensichtlich. Daher gibt es nur den Augenblick.

Alle Gesetze sind bereits in Kraft und so brauchen wir nicht zu diskutieren, wie sie zustande gekommen sind und welche Vorteile sie den Mächtigen bieten oder inwiefern sie die Enteigneten missachten. Gesetze bleiben unerwähnt, weil sie nicht gebrochen werden, d.h. dass Menschen nicht den Mangel juristischen Wissens anderer ausnutzen, und somit gibt es keine Kosten für die Durchsetzung der Gesetze. Deshalb wäre jede Form staatlicher Aufsicht eine Verschwendung von Energie und Intelligenz. Alles läuft reibungslos – es gibt keine Konflikte, geschweige denn Kriege. Alle Grundbedürfnisse sind befriedigt und Konsumenten haben nur noch das Bedürfnis nach Erfüllung gutartiger Wünsche. Freie Märkte sind effizient und stehen damit über der Moral, sodass Zweifel an der Laissez-faire-Prämisse eine Verschwendung von ethischem Skrupel wären. (Allerdings ist dies auch ein Werturteil, welches impliziert, dass Effizienz wichtiger ist als, sagen wir, Suffizienz, Nachhaltigkeit, Fairness oder Minimierung von Risiko, Armut oder Leiden.) Daher wird behauptet, dass Laissez-faire keine moralische Grundlage braucht und Ethik und Ästhetik überflüssig sind. (Natürlich ist dies ebenfalls ein Werturteil). Wohlbefinden wird durch Einkommen in Geld gemessen, aber es gibt keine Armen oder Reichen und deshalb gibt es weder Macht noch Hunger. Daher ist das System demokratisch: ein Dollar – eine Stimme. Die Tatsache, dass einige mehr Geld als andere haben, ist ihr Geburtsrecht, weshalb es keine Notwendigkeit gibt, darüber zu diskutieren, dass sie de facto mehr Stimmen haben. Dies sind die grundlegenden Elemente der sogenannten positiven Ökonomie zumindest im Vorlesungssaal – also die wissenschaftliche Ökonomie, zumindest auf dem Bachelorlevel und vor allem in den Einführungsvorlesungen.

[27] David Cay Johnston, *Free Lunch: How the Wealthiest Americans Enrich Themselves at Government Expense and Stick You with the Bill* (New York: Portfolio books, 2007); David Cay Johnston. *The Fine Print: How Big Companies Use ‚Plain English' to Rob You Blind* (New York: Portfolio books, 2012).
[28] David Cay Johnston, *Perfectly Legal: The Covert Campaign to Rig Our Tax System to Benefit the Super-Rich – and Cheat Everybody Else* (New York: Portfolio books, 2003).

Allerdings glaubt eine wachsende Zahl von Ökonomen, dass die oben vor-gestellte, in vereinfachenden Annahmen verwurzelte Elfenbeinturmökono-mie eine völlig idealisierte ist,[29] die aus einer Welt voller unplausibler super-rationaler Individuen, quasi einer Rasse von Übermenschen besteht, die frei von Emotionen leben und daher keinen Sinn für Gemeinschaft haben, deren einzige Identität es ist, Konsument oder Produzent mit einem Mindestmaß an Interaktion mit anderen zu sein.[30]

Des Weiteren konzentriert sich die konventionelle Lehre in den ersten Semestern nach wie vor vorrangig auf Modelle des vollkommenen Wettbe-werbs, obwohl dieser für den allergrößten Teil der Wirtschaft von vornherein verfehlt ist. Heutzutage wird die Wirtschaft von systemrelevanten Banken do-miniert, die „zu groß, um zu scheitern" sind, und von großen, marktbeherr-schenden und globalen Konzernen, sodass jedwede politische Aufsicht zum Scheitern verurteilt ist. Die psychologische Welt der ultrarationalen Konsu-menten ist im Wesentlichen ohne Freud'sche oder Pawlow'sche Perspektiven – das heißt ohne solide psychologische Grundlage. Das Modell des vollkomme-nen Wettbewerbs ist vielmehr in der sehr viel einfacheren Welt Adam Smiths des 18. Jahrhunderts angesiedelt – aber ohne die moralischen Wurzeln dieser Welt. Das ist wie der Versuch, molekulare Bewegung mit Newtons Gesetzen statt mit denen der Quantenmechanik zu verstehen – daher ist der aktuelle Stand der wirtschaftswissenschaftlichen Lehre im wesentlichen unzureichend für die Welt des 21. Jahrhunderts.[31]

Zu einem Paradigmenwechsel in den Wirtschaftwissenschaften

Mit anderen Worten erleben wir nicht nur eine Finanzkrise und ihr Nach-wirken, sondern auch eine Krise in unserem Verständnis der wirtschaftlichen Zusammenhänge, die so groß ist, dass es höchste Zeit für einen Paradigmen-wechsel in den Wirtschaftwissenschaften ist. Statt dem schwer fassbaren „American Dream" nachzujagen, einem gnadenlosen Konkurrenzkampf mit

---

[29] Siehe zum Beispiel das neu geschaffene Institut for New Economic Thinking als eine wichtige Initiative in diese Richtung, ebenso wie die Fachzeitschrift *Real-World Economics Review*.

[30] Stephen A. Marglin, *The Dismal Science: How Thinking Like an Economist Undermines Community* (Cambridge: Harvard University Press, 2010).

[31] „Wir sind die hohlen Männer – Die Ausgestopften – aufeinander gestützt – Stroh im Schädel. Ach, – Unsere dünnen Stimmen, – leis und sinnlos – wispern sie miteinander" T.S. Elliot, 1925.

wenigen Gewinnern und vielen Verlierern,[32] sollten wir uns darauf konzentrieren, der Menschheit ein ordentliches, nachhaltiges, würdevolles, kreatives,
sicheres, friedliches, zufriedenes und genussvolles Leben zu ermöglichen, auch
wenn das weniger materialistisch ist.[33] Zum ersten Mal haben wir einen Lebensstandard erreicht, mit dem wir uns zufriedengeben könnten. Zu einem an-
genehmen Leben brauchen wir nicht ständig mehr technische Spielereien,
sondern sollten vielmehr unsere Konsumgier zügeln und eine Denkweise entwickeln, in der Erfolg und Glück weniger durch Geld und Konsum, sondern
mehr durch geistige und soziale Aspekte des Lebens erzielt werden.[34] Anstatt
nach Wirtschaftswachstum zu streben, müssen wir lernen, psychologisch,
spirituell und moralisch zu wachsen. Das „Canadian Institute of Wellbeing"
definiert Wohlbefinden wie folgt: „Die Anwesenheit von höchstmöglicher
Lebensqualität in seiner ganzen Ausdrucksbreite: Hoher Lebensstandard, Gesundheit, eine nachhaltige Umwelt, vitales Gemeinleben und eine gebildete
Bevölkerung, ausgewogene Verwendung der Zeit, ein hohes Maß an Bürger-
beteiligung am politischen und kulturellen Leben und der Zugang zu und die
Teilnahme an Kunst, Kultur und Freizeit."[35]

Kurz gesagt, Wohlbefinden ist keineswegs identisch mit dem Bruttoinlandsprodukt, der Produktion oder dem Einkommen.[36] Ein zufriedenstellendes
Leben in einem Kapitalismus mit menschlichem Antlitz sollte auch die Reduzierung von Armut, Ungleichheit, Arbeitslosigkeit, Stress, Angst und Unsicherheit und eine Zunahme von Gesundheit, Freizeit, sozialen Beziehungen, Liebe,
Respekt, ethischen Überlegungen, intellektueller Befriedigung und einem
moralischen Leben bringen. Präsident Jimmy Carter verstand dies ganz deutlich, als er im Jahr 1979 sagte: „In einer Nation, die stolz auf harte Arbeit,
starke Familien, eng verbundene Gemeinschaften und unseren Glauben an

---

[32] Robert H. Frank und Philip J. Cook, *Winner-Take-All Society* (New York: Free Press, 1995).

[33] B.F. Skinners Antwort auf die Frage „Was ist ein gutes Leben?" in seinem Buch *Walden Two* lautete: „Es ist ein Leben in Freundschaft, in Gesundheit, mit Kunst, eine gesunde Balance zwischen Arbeit und Freizeit, ein Minimum von Unannehmlichkeiten, und ein Gefühl, dass man ein wertvolles Mitglied der Gesellschaft ist." Wikipedia Autoren, „B.F. Skinner", *Wikipedia: The Free Encyclopedia*.

[34] Siehe Papst Johannes Paul II. sozioökonomische Enzyklika „Centesimus annus" (1991), in der sowohl das Privateigentum als auch Gewerkschaften in einer Vielzahl von grund-legenden Menschenrechten enthalten sind.

[35] „What is wellbeing"? Canadian Index of Wellbeing. URL: https://uwaterloo.ca/canadian-index-wellbeing/wellbeing-canada/what-wellbeing (Stand 15.12.2014).

[36] Für eine Übersicht über die zahlreichen Mängel der volkswirtschaftlichen Gesamtrech-nung siehe Joseph E. Stiglitz, Amartya Sen und Jean-Paul Fitoussi, *Mis-Measuring our Lives. Why the GDP Doesn't Add up* (New York: New Books, 2010).

Gott war, neigen zu viele von uns heute dazu, Zügellosigkeit und Konsum anzubeten. Der Mensch identifiziert sich nicht mehr durch das, was er tut, sondern durch das, was er besitzt. Aber wir haben herausgefunden, dass nur Dinge und das Konsumieren von Dingen nicht unsere Sehnsucht nach Sinn erfüllen … Dies ist die Wahrheit und es ist eine Warnung."[37] Allerdings wurde seine Warnung nicht beachtet.

Der Leser sollte mich nicht falsch verstehen: Ich plädiere nicht für die Abschaffung der Märkte oder die Schaffung eines Leviathan ungeheuren Ausmaßes; ich bin entschlossen, die Freiheiten, die in der allgemeinen Erklärung der Menschenrechte definiert wurden, zu verteidigen. Meiner Meinung nach ist die Verteidigung der Freiheit nicht verhandelbar. Allerdings habe ich eine weitergefasste Vorstellung von Freiheit als Milton Friedman oder Ronald Reagan.[38] Meine Vorstellung von Freiheit ist näher an Amartya Sens Begriff der Verwirklichungschancen. Sie umfasst die Freiheit, in der Nacht ohne Angst auf die Straße zu gehen,[39] die Freiheit, keine Angst um unsere Renten zu haben, das Recht, auf anständige Schulen zu gehen, sowie die Freiheit, kein Leiden der Unterschicht, der Arbeitslosen und Obdachlosen dulden zu müssen.[40] Meine Vorstellung von Freiheit erlaubt ein Leben ohne aufdringliche Werbung[41] oder ohne das Gefühl von relativer Deklassierung, wenn man den verschwenderischen Lebensstil der Reichen und Berühmten betrachtet. Wir sollten auch frei sein, unsere Persönlichkeit eher von innen her entwickeln zu können, als sie durch die Medien verpasst zu bekommen. Die autonome Entwicklung des eigenen Charakters ohne die Einmischung des profitstrebenden

---

[37] David Shi behauptet, dass „[Carter] die Tatsache völlig ignoriert hat, dass die dominanten Institutionen des Landes – Unternehmen, Werbung, Popkultur – maßgeblich an der Förderung und Erhaltung der hedonistischen Ethik mitwirkten, …" David Shi, *The Simple Life: Plain Living and High Thinking in American Culture* (Athens: The University of Georgia Press, 2007), S. 272.

[38] Milton Friedman, *Capitalism and Freedom* (Chicago: University of Chicago Press, 1962).

[39] Lydia Saad, „Nearly 4 in 10 Americans Still Fear Walking alone at Night", (Gallup, November 5, 2010).

[40] „Menschen sind für die Bürgerrechte in dem Ausmaß qualifiziert, in dem sie gewillt sind, ihren Gelüsten moralische Ketten anzulegen, in dem ihr Wille zur Gerechtigkeit im Verhältnis zu ihrer Raubgier steht, in dem Maß, in dem ihre Zuverlässigkeit und ihr nüchternes Verständnis ihre Eitelkeit und ihren Übermut übertreffen, in welchem sie auf die Ratschläge der Weisen und Guten hören anstatt auf die Schmeichelei der Schurken. Die Gesellschaft kann ohne ein System nicht existieren, das Wünsche und Gelüste kontrolliert, …, dass Menschen mit unmäßigem Verstand nicht frei sein können. Ihre Maßlosigkeit legt ihnen Fesseln an." Edmund Burke, *Letter to a Member of the National Assembly* (London: J. Dodsley, Pall-Mall, 1791), S. 68-69.

[41] Adbusters zum Beispiel ist eine Bewegung, die versucht, der Macht der Werbung entgegenzuwirken.

Großkapitals ist ein wesentlicher Aspekt einer wirklich freien Persönlichkeitsentwicklung, die nicht durch die wesentlichen Elemente der Konsumgesellschaft geprägt wird.

Außerdem glaube ich auch, dass viele Märkte einige Zeit und einige Märkte die meiste Zeit gut funktionieren, aber kein Markt funktioniert immer so gut, wie wir es gerne hätten. Wir müssen ihre Funktionsweise verbessern, damit das Marktsystem besser funktioniert. Aber ich glaube, dass wir die Märkte nie verbessern werden, wenn wir nicht ihre Mängel erkennen und diskutieren. In der Tat bin ich wirklich ein begeisterter Anhänger von Märkten, die es Menschen ermöglichen, ihre Kreativität und Individualität Kraft ihres eigenen freien Willens und ohne Einmischung von Trendsettern und räuberischen Kreditgebern auszuleben. Aber meine Unterstützung ist nicht unbegrenzt. Meine Unterstützung ist von empirischen Beweisen abhängig. Ich weigere mich, Beweise zu ignorieren oder wegzudiskutieren, nur weil sie nicht in den orthodoxen Kanon hineinpassen. Wenn die Märkte uns offensichtlich schaden oder bedrohen, dann müssen wir als Menschen das ultimative Recht haben, alternative Vereinbarungen zu treffen und kollektive Maßnahmen, um den Schaden zu begrenzen. Dies ist der humanistische Ansatz zur Ökonomie: Wir sollten Leiden – geistiges sowie körperliches – minimieren. Wir sollten die Herren über die Märkte bleiben, und nicht umgekehrt.[42] Darüber hinaus sollten die Vorteile der Märkte nicht nur einigen wenigen Mitgliedern der Gesellschaft zugute kommen, denn das wäre unfair und grenzt aus. Dies war auch der Ursprung der „Occupy Wall Street"-Bewegung.

Es gibt ein Kontinuum von sozio-ökonomischen Systemen, die vom Marktfundamentalismus bis zum Sozialismus reichen. Ich plädiere für eine Konstellation der institutionellen Regelungen in der goldenen Mitte zwischen den beiden ideologischen Extremen, welche den meisten von uns heute als auch zukünftigen Generationen ein einigermaßen erfülltes Leben bieten könnte. Ich glaube nicht, dass wir Wirtschaftswachstum um jeden Preis brauchen, wie es Politiker immer wieder als Parole benutzen. Vielmehr brauchen wir eine gerechtere Wirtschaft, die auch das Wohlbefinden zukünftiger Generationen berücksichtigt und weniger Unzufriedenheit und Unsicherheit produziert als das gegenwärtige System.

---

[42] Über die Zeit unmittelbar vor der Finanzkrise schreibt Benjamin M. Friedman, dass „es der Wirtschaft ziemlich gut ging, doch ging es den meisten Menschen in dieser Wirtschaft nicht so gut. Der Hauptgrund war eine wachsende Ungleichheit." Benjamin M. Friedman, „Widening Inequality Combined with Modest Growth", *Challenge* 52 (2009) 3: S. 76-91.

Die real existierende Volkswirtschaft

Obwohl viele Ökonomen die einfachen Standardmodelle ablehnen, sind ihre Ansichten in den meistverwendeten Lehrbüchern für Bachelorstudenten nicht ausreichend vertreten.[43] Zum Beispiel fordert W. Brian Arthur, eine anerkannte Autorität auf dem Gebiet der Komplexitätstheorie, eine „etwas realistischere Wirtschaftwissenschaft". „Wie die jüngsten Ereignisse zeigen", warnt er, „müssen wir dringend neu darlegen, wie wir die Wirtschaft verstehen."[44] Darüber hinaus formuliert die Redaktion der Zeitschrift *Capitalism and Society* unter der Überschrift „Ziele und Aufgabenstellung" ihre Kritik am Mainstream deutlich: „Die volkswirtschaftliche Lehrmeinung, die in Hörsälen, Banken und Staatswesen dominiert, verkennt die moderne Volkswirtschaft. Diese Verkennung hat Folgen dafür, wie wir die Geschichte verstehen, wie wir Wirtschaftpolitik betreiben und wie wir den Kapitalismus ganzheitlich betrachten. Ihre Erklärungen scheitern und führen in kritischen Augenblicken der modernen Geschichte in die Irre. Bis die Volkswirtschaftslehre den grundlegenden Charakter der modernen Wirtschaft berücksichtigt – wie die menschliche Ignoranz, die Unsicherheit, die Innovationen im Bereich der Finanzspekulationen – wird unsere Sicht begrenzt und verzerrt bleiben."[45] Kurz gesagt, wir müssen einen frischen Blick auf die Realitäten um uns herum werfen, anstatt kritiklos die zweifelhaften und illusorischen Vorstellungen der Elfenbeinturmökonomen zu übernehmen, egal wie brillant ihre Theoreme und wie beeindruckend die Mathematik ihrer anspruchsvollen Modelle erscheinen mag.

Kein Geringerer als der Nobelpreisträger Joseph Stiglitz hat erklärt, dass „Neoliberalismus als Doktrin und Marktfundamentalismus am Ende sind",[46]

---

[43] Drucilla K. Barker und Susan F. Feiner, *Liberating Economics: Feminist Perspectives on Families, Work, and Globalization* (Ann Arbor: University of Michigan Press, 2004), S. 5.

[44] W. Brian Arthur, External Professor, Santa Fe Institute, „Interests", http://tuvalu.santa fe.edu/~wbarthur/ (Stand 13. Januar 2012).

[45] „Aims and Scope", Capitalism and Society. *A Journal of the Center on Capitalism and Society.* URL: http://www.bepress.com/cas/aimsandscope.html (Stand 13. Januar 2012).

[46] „Dieser September wirkte sich auf den Fundamentalismus der Märkte so aus wie der Fall der Berliner Mauer auf den Kommunismus. Wir alle wussten, dass diese Ideen fehlerhaft waren, dass die Ideologie des freien Marktes nicht funktionierte, wir alle wussten, dass der Kommunismus nicht funktionierte, aber dieses waren die entscheidenden Momente, in denen die Unzulänglichkeiten deutlich wurden, ... Amerika hat wirklich ein System ... eine Art von Konzernen bestimmtes Wohlfahrtssystem ... unter dem Deckmantel der freien Marktwirtschaft. Und es ist diese Mischung, die grundlegend fehlerhaft, inkohärent, von Anfang an intellektuell bankrott war, die nicht mehr funktioniert hat." „Joseph Stiglitz – ‚Market Fundamentalism is Dead'", YouTube video, 4:14, gepostet von

was man allerdings nicht glauben würde, wenn man die beliebtesten ökonomischen Lehrbücher liest, die jahrein, jahraus Millionen Studenten beeinflussen. Darüber sollte nicht leichtfertig hinweggegangen werden. Es hat immense
Auswirkungen auf die Medien, den politischen Diskurs und die Mentalität
der Wähler. Kein Wunder also, dass viele fragen „warum die Wirtschaftswissenschaften auf dem falschen Weg sind."[47] Dies ist sehr bedauerlich, da die
Wirtschaftwissenschaften eigentlich eine viel reichhaltigere Disziplin sein sollten, als sie es in den letzten Jahrzehnten waren. Es besteht keine Notwendigkeit, so wichtige Entwicklungen des letzten halben Jahrhunderts wie die entscheidende Rolle von Informationsasymmetrie, strategisches Verhalten und
Transaktionskosten in wirtschaftsrelevanten Entscheidungen zu unterdrücken.[48]

Einfach ist für Einfältige

Das Argument, dass eine einfache Übersicht über die Volkswirtschaftslehre in
einer Einführungsveranstaltung genügt, weil man erst die Grundlagen legen
muss, bevor die Studenten anspruchsvollere Aspekte der Disziplin lernen
können, ist völlig falsch.[49] Es unterschätzt die Studenten. Die Grundlagen
sollten nicht eine Karikatur der Wirklichkeit sein, die diese bis zur Unkennt-
lichkeit verzerrt. Ich wage zu sagen, dass, wenn er noch am Leben wäre, der
mit dem Nobelpreis ausgezeichnete Physiker Richard Feynman (1918-1988),
bekannt auch für seine offenen und direkten Worte, mit dieser Ansicht über-
einstimmen würde. In seiner berühmten Festrede am California Institute of
Technology 1974 beschwor er die Abschlussklasse zu „wissenschaftlicher In-
tegrität", „völliger Ehrlichkeit", und dazu, „sich ein Bein auszureißen", um
„sich [und uns] nichts vorzumachen".[50] Ich glaube, dass das Gleiche auch für
uns, die Lehrer der Wirtschaftswissenschaften, gelten sollte. Von Anfang an
sollten sich die Studenten aus mindestens drei wichtigen Gründen völlig im

---

ForaTV, 10. November 2008, URL:http://www.youtube.com/watch?v=x_2-Tv2GPs0&NR=1
&feature=fvwp (Stand 5. September 2012).

[47] McCloskey wirft dem Mainstream „kulturelle Barbarei" und „Historische Ignoranz"
vor. Deirdre McCloskey, *Secret Sins*.

[48] Amartya Sen, „Rational Fools: A Critique of the Behavioral Foundations of Economic
Theory", *Philosophy and Public Affairs* 6 (1977) 4: S. 317-344.

[49] Bernard Guerrien, „Is There Anything Worth Keeping in Standard Microeconomics?",
Post-Autistic Economics Review 12 (2002), URL:http://www.bernardguerrien.com/index.
htm/id20.htm (Stand 21. Mai 2012).

[50] Richard Feynman, „Cargo Cult Science", *Engineering and Science* 37 (1974) 7: S. 10-13,
URL: http://calteches.library.caltech.edu/3043/1/CargoCult.pdf (Stand 6. Mai 2012).

Klaren über die Grenzen der realen Märkte im Vergleich zu den theoretischen Märkten sein:

1) Halbwahrheiten gehören nicht in die Wissenschaft – weder am Anfang des Studiums noch am Ende – und das Weglassen wichtiger neuer Entwicklungen wie Herbert Simons Theorie des „satisficing" oder Kahneman und Tverskys „Neue Erwartungstheorie" ist nicht das, was man als „volle Wahrheit" bezeichnen würde.[51]

2) Es ist viel effizienter, eine Disziplin von Anfang an richtig zu lernen, als sie später korrigieren zu müssen. Es ist extrem schwierig, etwas umzulernen, wenn man erst einmal die (falschen) Grundannahmen der Disziplin verinnerlicht hat. Der menschliche Geist ist nicht so flexibel: Wenn die neuronalen Netze einmal etabliert sind, sind sie extrem schwierig neu zu verknüpfen.[52]

3) Die anspruchsvolleren Ideen erweisen sich als überhaupt nicht so kompliziert und lassen sich leicht auf Anfängerniveau erklären. Vernachlässigt man sie, verzerrt man die ökonomische Theorie in solchem Maße, dass die Studenten das Semester mit einer grundlegend irreführenden Karikatur der real existierenden Wirtschaft verlassen.[53]

Diese Indoktrination spielte eine wesentliche Rolle in der politischen Entwicklung des letzten halben Jahrhunderts. Sie formte ein geistiges Klima, in dem sich das „Freie Märkte über alles"-Verständnis der Welt einfach durchsetzen konnte. Daher sollte jede Aussage im Lehrsaal die Wahrheit widerspiegeln und die Unterscheidung zwischen theoretischen und tatsächlichen Märkten klar und deutlich dargestellt werden.[54] Und das auch, wenn vom Dozenten erwartet wird, dass er eine Menge Material im Einführungskurs behandelt. Dennoch, ohne ausgewogenen Rahmen, in dem verschiedene Perspektiven vertreten sind, kann der Student nur eine stark verzerrte Sichtweise auf die Zuverlässigkeit der Marktprozesse gewinnen.

---

[51] Herbert Simon, „Rationality in Psychology and Economics", in *Rational Choice*, Hrsg. Robin M. Hogarth und Melvin W. Redder (Chicago: The University of Chicago Press, 1986); Amos Tversky und Daniel Kahneman „Judgment under Uncertainty: Heuristics and Biases", *Science*, New Series 185 (1974) 4157: S. 1124-1131.

[52] B.F. Skinner hat gezeigt, dass es viel länger dauert, etwas zu verlernen, als es neu zu erlernen. Siehe *Science and Human Behavior* (New York: Free Press, 1965), S. 62-71.

[53] Bruno S. Frey und S. Meier, „Are political economists selfish or indoctrinated? Evidence from a natural experiment", *Economic Inquiry*, 41 (2003): S. 448-462. Die vollständige Version wird zwar in einigen graduierten Programmen gelehrt, aber leider in viel zu wenigen. The Cambridge 27, „Opening Up Economics: A Proposal By Cambridge Students", *Post-Autistic Economics Newsletter* 7 (2001): article 1, URL: http://www.paecon.net/PAE texts/Cambridge27.htm (Stand 5. September 2012).

[54] Wir sollten auch den Unterschied zwischen Fakten und Überzeugungen betonen.

Wie der New-York-Times-Kolumnist und Nobelpreisträger Paul Krugman es ausdrückt: „Die Wirtschaft ist ein komplexes System von interagierenden Individuen – und diese Individuen selbst sind komplexe Systeme. Die neoklassische Wirtschaftstheorie übersimplifiziert sowohl die Einzelpersonen als auch das System, was ihre Nutzer weit bringt, aber auch dazu verführt, dass die extremen Vereinfachungen beibehalten werden, auch wenn sie erwiesenermaßen zu falschen Ergebnissen führen. Ökonomen müssen lernen, dieser Versuchung zu widerstehen."[55]

Viele Einführungstexte argumentieren, dass man die Realität vereinfachen müsse, um damit beginnen zu können, dieses komplexe System zu verstehen. Allerdings ist es entscheidend, die richtige Balance zwischen Vereinfachung und Realismus zu finden: Zu starke Vereinfachung führt zu Verzerrungen und zu grundlegenden Missverständnissen der Disziplin. Eine einfache Landkarte der USA ist ein wunderbares Medium, um die relativen Distanzen zwischen New York, Chicago und Los Angeles zu verstehen, aber sie ist nutzlos, wenn Sie das nächstgelegene Krankenhaus finden wollen. Dafür benötigen Sie eine Karte mit einer anderen Auflösung – die einfachste ist nicht unbedingt immer die effektivste.

Andere Ökonomen argumentieren, dass die Modelle unrealistisch sein können, solange ihre Vorhersagen richtig sind. Aber die Mainstream-Ökonomie schafft nicht einmal das. Auf Basis der Mainstream-Modelle würde man erwarten, dass unsere Lebenszufriedenheit oder unser Glück im Laufe des zwanzigsten Jahrhunderts erheblich zugenommen hat. Immerhin erhöhte sich das reale Bruttoinlandsprodukt pro Einwohner in den USA seit dem Zweiten Weltkrieg um mehr als das Dreifache. Aber diese Vorhersage wird durch die Tatsache widerlegt, dass sich in den letzten 50 Jahren der Anteil der Menschen, die sich als zufrieden bezeichnen, nicht verändert hat. Offenbar wird die Bedeutung des Geldes in den Wirtschaftswissenschaften überbewertet. Auf den folgenden Seiten werden wir dieses Phänomen genauer untersuchen.

Ein weiteres Beispiel für völlig falsche Vorhersagen war das Unvermögen der Ökonomen, die Krise von 2008 vorherzusagen, genauso so wie sie schon ein dreiviertel Jahrhundert zuvor bei der Depression in den 30er Jahren versagt hatten. Die amerikanische Zentralbank sagte vorher, dass die Subprime-Hypotheken die Stabilität des Finanzsystems nicht gefährden würden. Ben Bernanke selbst war der Meinung, dass die Immobilienpreise nicht fallen würden. Ich vermute, dass Geologen in der Vorhersage von Erdbeben besser sind als Bernanke in der Einschätzung der Auswirkungen der Finanzkrise.

---

[55] Paul Krugman, „A Few Notes on My Magazine Article", *New York Times blog*, September 5, 2009, URL: http://krugman.blogs.nytimes.com/2009/09/05/a-few-notes-on-my-magazine-article/ (Stand 5. September 2012).

Hinzu kommt, dass Ökonomen keine Lösung für unsere aktuelle wirtschaftliche Zwickmühle haben. Einfach ausgedrückt: Wenn es um die großen Herausforderungen unserer Zeit geht, ist die ökonomische Theorie völlig nutzlos. Man kann also sagen, dass die Behauptung, Ökonomen könnten auch mit unrealistischen Modellen genaue Vorhersagen treffen, durch die Realität widerlegt worden ist.

„Es ist nur ein Modell!"

Ökonomen denken in theoretischen Modellen, umgesetzt in Form von Gleichungen oder geometrischen Diagrammen. Lehrbuchökonomie beruht auf Annahmen, wie die Variablen innerhalb des Modells interagieren. Obwohl diese Annahmen rigoros erscheinen, sind wir gezwungen, die Anzahl der Variablen auf eine Handvoll zu limitieren, damit wir in der Lage sind, ihre gegenseitige Beeinflussung und Interaktion zu begreifen. Während diese einfachen logischen Konstrukte sehr nützlich sein können, können sie in der Regel die wahre Natur eines Wirtschaftsystems mit Tausenden von Variablen und buchstäblich Millionen von interagierenden Komponenten, die in einem noch größeren globalen Rahmen eingebettet sind, nicht erfassen. Diese enorme Komplexität wird schnell unergründlich, überwältigend und rechnerisch unlösbar. Daher ist eine Vereinfachung der realen Welt sicherlich praktisch, spielt eine legitime Rolle in der Analyse und kann nützliche Erkenntnisse liefern. Allerdings kann eine zu starke Vereinfachung Modelle schädlich machen, wie wir es gerade in der jüngsten Finanzkrise gesehen haben. Leider wird viel zu oft die Unterscheidung zwischen der Modellwelt und der Realität nicht ausreichend betont, sodass Studenten und Praktiker die beiden verwechseln. Lehrer leisten ihren Studenten einen Bärendienst, wenn diese am Ende des Semesters die beiden Welten nicht klar trennen können.

Der Grund dafür ist, dass zu häufig vereinfachte Lehrbuchmodelle fälschlicherweise so auf reale Situationen angewandt werden, dass sie, anstelle eines tieferen Verständnisses, Verwirrung schaffen und zu einer mächtigen zerstörerischen Kraft werden: Dass Alan Greenspan und Ben Bernanke die Macht des systemischen Risikos im Finanzsektor vor dem großen Zusammenbruch 2008 übersehen haben, ist erneut ein anschauliches Beispiel für die schädlichen Kräfte von Modellen, die den tatsächlichen Umständen in der realen Wirtschaft nicht entsprechen. Ein weiteres Beispiel ist die wiederkehrende fehlgeleitete Anwendung von Modellen des vollkommenen Wettbewerbs (für Gewerkschaften und den Mindestlohn am deutlichsten, siehe Kapitel 9) in Märkten, die mit dieser Modellwelt nichts gemein haben. In der heutigen Wirtschaft ist vollkommene Konkurrenz die Ausnahme und nicht die Norm.

So entsteht im Alltagsverständnis ein enormes intellektuelles Problem in dem Maße, wie die theoretischen Modelle jeden Tag vor allem im politischen Diskurs missbraucht werden. Dies ist keine Kleinigkeit, sondern eine der Wurzeln der aktuellen wirtschaftlichen, sozialen und politischen Krise – einem Wendepunkt in der amerikanischen Geschichte. Zum Beispiel wurden Modelle des vollkommenen Wettbewerbs unkritisch und unangemessen in Situationen angewendet, die durch unvollständige Information geprägt waren. Daher ist es vor allem die Schuld der Ökonomen, dass die Öffentlichkeit, die Medien und die Politiker so schlecht informiert waren. Sie haben den Geist der Feynmanschen Ermahnung nicht ausreichend beherzigt und sich nicht genügend darum bemüht, die Bedingungen, unter denen die einfachen Lehrbuchmodelle verwendet werden dürfen, mit ausreichender Klarheit zu erklären. Es ist absolut unzureichend, die Annahmen zu Beginn des Semesters zu erwähnen und davon auszugehen, dass die Studenten sich am Ende des Semesters noch an sie erinnern. Wir müssen die Bedingungen, unter denen die Modelle des vollkommenen Wettbewerbs in der realen Welt angewendet werden können, viel vorsichtiger abgrenzen. Ohne solche Klarstellungen und eine beständige Qualitätskontrolle führen die meisten Lehrbücher grundlegend in die Irre und sind eher schädlich als nützlich, da sie nicht zu einem differenzierten Verständnis der wirklichen wirtschaftlichen Prozesse führen.

Das Versäumnis, die real existierende Wirtschaft nicht ins Zentrum der Analyse zu stellen, hat immense Auswirkungen auf die politische und zivile Gesellschaft, wenn die Massen von Studenten ins nachuniversitäre Leben treten und Jahre später über die wirtschaftspolitischen Pläne der politischen Parteien zu entscheiden haben oder Journalisten, Radiokommentatoren, Kleinstadt-Bürgermeister, politische Berater oder Aktivisten werden – mit anderen Worten, wenn ihre Karriere sie in verantwortliche Positionen innerhalb der Gesellschaft führt. Wenn sie fälschlicherweise denken, dass sie die Grundlagen der ökonomischen Theorie verstanden haben – dass Märkte, wenn in Ruhe gelassen, effizient funktionieren –, werden die Mängel der standardmäßigen volkswirtschaftlichen Einführungsvorlesung ihre schädigende Wirkung voll entfalten können. Dann werden sie im aktuellen politischen Klima anfällig für oder verbreiten selbst vereinfachende und wahrheitsverzerrende Parolen: „Der Wettbewerb wird zu Wachstum führen", „der freie Markt ist effizient", „Steuersenkungen führen zu Arbeitsplätzen", „die Regierung ist nicht die Lösung für unsere Probleme, die Regierung ist das Problem"[56] oder

---

[56] Ronald Reagans erste Antrittsrede, 20. Januar 1981, Ronald Reagan Presidential Library, URL: http://www.reagan.utexas.edu/archives/speeches/1981/12081a.htm (Stand 29. Januar 2012).

„Verbraucherschutz ist nicht nötig, wir alle wissen, was wir tun". Um solchen Fallen vorzubeugen, müssen die Professoren ab dem ersten Semester ihr Möglichstes tun, um zu verhindern, dass Studenten durch vorgetragene Halbwahrheiten konditioniert werden, die freie Markwirtschaft als magische Antwort auf alle aktuellen, wirtschaftlichen Probleme anzusehen.

Es gibt zahlreiche Beispiele. In der Wirklichkeit wird die überwältigende Mehrheit der ökonomischen Modelle unangemessen angewendet. In einem führenden Lehrbuch findet man zum Beispiel: „Das Gesundheitswesen ist ein Wirtschaftsgut wie Schuhe und Benzin."[57] Diese Behauptung ignoriert die wesentlichen Unterschiede zwischen diesen Gütern. Spätestens seit einem wegweisenden Artikel über das Thema im Jahre 1963 ist klar, dass die Standardmodelle nicht in den Gesundheitsmärkten angewendet werden sollten. Die Gründe dafür sind unvollkommene und asymmetrische Informationen zwischen Arzt und Patient, der Interessenkonflikt zwischen den verschiedenen Marktteilnehmern im Gesundheitswesen, Situationen in denen sehr komplizierte Entscheidungen unter Unsicherheit getroffen werden müssen, und die Tatsache, dass es keinen wirklichen Preiswettbewerb gibt. Deshalb ist der Gesundheitsmarkt völlig verschieden von dem Markt für Schuhe.[58] Man kauft in der Regel keine Versicherung für Schuhe, und Gesundheit wird normalerweise im Gegensatz zu Schuhen nicht als Luxusgut gesehen.[59] „Wer bemerkt es, wenn der Preis eines Designerschuhs von 800 Dollar auf 860 Dollar angehoben wird?"[60] Offensichtlich ist die Qualität eines Schuhs viel leichter zu ermitteln als die Qualität eines Krankenversicherungsvertrags. Außerdem wissen Ärzte viel mehr von Biologie und Medizin als wir und es gibt praktisch keine Möglichkeit für uns Laien, die beste Behandlungsmethode zu bestimmen. Ich habe noch nie von jemandem gehört, der eine unnötige MRT verlangt hat, aber ich habe von Ärzten gehört, die sie aus Profitgründen angeordnet haben. Benzin wiederum ist ein völlig andersartiges Produkt als Schuhe oder das Gesundheitswesen. Es wird aus einer begrenzten Ressource hergestellt und sein Konsum verschmutzt die Umwelt. So könnten die Charak-

---

[57] Paul Samuelson und William Nordhaus, *Economics*, 19. Auflage (New York: McGraw-Hill/Irwin, 2009), S. 221.

[58] Kenneth Arrow, „Uncertainty and the Welfare Economics of Medical Care", *American Economic Review* 53 (1963) 5: S. 141-149.

[59] Ein Paar Nike-Air-Turnschuhe wurde am ersten Verkaufstag für 300 Dollar verkauft. Jacques Slade, „Release Reminder: Nike Air Foamposite one ,Metallic Red'", Kicks On Fire, 3. Februar 2012, URL: http://www.kicksonfire.com/2012/02/03/release-reminder-nike-air-foamposite-one-metallic-red/ (Stand 3. Februar 2012).

[60] Stephanie Clifford, „Even Marked Up, Luxury Goods Fly Off Shelves", *New York Times*, 3. August 2011, http://www.nytimes.com/2011/08/04/business/sales-of-luxury-goods-are-recovering-strongly.html (Stand 2. Mai 2011).

teristika der drei Märkte nicht unterschiedlicher sein. Sie gleich zu behandeln trotzt dem gesunden Menschenverstand und verwirrt die Studenten.

Ein weiteres Beispiel aus dem aktuellen amerikanischen politischen Diskurs ist die oft zitierte Behauptung, dass „die Besteuerung der Reichen für das Wirtschaftswachstum schädlich" sei, wobei völlig übersehen wird, dass das Wachstum in den 1950er und 60er Jahren, als die Steuersätze für Spitzeneinkommen deutlich höher waren, als sie es heute sind, hoch war. Die Befürworter niedriger Steuern übersehen auch die empirischen Belege anderer Länder (wie Deutschland, Schweiz und Japan, um nur einige der vielen Länder zu nennen), denen es gelingt, sehr gut zu investieren, ohne eine so ausgeprägte Wohlstandsschere wie in den USA zu haben. Niedrigere Steuersätze für die Reichen sollten Investitionen erhöhen, das führt aber dazu, dass die Reichen einen großen Teil ihres Einkommens für Geltungskonsum ausgegeben.[61] Ich weiß von keinen Studien, in denen berechnet wurde, wie viel die Reichen für Geltungskonsum ausgeben, aber es ist sicherlich zu fragen, ob John Travolta wirklich zwei Düsenflugzeuge in seinem Hinterhof braucht, damit wir eine wachsende Wirtschaft haben? Braucht Mitt Romney in seinem Haus in La Jolla Beach wirklich einen Aufzug für sein Auto, um den Menschen wieder Arbeit zu verschaffen?[62] Wenn er höhere Steuern zu zahlen hätte, könnte er sich solche leichtfertigen Ausgaben nicht leisten und es gäbe mehr Geld für psychiatrische Pflegeeinrichtungen, sodass die Zahl der Massaker reduziert würde.

Zusammenfassend hat sich die gegenwärtige Praxis der Volkswirtschaftslehre als völlig lernresistent erwiesen – trotz Unmengen von Gegenbeweisen in der Realität. Die jüngste Finanzkrise war mehr als nur eine unbequeme Wahrheit, die man nicht wahrnehmen wollte, damit die Eloquenz der mathematischen Theorien nicht gestört wird. Jedoch ist sie nur eines von vielen Beispielen dafür, wie die Märkte versagt haben: Man denke nur an die Savings-and-Loan-Krise der 1980er Jahre, die Peso-Krise 1994, die Asienkrise von 1997. Trotzdem blieben die Lehrbücher unverändert und vermitteln den Studenten noch immer nicht die grundlegenden und systematischen Schwä-

---

[61] Es gibt in den USA etwa 300.000 Operationen zur Brustvergrößerung pro Jahr. Leeann Morrissey, „Plastische Chirurgie Statistik: Brustvergrößerung Volumenzunahme" Plastic Surgery.com, URL: http://www.plasticsurgery.com/breast-augmentation/plastic-surgery-statistics-breast-augmentation-increases-in-volume-a1173.aspx (Stand 5. September 2012). In den USA werden die meisten Schönheitsoperationen der Welt durchgeführt – rund 1 Million pro Jahr. International Society of Aesthetic Plastic Surgeons, „ISAPS International Survey on Aesthetic/Cosmetic Procedures Performed in 2011." URL: http://www.isaps.org/files/html-contents/Downloads/ISAPS%20Results%20-%20Procedures%20in%202011.pdf (Stand 31. Januar 2013).

[62] Reid J. Epstein, „Mitt Romney's 4-Car Fantasy Home", Politico, 27. März 2012, URL: http://www.politico.com/news/stories/0312/74518.html (Stand 2. Mai 2012).

chen der freien Marktwirtschaft.[63] Ziel des Buches ist es, diese Diskrepanz durch die Ergänzung der herkömmlichen Theorien zu beseitigen und einen Kapitalismus mit menschlichem Antlitz zu schaffen.

---

[63] David Harvey, *The Enigma of Capital: And the Crisis of Capitalism* (Oxford: Oxford University Press, 2010).

2 Märkte sind weder allwissend noch allmächtig

Märkte sind nicht durch Gott erschaffen

Gemäß konventioneller Weisheit sind freie Märkte praktisch makellos mit fast göttlicher Aura. So haben wir die göttlichen Rechte der Könige durch die himmlischen Gesetze des Marktes ersetzt. Wir sollten jedoch im Auge behalten, dass die Märkte von Menschen und nicht von einer Gottheit geschaffen werden. Sie sind keineswegs selbstverständlich.[1] Vielmehr sind sie von uns Sterblichen geschaffen und können daher geformt und reformiert werden, um sie unseren Zielen anzupassen. Sie stehen nicht über der Kritik, sie können unter Umständen fehlbar sein und sollten nicht vergöttert werden. Sie sind ein Mittel zum Zweck und nicht ein Selbstzweck. Daher sollten wir die Meister der Märkte bleiben und nicht umgekehrt.[2] Wir haben die Märkte genutzt, um Prometheus zu entfesseln und dadurch die Einkommen zu steigern, einen immensen Überfluss von materiellen Gütern zu erzielen, die Lebenserwartung zu erhöhen und Wunder in der Medizin, in der Kommunikation und in der Informationstechnologie zu erschaffen. Dies sind natürlich hervorragende Leistungen. Doch ist es durchaus nicht die ganze Wahrheit. Es gibt einige unbequeme Fakten zu berücksichtigen: zum Beispiel die immense relative und absolute Armut und Entbehrung, die trotz aller materiellen Fortschritte weiterhin in unserer und in anderen Gesellschaften besteht.

---

[1] „… Im vergangenen Vierteljahrhundert haben wir den ‚freien' Markt als Ideologie und nicht für das, was er ist, verehrt – ein natürliches Produkt der menschlichen sozialen Evolution und ein … wirtschaftliches Instrument, um eine gerechte und gleichberechtigte Gesellschaft zu konstruieren. Unter dem Eindruck dieser Ideologie und dem falschen Versprechen schnellen Reichtums wurden die Werte der amerikanischen Einwanderer wie Sparsamkeit, Umsicht und Sorge um das Gemeinwohl – traditionell die Grundlagen des amerikanischen Traums – durch alles verzehrendes Eigeninteresse ersetzt." Peter C. Whybrow, „Dangerously Addictive. Why we are Biologically Ill-Suited to the Riches of Modern America", *The Chronicle of Higher Education*, 13. März 2009.

[2] „Wir dürfen aus dem Markt … kein Idol machen", Robert P. George nach ungefähr 32 Minuten in dem 62-minütigen Videodialog „The Scandal of the Cross" mit Cornel West; „Bloggingheads: Greed is Bad", *The New York Times* video, 8:15, 16. Dezember 2010.

Der Nachteil freier Märkte

Die gängige Meinung ist, dass – in den Worten von Larry Summers (Finanz-minister unter Bill Clinton und Berater von Barack Obama) – Kapitalismus, der auf der freien Marktwirtschaft basiert, „ein enormer Erfolg war".[3] Das ist aber nur so, wenn man die Vielzahl von negativen Begleiterscheinungen der freien Märkte bewusst ausblendet. Summers ignoriert die große Anzahl sozia-ler Probleme, die ein direktes Nebenprodukt der derzeitigen Organisation des Wirtschaftssystems sind. Märkte waren nicht in der Lage, diese Probleme zu lindern.[4] Die Verteidiger freier Märkte argumentieren, dass man die sozialen und die wirtschaftlichen Auswirkungen getrennt betrachten sollte, aber das ist selbst ein Werturteil ohne wissenschaftliche Grundlage, da die beiden Aspekte eng miteinander verflochten sind: Was in der Wirtschaft passiert, wird soziale Folgen haben und umgekehrt.

Arbeitslosigkeit zum Beispiel ist eine große Belastung, nicht nur für die be-teiligten Personen, sondern auch für ihre Kinder, Familien und ihr soziales Umfeld. Arbeitslosigkeit führt zu Veränderungen im Verhalten und in sozialen Beziehungen. Darüber hinaus ist Arbeitslosigkeit weder geographisch noch sozioökonomisch gleichmäßig verteilt. Oft werden ganze Stadtteile und Städte betroffen. Im Oktober 2011, drei Jahre nach Beginn der großen Rezession, waren 14 Millionen Amerikaner (9% der Erwerbsbevölkerung) arbeitslos und die Hälfte der Arbeitslosen war für mehr als fünf Monate ohne Arbeit. Bei Jugendlichen betrug die Arbeitslosenquote 25% und für Schwarze 16%. Hin-zu kommt, dass die Unterbeschäftigungsquote noch viel größer ist, denn es gibt weitere neun Millionen Männer und Frauen, die gezwungen sind, nur in Teilzeit zu arbeiten, und eine weitere Million, die entmutigt aufgehört hat, nach Arbeit zu suchen.[5] Daher ist die Unterbeschäftigungsquote näher an 15% – rund 23 Millionen Erwachsene – und diese Zahl hat sich bis 2013 nicht wesentlich geändert.[6] Die Unterbeschäftigten haben zweifellos Angehörige, und so ist es nicht übertrieben zu vermuten, dass um die 50 Millionen Men-schen (ungefähr einer von sechs Amerikanern) gezwungen sind, ein prekäres Leben zu führen und von der Hand in den Mund zu leben – und diese Zahl

---

[3] Lawrence Summers, „Why isn't Capitalism Working?", *Reuters*, 9. Januar 2012.

[4] Arianna Huffington, *Third World America: How Our Politicians are Abandoning the Middle Class and Betraying the American Dream* (New York: Crown Publishing Group, 2010); Robert Reich, *Aftershock: The Next Economy and America's Future* (New York: Knopf Publishing, 2010).

[5] U.S. Department of Labor, Bureau of Labor Statistics, „The Employment Situation – July 2012".

[6] U.S. Department of Labor, Bureau of Labor Statistics, „Table A-15. Alternative Mea-sures of Labor Underutilitzation".

schließt nicht einmal die arbeitenden Armen mit ein. Mit anderen Worten, ohne staatlichen Eingriff schafft es der Arbeitsmarkt nicht, die durch die gesamtwirtschaftliche Nachfrage gegebene Menge an Arbeit gerecht auf die Arbeitskräfte zu verteilen.[7] Die Akzeptanz eines solchen Niveaus unfreiwilliger Arbeitslosigkeit ist in sich eine kulturelle Norm.

Als Folge werden wir mit grassierenden und endemischen sozialen und wirtschaftlichen Herausforderungen konfrontiert. Die Mitglieder der angstbeladenen Unterschicht, die keinen Ausweg aus ihrer verzweifelten Situation sehen, wenden sich viel zu oft aus Frustration gegeneinander. Das ist ein Grund, warum die Mordrate in den USA fünf- bis siebenmal so hoch ist wie in den Wohlfahrtsstaaten in West- und Nordeuropa, wo die staatlichen Sicherheitsnetze die materielle Not auf ein erträglicheres Niveau reduzieren.[8] Die Kriminalität erhöht unser Angstniveau weiter und schadet damit unserem Wohlbefinden erheblich. Gleichzeitig ist sie ein Hinweis auf die sozioökonomischen Ungleichgewichte in der US-amerikanischen Gesellschaft.[9] Es gibt nicht weniger als fünf Millionen Menschen auf Bewährung oder in Haftaussetzung in den USA und weitere 2,3 Millionen Personen in den Gefängnissen.[10] Dies ist die höchste Inhaftierungsrate der Welt: 5% der Weltbevölkerung leben in den USA, aber 24% der Gefängnisinsassen.[11] Die Duldung dieses Zustandes zeigt die Grausamkeit des Wirtschaftssystems gegenüber jenen Menschen, die ihre Nische im legalen Arbeitsmarkt nicht finden können und in die nebulöse Unterschicht fallen, die nur wenige Ökonomen anzuerkennen bereit sind.

Darüber hinaus gab es in 2008 eine Million Privatinsolvenzen – im Vergleich zu 0,3 Millionen im Jahr 1980 –, was die berechtigte Verwendung des Begriffs des ungebremsten Fortschritts im Laufe des 20. Jahrhunderts in Frage

---

[7] Natürlich ist die Gesamtmenge der Arbeit flexibel, aber für den gegebenen Stundenlohn, die institutionelle Struktur der Wirtschaft, die Gesamtnachfrage gab es trotzdem nur Arbeit für ungefähr 140 Millionen Menschen, von denen 25 Millionen nur Teilzeit arbeiteten.

[8] United Nations Office on Drugs and Crime, *Global Study on Homicide* (Vienna: 2011), Table 8.1.

[9] Die amerikanische Mordrate von 42 pro Millionen Einwohner steht im starken Kontrast zur kanadischen von 15 Morden pro Millionen Einwohner. „Murders (per capita) by Country", NationMaster.com.

[10] Office of Justice Programs, Bureau of Justice Statistics, *Key Facts at a Glance: Correctional Populations*.

[11] Cecil Adams, „Does the United States Lead the World in Prison Population?", *Straight Dope*, 6. Februar 2004. In vielen Bundesstaaten haben diese Menschen nach ihrer Haftentlassung kein Wahlrecht.

stellt.[12] Auch sollten wir erwähnen, dass in 2010 in den USA 2,9 Millionen Zwangsvollstreckungen stattfanden,[13] dass in 2009 44 Millionen Menschen in Armut lebten[14] – das ist eine von sieben Personen und die höchste Armutsrate seit 15 Jahren (so hoch wie in den frühen 1980er Jahren) –, dass Ende 2010 47% der Bevölkerung (oder 140 Millionen Amerikaner) finanzielle Sorgen hatten.[15] Im Juni 2011 sind viele Menschen im reichsten Land der Erde nicht in der Lage, ihre Grundbedürfnisse zu befriedigen: 18% der Erwachsenen sind ohne Krankenversicherung und ebenfalls 18% hatten irgendwann im Laufe des letzten Jahres nicht genug Geld, um ausreichend Nahrung zu kaufen.[16] All dies hat einen Einfluss auf die psychische Gesundheit. Die Zahl der Menschen in den Vereinigten Staaten, die wegen Depressionen in Behandlung waren, erhöhte sich von 0,7% der Bevölkerung im Jahr 1987 auf 2,3% im Jahr 1997 und dann auf 2,9% bis 2007.[17] Während 1987 37% dieser Patienten Antidepressiva verschrieben bekamen, sind es 2007 schon 75%.

Kann eine solche Gesellschaft als Paradies der freien Märkte bezeichnet werden? Die Antwort ist klar, aber es gibt noch mehr zu beachten: An einem Tag in 2009 wurden 600.000 Obdachlose (in Obdachlosenheimen oder im Freien) gezählt, eine große Anzahl von ihnen Familien mit Kindern.[18] Die

---

[12] „Business and Non-Business Filings", BankruptcyAction.com; Teresa A. Sullivan, Elizabeth Warren und Jay Lawrence Westbrook, *The Fragile Middle Class Americans* (New Haven: Yale University Press, 2001). Elizabeth Warren, Senatorin von Massachusetts und ehemalige Professorin an der Harvard Law School beschäftigt sich mit den Schwierigkeiten und Herausforderungen des Lebens der amerikanischen Mittelklasse. Zum Beispiel ihr Vortrag im Jahr 2007: „The Coming Collapse of the Middle Class: Higher Risks, Lower Rewards, and a Shrinking Safety Net". Juliet B. Schor, *The Overspent American: Why We Want What We Don't Need* (New York: HarperPerennial, 1999).

[13] „Record 2.9 Million U.S. Properties Receive Foreclosure Filings in 2010 Despite 30-Month Low in December", RealtyTrac, 12. Januar 2011.

[14] Erik Eckholm, „Recession Raises Poverty Rate to a 15-Year High", *The New York Times,* 16. September 2010.

[15] „Gallup Daily: U.S. Life Evaluation", Gallup.

[16] Dan Witters, „Recession Persists in Terms of Americans' Access to Basic Needs", Gallup, 15. Juli 2011.

[17] Mark Olfson, Steven C. Marcus, Benjamin Druss, Lynn Elinson, Terri Tanielian, Harold A. Pincus, „National Trends in the Outpatient Treatment of Depression", *Journal of the American Medical Association* 287 (2002): 203-209; Steven C. Marcus und Mark Olfson, „National Trends in the Treatment for Depression from 1998 to 2007", *Archives of General Psychiatry* 67 (2010): 1265-1273.

[18] 1,6 Millionen Amerikaner nutzen jährlich Obdachlosenheime. U.S. Department of Housing and Urban Development, Press release for 2009 Annual Homeless Assessment Report to Congress; „About Homelessness", The National Alliance to End Homelessness. Die Zahl der obdachlosen Familien (Eltern mit Kindern), die in Obdachlosenheimen

Zahl der Kinder, die irgendwann im Jahr 2011 obdachlos waren, beträgt 1,6 Millionen.[19] All dies wird in den USA in einer Zeit als normal toleriert, in der es dort auch 400 Milliardäre[20] und 237.000 Millionäre gibt, die im Durchschnitt 3 Millionen Dollar pro Jahr verdienen[21] und deren Scheckbücher das Elend lindern könnten. Es gibt mehr Ungleichheit in den USA als in jedem anderen entwickeltem Industrieland der Welt (Abb. 2.1).

Die Armutsrate unter amerikanischen Kindern ist mit 20% doppelt so hoch wie in der Schweiz und höher als in jedem anderen westeuropäischen Land.[22] Ein Grund für die hohe Armutsrate bei Kindern ist, dass sich die Scheidungsrate seit 1960 etwa verdoppelt[23] und die Zahl der Haushalte mit weiblichem Haushaltsvorstand verdreifacht hat,[24] was auch bedeutet, dass es für diese 20 Millionen Kinder (28% aller amerikanischen Kinder) schwieriger ist, eine angemessene Ausbildung auf dem Weg in die Mittelklasse zu erhalten. Darüber hinaus leben viele Kinder in durch Armut dominierten Gegenden, wo sie vor allem im Bereich der Erziehung und Sozialisation, die so wichtig für ihren zukünftigen Lebensweg sind, katastrophale Startbedingungen vorfinden.[25] Der freie Markt kann nicht für gleiche Wettbewerbsbedingungen für die Kinder sorgen, die sich in einer Kultur der Armut befinden.[26] Ist es nicht peinlich, dass sich ein Land, das sich zu den reichsten der Welt zählt, laut UNICEF in

---

lebt, hat 2010 von 130.000 auf 170.000 zugenommen. Michael Luo, „Number of Families in Shelters Rises", *The New York Times*, 11. September 2010.

[19] Nicht alle von ihnen lebten auf der Straße. Einige lebten in Obdachlosenheimen, Motels oder mit anderen Familien. Marisol Bello, „Child homelessness up 33% in 3 years", USA Today 13. Dezember 2011.

[20] „The Forbes 400: The Richest People in America", *Forbes*, 21. September 2011.

[21] U.S. Internal Revenue Service, *SOI Tax Stats-Individual Statistical Tables by Size of Adjusted Gross Income.*

[22] OECD, *Growing Unequal*; Organization for Economic Cooperation and Development (OECD), *Divided We Stand: Why Inequality Keeps Rising* (Paris: OECD, 2011).

[23] National Center for Health Statistics, „Advance Report of Final Divorce Statistics, 1988", *Monthly Vital Statistics Report* 39 (1991) S. 12, suppl. 2.

[24] Terry A. Lugaila, „Marital Status and Living Arrangements: March 1998 (Update)", *Current Population Reports* P20-514 (1998).

[25] In einem Dutzend Ballungsgebieten wie New York, Chicago oder Cleveland lebt der durchschnittliche afroamerikanische arme Jugendliche in einer Nachbarschaft, in der ein Drittel der Kinder in Armut leben. Nancy McArdle, Theresa Osypuk und Dolores Acevedo-Garcia, „Disparities in Neighborhood Poverty of Poor Black and White Children", *Diversity Data Briefs* 1 (2007).

[26] Nur die Hälfte der männlichen afroamerikanischen Jugendlichen erzielt einen Highschoolabschluss und von den anderen landet die Hälfte vor ihrem 40. Geburtstag im Gefängnis. „Why are 1 in 9 Black Men in Prison?", NAACP of Otero County, New Mexico, 27. März 2008.

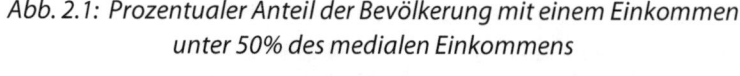

Abb. 2.1: Prozentualer Anteil der Bevölkerung mit einem Einkommen
unter 50% des medialen Einkommens

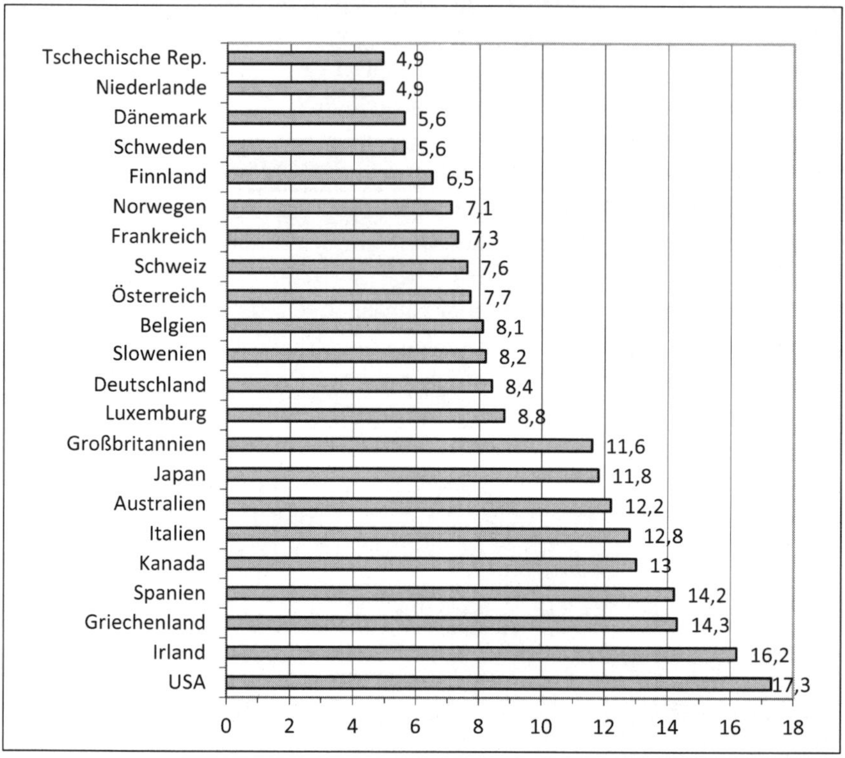

Tschechische Rep.	4,9
Niederlande	4,9
Dänemark	5,6
Schweden	5,6
Finnland	6,5
Norwegen	7,1
Frankreich	7,3
Schweiz	7,6
Österreich	7,7
Belgien	8,1
Slowenien	8,2
Deutschland	8,4
Luxemburg	8,8
Großbritannien	11,6
Japan	11,8
Australien	12,2
Italien	12,8
Kanada	13
Spanien	14,2
Griechenland	14,3
Irland	16,2
USA	17,3

Quelle: Human Development Report. Overcoming barriers: Human mobility and development, 2009, S. 180. http://hdr.undp.org/sites/default/files/reports/269/hdr_2009_en_complete.pdf (letzter Zugriff: 07. April 2015).

Bezug auf das Wohlergehen der Kinder auf dem letzten Platz der 21 untersuchten OECD-Länder befindet?[27] Sechs Millionen Kinder werden jährlich wegen Misshandlung den US-Behörden gemeldet und fünf Kinder sterben täglich aufgrund von Missbrauch und Vernachlässigung.[28] Die Frühgeburten-

---

[27] UNICEF Innocenti Research Centre, *Child Poverty in Perspective: An Overview of Child Well-Being in Rich Countries* (Italy: The United Nations Children's Fund, 2007), Report Card 7.

[28] „National Child Abuse Statistics", Childhelp; Centers for Disease Control and Prevention, „Nonfatal Maltreatment of Infants – United States, October, 2005 - September 2006", *Morbidity and Mortality Weekly Report* 57 (2008) 13: S. 336-339.

rate ähnelt mehr der Afrikas als der Europas.[29] Die Wahrscheinlichkeit, dass eine Jugendliche in Mississippi ein Kind bekommt, ist ungefähr 15-mal höher als für eine jugendliche Schweizerin.[30] Diese sozialen Probleme sind das Resultat des Wirtschaftssystems und der Verteilung von Wohlstand und Chancen, die es der Bevölkerung bietet.

Wegen der chronischen Unterfinanzierung des öffentlichen amerikanischen Schulsystems hinken die amerikanischen Schulkinder darüber hinaus weit hinter den Leistungsträgern rund um die Welt her: 15-Jährige belegen den 17. Platz im Lesen, den 23. in Naturwissenschaften und den 31. in Mathematik.[31] Die USA erreichen in der Qualität des mathematischen und naturwissenschaftlichen Unterrichts einen peinlichen 48. Platz unter 133 Industrie- und Entwicklungsländern.[32] Diese deprimierende Leistung verheißt in den kommenden Jahren nichts Gutes für die Konkurrenzfähigkeit der Vereinigten Staaten in der IT-Branche.[33]

Letztendlich ist die geringe Qualität des amerikanischen Bildungssektors das Ergebnis der staatsfeindlichen Stimmung in der öffentlichen Meinung und der daraus folgenden Problematik, ein ausreichendes Steueraufkommen erzielen zu können. Die Staatseinnahmen zu beschränken, ist eine konservative Strategie, die „Bestie verhungern zu lassen".[34] Als Folge davon sind öffentliche Güter wie angemessene Schulen besonders knapp. In diesem Sinne ist

---

[29] Christopher P. Howson, Mary V. Kinney und Joy E. Lawn Hrsg., *Born Too Soon. The Global Action Report on Preterm Birth* (Geneva: WHO, 2012).

[30] „Nach unserer Meinung werden wegen der grundlegenden sozialen und wirtschaftlichen Probleme so viele Teenager in den USA Eltern. Es ist das Ergebnis der Entscheidung weiblicher Teenager, sich dem wirtschaftlichen Mainstream zu entziehen. Sie wählen schon in jugendlichem Alter ein nicht-materielles Lebensmodell der Mutterschaft, anstatt in ihre ökonomische Zukunft zu investieren, da sie das Gefühl haben, ohnehin nur wenig Chancen auf wirtschaftlichen Erfolg zu haben." Melissa S. Kearney und Phillip B. Levine, „Why Is the Teen Birth Rate in the United States So High and Why Does It Matter?", *Journal of Economic Perspectives* 26, (2012) 2: S. 141-166.

[31] „An International Education Test", *The New York Times*, 7. Dezember 2010.

[32] Editorial, „48th Is Not a Good Place", *The New York Times*, 26. Oktober 2010.

[33] Der amerikanische Bildungsminister Arne Duncan sagte, dass dies als ein Weckruf gesehen werden sollte. Sam Dillon, „Top Test Scores from Shanghai Stun Educators", *The New York Times*, 7. Dezember 2010.

[34] „Bestie" bezieht sich hier auf die Regierung. Die Strategie, die „Bestie verhungern zu lassen", basiert auf der Idee, dass, wenn die Steuern reduziert werden, die steigenden Defizite Druck auf die Regierung ausüben, ihre Ausgaben ebenfalls zu reduzieren. Diese Strategie wurde erstmals von Alan Greenspan in einer Anhörung vor dem amerikanischen Kongress artikuliert. Diese Strategie übersieht jedoch schädlicherweise die Fähigkeit der Regierung, Schulden aufzunehmen. Bruce Bartlett, „Tax Cuts and ‚Starving The Beast'. The most pernicious fiscal doctrine in history", *Forbes*, 7. Mai 2012.

John K. Galbraiths Vergleich von „privatem Wohlstand" mit „öffentlichem Elend" heutzutage genauso gültig, wie er es vor ein paar Generationen war.[35]

Es gibt viele andere Probleme mit dem aktuellen Zustand der Wirtschaft: In der Liste der Länder, in denen es sich am besten Mutter sein lässt, erreichte die USA in 2012 nur den 25. Platz.[36] Allgemeine Verbraucherbeschwerden sind endemisch. Es gibt sogar Betrüger, die falsche „Hilfe" anbieten, um Häuser vor der Zwangsvollstreckung zu retten.[37] Die Infrastruktur in den USA wurde nicht ausreichend instand gehalten, wie der Einsturz einer Brücke in Minneapolis im Jahr 2007 zeigte, bei dem 13 Menschen getötet und 145 verletzt wurden.[38] Wir haben das Wohl unserer Kinder verpfändet, indem wir übermäßige Schulden aufgenommen haben. Wir zerstören weiterhin die Umwelt, sodass die globale Erwärmung unser Überleben bedroht und zu einer Rückkehr der Malthusischen Prophezeiungen führt.

Es sollte auch aus dieser begrenzten Aufzählung klar sein, dass wir eine überwältigende Liste von Problemen haben und Larry Summers „enormer Erfolg" all diese Probleme nur totschweigt. Alle Rankings, die verschiedene Aspekte der Lebensqualität messen, zeigen, dass die USA weit davon entfernt ist, ein Vorreiter in den Bereichen des Lebens zu sein, die wirklich wichtig sind: Gesundheit, innere Ruhe, Sicherheit, Bildung, soziale Mobilität und das Wohlergehen der Kinder. Das Problem ist nicht das durchschnittliche Einkommen, sondern seine ungleiche Verteilung. Und Ökonomen haben viel zu lange dazu geschwiegen, anstatt auf die Kluft zwischen dem durchschnittlichen Einkommen und der Lebensqualität der Bevölkerung hinzuweisen. Kurz gesagt, der menschliche Fortschritt war wesentlich geringer, als die meisten Ökonomen zuzugeben bereit sind, und darüber hinaus hat er sich nur auf einen kleinen Teil der Gesellschaft beschränkt. In der Tat hätten wir, angesichts unseres immensen Reichtums, mehr zur Verbesserung der Lebensqualität der Gesellschaft insgesamt tun können oder sogar müssen. Zusam-

---

[35] John K. Galbraith, *The Affluent Society* (New York: Houghton Mifflin, 1958); Lester C. Thurow, „Galbraith, John Kenneth (1908-2006)", in *The New Palgrave Dictionary of Economics*, 2. Auflage, Hrsg. Steven N. Durlauf und Lawrence E. Blume (UK: Palgrave Macmillan, 2008).

[36] Im Jahr davor befanden sich die USA auf dem 31. Platz. „The Best and Worst Places to Be a Mom", PBS Newshour video, 5:43, 8. Mai 2012.

[37] Jennifer Saranow Schultz, „Top Consumer Complaints in 2009", *The New York Times*, 27. Juli 2010.

[38] Wikipedia Autoren, „I-35W Mississippi River bridge", *Wikipedia: The Free Encyclopedia*; Paul Krugman, „America Goes Dark", *The New York Times*, 8. August 2010; Bob Herbert, „The Corrosion of America", *The New York Times*, 26. Oktober 2010; Walter Euken, *The Foundations of Economics: History and Theory in the Analysis of Economic Reality* (Berlin: Springer, 1950).

menfassend: Fortschritt darf nicht durch das Wachstum des Durchschnittseinkommens allein gemessen werden, sondern es muss auch nach der Verteilung des Einkommens gefragt werden. Wohlbefinden ist viel facettenreicher, als herkömmlicherweise angenommen.

Der Staat ist wichtig

Der Staat macht viele Dinge gut, z.b. das Autobahnnetz zu bauen, die öffentliche Bildung, eine Grundrente zu garantieren und das öffentliche Rentensystem sicherzustellen – alles Bereiche, in denen sich die Politik seit Jahrzehnten effizient um die Bürger gekümmert hat. Die Politik sollte daher nicht ständig verunglimpft werden. Stattdessen sollten wir betonen, dass die Märkte ohne ausreichende Gesetze und entsprechende Institutionen, die zum größten Teil vom Staat erschaffen werden, überhaupt nicht funktionieren würden. Es waren lehrreiche Momente in unserer Geschichte, als die Märkte ohne ausreichende staatliche Hilfe implodiert wären und als General Motors und Chrysler die Hilfe des Staates dringend benötigten, um wiederbelebt zu werden. Die Regierung baut Dämme und Brücken, sorgt für die Bildung unserer Kinder, stabilisiert das Bankensystem und spornt Innovationen durch die Unterstützung der Grundlagenforschung in Hunderten von Bereichen in Medizin, Informationstechnologie und Biotechnologie an. Es gibt sehr gute Gründe, die Hymnen für freie Märkte nicht bedingungslos anzustimmen.[39] Nicht die Märkte allein haben uns unser aktuelles Wohlstandsniveau erreichen lassen und hätten es uns auch nicht alleine erreichen lassen können. Es war eine Partnerschaft von individuellen und gemeinschaftlichen Anstrengungen.

Märkte sind Institutionen wie das Staatswesen und genauso sollten sie auch unter unserer Kontrolle sein. Die Märkte sind nicht die Souveräne, wir sind es. Wir, die Menschen, haben das ultimative Recht, in einer demokratischen Gesellschaft zu bestimmen, was unsere Ziele sind und wie wir sie zu erreichen versuchen. Einige dieser Ziele sollten den Märkten überlassen werden, andere unseren gewählten Vertretern oder anderen Institutionen außerhalb der Märkte. Egal, wie sehr wir sie verunglimpfen, wir sind der Staat. Der Staat sollte unsere gemeinsamen Interessen vertreten, die wir als Individuen nicht angemessen durchzusetzen vermögen. Leider war dies in letzter Zeit nicht der Fall. Leistungsstarke Interessen haben die staatlichen Institutionen

[39] Joseph Stiglitz, *Freefall: America, Free Markets, and the Sinking of the World Economy* (New York: W.W. Norton and Co, 2010).

sehr stark beeinflusst.[40] Nur so kann der Transfer von Billionen von Dollar von 99% der Bevölkerung zu den Top 1% erklärt werden.[41] Das Wirtschaftssystem in seinem jetzigen Zustand hat zu einer solchen Konzentration von Reichtum geführt, dass unsere Demokratie (eine Person = eine Stimme) sich in eine Plutokratie (ein Dollar = eine Stimme) verwandelt hat.[42] Zum Beispiel haben Teile der Industrie sich erfolgreich bemüht, die Existenz der globalen Erwärmung nachhaltig zu leugnen, die NRA hat ein Verbot von Sturmgewehren für Private verhindert und die Wall Street konnte sich erfolgreich strengeren Finanzregulierungen widersetzen.[43]

Ohne staatliche Regulierung, ein funktionierendes Rechtssystem und wirksame Durchsetzungsmechanismen würden die meisten Märkte schnell implodieren. Regierungen können viele Dinge besser als Märkte, einschließlich der Bereitstellung öffentlicher Güter und der Gewährleistung unserer Bankeinlagen. Die Märkte sind nicht dazu in der Lage, Verbraucher, Kinder, die Umwelt, die Schwachen, Armen und Minderheiten oder die Interessen künftiger Generationen zu schützen. Märkte würden ohne Weiteres Zigaretten und Alkohol an Kinder verkaufen. Erst die staatliche Regulierung hat bewirkt, dass der Zigarettenkonsum in den USA um die Hälfte gesunken ist.

Eine der Aufgaben der Regierung ist es, das Gleichgewicht der Kräfte in der Wirtschaft zu erhalten. Ein unregulierter Markt ist nicht gleichbedeutend mit einem freien Markt, wenn Monopolmacht vorhanden ist, wenn die Parteien deutlich unterschiedlichen Zugang zu Informationen haben oder wenn eine Partei (meist aus finanziellen Gründen) die Transaktionskosten leichter als andere Parteien schultern kann. Solche Märkte sind nicht „frei" für diejenigen, die diese Vorteile nicht genießen. So führen fehlende staatliche Interventionen nicht zu freien Märkten. Genau das Gegenteil passiert. Ohne staatliche

---

[40] Die Finanzindustrie gab von 1999 bis 2008 2,7 Milliarden Dollar für Lobbyismus aus und Personen, die mit diesem Sektor affiliiert sind, unterstützten politische Wahlkampagnen mit einer weiteren Milliarde Dollar. Sewell Chan, „Financial Crisis Was Avoidable, Inquiry Finds", *The New York Times*, 25. Januar 2011.

[41] Simon Johnson, „The Quiet Coup", *Atlantic*, Mai 2009.

[42] Der Oberste Gerichtshof hat diese Entwicklung dadurch verschärft, dass er in einer unverständlichen Neuinterpretation der englischen Sprache in seiner „Citizens United" Entscheidung Geld mit Rede gleichgestellt hat. Für diese Entscheidung interpretierten die Richter den ersten Verfassungszusatz so, dass Unternehmen unbegrenzte Gelder für politische Kampagnen ausgeben dürfen, was den Einfluss des großen Geldes auf die Politik noch weiter steigert.

[43] Chris Mooney, *The Republican War on Science* (New York: Basic Books, 2005); Andrew C. Revkin, „Climate Expert Says NASA Tried to Silence Him", *The New York Times*, 29. Januar 2006.

Oberaufsicht akkumuliert sich die Macht in den Händen weniger und es ist die Aufgabe des Staates, solche Ungleichgewichte zu verhindern.

Darüber hinaus müssen die Regierungen den institutionellen Rahmen schaffen und kontinuierlich anpassen, in dem die Wirtschaft funktioniert. Regierungen definieren Eigentumsrechte und die Verfahren, nach denen diese Rechte ausgeübt und durchgesetzt werden. Sollten wir vergessen, dass die Sklaverei von der Regierung und nicht von den Märkten abgeschafft wurde? Ohne das staatliche Verbot würde die Sklaverei höchstwahrscheinlich wieder eingeführt werden.[44] Die Gesellschaften müssen auch Sicherheitsnetze bieten, da sonst die politische Struktur instabil ist, wie Marie Antoinette, Louis XVI. und viele andere Herrscher herausfanden, die dies übersehen hatten. Hunger ist eine mächtige politische Kraft. Darüber hinaus brauchen wir den Staat als lender of last resort, um die Stabilität des Finanzsystems sicherzustellen. Die von Franklin D. Roosevelt erlassenen Gesetze wie der Glass-Steagall Act haben uns gute Dienste geleistet, bis sie unter den Administrationen von Reagan, Bush, Clinton und Bush abgeschafft wurden. Und natürlich muss der Staat Menschen in Notsituationen helfen. Dazu gehören diejenigen, die Hilfe in einem Katastrophenfall wie nach dem Hurrikan Katrina im Jahr 2005 brauchen, der 1836 Menschen getötet und 90 Milliarden Dollar an Schäden verursacht hat. Ich sah keine Unternehmen zur Rettung von Menschen eilen. Stattdessen wurden rund 50.000 Nationalgardisten in die betroffenen Gebiete geschickt. Die Regierung muss auch denjenigen helfen, die in der Konkurrenz um Arbeitsplätze ins Hintertreffen geraten. Es gibt einfach nicht genügend Arbeitsplätze für alle, die Arbeit suchen. Es ist die kollektive Verantwortung der Gesellschaft, für diejenigen zu sorgen, die ohne eigenes Verschulden nicht in der Lage sind, ihre Grundbedürfnisse zu befriedigen. Ihnen zu helfen, ist nicht nur karitativ, sondern sorgt auch für soziale Stabilität. Zuzusehen, wie sie auf offener Straße verhungern, würde eine unerträgliche Angelegenheit sein.

Märkte haben Limitationen

Die Märkte sind nicht mit magischen Kräften ausgestattet. Sie können nicht effizient all unsere Bedürfnisse befriedigen, wie zum Beispiel unseren Bedarf an Infrastruktur, Grundlagenforschung oder der Gestaltung der Gesundheitsversorgung, weil Individuen verzerrte Vorstellungen über ihre zukünftigen Gesundheitsbedürfnisse haben. Darüber hinaus gibt es vor allem in den USA

---

[44] Nicholas Kristof, „A Woman. A Prostitute. A Slave", *The New York Times*, 28. November 2010.

„averse Selektion" im Gesundheitssektor: Diejenigen mit den höchsten erwarteten Gesundheitsausgaben werden sich mit größerer Wahrscheinlichkeit
versichern als diejenigen, die glauben, dass sie gesund sind. Als Konsequenz
erhöht sich der Preis für die Krankenversicherung, sodass immer mehr Menschen sich keine Krankenversicherung leisten können (ca. 16 bis 18% der
Bevölkerung in den USA). Außerdem können die Versicherer Kunden mit
Kleingedrucktem, das es ihnen ermöglicht, Leistungen dann einzuschränken,
wenn sie am meisten benötigt werden, in die Irre führen. Als Folge hat die
US-Bevölkerung generell weniger Vertrauen in ihr Gesundheitssystem als die
Menschen in anderen entwickelten Industrieländern, obwohl das amerikanische Gesundheitssystem viel mehr auf den Prinzipien der freien Marktwirtschaft beruht als in allen anderen wohlhabenden Ländern.[45] Die Menschen
sind gesünder und leben länger in Ländern, in denen die Regierung eine
wichtige Rolle in der Gesundheitsversorgung spielt (und wie z.B. in West-
und Nordeuropa 100% der Bevölkerung versichert sind). Die Lebenserwartung bei der Geburt in den USA ist um drei Jahre geringer als in Kanada und
Kuba und um 3,3 Jahre geringer als in Australien und auch weit unter dem
westeuropäischem Niveau, obwohl die Pro-Kopf-Ausgaben für die Gesundheitsversorgung in den USA doppelt so hoch sind wie in anderen Industrieländern (Abb. 2.2 und 2.3).[46] Die Lebenserwartung schwarzer Männer in den
USA ist auf dem Niveau der Slowakei und Algeriens und unter dem von Tune-
sien, Libyen und China.[47] Irgendetwas muss falsch mit den Marktprinzipien
sein, wenn ein Dienst, der so teuer ist, so schlechte Ergebnisse liefert. Der
Wettbewerb ist einfach nicht transparent genug, um eine angemessene Gesundheitsversorgung zu bezahlbaren Preisen anzubieten.

Auch sind Märkte äußerst ungeduldige Institutionen und daher nicht gut
geeignet, wenn die Planung weit in die Zukunft reichen sollte. Märkte sind
nicht in der Lage, die Bildungspolitik so zu gestalten, dass eine hohe Bildungsqualität für alle erreichbar ist. Die Anreizstruktur von Märkten ist sehr stark
auf die Gegenwart ausgerichtet ist. Deshalb ist das US-amerikanische primäre
und sekundäre Bildungssystem deutlich hinter das anderer Industrienationen
zurückgefallen. Wo wäre das Bildungssystem, wenn der Staat nicht von Anfang an öffentliche Bildung zur Verfügung gestellt hätte? Heutzutage brauchen

---

[45] Angus Deaton, „Income, Health, and Well-Being around the World: Evidence from
the Gallup World Poll", *Journal of Economic Perspectives* 22 (2008) 2: S. 53-72, hier S. 68.

[46] Maggie Mahar, *Money-Driven Medicine: The Real Reason Health Care Costs So Much*
(New York: Harper/Collins, 2006). Israelis leben im Durchschnitt 2,5 Jahre länger als
Amerikaner, geben aber nur ein Viertel so viel für das Gesundheitswesen aus.

[47] U.S. Census Bureau, *The 2012 Statistical Abstract: 107-Expectation of Life and Expected
Deaths by Race, Sex, and Age: 2008*; Wikipedia Autoren, „List of Countries by Life Ex-
pectancy", *Wikipedia: The Free Encyclopedia*.

obdachlose Jugendliche die Hilfe der Öffentlichen Hand, nur um einen High-School-Abschluss zu schaffen.[48]

Abb. 2.2: Lebenserwartung bei der Geburt (2008)

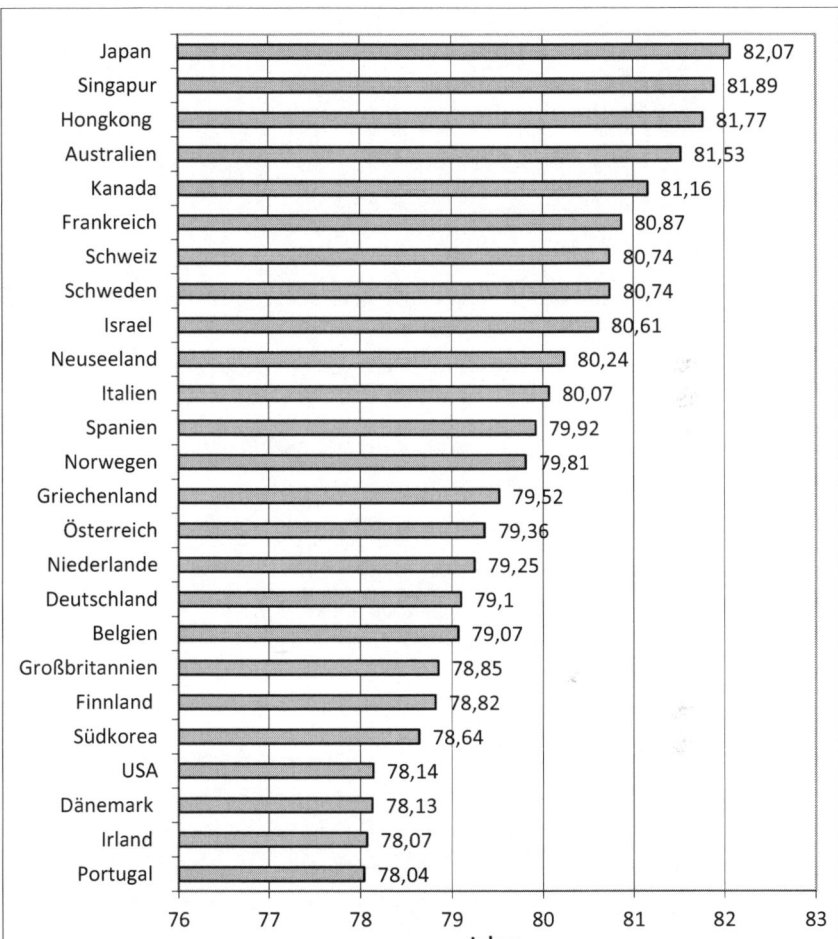

Quelle: Human Delepment Report, 2009. http.//hdrstats.undp.org/en/indicators/69206.html

[48] Kevin Sieff, „The Plight of the High School Homeless", *Washington Post*, 27. Dezember 2010.

Abb. 2.3: Jährliche Ausgaben für das Gesundheitswesen pro Kopf (2008)

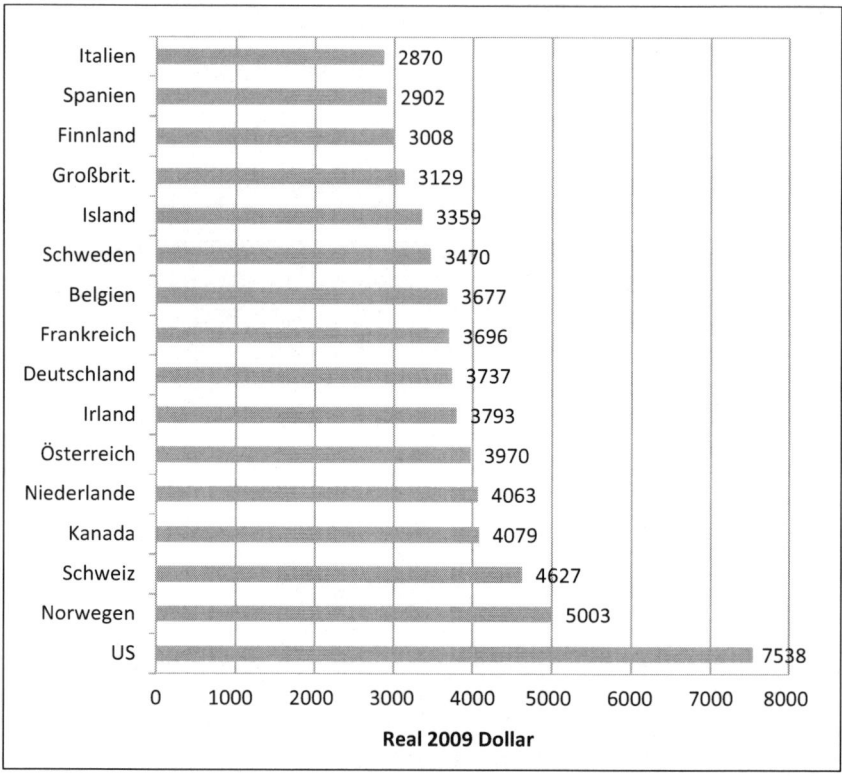

Quelle: OECD Health Data 1010 – Version: June 2010

Die Märkte schaffen es auch nicht, Verbraucherschutz zu gewährleisten, da Produktsicherheit oft objektiv nur schwer zu bewerten ist und weil es eine psychologische Tendenz zur übermäßigen Diskontierung der Zukunft sowohl auf Seite der Produzenten als auch der Verbraucher gibt. Da langfristige Sicherheit teuer ist und Preiswettbewerb in der Gegenwart geführt wird, lohnt sich Produktsicherheit oft nicht. So wurden beispielsweise Sicherheitsgurte in Autos kaum genutzt, bis sie in den USA 1968 und in Deutschland 1974 zur Pflicht wurden.[49] Heutzutage haben wir uns so an sie gewöhnt, dass man nicht einmal mehr über das Anschnallen nachdenkt. Ein anderes Beispiel sind Babybetten, für deren Entwerfen man sicher keine Spitzenwissenschaftler braucht. Dennoch mussten Dutzende von Babys in schlecht entwor-

---

[49] Ralph Nader, *Unsafe at Any Speed. The Designed-In Dangers of The American Automobile* (New York: Grossman Publishers, 1965).

fenen Betten ersticken, bis die Consumer Product Safety Commision nach jahrelangem Streit mit der Industrie in 2011 schließlich die sichere Gestaltung von Babybetten durchsetzte. Die Hersteller hatten jahrzehntelang Zeit, sichere Babybetten zu entwerfen und zu verkaufen, waren dazu aber nicht in der Lage, da der Markt die erforderlichen Maßnahmen nicht koordinieren konnte.[50] Die Inkompetenz der Unternehmen, ausreichend sichere Produkte herzustellen und entsprechende Verfahren zu verwenden, wird durch Katastrophen wie das Union-Carbides-Bhopal-Gasleck, das Auf-Grund-Laufen der Exxon Valdez in Alaska und die Explosion an Bord der Bohrinsel Deepwater Horizon belegt. Solche Katastrophen verursachen unermessliches Leid und Umweltzerstörung. Die Märkte sind auch unfähig, lebenswichtige Grundlagenforschung zu betreiben. So sind die Märkte gut im Erkunden von Energiequellen mit Hydrofrackingtechnologie, aber nicht in der Erforschung der Umweltauswirkungen einer solchen Erkundung.

Die „Achillesferse" der Märkte

Tatsächlich gibt es Gründe dafür, dass wir mit so vielen sozioökonomischen und politischen Problemen konfrontiert sind. Wir haben nicht erkannt, dass die Märkte nicht in der Lage sind, alles zu erreichen, was wir von ihnen erwarten. Märkte haben mehrere Achillesfersen, die ihr reibungsloses Funktionieren stören und ihre Fähigkeit beeinträchtigen, die Lebensqualität effizient zu erhöhen. Ich nenne diese unbequemen Wahrheiten den „Fluch" der Märkte. Es handelt sich um intrinsische Probleme der freien Marktwirtschaft – zum Beispiel Externalitäten wie Umweltverschmutzung, unvollständige und asymmetrische Informationen, Transaktionskosten, begrenzte Rationalität, Monopole, Machtungleichgewichte, soziale Interaktion, Geltungskonsum –, die verhindern, dass die *realen* freien Märkte so reibungslos funktionieren, wie es in den Hörsälen vorgestellt wird. Diese Probleme werden in der Regel von konventionellen Lehrbüchern zumindest auf der Bachelor-Ebene vernachlässigt, obwohl viele Wirtschaftswissenschaftler seit Jahrzehnten Wirtschaftsnobelpreise für die Beleuchtung dieser Fragen erhalten haben. Es gibt unendlich viele Fachbücher für Fortgeschrittene, die sich dieser Thematiken annehmen, aber ihre Vernachlässigung in Einführungslehrbüchern bedeutet, dass Millionen von Studenten die Grundlagen der Volkswirtschaft lernen, ohne jemals ernsthaft über die folgenschweren Mängel der Standardmodelle nachzudenken.

---

[50] „Crib Information Center", U.S. Consumer Product Safety Commission.

Natürlich gibt es auch viele kritische Ökonomen, die mit der gängigen Praxis nicht einverstanden sind und ihre Kollegen dafür schelten, dass sie ihre eigenen Annahmen nicht ernsthaft in Frage stellen.[51] Die Schlussfolgerungen, die sich aus den Grundmodellen mit ihren vereinfachenden Annahmen ergeben, mögen theoretisch und logisch gültig sein, haben aber wenig mit der Realität zu tun.[52]

Moral sollte Vorrang vor den Märkten haben

Als menschliche Erfindungen sollten Märkte keinen Vorrang vor unseren moralischen Werten haben. Die Märkte sind Teil unseres kulturellen und ethischen Systems und wir sollten sie so gestalten, dass sie Menschen nicht verletzen oder ausbeuten, sondern dass sie dafür sorgen, dass die Früchte der Wirtschaft gerecht verteilt werden. Wenn die Märkte uns offensichtlich schaden oder uns zu schaden drohen, dann müssen wir, das Volk, das Recht haben, andere Vorkehrungen zu treffen, und kollektiv zu handeln, um den Schaden, der durch Marktprozesse verursacht wird, zu beseitigen. Marktergebnisse sollten auf keinen Fall über ethischen Überlegungen stehen. Wenn Märkte durch Fehlfunktionen nicht zu einem zufriedenstellenden Ergebnis führen, sollten sie modifiziert werden.

Es ist klar, dass das Marktsystem ein integraler Teil unserer Gesellschaft ist – im Guten wie im Bösen. Eine Welt ohne Märkte ist unvorstellbar, genau wie eine Welt ohne Feuer. Beide verbessern zweifellos unser Leben, aber unkontrolliert sind beide gefährlich. Wäre sie sich selbst überlassen worden, wie ein Feuer ohne das Eingreifen der Feuerwehr, hätte die Krise im Jahr 2008 in einer noch größeren Katastrophe als der Großen Depression der 1930er Jahre geendet. Freie Märkte können so verheerend wie Waldbrände sein, wenn wir nicht lernen, sie zu kontrollieren und sicherzustellen, dass sie unseren Zwecken und nicht wir ihnen dienen. Wir sollten wachsam sein, dass wir uns nie den Märkten unterwerfen.

[51] Siehe zum Beispiel Heterodox Economics Newsletter. McCloskey erklärt, dass „der Fortschritt der Volkswirtschaftslehre [durch die lebensferne Wirtschaftstheorie] entscheidenden Schaden genommen hat"; Deirdre McCloskey, *Secret Sins*.

[52] „Unsere Kritik der akzeptierten klassischen Theorie der Wirtschaftslehre besteht nicht so sehr darin, logische Fehler in ihrer Analyse zu finden, als hervorzuheben, dass ihre stillschweigenden Voraussetzungen selten oder nie erfüllt sind, mit der Folge, dass sie die wirtschaftlichen Probleme der wirklichen Welt nicht lösen kann." John Maynard Keynes, *The General Theory of Employment, Interest and Money* (London: Macmillan, 1936), Chapter 24.

Darüber hinaus gibt es viele wertvolle sozioökonomische und moralische Ziele, die Märkte nicht erreichen können, zum Beispiel eine gerechte Verteilung von Einkommen, da selbst ein geringer Startvorsprung erhebliche Einkommensunterschiede zur Folge haben kann. Auch waren Märkte nicht besonders hilfreich dabei, den afroamerikanischen Bürgern Kaffee in einem Café ihrer Wahl zu ermöglichen oder in Bussen und Bahnen da zu sitzen, wo sie wollen. Menschen mussten ihr Leben opfern, bevor alle Amerikaner gleiche Marktrechte erhielten.[53] Auch könnte der Verkauf von Babys aus wirtschaftlicher Sicht effizient sein, aber wir haben uns aus moralischen Erwägungen dagegen entschieden, es zu erlauben. Im Prinzip sollten wir nicht auf die Märkte angewiesen sein, um moralische sozioökonomische Rahmenbedingungen für uns zu schaffen.

Die Volkswirtschaftslehre ist eine Sozialwissenschaft

Die Volkswirtschaftslehre hat nichts mit Naturwissenschaften zu tun. Sie ist zu unempfindlich gegenüber Beweisen, die ihren Grundannahmen widersprechen. Alternative Theorien sowie Fakten aus anderen Disziplinen werden nicht berücksichtigt, was in der naturwissenschaftlichen Praxis nicht akzeptabel ist. Ist es in der Chemie erlaubt, relevante Ergebnisse aus der Physik in ihrer eigenen Forschung zu unterdrücken? Sicherlich nicht! Doch Ökonomen missachten regelmäßig Ergebnisse aus der Psychologie, der Soziologie, den Politikwissenschaften und anderen Schwesterdisziplinen. Die Sozialpsychologie untersucht zum Beispiel das Problem des menschlichen Handelns im Rahmen von Gruppendynamik. Allerdings werden solche Gruppeninteraktionen in der Regel von Ökonomen ignoriert, obwohl die Wirtschaftstätigkeit innerhalb einer Gesellschaft und innerhalb eines politischen Systems und nicht zwischen isolierten Individuen auf einer Insel wie bei Robinson Crusoe stattfindet.[54] Die Verwendung der Mathematik für die Modellierung macht die Volkswirtschaftslehre noch lange nicht zu einer harten Wissenschaft.[55]

Dass die Volkswirtschaftslehre nicht, wie zum Beispiel die Psychologie, auf kontrollierten Experimenten basiert, ist ein weiterer Grund, warum sie keine Naturwissenschaft ist. Im Wesentlichen basiert die Volkswirtschaftslehre auf Annahmen über das Verhalten und die Motivation der Menschen, aus denen

---

[53] Wie zum Beispiel die Bürgerrechtler Andrew Goodman, James Chaney und Michael Schwerner, die 1964 in Mississippi ermordet wurden.

[54] Karl Polanyi, *The Great Transformation* (New York: Rinehart, 1944).

[55] Ariel Rubinstein, „A Sceptic's Comment on the Study of Economics", *The Economic Journal* 116 (2006): C1-C9.

mit deduktiver Logik Schlussfolgerungen abgeleitet werden. Das ist ähnlich wie die Methodik mittelalterlicher Philosophen, um zu argumentieren, „wie viele Engel auf eine Nadelspitze passen". Thomas von Aquin war beispielsweise davon ausgegangen, dass Gott perfekt, unendlich und unveränderlich sei.[56] Wenn man sich die Natur Gottes abstrakt vorstellen würde, wären Götter so. Ökonomen stellen sich perfekte Märkte vor, in denen es eine Autoritätsfigur, den Auktionator, gibt, der in einer ähnlichen Art und Weise Preise festlegt. So wie Thomas von Aquin annahm, dass es einen perfekten Gott gebe, und darauf seine Theologie aufbaute, nehmen Ökonomen an, dass es einen perfekten Markt mit vollkommenem Wettbewerb gibt, ohne Berücksichtigung all der Friktionen, Verzerrungen und Nachteile.

Eine solche Methode ist eigentlich ziemlich riskant, weil intuitiv plausible Annahmen nicht zwangsläufig durch Experimente bestätigt werden. Noch fast 2000 Jahre nach Aristoteles erschien es offensichtlich und logisch, dass schwere Objekte schneller fallen als leichte, bis diese Ansicht von Galileo widerlegt wurde. Daher sind Experimente und Erfahrungen ein zuverlässigerer Leitfaden für die Wirtschaftswissenschaften als Lehrsätze, die auf logischen Schlussfolgerungen basieren, die wiederum auf Prämissen basieren, die selbst umstritten sind.

Darüber hinaus werden die Ergebnisse der experimentellen Ökonomie, vor allem diejenigen, die den einfachen Grundmodellen widersprechen, nicht in die Hauptströmung ökonomischen Denkens integriert, sondern werden als Randerscheinungen behandelt. Besonders ihre unbequemen Ergebnisse wie die, die der Rationalitätsannahme widersprechen, werden missachtet: So verletzen Ökonomen die Grundregeln wissenschaftlicher Sorgfalt. Darüber hinaus ist die mangelnde Präzision der wirtschaftlichen Prognosen ein klares Zeichen, dass die Modelle rudimentär sind. Die Greenspan-Version der Wirtschaftstheorie implizierte, dass die Märkte nicht abstürzen werden, aber diese Vorhersage wurde falsifiziert. Dennoch gibt es keinen Sturm gegen diese alte und jetzt bewiesenermaßen falsche Theorie, damit ein solcher Fehler in Zukunft vermieden werden kann.

Wenn die Ergebnisse von Laborexperimenten im Widerspruch zu den Grundannahmen der Ökonomie stehen, werden diese entweder ignoriert oder als unzureichend realistisch wegargumentiert. Zum Beispiel wurde in einem Experiment namens „Ultimatum-Spiel" eindeutig gezeigt, dass die Menschen einen angeborenen Sinn für Fairness haben, was eklatant der verbreiteten Annahme widerspricht, dass der homo oeconomicus egoistisch und von der Vernunft geleitet sowie ein Nutzenmaximierer ist. Stattdessen offenbaren diese Experimente die Bedeutung von Emotionen, von Empathie für andere

---

[56] Wikipedia Autoren, „Thomas Aquinas", *Wikipedia: The Free Encyclopedia*.

und von dem Gefühl des Abscheus, wenn wir uns ungerecht behandelt fühlen. Entscheidungen werden auch durch den emotionale Reaktionen auslösenden Hormonspiegel geleitet statt nur von reiner Vernunft. Mit anderen Worten, unser Gefühl von Gerechtigkeit und Ehre beeinflusst unsere Interaktion mit anderen und unsere Bereitschaft zu kooperieren.

Ideologie

Wie Greenspans Diskussion im vorigen Kapitel schon gezeigt hat, ist Ideologie ein integraler Bestandteil der Wirtschaftswissenschaften und wird es auch weiterhin sein, bis es eine im Wesentlichen empirisch basierte Grundlage gibt. Ideologie stammt aus der Entscheidung, welche Ausgangsannahmen gemacht werden. Wir sind nicht in der Lage, unsere Gedanken ohne einige erste Annahmen zu organisieren, und diese Annahmen sind zwangsläufig eine Funktion unserer eigenen Mentalität, Weltsicht sowie intellektuellen und emotionalen Verpflichtungen und daher stark von ihnen beeinflusst. Ideologie ist ähnlich einer Heuristik, die es uns ermöglicht, in einer komplexen Welt Entscheidungen zu treffen, wenn wir über begrenzte Informationen verfügen und nicht in der Lage sind, das komplizierte Netzwerk der unendlich vielen Variablen zu verstehen. Wir handeln nach Faustregeln.

Daher kann die Wirtschaftswissenschaft heutzutage nicht ideologiefrei betrieben werden, und vielleicht wird es nie möglich sein. Unsere politischen, moralischen und philosophischen Sympathien beeinflussen unsere Grundannahmen und damit, wie wir unser Denken und Verständnis der Welt um uns herum strukturieren. Unsere Schlussfolgerungen sind weitgehend von Annahmen, Intuition, Introspektion, Meinung und ja, von Ideologie abgeleitet.[57] Das ist einer der Gründe, warum es so viele verschiedene Schulen in der Wirtschaftswissenschaft gibt: Neokeynesianismus, Postkeynesianismus, Neo-Klassiker, Monetaristen, Heterodoxe, Feministen, die Österreichische Schule, Verhaltensökonomen, Institutionelle, Evolutionäre, Sozialistische, Marxistische, Radikale … darum können Ökonomen nicht einmal einheitliche Antworten auf einige der wichtigsten Themen unserer Zeit geben.[58]

---

[57] Steven Rappaport, „Abstraction and Unrealistic Assumptions in Economics", *Journal of Economic Methodology* 3 (1996) 2: S. 215-236.

[58] Nick Wilkinson, *An Introduction to Behavioral Economics. A Guide for Students* (London: Palgrave/Macmillan, 2007); Binzamin Appelbaum, „Politicians Can't Agree on Debt? Well, Neither Can Economists", *The New York Times*, 17. Juli 2011.

Teil II
Konsumtion in der realen Welt

3   Die Natur der Nachfrage

In diesem Kapitel präsentieren wir Probleme der Konsumtheorie, die in der Regel entweder in Einführungskursen gar nicht oder unausgewogen und verzerrt gelehrt werden. Ein Verständnis dieser Probleme ist jedoch erforderlich, um die tatsächliche Funktionsweise der realen Märkte zu verstehen. Kapitel 2 beinhaltete bereits einige Kritikpunkte an der herkömmlichen Lehre. In diesem Kapitel argumentieren wir, dass die vorherrschende Lehre in Einführungskursen unvollständig und somit irreführend ist und dass dies fatale Folgen für Wirtschaftstheorie und -politik hat. Vor allem wird die Psychologie des Konsums in der Volkswirtschaftslehre nicht ausreichend gelehrt. Dies ist von größter Bedeutung, da ökonomische Einführungslehrbücher durch diese Unterlassung anachronistisch geworden sind und von dem neueren Bereich der Verhaltensökonomie überholt wurden. Hier bieten wir eine Einführung, die der Notwendigkeit gerecht wird, die Nachfrage durch eine verhaltensökonomische Perspektive zu erklären.

Was ist Güterknappheit?

In der Regel ist eine der ersten konventionellen Annahmen die, dass wir in einer Welt der Knappheit leben. Dies impliziert, dass unsere Begierden im Grunde unendlich sind. Dennoch sind unsere Begierden nicht von Natur aus grenzenlos und hängen entscheidend von äußeren Einflüssen ab. In der Tat sind die meisten unserer Wünsche, außer den offensichtlichen Grundbedürfnissen, in erster Linie kulturell konstruiert. Sie sind nicht von Geburt an festgelegt. Wir werden nicht mit dem Wunsch nach iPhones geboren. Daher ist die Nachfrage nach dem meisten, was wir begehren, keinesfalls exogen gegeben – ausgenommen natürlich die Grundbedürfnisse wie Nahrung, Kleidung, Unterkunft und medizinische Versorgung.

Den überentwickelten Teil der Welt, charakterisiert durch Warenüberfluss, mit der Idee der Knappheit zu verknüpfen, ist ein Missbrauch dieser Idee.[1] Der Begriff der Überflussgesellschaft kommt nicht von ungefähr. Unsere

---

[1] Nach James Crotty beobachtete *The Wall Street Journal*: „von Kaschmir zu Jeans, von Silberjuwelen zu Aluminiumdosen, die Welt hat einen Angebotsüberschuss". Siehe auch

Schränke und Garagen sind mit Dingen angefüllt, die wir nicht nutzen und nie gebraucht haben. Die wirkliche Knappheit besteht für Dinge wie stressfreie Freizeit mit unseren Familien und Freunden, menschenwürdige Arbeitsplätze, Vertrauen, Respekt füreinander und öffentliche Güter wie gute Schulen und Sicherheit. Mahatma Gandhi hat uns gelehrt: „Die Welt bietet genug um die Bedürfnisse aller, aber nicht die Gier aller zu befriedigen."[2] Wenn unsere Wünsche von Menschen und nicht auf natürliche Weise geschaffen werden, sollten wir überlegen, wo sie herkommen.

Konsumentensouveränität und endogener Geschmack

In der Doktrin der Verbrauchersouveränität diktieren die Konsumenten, was Unternehmen produzieren, indem sie die Produktion mit ihrem Geldbeutel beeinflussen, um ihre Begierden zu befriedigen (Abb. 3.1). So werden Konzerne gezwungen, die richtige Menge und Qualität von Waren zu produzieren, um unsere Bedürfnisse zufriedenzustellen. Am Ende ist der Kunde der König, da er bestimmt, was produziert wird. Was wir nicht wollen, wird auch nicht produziert. Also werden alle unsere Wünsche erfüllt und jeder ist glücklich – zumindest wird das behauptet.

Allerdings beinhaltet dieses Modell die entscheidende Annahme, dass die Geschmäcker exogen sind, dass unsere Wünsche außerhalb des Wirtschaftssystems bestimmt werden. Es wird angenommen, dass Unternehmen nicht versuchen, unsere Geschmäcker und Wünsche zu beeinflussen, dass Vorlieben und Abneigungen der Konsumenten in dem Augenblick, in dem sie in Kontakt mit dem Markt treten, bereits unveränderlich feststehen. Dies ist eine bequeme, aber offensichtlich fehlerhafte Annahme. Es ist allzu offensichtlich, dass die Unternehmen unsere Alltagskultur tiefgreifend beeinflussen. Die Theorie der Konsumentensouveränität ist im Wesentlichen vorfreudianisch und vorpawlowsch.[3]

James Crotty, „Why There Is Chronic Excess Capacity – The Market Failures Issue", *Challenge* 6 (2002): S. 21-44.

[2] Ernst F. Schumacher argumentierte schon vor einer Generation, dass weniger mehr sein kann: „Eine buddhistische Ökonomie … würde den [konventionellen] Ansatz als maßlos irrational betrachten: Da … das Ziel sein sollte, mit dem minimalen Konsum das Wohlergehen zu maximieren …" und die „Essenz der Existenz ist nicht die Vervielfachung von Begierden, sondern die Reinheit des menschlichen Charakters". Siehe Ernst F. Schumacher, *Small Is Beautiful: Economics As If People Mattered* (New York: Harper Torchbook, 1973).

[3] Tatsächlich ist es Erwachsenenökonomie, da die wichtigen ersten 18 Jahre des Lebens außer Acht gelassen werden.

Abb. 3.1: Konsumentensouveränität (herkömmliche Darstellung)

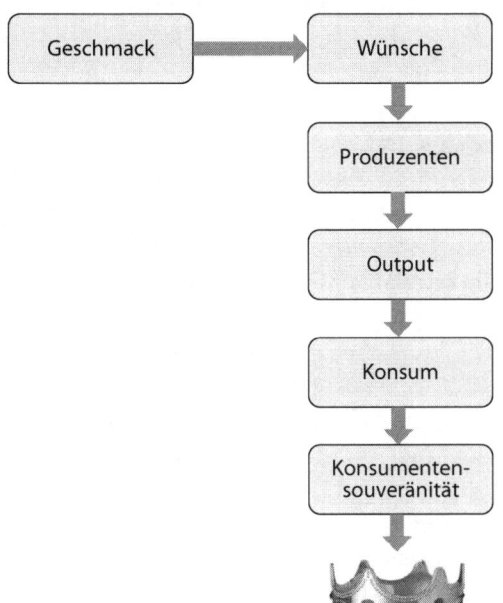

Freud, der Vater der Psychoanalyse, betonte an der Wende zum 20. Jahrhundert, dass das meiste von dem, was wir tun, nicht unter der Kontrolle des rationalen Verstandes steht. Oft werden wir nicht durch unsere präfrontale Kortex (oder frontale Hirnrinde) geleitet, sondern von unbewussten Emotionen und Wünschen, die nicht den Gesetzen der Logik unterliegen. Diese Denkprozesse beeinflussen unser Handeln tiefgreifend, motivieren uns und induzieren ohne unser ausdrückliches Bewusstsein Gefühle in uns. Freud behauptete, dass „das Unbewusste nicht nur tief verborgene Erinnerungen beinhaltet, sondern auch die Quelle instinktiver Antriebe ist, insbesondere sexueller und aggressiver Triebe. Obwohl das Bewusstsein keinen direkten Zugriff auf die Inhalte des Unbewussten hat, wird es stark von ihm beeinflusst."[4] Obwohl nicht alle von Freuds Ideen den Test der Zeit überstanden haben, ist die Bedeutung des Unbewussten ein Standardkonzept der kognitiven Psychologie.[5] Der wichtige Punkt ist, dass das Unbewusste nicht selbst beobachtet werden kann. Zum Beispiel legt die Manipulation des Unbewuss-

---

[4] Peter Gray, *Psychology*, 4. Auflage (New York: Worth, 2002), S. 17.
[5] Louis M. Augusto, „Unconscious Knowledge: A Survey", *Advances in Cognitive Psychology* 6 (2010): S. 116-141.

ten von Kindern durch die Medien den Grundstein für eine Kultur des Konsums und kann im Erwachsenenalter nicht mehr durch rationale Prozesse rückgängig gemacht werden.[6] Daher wäre es wichtig, ein Umfeld zu schaffen, in dem die Entwicklung des Unbewussten der Kinder weitgehend vor Einflüssen aus der Wirtschaft geschützt ist.

Das andere wichtige psychologische Prinzip, das im Marketing sehr verbreitet ist,[7] aber in der Volkswirtschaftslehre vernachlässigt wird, ist die Pawlow'sche Konditionierung. Sie ist nach dem Physiologen und Nobelpreisträger Iwan Petrowitsch Pawlow benannt, der das Phänomen entdeckte, dass Hunde unfreiwillig lernten, auf Stimuli zu reagieren. Die Hunde begannen, als Reaktion auf Lebensmittel zu speicheln. Er fügte einen zusätzlichen Stimulus durch eine Glocke hinzu, die zur gleichen Zeit läutete, wenn er die Hunde fütterte. Bald lernten die Hunde, die Glocke mit dem Essen zu verbinden. Sie begannen dann reflexartig beim Läuten der Glocke zu speicheln, auch ohne Essen im Maul. In der Werbung werden die Vorteile dieser Art zu lernen übernommen, indem junge und gut aussehende Menschen gezeigt werden, die mit breitem Lächeln Spaß habend bestimmte Softdrinks konsumieren. Nach einer Weile werden wir unwillkürlich verknüpfen, dass diese Marke und Spaßhaben zusammengehören, und daher das Produkt kaufen. Das nennt man klassische Konditionierung. So können wir Cola statt Milch kaufen, ohne darüber nachzudenken, und einem außenstehenden Beobachter kann es wie eine rationale Entscheidung erscheinen.[8]

Eine andere Art von Konditionierung belohnt bestimmtes Verhalten. Das ist der Grund, warum wir Vielflieger-Programme, Bonuspunkte für Kundenkarten, Werbeprämien usw. haben. Die Konditionierung beginnt früh: Fastfood-Ketten verschenken Spielzeug an Kleinkinder, um sie zu treuen Kunden zu machen, auch wenn die Spielzeugaktion vorbei ist,[9] und in den USA hat die Waffenindustrie Millionen von Dollar in eine Kampagne gesteckt, um mehr Gewehre in die Hände von immer mehr und immer jüngeren Kinder

---

[6] Juliet Schor, *Born to Buy: The Commercialized Child and the New Consumer Culture* (New York: Scribner, 2005).

[7] Philip Kotler und Gary Armstrong, *Principles of Marketing*, 14. Auflage (New York: Prentice Hall, 2011).

[8] Auf ähnliche Weise hatte Marlboro seine Werbung auf Männer ausgerichtet, indem ihre Werbung das Rauchen von Marlboro-Zigaretten mit einem Macho-Image verknüpfte, während andere Marken eher auf Frauen abzielten, indem sie das Image von selbstbewussten und emanzipierten Frauen verwendeten.

[9] Center for Science in the Public Interest, „CSPI to Sue McDonald's If It Continues Using Toys to Market Junk Food to Children", 22. Juni 2010.

zu geben und so die Zukunft der Waffenindustrie zu sichern.[10] Eltern haben keine Chance, ihre Kinder vor diesem Multimilliarden-Dollar-Aufwand erfolgreich zu schützen.

Die Entdeckungen von Freud und Pawlow sind für die traditionellen Wirtschaftswissenschaften eine erhebliche Herausforderung. Der Grund, warum sie diese großen Denker des 20. Jahrhunderts ignorieren, ist, dass ihre Entdeckungen die Annahme untergraben, auf der die neoklassische Ökonomie beruht, nämlich die des rationalen Agenten, des homo oeconomicus, der alles über sein Ziel weiß, super rational ist und die perfekte Kontrolle über seinen Geschmack, seine Emotionen und Wünsche hat. Diese vorfreudianische und vorpawlowsche Perspektive übersieht die Tatsache, dass wir nicht als Erwachsene mit voll entwickeltem Geschmack, sondern mit der Geburt in das Wirtschaftsleben treten und wir unseren Geist innerhalb dieses Wirtschaftslebens entwickeln und mit ihm von Anfang unseres Lebens an interagieren. Dies wird in den meisten traditionellen wirtschaftswissenschaftlichen Lehrbüchern schlicht übersehen.

Wünsche und Grundbedürfnisse

Obwohl es Konvention ist, die Nachfrage ausschließlich in Bezug auf die „Bedürfnisse" zu betrachten, ist es wichtig, je nach der Art der Ware, zwischen drei Arten der Nachfrage (Grundbedürfnis, Komfort und Luxus) zu unterscheiden:

a) Grundbedürfnis: Produkte, die grundlegende Bedürfnisse wie ausreichend Nahrung, um nicht zu verhungern, sauberes Trinkwasser, um den Durst zu stillen, Obdach, sanitäre Einrichtungen, Kleidung entsprechend den Wetterbedingungen und medizinische Versorgung erfüllen, gehören in diese Kategorie. Wir könnten ohne diese Waren und Dienstleistungen nicht lange überleben. Instinktive Bedürfnisse, die der Reproduktion dienen, gehören auch in diese Kategorie.

b) Komfort: Produkte, die für ein menschenwürdiges Leben in unserer Gesellschaft erforderlich sind, sei es ein Auto in den meisten Gegenden der Vereinigten Staaten oder Zugang zum öffentlichen Nahverkehr in den meisten Gegenden Europas für die Teilhabe am Verkehr. Der Zugang zu Bildung, Computer und Telefon fallen ebenfalls in diese Kategorie, da wir an der Gesellschaft, in der wir leben, ohne diese Dinge nicht effektiv teilhaben können.

---

[10] Mike McIntire, „Selling a New Generation on Guns", *The New York Times*, 26. Januar 2013.

c) Luxus: Produkte, die nicht entweder biologisch oder gesellschaftlich für das Leben notwendig sind, aber konsumiert werden 1. aufgrund eines erworbenen Geschmacks oder 2. weil wir durch Werbung manipuliert worden sind oder 3. um sozialen Status zu erreichen, weil sie trendy sind oder wegen ihres Preises Exklusivität verleihen. Sie werden Luxusgüter oder auch Veblen-Güter genannt und unterscheiden sich von den beiden vorherigen Kategorien insofern, als sie sozialen Status verleihen und dadurch Neid verursachen, was nichts anderes als ein negativer externer Effekt ist. Der Anteil dieser Art von Waren an den Gesamtausgaben hat sich in den USA im Laufe der Zeit von 20% im Jahr 1901 auf 32% im Jahr 1950 auf 50% im Jahr 2003 erhöht.[11]

Dies ist keine vollständige Typologie, sollte aber ausreichen, um die Quellen der Nachfrage und die Hauptunterschiede zwischen Bedürfnis und Bedarf zu verstehen. Auch wenn diese Unterscheidung manchem verschwommen erscheinen mag, ist sie für das Verständnis der grundlegenden Unterschiede zwischen dem Konsum von Brot, einem Gebrauchtwagen oder einem neuen BMW von entscheidender Bedeutung.[12] Wer diese Güter unter der allgemeinen Rubrik des Konsums zusammenfasst, übersieht eine Reihe wichtiger unterschiedlicher Eigenschaften dieser Produkte. Die oben beschriebene Typologie basiert auf zwei Eigenschaften der Nachfrage: dem Grund, warum man das jeweilige Gut braucht, und den Konsequenzen, wenn man es nicht hat. Die Notwendigkeit, die Güter der Gruppe a) zu haben, ist biologisch begründet und unabdingbar, um als menschlicher biologischer Organismus existieren zu können. Sie ermöglichen uns zu überleben und ihr Mangel führt zu Schmerzen, Leiden und sogar zum Tod, wenn sie nicht in ausreichender Menge konsumiert werden. Die Notwendigkeit für die Güter der Gruppe b) ergibt sich aus der sozio-ökonomischen Gesellschaftsstruktur. Sie befähigen einen, mit Selbstachtung innerhalb dieser Gesellschaft zu agieren.[13] Zugang zu Internet und Telefon erleichtert die Kommunikation, die notwendig ist, um in der heutigen Welt effektiv zu arbeiten. Ein Auto und die erforderliche Kleidung sind meist notwendig, um einen bestimmten Arbeitsplatz haben zu können. Im Jahr 2010 war die Armutsgrenze in den USA für eine alleinstehende Person ein Jahreseinkommen von 11.000 Dollar und für eine vierköpfige

---

[11] U.S. Department of Labor, Bureau of Labor Statistics, *100 Years of U.S. Consumer Spending: Data for the Nation, New York City, and Boston: 1950.* Zuletzt geändert 3. August 2006.

[12] Lotfi A. Zadeh, „Fuzzy Logic and Approximate Reasoning", *Synthese* 30 (1975): S. 407-428.

[13] Amartya Sen, *Commodities and Capabilities* (Amsterdam: North-Holland, 1985).

Familie von 22.000 Dollar.[14] Diese Beträge wurden als ausreichend angesehen, um die Grundbedürfnisse a) sowie einen Mindestbedarf in der Kategorie b) zu erfüllen.

Im Gegensatz zu den ersten beiden Arten von Gütern stammt die Nachfrage nach Luxus- und Statusgütern in Gruppe c) aus externen Quellen: aus materiellem Anpassungsdruck, um eine höhere soziale Stellung in der Gesellschaft zu erreichen oder um so die Scham zu vermeiden, als minderwertig oder als Außenseiter angesehen zu werden. Die aus ihnen gewonnene Zufriedenheit ist in der exklusiven Natur des Gutes, der Gewohnheit oder der Manipulation unseres Unterbewusstseins, das Gut erstrebenswert zu finden, begründet. Menschen stellen ihren Reichtum zur Schau, um sozialen Status zu erreichen, und daher sind diese Güter gut sichtbar. Es ist schwierig, seine Spareinlage zur Schau zu stellen, es sei denn man trägt seinen Kontoauszug um den Hals, aber das gilt nicht als sozial angemessenes Verhalten. Zurschaustellung hat auch ihre kulturellen Normen.

In den wohlhabenden postindustriellen Gesellschaften machen die Grundbedürfnisse des Lebens einen geringen Anteil an den Gesamtausgaben eines Haushalts aus. Daher ist die herkömmliche Annahme, dass Begierden unbegrenzt sind, keinesfalls für Güter der Gruppen a) und b) gewährleistet. Des Weiteren kann man nur begrenzte Mengen von Gütern lagern, und selbst das wird schnell kostspielig. Unsere Priorität als Gesellschaft sollte es sein, zuerst die grundlegenden sozialen und körperlichen Bedürfnisse für alle Menschen zu erfüllen, bevor wir in Luxus schwelgen – Güter der Gruppen a) und b) sollten Vorrang vor Gütern der Gruppe c) haben. Der humanistische Psychologe Erich Fromm formulierte es so: Menschenrecht sollte es sein, eine „ausreichende materielle Basis [zu haben], um ein menschenwürdiges Leben zu führen … Ein Mensch hat das gleiche Recht wie ein Hund, zu leben und nicht zu verhungern."[15] Grundbedürfnisse sind endlich, die Größe des Magens ist begrenzt.

Das große Problem der freien Marktwirtschaft ist, dass Marketing-Gurus die Macht haben, uns in einer Weise zu beeinflussen, die uns psychisch konsumabhängig werden lässt. Daher dürfen wir, um ein erfülltes Leben führen zu können, den Konsum nie ganz und gar den freien Marktprozessen überlassen, da der Markt nicht mit der Herstellung von Waren zufrieden ist, die die Bedürfnisse in den Gruppen a) und b) erfüllen. Vielmehr verwendet er

[14] „How the Census Bureau Measures Poverty", U.S. Census Bureau, zuletzt geändert 25. Juni 2012.
[15] Unser Ziel sollte nach Erich Fromm „das Recht eines jeden Menschen sein, sich als Individuum und als menschliches Wesen entfalten zu können". „Erich Fromm pt. 1", YouTube Video, 10:04, gepostet von „Oisin29", 14. November 2008.

erhebliche Anstrengungen und Ressourcen darauf, die Menschen dazu zu bewegen, Güter der Gruppe c) zu begehren. Er unterstützt ein übermäßiges und unstillbares Verlangen nach Gütern, die uns von den Reichen, Berühmten, Schönen und Leistungsfähigen empfohlen werden. Auf diese Weise glauben wir, dass die Waren in der Gruppe c) tatsächlich in Gruppe a) oder b) gehören. Mit anderen Worten: Wir entwickeln eine so starke im pawlowschen Sinn konditionierte Reaktion auf Werbeanzeigen, dass wir uns unserer Abhängigkeit nicht einmal bewusst sind. Die Konzerne haben durch die Schaffung von Modeerscheinungen die Oberhand gewonnen und verführen uns zum Kauf ihrer Produkte. Es gelang ihnen, uns ihre Weltsicht durch konzentrierte Marketingkampagnen verinnerlichen zu lassen.[16] Amerikaner würden viel sparsamer sein und unsere Wünsche wären viel bescheidener, wenn wir nicht durch den Einfluss von fast 300 Milliarden Dollar Werbeausgaben pro Jahr verlockt würden zu kaufen und zu konsumieren – am besten gleich heute und nicht erst bis morgen warten.[17] Dieses globale Werbebudget ist eine Überzeugungsbombe und nur wenig niedriger als die Wertschöpfung der gesamten amerikanischen Automobilbranche im Jahre 2010.[18] Im Gegensatz dazu rät uns praktisch niemand, ein sparsamerer oder weniger impulsiver Käufer zu sein.[19]

Wir sollten die Hierarchie der Bedürfnisse berücksichtigen, wie sie der humanistische Psychologe Abraham Maslow skizziert hat. Zum Beispiel zielen drei der acht Millenniums-Entwicklungsziele der Vereinten Nationen auf die Gesundheit ab: Gesundheit von Kindern, Gesundheit von Müttern und Bekämpfung von Krankheiten. Außerdem heißt es in den Artikeln 23 und 25 der Allgemeinen Erklärung der Menschenrechte: „Jeder hat … das Recht auf soziale Sicherheit" und „… auf einen Lebensstandard, der seine und seiner Familie Gesundheit und Wohl gewährleistet, einschließlich Nahrung, Kleidung, Wohnung, ärztliche Versorgung und notwendige soziale Leistungen, sowie das Recht auf Sicherheit im Falle von Arbeitslosigkeit, Krankheit, Invalidität oder Verwitwung, im Alter sowie bei anderweitigem Verlust seiner Unterhaltsmittel durch unverschuldete Umstände." Müttern und Kindern sollen „besondere Fürsorge und Unterstützung" zukommen.

---

[16] Nick Wingfield, „All the World's a Game, and Business Is a Player", *The New York Times*, 23. Dezember 2012.

[17] Douglas Galbi, „U.S. Advertising Expenditure Data", *Purple Motes*, 14. September 2008.

[18] U.S. Department of Commerce, Bureau of Economic Analysis, *Income and Product Accounts Tables: Table 1.2.5. Gross Domestic Product by Major Type of Product*, zuletzt geändert 29. August 2012.

[19] Ausnahmen sind Organisation wie Adbusters, von Kalle Lasn gegründet, und Leute wie Naomi Klein, die Positionen gegen Konsumerismus einnehmen.

Allerdings ist die vorherrschende ökonomische Lehre blind für die Unterscheidung zwischen Grundbedürfnissen und Konsumwünschen und verwendet daher irreführende Annahmen in ihren Modellen. Dies hat erhebliche Konsequenzen, weil es dadurch möglich wird, Entbehrung und Krankheit unter den Armen zu tolerieren, während die Eliten unbesorgt obszöne Reichtümer für Geburtstagsfeiern verprassen.[20] Wenn es keine Unterscheidung zwischen Bedürfnissen und Wünschen gibt, dann ist es nicht nötig, wegen so etwas betroffen zu sein: Die Gesundheit eines Babys hat nicht mehr Priorität als eine Viertelmillion Dollar für ein Kinderspielhaus auszugeben.[21] Doch in der Einschätzung der meisten Menschen haben Grundbedürfnisse eine andere Priorität als Andrey Melnichenkos 300.000.000-Dollar-Yacht[22] oder Brustimplantate, von denen es in den USA im Jahr 2011 rund 300.000 zu einem Preis von jeweils ca. 10.000 Dollar gab.[23] Statt Souveräne zu sein, haben wir uns zu willigen Opfern der Geschäftsinteressen machen lassen, genauso wie wir uns an die etablierte Art des Konsums und den Grad der Einkommensungleichheit gewöhnt haben.

Budgetbeschränkung

Das Einkommen der Haushalte ist ihre Budgetrestriktion oder Budgetgerade. In Abbildung 3.2 kann man, für gegebene Preise für die Güter X und Y, maximal Qmax (X), wenn man all sein Geld für das Gut X ausgibt, oder maximal Qmax (Y) kaufen, wenn man all sein Geld für Gut Y ausgibt. Die gerade Linie, die diese beiden Punkte verbindet, zeigt alle Kombination von X und Y, die man sich für ein gegebenes Einkommen und gegebene Preise leisten kann. Man soll jetzt die Kombination von X und Y wählen, die auf der Indifferenz-

---

[20] Dennis Kozlowski, der frühere CEO von Tyco International, gab 2 Millionen Dollar für die Geburtstagsfeier seiner Frau aus und endete wegen skrupelloser Geschäftspraktiken im Gefängnis. Siehe Wikipedia Autoren, „Dennis Kozlowski", *Wikipedia: The Free Encyclopedia*.

[21] „Die Kindheit ist wertvoll und endlich" sagte einer der Erbauer dieser Häuser. „Und ein besonderes Spielhaus ist nicht etwas, was man hinausschieben kann, bis es der Wirtschaft wieder besser geht." Siehe Kate Murphy, „Child's Play, Grown-Up Cash", *The New York Times*, 20. Juli 2011.

[22] Robert Frank, „Baccarat Meets Bomb-Proof Glass on the High Seas", *The Wall Street Journal*, 23. April 2010.

[23] Leeann Morrissey, „Plastic Surgery Statistics: Breast Augmentation Increases in Volume", URL: www.plasticsurgery.com/breast-augmentation/plastic-surgery-statistics-breast-augmentation-increases-in-volume-a1173.aspx. 2011 gab es in den USA auch ungefähr 20.600 Operationen für Kinnimplantate, die jeweils ca. 5000 Dollar kosteten. Lauren Keiper, „Best Face Forward: Chin Implants Surge in Popularity", *Reuters*, 3. Mai 2012.

kurve mit dem höchsten Nutzenniveau liegt. Das ist die optimale Kombination von x und y, die den Nutzen maximiert. Das Problem mit dieser Theorie ist, dass die Budgetrestriktion dank der Verfügbarkeit von Krediten nicht wirklich so „beschränkend" ist. Für die meisten Menschen gilt eine „weiche" oder „unscharfe" Budgetbeschränkung. Konsum auf Kredit hat in den letzten Jahrzehnten stark zugenommen, sodass zu geringes Einkommen nicht länger ein Hindernis für gegenwärtigen Konsum darstellt. Im Jahr 1970 betrugen die revolvierenden ausstehenden Konsumentenkredite in den USA (in Preisen von 2010) im Schnitt 220 Dollar pro Erwachsenem, während es im Jahr 2010 3.500 Dollar waren.[24] Daher ist die „harte" Budgetbeschränkung, wie wir sie in den Lehrbüchern finden, kein nützliches Konzept mehr.

Abb. 3.2: Herkömmliche Darstellung der Indifferenzkurve

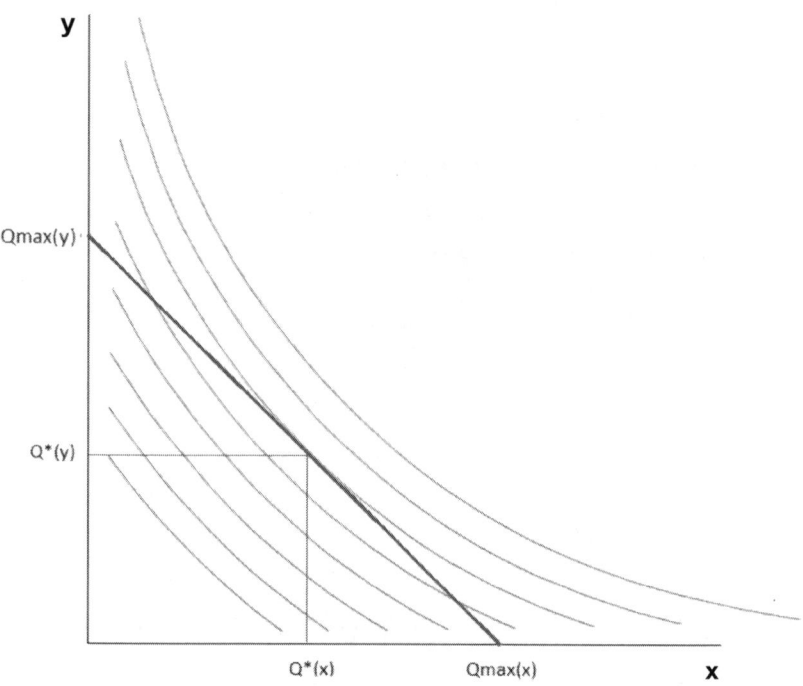

[24] Nicht-revolvierende Kredite wie für Autos oder Bildung betrugen in 1970 in den USA 5.600 Dollar pro Person und in 2010 7.000 Dollar. Siehe U.S. Census Bureau, *The 2012 Statistical Abstract: 1190 – Consumer Credit Outstanding and Finance Rates*; U.S. Department of Labor, Bureau of Labor Statistics, *Consumer Price Index*.

Indifferenzkurven

Indifferenzkurven zeigen die Kombinationen von Gütern (X und Y in Abb. 3.2), die zur gleichen Menge an Nutzen führen. Daher ist die Menge des Nutzens entlang einer der Kurven konstant. Ein Problem der hochstilisierten Indifferenzkurvenanalyse ist, dass wir X und Y (z.B. Nahrung und Kleidung) weder zur gleichen Zeit noch am gleichen Ort kaufen. Das ist eine Herausforderung, weil ich, während ich Lebensmittel kaufe, nur eine vage Vorstellung davon habe, was Kleidung kostet, und weil ich nicht sicher weiß, wann ich dazu komme, Kleidung zu kaufen. Also muss ich jetzt die Balance finden zwischen Lebensmitteln, deren Preis ich kenne, und Kleidung, deren Preis ich höchstens ungefähr kenne. Daher muss man zur Modellierung Fuzzylogik verwenden, die nicht sonderlich gut in die Wirtschaftswissenschaften integriert worden ist.[25]

Kahneman weist auf ein weiteres Problem hin, dass nämlich das Standardmodell der Nutzenindifferenzkurve nicht den aktuellen Konsum anzeigt. Es scheint, als ob wir noch nie Nahrung und Kleidung konsumiert hätten, als ob diese Konsumentscheidung für uns ein völlig neuartiges Problem darstellte, ohne ein Konsumniveau, an das wir uns bereits gewöhnt haben. Dies ist nicht nur wichtig, weil das Konsumniveau, an das wir uns gewöhnt haben, von Bedeutung ist, sondern auch wegen des Endowment-Effekts. Dieser Effekt bedeutet, dass Menschen nur bereit sind, ein Objekt aufzugeben, wenn sie dafür einen höheren Preis erzielen, als den, zu dem sie es erworben haben. Das heißt, dass es psychologisch schwieriger ist, etwas aufzugeben als es zu erwerben.[26] Dies bedeutet, dass es auf dem aktuellen Konsumniveau einen Knick in der Indifferenzkurve gibt: Den Konsum von X zu verringern, erfordert eine größere Menge von Y, um das Nutzenniveau zu halten, als es erforderlich wäre, wenn man den Konsum von X erhöhen wollte (Abb. 3.3). „… [Die Standard-Indifferenzkurve] hängt von der impliziten Annahme ab, dass Indifferenzkurven reversibel sind. Das heißt, wenn eine Person X besitzt und

---

[25] Zadeh, „Fuzzy Logic".

[26] Dieses psychologische Prinzip entkräftet das Coase-Theorem, wonach eine effiziente Allokation in Vorliegen einer Externalität erzielt werden kann, egal wie die Eigentumsrechte verteilt sind. Der Grund dafür, dass der Endowment-Effekt das Coase-Theorem entkräftet, ist, dass derjenige, der ursprünglich das Eigentumsrecht für die Externalität besitzt, einen höheren Preis für die Aufgabe des Eigentumsrechts verlangt, als die Gegenpartei bereit ist, dafür zu bezahlen. Andererseits wäre er nicht bereit, so viel dafür zu bezahlen, wie die Gegenpartei verlangen würde, wenn die ursprüngliche Allokation umgekehrt wäre. So beeinflusst die ursprüngliche Allokation, die nicht unbedingt effizient sein muss, das endgültige Ergebnis. Siehe Daniel Kahneman, Jack L. Knetsch und Richard H. Thaler, „Experimental Tests of the Endowment Effect and the Coase Theorem", *Journal of Political Economy* 98 (1990) 6: S. 1325-1348.

indifferent ist zwischen dem Status quo und der Handlung, X gegen Y einzu-
tauschen, dann wäre diese Person, wenn sie Y besäße, indifferent zwischen
dem Besitz von Y und der Handlung, Y gegen X einzutauschen. Wenn Verlust-
aversion vorhanden ist, ist aber diese Reversibilität nicht mehr zu halten."[27]
Experimentelle Beweise widersprechen der Annahme, dass die Standard-
Indifferenzkurven ohne Knicke verlaufen und dass sie sich nicht schneiden.
Die Anfangsausstattung macht einen Unterschied. Dies ist der Endowment-
Effekt: Etwas aufzugeben, verursacht zusätzlichen negativen Nutzen, was auch
Status-quo-Bias genannt wird.

Abb. 3.3: Verhaltensorientierte Indifferenzkurve

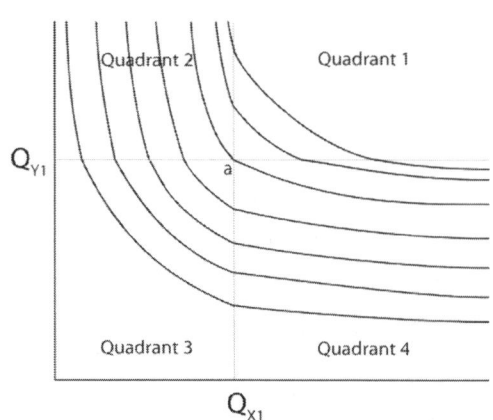

Kapitelzusammenfassung

In diesem Kapitel haben wir verschiedene Arten von Waren diskutiert und
zwischen notwendigen Gütern und Luxusgütern unterschieden. Wir argumentierten, dass unser Unterbewusstsein von den Medien manipulierbar ist.
Die Werbeindustrie schafft es, uns zu überzeugen oder unser Unterbewusstsein dazu zu bringen, Konsumgüter zu wollen, die mächtige Konzerne uns

---

[27] Durch den Endowment-Effekt können sich Indifferenzkurven schneiden. Siehe Daniel
Kahneman, Jack Knetsch und Richard Thaler, „Anomalies: The Endowment Effect, Loss
Aversion, and Status Quo Bias", in *Choices, Values, and Frames*, Hrsg. Daniel Kahneman
und Amos Tversky (Cambridge, UK: Cambridge University Press, 2000), S. 159-170.

verkaufen wollen.[28] Allerdings führt dies nicht zu hoher Lebenszufriedenheit, weil uns nie erlaubt wird, zufrieden zu bleiben. Uns wird laufend vermittelt, dass wir nicht genug haben, wenn wir nicht die neuesten Gadgets besitzen. Daher verlieren wir die Kontrolle über unser Konsumverhalten, anstatt souveräne Konsumenten zu sein. Wir müssen in der Konsumanalyse den gesamten Lebenszyklus von der Kindheit an betrachten und anerkennen, dass Geschmäcker endogen sind. Am wichtigsten ist, dass wir die Individualität unserer Kinder vor der Konsumkonditionierung der Unternehmen schützen. Das kann nur erreicht werden, wenn wir die Macht der Werbeindustrie beschränken, uns eine Traumwelt vorzugaukeln.

---

[28] Werbung verursacht ein Gefühl des Mangels und der Entbehrung in uns, solange wir das neueste Spielzeug nicht besitzen. Es ist schwierig, sich diesem zu entziehen, da unsere Psyche so auf die Entbehrung fixiert ist. Siehe Sendhil Mullainathan und Eldar Shafir, *Scarcity: Why Having Too Little Means So Much* (New York: Times Books, 2013).

4 Gibt es rationale Entscheidungsträger?

Der größte Fehler der ökonomischen Theorie ist ihr zähes Festhalten an der Fiktion, dass die Marktakteure rational sind, obwohl sich alle Psychologen einig sind, dass dies völlig falsch ist. Psychologen sollten dies wissen, da sie die Psyche auf experimenteller Basis studieren. In diesem Kapitel unterstreichen wir die Bedeutung des rationalen Agenten in Modellen der Nutzenmaximierung und erkunden die Bedeutung von Intuition, Emotionen, Macht und Statusstreben.

Nutzenmaximierung

In der Volkswirtschaftslehre gilt die konventionelle Annahme, dass Menschen rational sind. Sie wissen, was sie wollen, und sie brauchen dabei keine Hilfe von anderen. Daher sind sie in der Lage, ihren eigenen Nutzen ohne Hilfe anderer zu maximieren. Rationalität ist die Nutzung des Verstands, um Ziele auf objektive Weise und ohne Emotionen, Intuition oder Instinkt zu erreichen.[1] Man konsumiert, um seinen Nutzen zu maximieren, und ist nur durch monetäre und zeitliche Limitationen eingeschränkt. Um das zu erreichen, muss der Konsument a) perfektes Wissen über alle Güter haben (er darf sich nicht durch Qualitätsunterschiede verwirren lassen und stets das Kleingedruckte gelesen haben), b) seine Präferenzen genau kennen, sodass er alle Güter nach Nutzen ordnen kann, c) nicht zufällig seine Wahl treffen (seine Präferenzen sollten stabil sein) und d) sollten seine Präferenzen transitiv sein. Wenn er Schnitzel lieber als Steak und Steak lieber als Salat mag, dann muss er, wenn er rational ist, Schnitzel lieber als Salat mögen.

Der Grund für diese Bedingungen ist klar: Wenn der Konsument nicht alle Güter und ihre Preise im Detail kennt, kann er keine rationale Wahl zwischen ihnen treffen. Wenn er seine eigenen Vorlieben nicht genau kennt, wie kann er seine Begierden dann bestmöglich befriedigen? Und wie könnte er ohne

---

[1] Diese Definition stammt aus der Psychologie. Viele volkswirtschaftliche Einführungsbücher definieren nicht, was sie unter Rationalität verstehen, sehen sie aber als Axiom menschlichen Verhaltens.

Transitivität die Güter nach seinen Präferenzen ordnen – die Präferenzen wären inkohärent.

Die oben genannten Annahmen wurden in den Wirtschaftswissenschaften extensiv genutzt, weil sie eloquent und einfach sind und eine Menge Modelle und Theoreme von ihnen abgeleitet werden können. Wenn Konsumenten ihren Nutzen maximieren und Produzenten im vollkommenen Wettbewerb stehen, erreicht die Wirtschaft vollständige Effizienz (solange es keine Externalitäten gibt). Da dies ein wünschenswertes Ergebnis ist, stehen Volkswirtschaftler diesen Annahmen, dass Menschen durch Logik und nicht durch Gewohnheit und Intuition geleitet werden, sehr offen gegenüber.

Dummerweise sind Lehrbuchbeispiele immer sehr einfach strukturiert: Sie behandeln ein Beispiel, dass die Wahl zwischen einer kleinen Auswahl von Alternativen bietet. Es ist eine einfache Entscheidung zwischen wohlbekannten Gütern ohne zeitliche Dimension. Natürlich weiß jeder, ob er in einer solchen Situation Schnitzel oder Salat bevorzugt, und daher sollte ein eigennütziger Konsument ohne Probleme in der Lage sein, die für ihn beste Wahl zu treffen. Diese einfache Entscheidung ist ein Kinderspiel, das kein komplexes Urteilsvermögen erfordert. Leider sind solche Beispiele fundamental irreführend, da sie dazu verleiten, zu glauben, dass diese einfachen Auswahlprozeduren auf die viel komplexeren, aber auch realistischeren Konsumentscheidungen des alltäglichen Lebens übertragbar sind. In der Realität stellen diese Entscheidungen eine komplexe Abfolge von vielen Einzelentscheidungen dar, einschließlich der Unsicherheit über die Qualität der Güter, die genauen Details und Spezifikationen und vieles mehr.

Entscheidungen über Häuserkauf und dessen Finanzierung, Handyverträge, Mietverträge, Rentenfinanzierung und andere Finanzinvestitionen oder über den Erwerb der meisten Produkte, die man nicht jeden Tag kauft, sind völlig verschieden von dem Kauf eines Pakets Nudeln. Daher ist die Verwendung von vereinfachten Beispiele und Generalisierungen von einfachen Modellen zur Erklärung komplexer Konsumentscheidungen ein schwerwiegender Fehler mit weitreichenden Folgen für das Wohlergehen der Konsumenten. Rationalität ist eine heimtückische Annahme, weil sie davon ausgeht, dass der Schutz der Konsumenten unnötig ist, und sie es daher für viele Konsumenten sehr schwer macht, in unserer komplexen Ökonomie zu bestehen. Ohne Konsumentenschutz werden zu viele leichtgläubige Konsumenten zu Opfern skrupelloser Marketingmethoden.

Nutzenmaximierung ist für den begrenzten Verstand unmöglich

Jeder Psychologe, einschließlich dem Nobelpreisträger Daniel Kahneman, weiß sehr wohl, dass Menschen weder rational sind noch kohärent ihren Nutzen maximieren können.[2] Verständlicherweise geben wir dies nicht gerne zu, da uns die meisten unserer Handlungen oberflächlich betrachtet richtig erscheinen, unser Gehirn ist aber nicht in der Lage, die Anforderungen dieser Annahmen zu erfüllen. „Der homo oeconomicus ist in Wirklichkeit ein sozialer Schwachkopf."[3] Mit dieser bemerkenswerten Beschreibung lehnt der nobelpreisgekrönte Ökonom Amartya Sen, der an der Harvard University lehrt, das Konzept des homo oeconomicus aus einer Reihe von Gründen ab. Oft wissen wir nicht, warum wir etwas begehren, weil die wirklichen Gründe nicht in unserem Bewusstsein zu finden sind, sondern in der evolutionären Physiologie eingebunden sind, so wie zum Beispiel unser Verlangen nach Süßigkeiten. Unsere Aufmerksamkeitsspanne ist beschränkt, wir leiden unter Informationsüberflutung, wir haben nicht die Zeit, jedes Detail der Verträge, die wir unterschreiben, zu verarbeiten, wir verlieren unsere Geduld, agieren impulsiv und haben große Probleme Wahrscheinlichkeiten korrekt einzuschätzen. Des Weiteren haben wir nicht genug Zeit, über alle Entscheidungen gründlich nachzudenken, das Wichtige aus der Masse von Informationen zu extrahieren und die Qualität der Informationen zu beurteilen. All dies bewirkt, dass wir nicht in der Lage sind, optimale Entscheidungen zu treffen, dass wir ständig Fehler machen und dass wir bereits getroffene Entscheidungen bereuen.

Die meisten Entscheidungen werden im Stadium der Unsicherheit getroffen und meist ist uns die Wahrscheinlichkeitsverteilung der möglichen Ergebnisse nicht einmal bekannt. Daher können die wenigsten Entscheidungen, die wir treffen, wirklich als rational bezeichnet werden. Die meisten werden durch unser Unterbewusstsein, unser Wunschdenken, unseren Glauben, unsere Intuition oder unsere Emotionen gesteuert und basieren auf partiellen Informationen oder werden völlig zufällig getroffen. Wir tun uns schwer, Wahrscheinlichkeiten zu quantifizieren. Im Folgenden diskutieren wir die Belege für diese Perspektive.[4]

---

[2] Die Annahme der Rationalität ist laut Kahneman ein Rohrkrepierer. Seine sehr informativen Vorlesungen können auf seiner Homepage abgerufen werden: www.princeton.edu/~kahneman/.

[3] Amartya Sen, „Rational Fools: A Critique of the Behavioural Foundations of Economic Theory", *Philosophy and Public Affairs* 6 (1977): S. 336.

[4] Joan Robinson bemerkte, dass „Nutzenmaximierung ein metaphysisches Konzept eines unüberwindbaren logischen Zirkels" sei. Siehe Christopher D. Carroll, „Punter of Last Resort", 13. März 2009.

Unser Gehirn

Wir sind nicht in der Lage, unsere Eigeninteressen hartnäckig zu verfolgen und unseren Nutzen zu maximieren, weil unser Gehirn nicht perfekt ist. Es ist, genau wie alle anderen Organe, ein Produkt der Evolution und das führt dazu, dass wir nicht alle einen IQ von über 130 haben, wie die Volkswirtschaftstheorie anzunehmen scheint. Unser Gehirn ist viel komplexer, als die Ökonomen glauben. Es besteht aus vielen hochspezialisierten Modulen, die manchmal hervorragend zusammenarbeiten, aber auch oft Gegenteiliges glauben, zwischen polaren Gegensätzen schwanken oder starke moralische Grundsätze verletzen.[5]

Peter Whybrow, Psychiatrieprofessor an der UCLA und preisgekrönter Autor, zufolge „ist das Gehirn ein Hybrid: Eine entwickelte Hierarchie von drei Gehirnen in einem". Wir haben ein Gehirn ähnlich den Reptilien, das unsere Körperfunktionen wie Atmung und Herzmuskeln kontrolliert. Um diesen primitiven Kern herum entwickelte sich im Laufe der Jahrtausende „die limbische Cortex ..., das frühe Gehirn von Säugetieren, das die Wurzel des Sozialverhaltens und der Fürsorge ist".[6] Die Expansion dieses Teils des Gehirns kulminierte in der Entwicklung der für unsere Spezies speziellen Frontallappen, dem Teil des Gehirns, in dem logisches Denken stattfindet. Er ermöglicht uns Vernunft, aber dadurch ist nicht impliziert, dass jede unserer Entscheidungen das Ergebnis eines rationalen Gedankenprozesses mit vollkommener Information ist. Wenn dem so wäre, würde unsere Gesellschaft nicht so frustriert sein. Es wären nicht so viele US-Amerikaner mit ihrem Leben unzufrieden, in ständigem Existenzkampf, unglücklich, Pillen konsumierend, mörderisch veranlagt oder im Gefängnis. Wenn dies unser bester Versuch der Nutzenmaximierung ist, kann unser Gehirn nicht wirklich dafür geschaffen sein.

Unser Hirn, unsere Hormone, unsere Gene, unser Nervensystem – diese alle verhindern rationale Entscheidungen. Whybrow fährt fort: „... wir werden durch unsere Urbegierden angetrieben. Die Begierden sind so lebensnotwendig wie das Atmen ..., [aber] wenn das Belohnungssystem im Gehirn überlastet oder ausgeschaltet ist, können Wünsche dazu führen, dass Verlangen und eine süchtig machende Gier unsere Logik und unseren gesunden Menschenverstand beeinflussen".[7] So hat der rationale Teil unseres Gehirns nicht immer

---

[5] Robert Kurzban, *Why Everyone (Else) Is a Hypocrite: Evolution and the Modular Mind* (Princeton, NJ: Princeton University Press, 2011).

[6] Peter C. Whybrow, „Dangerously Addictive: Why We Are Biologically Ill-Suited to the Riches of Modern America", *The Chronicle of Higher Education*, 13. März 2009.

[7] Siehe ebd. und Peter C. Whybrow, *American Mania: When More Is Not Enough* (New York: W.W. Norton, 2005).

die Kontrolle über unsere Aktionen. Unsere Lust nach Süßem zum Beispiel war vor Jahrtausenden, als Nahrung knapp war, ein evolutionärer Vorteil. Aber die Evolution hat uns nicht mit den Hormonen oder der Willenskraft ausgestattet, diese Begierde abzuschalten, die uns, zusammen mit der Fähigkeit der Getränkeindustrie, uns zum Kauf gezuckerter Getränke zu verführen, zuckerkrank werden lässt und eine diabetische Epidemie ausgelöst hat. Auch sind ungefähr zwei Drittel der U.S.-Bevölkerung übergewichtig oder fettleibig.

Unser Hormonsystem, in Verbindung mit den Begierden, die ihren Ursprung in der Evolution haben, ist einer der Gründe dafür, warum das auf Rationalität basierende Nutzen-Maximierungsmodell völlig unrealistisch ist.

Die Evolution hat nicht nur Rationalität bevorzugt. Im Laufe der Evolution wäre es nicht optimal gewesen, sich nur auf die Vernunft zu verlassen. Jäger und Sammler mussten oft signifikante Probleme lösen, die nicht logisch lösbar waren, weil sie zu sehr mit Unsicherheit oder unvollständigen Informationen behaftet waren. In solchen komplexen Situationen hätte sie Rationalität oft entscheidungsunfähig werden lassen. Stattdessen waren diejenigen fitter, die schnell Entscheidungen unter unvollständigen Informationen treffen konnten. Manchmal konnten sie ein Problem rationell durchdenken, aber häufiger wurden ihre Entscheidungen durch Intuition, Emotionen, Instinkte, Stereotype, Konditionierung und durch ihr Unterbewusstsein getroffen. Nach Millionen Jahren der Evolution treffen wir immer noch viele Entscheidungen so, oft unter Verwendung sich widersprechender und unlogischer Informationen. Menschen sind durch die Evolution einfach keine optimale Entscheidungsträger geworden.

Nichtsdestoweniger ist unser Gehirn ein genauso wundervolles Instrument wie unsere Augen, aber es ist zu beachten, dass die Evolution weder blinde Flecken noch Farbenblindheit eliminiert hat. Die Augen sind trotzdem gut genug, um die Reproduktion der menschlichen Rasse zu sichern. Das Gleiche gilt für den Konsum: Unsere mentale Kapazität ist gut genug, um unser Überleben und unsere Reproduktion zu garantieren, aber Optimalität ist in unserer komplexen Welt nicht so einfach zu erzielen. Es ist nicht nützlich, Rationalität binär zu betrachten. „Menschliches Verhalten … erfordert eine fließende Interaktion zwischen kontrollierten und automatischen Prozessen … Allerdings werden viele Verhaltensmuster, die das Ergebnis dieser Interaktion sind, routinemäßig und fälschlicherweise als Ergebnis kognitiver Erwägungen interpretiert … Wir tendieren dazu, die Bedeutung von Kontrolle überzubewerten."[8]

---

[8] Colin Camerer, George Loewenstein und Drazen Prelec, „Neuroeconomics: How Neuroscience Can Inform Economics", *Journal of Economic Literature* 43 (2005): S. 9-64.

Neuroökonomie

Das Gehirn besteht aus 100 Milliarden Neuronen. Neuronen kommunizieren mit Hilfe von chemischen Signalen miteinander. Ökonomen haben erst kürzlich damit begonnen zu erforschen, wie neuronale Netzwerke wirtschaftliches Verhalten beeinflussen: Das Feld der Neuroökonomie war geboren. Die Experimente werden mit Hilfe der funktionellen Magnetresonanztomographie durchgeführt, die den Blutfluss in den Kapillaren des Gehirns misst und damit Neuronen identifiziert, die elektrochemische Signale senden. Diese Experimente haben die Schwächen der Standardtheorie der Nutzenmaximierung aufgezeigt. Die Hirnaktivität zeigte, dass die festverdrahteten Schaltungen, die durch die Standardnutzenmaximierungstheorie postuliert werden, nicht immer aktiviert werden, da das Gehirn auch andere Prozesse nutzen kann. Wenn zum Beispiel eine Entscheidung zwischen einer Alternative mit Sicherheit und einer mit Unsicherheit getroffen werden muss, findet diese Entscheidung in einem anderen Teil des Gehirns statt, als wenn beide Alternativen riskant sind.[9] Erstaunlicherweise werden Parallelprozessoren für verschiedene Aufgaben verwendet und die festverdrahteten Schaltungen der Vernunft haben nicht immer die Kontrolle. Dies kann auch erklären, warum Emotionen rationale Überlegungen überstimmen können. „Gehirnmechanismen kombinieren kontrollierte und automatische Prozesse und operieren mit Kognition und beeinflussen [Emotionen] … Die Vernunft … hat mit eigenwilligen Leidenschaften und Begierden alle Hände voll zu tun."[10]

Beschränkte Rationalität

Vor mehr als einem halben Jahrhundert argumentierte Herbert Simon überzeugend, dass Rationalität Grenzen hat: Menschen sind nicht in der Lage, eine Nutzenfunktion in der realen Welt zu maximieren, da dies ihre Fähigkeiten übersteigt. Er erhielt den Nobelpreis für Wirtschaftswissenschaften für seine Forschung, doch viele Lehrbücher ignorieren auch weiterhin seine Erkenntnisse, obwohl es allgemein anerkannt ist, dass „Psychologie und Ökonomie weitreichende Beweise dafür bieten, dass begrenzte Rationalität wichtig ist".[11] Eigentlich ist diese so wichtig, dass ich glaube, dies sollte das Standardmodell

---

[9] John Dickhaut, Kevin McCabe, Jennifer C. Nagode, Aldo Rustichini, Kip Smith und Jose Pardo, „The Impact of the Certainty Context on the Process of Choice", *Proceedings of the National Academy of Sciences of the United States of America* 100 (2003): S. 3536-3541.

[10] Camerer, Loewenstein und Prelec, „Neuroeconomics".

[11] John Conlisk, „Why Bounded Rationality?", *Journal of Economic Literature* 34 (1996) 2: S. 669-700.

in den Wirtschaftswissenschaften sein und nicht das bequemere Modell des optimierenden rationalen Agenten.

Die Nutzenfunktion ist eine Abstraktion, die, anders als unsere Fähigkeit, Temperatur zu fühlen oder Licht zu sehen, in der Wirklichkeit nicht existiert. Nicht in der Lage zu sein, eine imaginäre Nutzenfunktion zu optimieren, bedeutet nicht, dass wir gänzlich dumm sind, aber wir müssen erkennen, dass echte Entscheidungsoptimierung unsere Fähigkeiten übersteigt. Es wäre viel zu aufwändig, selbst wenn wir die kognitiven Fähigkeiten dazu hätten. Außerhalb des Hörsaals haben wir zu viele gravierende Beschränkungen, die uns vom Erreichen eines optimalen Konsumbündels abhalten. Diese Einschränkungen können mangelnde Preis- oder Qualitätsinformationen; die mangelnde Fähigkeit, die Details eines Vertrags vollständig zu verstehen; die Unfähigkeit, Wahrscheinlichkeiten zukünftiger Ereignisse abzuschätzen; mangelnde Aufmerksamkeit bei der Präsentation eines Verkäufers; zu vergessen, alle relevanten Fragen zu stellen, oder Missverständnisse bei Vertragsbedingungen sein. Die Beschränkung könnte auch die Folge von Informationsüberflutung sein, die zu Verwirrung, Fehlinterpretationen oder Fehleinschätzungen führt, oder es könnte auch Zeitdruck sein, wenn man nicht genug Zeit hat, über ein Problem gründlich nachzudenken.[12] Wenn wir gehetzt sind oder unter Stress stehen, sind wir oft nicht in der Lage oder willens, alle Eigenschaften eines Produkts zu verstehen, bevor wir die Kaufentscheidung treffen. Die Ursachen der begrenzten Rationalität sind unzählig.

Ein zusätzliches Problem ist, dass wir die meisten wichtigen Entscheidungen treffen, ohne uns der möglichen Alternativen bewusst zu sein. Es erfordert Zeit, Mühe und Geld – also Transaktionskosten –, um zum Beispiel herauszufinden, welche Arten von Krankenversicherung oder Lebensversicherung angeboten werden. Eine Liste aller Alternativen zu generieren und sie dann zu verstehen, ist ein langwieriges Unterfangen, das Geduld und Ausdauer erfordert und ein großes Hindernis für eine optimale Entscheidung in einer Welt darstellt, die immer komplexer wird. Wir sind in der Lage, so etwas als triviale und transparente Probleme in Lehrbüchern zu lösen. Allerdings wird das Problem unlösbar, wenn die Entscheidung zwischen multidimensionalen Alternativen wie bei der Wahl der Krankenkassen, der Lebensversicherung, des Arbeitsplatzes oder der Berufskarriere getroffen werden muss, vor allem, wenn eine Gegenpartei versucht, die wahren Konditionen der Alternativen zu

---

[12] Herbert A. Simon, *Models of Bounded Rationality* (Cambridge, MA: MIT Press, 1982); Herbert A. Simon, Models of Man (New York: Wiley, 1957); Herbert A. Simon, „Designing Organizations for an Information-Rich World", in *Computers, Communication, and the Public Interest*, Hrsg. Martin Greenberger (Baltimore: The Johns Hopkins University Press, 1971), S. 40-41.

verschleiern. Nur ein Übermensch könnte Fakten von Fiktion trennen und unter solch widrigen Umständen die optimale Wahl treffen, aber mit unseren begrenzten kognitiven Fähigkeiten hat der gewöhnliche menschliche Geist keine Chance, diese optimale Wahl in endlicher Zeit zu treffen.

So bedeutet das Konzept der beschränkten Rationalität, dass wir selbst dann, wenn wir so gut wie möglich handeln, immer noch weit davon entfernt sind, die perfekte Lösung zu finden. Meist geht es um viel mehr als die Auswahl zwischen zwei einfachen Alternativen, meist ist es ein Problemlösungsprozess, der viel Intelligenz, Geduld, Erfahrung und letztlich menschliche Urteilsfähigkeit, oft in Bezug zu Wahrscheinlichkeiten, erfordert. Dieser komplexe und schwierige Prozess der Suche nach Alternativen und die Untersuchung ihrer Auswirkungen in Echtzeit, bevor eine Auswahl getroffen wird, wird in herkömmlichen Lehrbüchern vollkommen vernachlässigt.

Wenn man eine neue Krankenversicherung braucht, wird einem schnell klar, dass die Versicherungskonzerne versuchen, Transparenz zu vermeiden, indem sie ihre Vertragsunterlagen sehr kompliziert und unterschiedlich strukturieren, sodass ein Vergleich mit anderen Angeboten in der Praxis praktisch unmöglich wird. Ihre Strategie ist es, einen echten Wettbewerb zu vermeiden. In einem solchen Fall haben die Konsumenten kaum eine Chance, eine informierte rationale Entscheidung zu treffen. Die Unternehmen können erhebliche Energie darauf verwenden, uns zu überlisten. Konsumenten haben aber gewöhnlich nur ein paar Stunden zur Lösung dieses komplexen Problems und niemanden, der sie glaubwürdig beraten könnte, während die Versicherungsgesellschaften eine Armee von Mathematikern einstellen können, die ihre ganze Energie darauf verwenden, Leute wie uns zu überlisten. Und wer wird diesen Wettbewerb gewinnen? Unternehmen haben ihre Tricks, um den Konsumenten die meiste Zeit auszumanövrieren, da sie viel mehr Ressourcen haben, um das Spielfeld zu ihrem Vorteil zu gestalten. Betrachtet man die Medikamenten-Pläne für Medicare Part D, Teil der Krankenversicherung für ältere US-Bürger (Abb. 4.1), glaubt man nicht, dass es einen Sterblichen auf der Erde gibt, der in angemessener Zeit feststellen könnte, welches der beste Plan für ihn ist. Unter diesen Umständen kann man höchstens eine Faustregel[13]

---

[13] Eine Faustregel ist eine Prozedur, die auf eigener Erfahrung oder der Erfahrung anderer beruht und die es einem ermöglicht, eine zufriedenstellende Lösung für ein Problem zu finden, wenn (1) zu wenig Informationen zur Verfügung stehen, als dass man die optimale Lösung finden könnte, (2) man zu wenig Zeit hat, um alle wichtigen Aspekte des zu lösenden Problems ausreichend zu berücksichtigen, (3) es unpraktisch, unmöglich oder zu kostenintensiv ist, die optimale Lösung zu finden. Diese Vorgehensweise ist ähnlich, wie einer Vermutung oder dem gesunden Menschenverstand zu folgen, kann aber oft täuschen, alles andere als optimale Ergebnisse liefern und auch zu Stereotypen und Vorurteilen führen.

zur Hilfe nehmen. Die Konzerne machen offensichtlich ihre Angebote auf solch unverständliche Art und Weise, um den Wettbewerb zu beschränken, der ihren Gewinn schmälern könnte. Zwar gibt es Organisationen wie die Stiftung Warentest in Deutschland, die den Konsumenten helfen, aber diese beeinflussen nur einen winzigen Bruchteil unserer Konsumentscheidungen.

Abb. 4.1: Medicare Part D

AARP MedicareRx Preferred (PDP) (S5820-007-0)

Estimated Annual Drug Costs:[?]	Monthly Premium: [?]	Deductibles:[?] and Drug Copay/ Coinsurance: [?]	Drug Restrictions: [?]	Drug Coverage: [?]	Estimated Annual Health and Drug Costs:[?]	Overall Plan Rating:[?]	
☐ $1,670	Drug: $33.40 Health:N/A	Annual Drug Deductible: $0.00 Health Plan Deductible: N/A Drug Copay/ Coinsurance: $7 - $81, 33%	N/A	All Your Drugs on Formulary: N/A No Gap Coverage	$4,800 Includes $3,138 for Original Medicare	★★★★ 3.5 out of 5 stars	Enroll

$33.40

First Health Part D Premier (PDP) (S5768-039-0)

Estimated Annual Drug Costs:[?]	Monthly Premium: [?]	Deductibles:[?] and Drug Copay/ Coinsurance: [?]	Drug Restrictions: [?]	Drug Coverage: [?]	Estimated Annual Health and Drug Costs:[?]	Overall Plan Rating:[?]	
☐ $1,752	Drug: $37.00 Health:N/A	Annual Drug Deductible: $150.00 Health Plan Deductible: N/A Drug Copay/ Coinsurance: $10, 15% - 32%	N/A	All Your Drugs on Formulary: N/A No Gap Coverage	$4,900 Includes $3,138 for Original Medicare	★★★★ 3.5 out of 5 stars	Enroll

$37.00

Humana Enhanced (PDP) (S5884-066-0)

Estimated Annual Drug Costs:[?]	Monthly Premium: [?]	Deductibles:[?] and Drug Copay/ Coinsurance: [?]	Drug Restrictions: [?]	Drug Coverage: [?]	Estimated Annual Health and Drug Costs:[?]	Overall Plan Rating:[?]	
☐ $1,807	Drug: $46.00 Health:N/A	Annual Drug Deductible: $0.00 Health Plan Deductible: N/A Drug Copay/ Coinsurance: $7 - $74, 33%	N/A	All Your Drugs on Formulary: N/A Call plan for details	$4,950 Includes $3,138 for Original Medicare	★★★ 3 out of 5 stars	Enroll

$46.00

Satisficing

Eine Person mit begrenzter Rationalität ist nicht in der Lage, ihren Nutzen zu maximieren, und wird einen einfacheren Weg wählen um ihre Wünsche zu befriedigen. Sie wird so lange suchen, bis sie, unter Berücksichtigung ihrer Bestrebungen, eine zufriedenstellende Lösung findet. Diese Art der Entscheidungsfindung heißt Satisficing. In der Mitte der 1950er Jahre hat Herbert Simon gezeigt, dass Menschen versuchen, eine zufriedenstellende Lösung für ihre Probleme zu finden und nicht das bestmögliche Ergebnis zu erzielen, da dies viel zu schwierig und daher unerreichbar ist.[14] Angesichts der Begrenztheit unseres Gehirns in der Informationsverarbeitung, des Zeitdrucks, unter dem wir stehen, unserer Finanzen, der Hetze im Leben, der unglaublichen Menge an Informationen, die wir verarbeiten müssen, und der Komplexität der Probleme, die gelöst werden müssen, sind wir zufrieden mit Satisficing, also der Suche nach einer ausreichend guten Lösung. Der Versuch, unseren Nutzen wirklich zu maximieren, wäre viel zu aufwändig und würde uns von Entscheidungsfindungen abhalten, wäre frustrierend und würde letztendlich zu einer Lähmung unseres Lebens führen. Satisficing ist viel realistischer als der Ansatz der Nutzenmaximierung.

Eine der kritischen Folgen des Satisficing ist, dass die Reihenfolge, in der eine Auswahl präsentiert wird, unsere Wahl beeinflusst, während dies in dem Modell der Nutzenmaximierung mit perfekter Information nicht der Fall ist. Es macht im Nutzenmaximierungsmodell keinen Unterschied, in welcher Reihenfolge Steak, Schnitzel und Salat präsentiert werden, da ich weiß, was ich am liebsten mag und was zur Auswahl steht. Raum und Zeit spielen im Nutzenmaximierungsmodell, im Gegensatz zum Satisficing-Modell, keine Rolle.

Lassen Sie uns die beiden Modelle in einem imaginären Supermarkt vergleichen: Die Auswahl im Supermarkt ist nicht zwischen zwei Gütern, wie in den Lehrbüchern, sondern zwischen bis zu 25.000 verschiedenen Gütern zu treffen und meine kognitiven Fähigkeiten sind nicht in der Lage, diese Art von Informationen zu verarbeiten. Ich kenne weder alle angebotenen Waren noch deren Preise und verletze damit bereits zwei wichtige Grundvoraussetzungen der Nutzenoptimierung. Unter solchen Umständen kommt Nutzenmaximierung nicht in Frage und ich verwende Abkürzungen, um meine Ziele zu erreichen. Stattdessen suche ich eine akzeptable Lösung für das Problem, das heißt, ich satisfiziere. Ich wähle willkürlich einen Gang und die Produkte kommen nacheinander in meinen Blick. Meine ersten Entscheidungen beein-

[14] Herbert A. Simon, „Rational Choice and the Structure of the Environment", *Psychological Review* 63 (1956): S. 129-138; Herbert A. Simon, „A Behavioral Model of Rational Choice", *Quarterly Journal of Economics* 69 (1955): S. 99-118.

flussen meine weiteren Entscheidungen. Ich sehe Schweinefilets in der Fein-
kostabteilung und sie sehen lecker genug aus und der Preis scheint fair, sodass ich einige in meinen Einkaufswagen lege. Doch wenn ich später die Tief-
kühlpizza im Angebot sehe, werde ich sie nicht kaufen, weil es zu viel Aufwand ist, die Schweinefilets wieder zurückzugeben. Soziale Normen verhindern, dass ich die Schweinefilets einfach in das Pizzaregal lege. Wenn ich allerdings zuerst in die Tiefkühlabteilung gegangen wäre und die Pizza im Angebot bemerkt hätte, hätte ich Pizza statt Schweinefilets gekauft. So hatte ich
keine feste Anzahl von mir bekannten Alternativen, als ich den Laden betrat.
Ich musste in Echtzeit und nicht im punktuellen Raum gezielt suchen: Mein
Ziel war, etwas zum Abendessen zu kaufen. Das Ziel war erreicht, aber meine
Wahl wurde von der zufälligen Auswahl meines ersten Gangs beeinflusst und
es war nicht realistisch, meine erste Wahl rückgängig zu machen, da es pein-
lich gewesen wäre, die Schweinefilets an der Fleischtheke zurückzugeben.[15]
Darüber hinaus wäre es zu zeitaufwändig gewesen, zuerst alle verfügbaren
Alternativen in der Filiale zu erforschen. Mit der begrenzten Zeit und den
Informationen, die mir zur Verfügung standen, habe ich eine annehmbare
Lösung zur Stillung meines Hungers gefunden – das ist Satisficing. In Gegenwart von Transaktionskosten konnte ich nicht das bestmögliche Abendessen
für mich wählen, aber ich fand ein befriedigendes Abendessen.

   Auch müssen meine Entscheidungen nicht konsequent sein. Wenn ich
noch einmal einkaufen gehen müsste, könnte ich zuerst in einen anderen Gang
gehen und meine Essensentscheidung wäre zweifellos eine andere. Daher hängt
die Konsumentscheidung im Modell des Satisficing von der Reihenfolge ab,
in der die Alternativen bekannt werden.[16] Das Optimum kann im Hörsaal,
aber nicht von Menschen in realen Situationen erreicht werden. Der wesentliche Unterschied zwischen diesem Beispiel und dem in Lehrbüchern ist, dass
das oben genannte Problem eine Folge von Entscheidungen mit Zeitbeschrän-
kung unter Unsicherheit und mit begrenzten Informationen und Transaktionskosten enthält. Solche Beispiele sind nicht im typischen Lehrbuch enthalten,
weil solche Modelle ein Gräuel für konventionelle Ökonomen darstellen, da
sie den meisten, wenn nicht allen Lehrsätzen der neoklassischen Lehre widersprechen. Satisficing passt einfach nicht in die Modelle der Optimalität.

---

[15] Dank des Internets werden Vorausplanung und Preis- und Leistungsvergleiche sicherlich zunehmen.
[16] Herbert A. Simon, *Reason in Human Affairs* (Oxford: Blackwell, 1983), S. 23.

Vorurteile und Wunder der Intuition

Viele Forscher wie Daniel Kahneman und Amos Tversky haben über das Konzept der begrenzten Rationalität hinausgehend schon vor Jahrzehnten den Nachweis erbracht, dass Intuition in unserem Denken eine wichtige Rolle spielt und der rationale Teil des Gehirns nicht immer für die intuitiven Entscheidungen in unserem Gehirn zuständig oder verantwortlich ist.[17] Sie bezeichnen diese beiden Denkweisen als System 1 (Intuition) und System 2 (logisches Denken). Intuitive Gedanken kommen einem spontan in den Sinn. Die Operationen des Systems 1 sind schnell, automatisch, mühelos, assoziativ, impulsiv und schwer zu kontrollieren oder zu ändern. Sie finden nicht freiwillig statt, während die des Systems 2 langsamer, reflektierter und aufwändiger sind.[18]

Als Überlebensstrategie in einer komplexen und unsicheren Umwelt hat unser Gehirn Möglichkeiten entwickelt, um Entscheidungen mit Hilfe von Faustregeln spontan und intuitiv zu treffen. In Anbetracht der vielen Unbekannten, mit denen wir in den Millionen von Jahren der Evolution konfrontiert wurden, haben wir die Fähigkeit entwickelt, wichtige Entscheidungen oft mit wenig Informationen in null Komma nichts zu treffen, d.h. automatisch und meist ohne bewusstes Denken.[19] Beim Lösen eines Problems mit unvollständigen Informationen müssen wir, um nicht zu verkrampfen, Urteile oft auf die Schnelle fällen. Die Kehrseite der Medaille ist allerdings, dass Intuition und Faustregeln den Nachteil haben, dass wir von Vorurteilen geleitet werden und daher systematische Fehler machen; viele unserer Entscheidungen sind völlig irrational.[20] Unsere Beurteilungen einer Situation im Stadium der Unsicherheit unterliegen meist einem Bias der Befangenheit, wir werden leicht verwirrt, haben beschränkte Selbstkontrolle und sind irrationalerweise mehr gegenwarts- als zukunftsbezogen. Welcher 20-Jährige denkt wirklich ernsthaft über seine Rente nach? Unsere genetischen Dispositionen, einschließlich unseres Überlebensinstinkts und unseres Sexualtriebs, dominieren unser

---

[17] Mark J. Machina, „Non-Expected Utility Theory", in *The New Palgrave Dictionary of Economics*, 2. Auflage, Hrsg. Steven N. Durlauf und Lawrence E. Blume (Basingstoke, UK: Palgrave Macmillan, 2008).

[18] Daniel Kahneman, *Thinking, Fast and Slow* (New York: Farrar, Straus and Giroux, 2011).

[19] Malcolm Gladwell, *Blink: The Power of Thinking Without Thinking* (New York: Little, Brown, 2005).

[20] Dan Ariely, *Predictably Irrational: The Hidden Forces That Shape Our Decisions* (New York: HarperCollins, 2008); Dan Ariely, *The Upside of Irrationality* (New York: HarperCollins, 2010); „Dan Ariely: The Upside of Irrationality", ForaTV Video, 1:08:58, 7. Juni 2010; „Dan Ariely Asks, Are We in Control of Our Own Decisions?", TED video, 17:22, gefilmt Dezember 2008, gepostet Mai 2009; „Authors@Google: Dan Ariely", YouTube video, 56:02, gepostet von „AtGoogleTalks", 1. Juli 2008.

rationales Selbst. Zusammenfassend zeigen die Experimente von Kahneman und Tversky, dass der Mensch nicht in der Lage ist, kohärente Entscheidungen zu treffen. Obwohl wir bei weitem nicht perfekt sind, sind wir, zumindest bisher, gut für das Überleben und die Fortpflanzung ausgerüstet.

Die meisten von uns sind nicht in der Lage, komplexe Probleme – vor allem unter Zeitdruck – zu analysieren. (Die Probleme des wirklichen Lebens unterscheiden sich von Prüfungsaufgaben, weil für letztere zumindest eine klare Lösung existiert, was bei ersteren nicht so deutlich ist.) Die Menschen sind nicht dazu geschaffen, den ganzen Tag über intensiv zu denken, und daher würde das System 2 zu Stillstand führen, während System 1 zumindest eine akzeptable Lösung bietet, auch wenn sie oft suboptimal ist. So ist Entscheidungsfindung nicht immer das Ergebnis des logischen Denkens, vielmehr spielt die Intuition fast immer eine wesentliche Rolle, es sei denn, das Problem ist trivial. Wir neigen dazu, dem System 1 schnell zu vertrauen, aber es ist anfällig für alle Arten systematischer Fehler und System 2 ist nur begrenzt fähig, System 1 zu überwachen oder seine Urteile zu überstimmen. Obwohl intuitive Urteile in Standardlehrbüchern weitestgehend ignoriert werden, sind Menschen keine Roboter; sie neigen dazu, eine große Anzahl systematischer Fehler zu begehen, insbesondere bei der Beurteilung von Wahrscheinlichkeiten.[21]

Heuristik

Wir nutzen Heuristiken oder Attributsubstitution, wenn ein anspruchsvolles Entscheidungsproblem durch Verwendung eines einfacheren Urteils, vielleicht auch unbewusst, gelöst wird. Eine große Herausforderung in vielen wirtschaftlichen Situationen ist es, eine Entscheidung zu treffen, wenn das Problem rechnerisch sehr komplex ist und die verfügbaren Informationen so dürftig und unsicher sind, dass wir nicht in der Lage sind, eine logisch richtige Entscheidung zu treffen. Soll ich meine Stelle kündigen? Sollte ich dieses Stellenangebot annehmen oder auf ein besseres warten? Kahneman und Tversky haben gezeigt, dass wir in Fällen, in denen ein Problem zu schwierig zu lösen ist oder die Lösung übermäßigen Aufwand erfordert, auf Heuristik setzen – auf Faustregeln, um eine Entscheidung zu treffen. Wir ersetzen ein schwieriges Problem durch ein ähnliches, aber einfacheres Problem. In gewisser Weise nimmt das Gehirn eine Abkürzung bei der Informationsverarbeitung und formt ein intuitives Urteil: „… Menschen sind nicht daran gewöhnt, intensiv

---

[21] Wikipedia listet mehr als 100 kognitive Verzerrungen. Wikipedia Autoren, „List of Cognitive Biases", *Wikipedia: The Free Encyclopedia*.

zu denken, und geben sich oft damit zufrieden, einem plausiblen Urteil, das ihnen in den Sinn kommt, zu vertrauen".[22]

Das Problem, das wir als Ersatz verwenden, ist uns vertraut, vielleicht aufgrund unserer früheren Erfahrungen oder der von anderen, und leicht zugänglich. (Ich persönlich greife bei der Problemlösung auf die Erfahrungen meines Vaters zurück, wenn ich ein ähnliches Problem habe, dessen Lösung sonst nicht für mich zugänglich wäre.) Man löst nur die Probleme, die man lösen kann, sonst bleibt man stecken. Die Substitution erfolgt intuitiv, sodass wir uns ihrer nicht bewusst sind, und nicht aufgrund der Kontrolle des Systems 2. Die Verwendung von Heuristik ist eine der vielen Quellen der kognitiven Verzerrung. Anders gesagt: Rationalität übersteigt die Fähigkeit der sterblichen Seelen.[23]

Framing, Zugänglichkeit, Verknüpfungsheuristik

Wir reagieren nicht immer gleich auf identische Fakten. Unsere Entscheidungen hängen davon ab, wie diese Fakten präsentiert oder „eingerahmt" werden. Solche Framing-Effekte sind wichtig, weil sie beeinflussen, wie unser Unterbewusstsein auf ein Problem reagiert. Es macht einen Unterschied, ob wir sagen, dass von 100 Personen 90 überleben werden, oder ob wir sagen, dass von 100 Leuten 10 sterben werden. Die Information ist die gleiche, aber die emotionale Reaktion ist eine unterschiedliche, weil es davon abhängt, ob wir unsere Aufmerksamkeit auf das Überleben oder das Sterben richten. Das ist nicht rational. Daher können Framing-Effekte auch zu Präferenzumkehrungen führen. Sie könnten sich entscheiden, sich einer Therapie zu unterziehen, wenn die Überlebenswahrscheinlichkeit in den Vordergrund gestellt wird, wenn die Sterbewahrscheinlichkeit betont wird, würden Sie sich vermutlich dagegen entscheiden. Im Konsumverhalten sind nicht die nackten Fakten, sondern ihre Wahrnehmung wichtig. Das bedeutet, dass unsere Entscheidungen davon abhängen, wie die Fakten eingerahmt werden. Das impliziert, dass wir nicht in der Lage sind, rational oder kohärent zu sein, da Präferenzumkehrungen dem Konsistenzgebot der rationalen Entscheidungsfindung widersprechen. Natürlich wissen die Marketingabteilungen der großen Firmen das und nutzen es aus, indem sie ihre Werbekampagnen auf eine Art und Weise gestalten, die das System 2 umgeht. Drei Stunden Fernsehen pro

---

[22] Daniel Kahneman, „Maps of Bounded Rationality: Psychology for Behavioral Economics", *American Economic Review* 93 (2003) 5: S. 1449-1475, hier S. 1450.

[23] Siehe Kahnemans Nobelpreisvorlesung: „Prize Lecture by Daniel Kahneman", 37:25, 8. Dezember 2002.

Tag gibt den Marketingagenturen reichlich Gelegenheit, unsere Fähigkeit zu stören, das System 2 zu verwenden, und unser Unterbewusstsein zu manipulieren. Neuromarketing untersucht, wie unser Unterbewusstsein am effektivsten zu erreichen ist.[24]

Wir sind so anfällig für viele logische Trugschlüsse, weil unsere Intuition die Regeln der Logik und der Wahrscheinlichkeit außer Kraft setzt. Verhaltensökonomen haben im Laufe der Jahre viele Beispiele dafür gesammelt. Zum Beispiel sind Menschen bereit, mehr für eine Lebensversicherung zu zahlen, die Terroranschläge während einer Reise abdeckt, als für eine, die den Tod jeglicher Ursache versichert, obwohl klar ist, dass die Wahrscheinlichkeit des Todes im zweiten Szenario größer ist, da sie das des gesamten ersten Szenarios mit einschließt. Die Fokussierung auf Terrorismus löst jedoch intuitive Ängste in unserem Unterbewusstsein aus, die dazu führen, die Grundprinzipien der Wahrscheinlichkeitsrechnung zu ignorieren.[25] Wir sind auch bei der Beurteilung von Wahrscheinlichkeiten voreingenommen: Einige Ereignisse, die mit sehr geringer Wahrscheinlichkeit eintreten werden, werden in unserem Gehirn vergrößert, während Ereignisse, die mit hoher Wahrscheinlichkeit passieren, abgeschwächt werden. Und beachten Sie, dass diese Experimente mit intelligenten Menschen durchgeführt wurden, nicht mit Menschen mit niedrigem Intelligenzquotienten.

Darüber hinaus sind uns einige Eigenschaften von Objekten einfacher zugänglich als andere. In Abbildung 4.2 ist uns die ungefähre durchschnittliche Länge der Linien leicht und schnell zugänglich, aber ihre Summe ist es nicht.

---

[24] „Um erfolgreich zu sein, müssen Verkaufsargumente die unbewusste Ebene des Gehirns erreichen, den Ort, an dem der Verbraucher sein anfängliches Interesse an Produkten, Vorlieben und Markentreue entwickelt", sagt A.K. Pradeep, der Gründer und CEO der Neuromarketing-Firma NeuroFocus. Siehe Natasha Singer, „Making Ads That Whisper to the Brain", *The New York Times*, 13. November 2010.

[25] Die Verbindungsregel in der Wahrscheinlichkeitstheorie besagt, dass die Wahrscheinlichkeit, dass die Attribute A und B auf eine Person zutreffen, nicht größer sein kann als die Wahrscheinlichkeit, dass nur Attribut B zutrifft. Kahneman und Tversky haben mit folgendem Beispiel gezeigt, dass dieses Axiom verletzt wird: „Linda ist 31 Jahre alt, alleinstehend, offen und sehr klug. Ihr Hauptfach an der Uni war Philosophie. Als Studentin war sie tief besorgt über Fragen der Diskriminierung und der sozialen Gerechtigkeit und war auch in der Anti-Atomkraft-Bewegung aktiv." Fast alle Probanden glaubten, dass die Wahrscheinlichkeit, dass Linda als Bankangestellte arbeitet und in der Frauenbewegung aktiv ist, größer ist als die Wahrscheinlichkeit, dass Linda als Bankangestellte arbeitet. Dieser Trugschluss tritt auf, weil wir dazu neigen, die Beschreibung von Lindas feministischer Natur in unseren Gedanken zu verankern und intuitiv davon auszugehen, dass sie Feministin sein muss. Der Fokus auf dieses repräsentative Attribut verdeckt die offensichtliche Tatsache, dass Linda, wenn sie eine feministische Bankangestellte ist, auch einfach nur eine Bankangestellte sein muss.

Wir müssen sie mit einigem Aufwand berechnen. Darüber hinaus beeinflusst der Kontext die Zugänglichkeit. Was können Sie jeweils in der oberen und unteren Hälfte der Abbildung 4.3 sehen, wenn Sie die andere Hälfte abdecken? In der Mitte ist, je nach Kontext, entweder der Buchstabe B oder die Zahl 13 zu sehen. So funktioniert das Gehirn. Wie es ein mehrdeutiges Signal interpretiert, hängt von dem Kontext ab. Dieses psychologische Prinzip ist bei der Beurteilung der Qualität von Produkten wichtig und wird durch die Werbeindustrie schamlos ausgenutzt. Wenn wir uns zum Beispiel ein Auto anschauen, können wir sofort den Zustand der Karosserie und der Lackierung beurteilen, ob es Kratzer oder Dellen hat und so weiter. Aber der Zustand des Motors ist nicht so leicht feststellbar. Es erfordert Expertise oder gründliches und bewusstes Nachforschen, um seinen Zustand herauszufinden. Wissend, dass es auf das Erscheinungsbild und den Kontext ankommt, versucht die Autowerbung unsere Stimmung und unsere Gefühle mit Kraft, Sex oder Prominenten zu beeinflussen und unsere Aufmerksamkeit mithilfe von Attributen, die leicht zugänglich sind, zu wecken. Diese Attribute werden automatisch in unserem Wahrnehmungssystem ohne unser bewusstes Denken registriert. Unsere Präferenzen werden durch irrelevante Merkmale des Produkts wie einem danebenstehenden attraktiven Model im Minirock manipuliert. Solche Strategien werden häufig in der Werbung verwendet, da ein solches Attribut leicht zugänglich ist und unbewusst mit dem Auto verknüpft wird, ohne dass wir uns dessen bewusst sind.[26] Die Werbebranche versucht, die Entscheidung von der rationalen auf die emotionale Ebene zu verlagern. Auch dies widerspricht dem Modell des homo oeconomicus, weil rationale Menschen nicht durch irrelevante Merkmale wie das Aussehen der Frau, die neben dem Auto steht, beeinflussbar wären.

Verknüpfung geschieht, wenn wir uns bei der Entscheidungsfindung auf einen Teil der Information mehr konzentrieren oder verlassen, als wir es sollten, und deshalb anderen und vor allem wichtigeren Informationen nicht genügend Aufmerksamkeit widmen. Diese Verknüpfungen werden dann in unseren nachfolgenden Entscheidungen akzentuiert. Zum Beispiel gelang es den U.S.-Hypothekenbanken durch die wiederholte Betonung der anfänglich niedrigen Zinsen und der Erwähnung am Rande, dass die Zinsen nur kurze Zeit garantiert sind, in räuberischem Ausmaß ihr Kreditvolumen auszuweiten, was letztendlich zur Finanzkrise 2008 führte.

---

[26] Jaedene Hudson, „New Models in the Flesh", *Sydney Morning Herald*, 3. November 2006.

Abb. 4.2: Die durchschnittliche Länge dieser Linien ist einfach zu erkennen, die Summe nicht

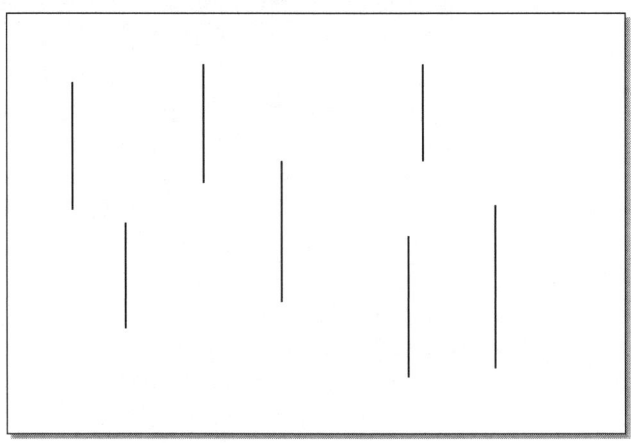

Abb. 4.3: Die Interpretation des mittleren Objekts hängt von seinem Umfeld ab

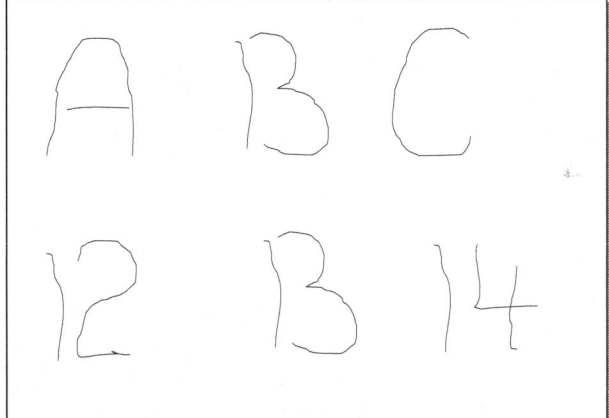

Prospect Theory

Was ist unserem Gehirn besser zugänglich: Änderungsraten oder Niveaulevels? Gemäß der herkömmlichen Nutzentheorie ist es die Menge des Konsums, die den Nutzen bestimmt. Eine gegebene Menge von Müsli bedingt ein bestimmtes Nutzenniveau, unabhängig von unserem gewohnten Müslikonsum. Kahneman und Tversky zeigten jedoch schon vor Jahrzehnten, dass dies der menschlichen Natur widerspricht. In ihren Experimenten zeigten sie, dass der Nutzen, den wir aus dem Verzehr einer Schüssel Müsli oder dem Besitz eines iPhones erzielen, nicht konstant ist, sondern von Referenzwerten abhängt. Sie haben dadurch ein Grundprinzip der neoklassischen Ökonomie widerlegt. Sie betonen, dass es für uns viel schwieriger ist, das absolute Nutzenniveau von Reichtum, Gesundheit, Prestige, Wohlfahrt oder Konsum zu bewerten als die Veränderungen des Nutzenniveaus. Unser Gehirn kann Änderungen viel einfacher bewerten als absolute Größen, weil wir uns an das aktuelle Niveau gewöhnt oder angepasst haben. Mit anderen Worten: Unsere Wahrnehmung ist referenzabhängig. Daher verwenden wir als Referenzwert, was andere konsumieren, was wir in der Vergangenheit konsumiert haben oder was wir zu konsumieren erhofft hatten.

Die herkömmliche Ansicht der Nutzenanalyse eines risikoaversen Individuums ist in Abbildung 4.4 dargestellt. Es gibt zwei mögliche Resultate A und B; sie haben die gleiche Wahrscheinlichkeit und resultieren zum Beispiel in A = 0 Dollar und B = 100 Dollar. Der Erwartungswert ist C = 0,5*A + 0.5*B = 50 Dollar und das erwartete Nutzenniveau von 0,5*U(A) + 0,5*U(B) ist auf der vertikalen Achse dargestellt. Jetzt vergleichen wir dieses mit dem Nutzen, den wir erzielen würden, wenn C (oder 50 Dollar) garantiert wäre. Man sieht, dass der Nutzen von garantierten 50 Dollar größer ist als der erwartete Nutzen im Stadium der Unsicherheit: U(C) > 0.5U(A)+0,5U(B) oder in dem Zahlenbeispiel U(50 $) > 0,5*U(0 $)+0,5*U(100 $), obwohl wir in beiden Szenarios im Durchschnitt C oder 50 Dollar hätten. Darum gibt es Versicherungsmärkte. Menschen sind bereit, eine Prämie zu bezahlen, um Unsicherheit zu vermeiden.

Abb. 4.4: Risikoaversion mit einer konkaven Nutzenfunktion

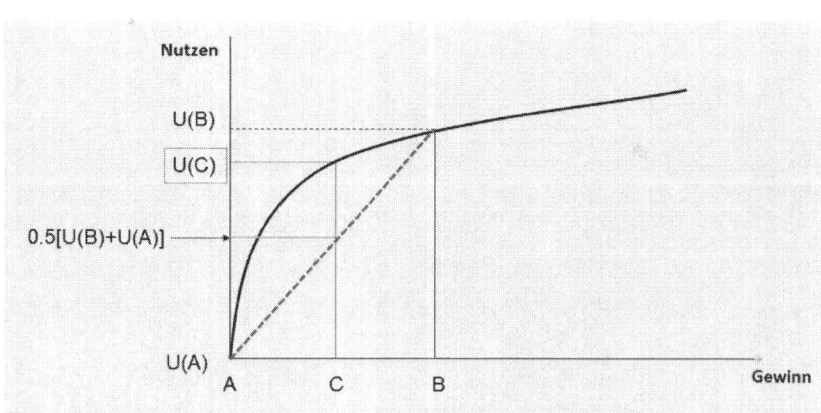

Im Gegensatz dazu ist die Nutzenfunktion einer risikofreudigen Person konvex (Abb. 4.5). Die Ausgangssituation ist in diesem Fall die gleiche wie in Abbildung 4.4, nur ist jetzt die Nutzenfunktion konvex. Infolgedessen ist der erwartete Nutzen unter Unsicherheit größer als der sichere Nutzen von C, sodass $0{,}5^*U(B) + 0{,}5^*U(A) < U(C)$. Im Gegensatz zum Beispiel der Risikoaversion sind jetzt garantierte 50 Dollar weniger attraktiv als ein Glücksspiel, dessen erwarteter Wert 50 Dollar beträgt. Diese Person ist risikofreudig.

Abb. 4.5: Risikofreude mit einer konvexen Nutzenfunktion

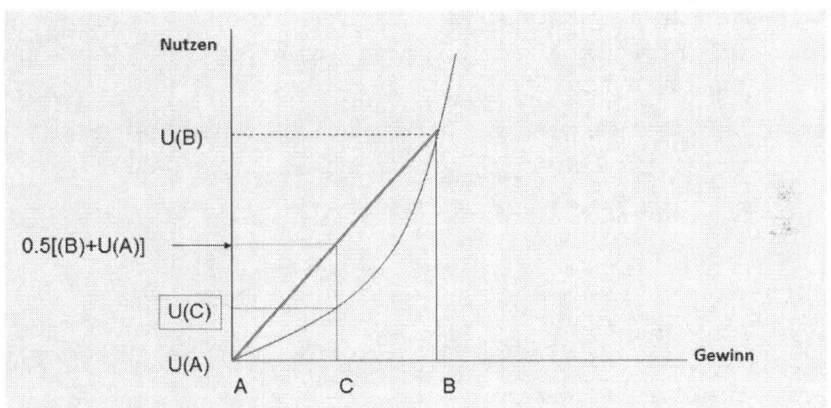

Die Bedeutung der Unterscheidung zwischen Niveaus und Veränderungen wird durch das folgende Beispiel illustriert. Angenommen, Caroline erhält einen Brief von ihrem Börsenmakler, dass ihr Portfolio, das ursprünglich 4 Millionen US-Dollar wert war, jetzt nur noch 3 Millionen Dollar wert ist: Im Gegensatz dazu wird Susanne mitgeteilt, dass ihr Nettovermögen von 1 Millionen Dollar auf 1,1 Millionen Dollar angestiegen ist. Wer wird glücklicher sein? Gemäß der herkömmlichen Nutzenanalyse sollte sich Caroline glücklicher fühlen, denn sie ist immer noch viel reicher als Susanne, aber das berücksichtigt nicht die emotionale Intensität, die der Übergang von einem Wohlstandsniveau auf ein anderes bewirkt.[27]

---

[27] Man könnte argumentieren, dass man den Nutzen von zwei Menschen nicht vergleichen kann. Aber dann könnte man sich das Problem so vorstellen, als ob wir eine Susanne zu zwei verschiedenen Zeitpunkten betrachten würden. Aber warum haben wir so viele repräsentative Agenten in ökonomischen Modellen, wenn die Menschen nicht alle gleich sind? Die gesamte Literatur der mikroökonomischen Fundierung der Makroökonomie beruht auf repräsentativen Agenten. Wir aggregieren die Einkommen verschiedener Menschen, um das Volkseinkommen – entweder zu einem Zeitpunkt oder im Zeitver-

Kahneman und Tversky weisen darauf hin, dass die herkömmliche Analyse, dargestellt in Abbildung 4.6, die Bedeutung des Ausgangspunktes (Referenzpunktes) ignoriert, und daher formulierten sie das Problem in Bezug auf Gewinne und Verluste – der Grundlage ihrer „Prospect Theory", auch Neue Erwartungstheorie genannt.[28] Ihre Wertfunktion (Abb. 4.7) besteht aus zwei Quadranten dem ersten und dem dritten), statt einem in der traditionellen Nutzentheorie. Der erste Quadrant entspricht ungefähr der herkömmlichen Nutzentheorie, nur ist er so kalibriert, dass der ursprüngliche Zustand im Achsenkreuz ist. Nullgewinn bedeutet, dass man sich an sein aktuelles Wohlstandsniveau (oder seinen Konsum) gewöhnt hat, und dies vermittelt keinen Wert. Im dritten Quadranten ist die Nutzenfunktion des risikofreudigen Menschen wie in Abbildung 4.5 dargestellt, nur hier im Bezug auf Verluste und nicht auf absolute Werte.

Abb. 4.6: Nutzen bei verschiedenen Vermögensniveaus

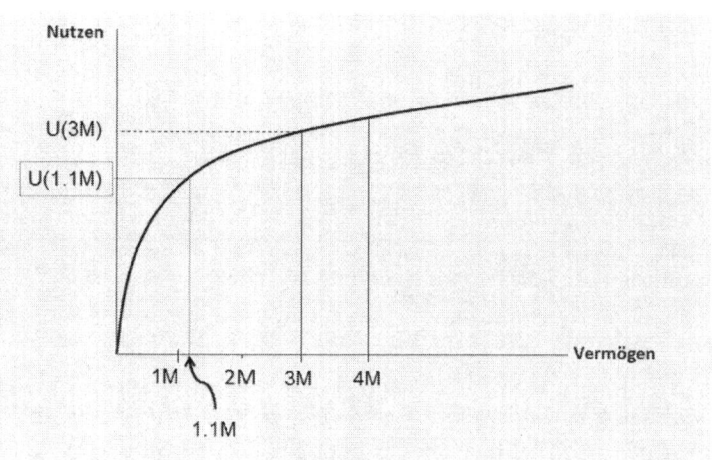

Ein wichtiger Aspekt der Prospect Theory sind die unterschiedlichen Steigungen der Wertfunktion am Ursprung. Die Steigung der Wertfunktion am Ursprung in Richtung des dritten Quadranten ist etwa das Doppelte der Steigung der Wertfunktion in Richtung des ersten Quadranten. Dies basiert

---

lauf – zu bestimmen. Makroökonomische Modelle benutzen die repräsentative Firma. Der Gedanke drängt sich auf, dass die Ökonomie an sich keine Probleme mit Durchschnitten und repräsentativen Agenten hat, diese Konzepte aber ablehnt, wenn sie zu unbequemen Ergebnissen führen.

[28] Daniel Kahneman und Amos Tversky, „Prospect Theory: An Analysis of Decision Under Risk", *Econometrica* 47 (1979): S. 263-291.

auf experimentellen Beweisen: Verluste verringern unseren Nutzen viel mehr, als Gewinne ihn vermehren. Gleich hohe Gewinne und Verluste kompensieren sich nicht, sie sind nicht symmetrisch. Verlustaversion bedeutet, dass die Menschen mehr darauf bedacht sind, Verluste zu vermeiden als Gewinne zu erzielen.[29] Es erfordert einen doppelt so hohen Gewinn, um einen Verlust zu kompensieren. Auch kann die Prospect Theory erklären, warum Susanne mit einem Gewinn von 100.000 Dollar glücklicher ist als Caroline mit einem Verlust von 1.000.000 Dollar, unabhängig von der Höhe ihres Reichtums: U(+100.000 Dollar) > U(–1.000.000 Dollar). Der Wert eines Gewinns übertrifft den eines Verlustes (Abb. 4.7).

Abb. 4.7: Prospect Theory wird in Bezug auf Gewinne und Verluste und nicht auf Levels kalibriert

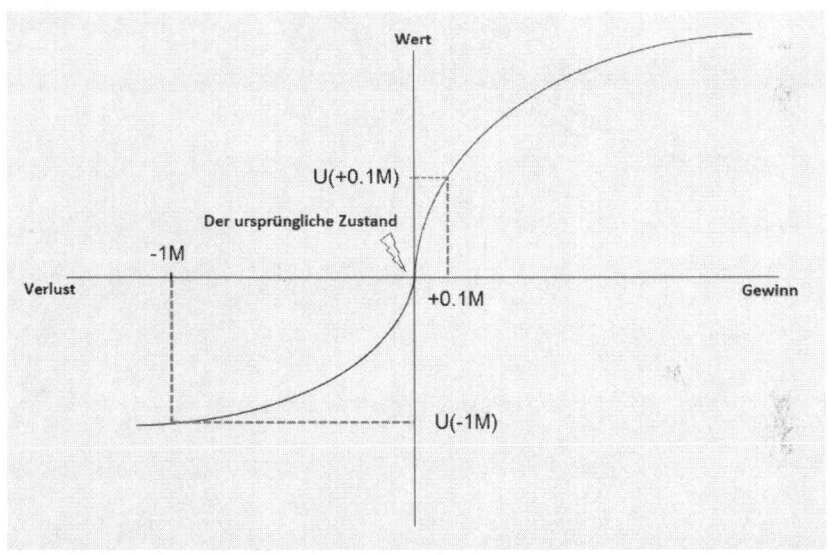

In einem gewissen Sinn haben Kahneman und Tversky für die Wirtschaftswissenschaften getan, was Einsteins Relativitätstheorie für die Physik getan hat. Vor Einstein dachten die Menschen, dass die Zeit eine Konstante sei. Einstein zeigte, dass sie relativ ist. Genauso zeigen Kahneman und Tversky, dass Nutzen keine Konstante ist. Nicht Wohlstands- und Konsumniveau bestimmen den Nutzen, sondern ihre Veränderungen.[30] Deshalb steigt unser

---

[29] Verlustaversion erklärt den Endowment-Effekt.
[30] Siehe das PBS-Interview vom 19.10.2009: „NBR Interview with Daniel Kahneman: Your Mind and Your Money", YouTube video, 5:58, gepostet von „PBS", 6. November 2009.

Nutzenniveau nur kurzfristig, auch wenn wir uns ein langlebiges Konsumgut wie z.B. ein iPhone kaufen. Nachdem wir es eine Weile besitzen, fällt das Nutzenniveau aber wieder, da wir uns an das neue Konsumniveau gewöhnt haben und der Reiz des Neuen verflogen ist. Was wir gewohnt sind, spielt eine große Rolle bei der Bestimmung des Nutzens.

Betrachten Sie die folgenden zwei Möglichkeiten: Option 1 ist ein garantierter Verlust von 100 Dollar und Option 2 ist ein Glücksspiel mit einer 50%-Chance, 300 Dollar zu verlieren, und einer 50%-Chance, 50 Dollar zu gewinnen. Der Erwartungswert der zweiten Option ist daher $0,5*.300+0,5*50=-125$. Welche Option würden Sie bevorzugen? Die meisten Menschen sind risikoavers (risikofeindlich), was bedeutet, dass sie in der Regel bereit sind zu zahlen, um Risiko zu vermeiden, wie in Abbildung 4.4 gezeigt wurde. Laut der traditionellen Nutzentheorie würden die meisten Menschen Option 1 wählen, da der erwartete Verlust und das Risiko geringer sind als bei Option 2 (Abb. 4.8).

Abb. 4.8: Der Vergleich von zwei Wetten widerlegt die konventionelle Nutzenmethode

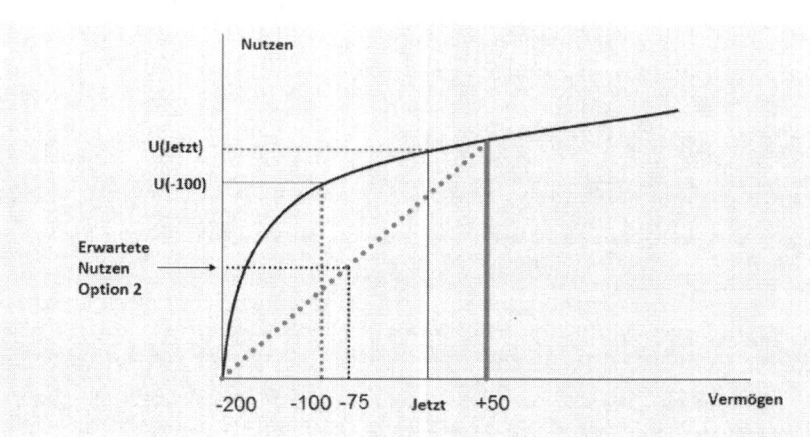

Doch Experimente widersprechen dieser Schlussfolgerung. Die meisten Menschen wählen Option 2, das Glücksspiel, was bedeutet, dass sie Risiko suchen und bereit sind, eventuell sogar dreimal so viel wie die 100 Dollar der Option 1 zu verlieren. Dieses Ergebnis ist nicht mit der Annahme der Risikoaversion zu vereinbaren.[31] Der wahrscheinliche Grund für diese Anomalie ist, dass die

---

[31] Dieses Experiment wurde mit vielen verschiedenen Werten in den verschiedensten Kombinationen wiederholt. Immer, wenn Verluste eine Option darstellen, sind die Menschen risikofreudig. Zum Beispiel „bevorzugte die Mehrheit der Subjekte einen Verlust

Wahrnehmung der Menschen durch den möglichen Gewinn von 50 Dollar verzerrt wird. Der mögliche Gewinn und der mögliche Verlust werden nicht gleichermaßen in Betracht gezogen. Menschen konzentrieren sich zu sehr auf potenzielle Gewinne und vernachlässigen die Wahrscheinlichkeit eines viel größeren Verlusts.

Abb. 4.9: Die Wertfunktion der Prospect Theory
bestätigt die experimentellen Daten

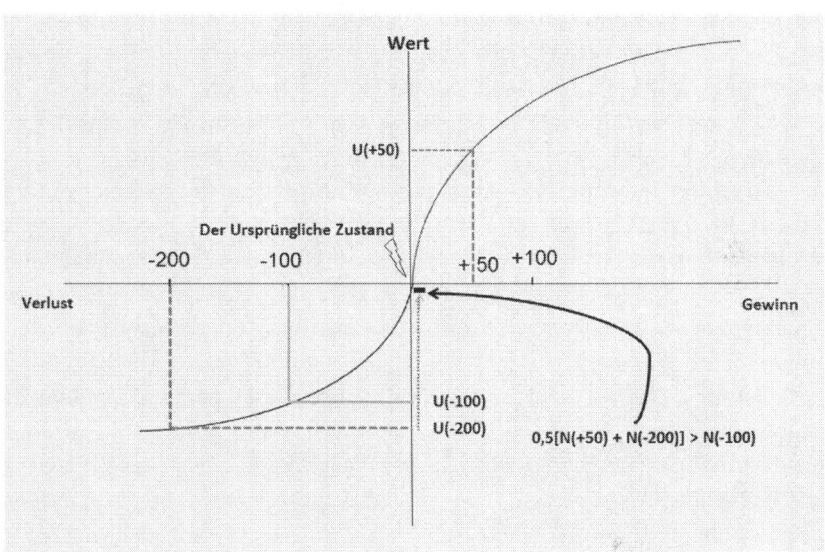

Allerdings kann die Wahl der zweiten Option ohne Probleme durch die Prospect Theory gerechtfertigt werden (Abb. 4.9). Während U(–300) < U(–100), ist die Nutzendifferenz nur gering, sodass der positive Nutzen des möglichen Gewinns von 50 Dollar dies mehr als kompensiert. Daher folgt: 0,5*U(–300) + 0,5*U(50) > U(–100). Kein Wunder, dass die meisten Menschen die zweite Option wählen: Die Prospect Theory sagt voraus, dass die Menschen das Glücksspiel und nicht die sicheren 100 Dollar Verlust vorziehen. Eine Vorhersage der Prospect Theory ist somit, dass Menschen bei Gewinnen risikoavers, bei Verlusten aber risikofreudig sind. Ein solcher Bias war sicherlich einer der Gründe für die übermäßige Risikobereitschaft während der Finanz-

von 4000 Dollar mit 80% Wahrscheinlichkeit gegenüber einem sicheren Verlust von 3000 Dollar, obwohl die erste Option einen niedrigeren Erwartungswert hatte". Daniel Kahneman und Amos Tversky, „Prospect Theory: An Analysis of Decisions Under Risk", *Econometrica* 47 (1979): S. 263-291, hier S. 268.

krise im Jahre 2008. Verständnis der Prospect Theory ist eine wichtige Voraussetzung für eine effiziente Regulierung des Finanzsektors. Kahneman und Tverskys Experimente führten zu dem neuen Gebiet der Verhaltensökonomie, die den rationalen homo oeconomicus durch einen aus psychologischer Sicht bei der Entscheidungsfindung konsistenteren Akteur ersetzt.

Verhaltensökonomie

Der Bereich der Verhaltensökonomie entstand, um die Grenzen der naiven psychologischen Annahmen bezüglich unserer Nutzenfunktion zu überwinden. Somit schließt sie Heuristik, psychologische Bias, Framing-Effekte, Verknüpfung und Emotionen ein, um die nicht-rationale Entscheidungsfindung verstehen zu können. Die Fehlbewertung von Risiken, Immobilien und Aktien im Vorfeld der jüngsten Finanzkrise ist nur ein Beispiel für die Notwendigkeit der Verhaltensökonomie. Auch die Börse, angeblich einer der wenigen verbliebenen vollkommenen Märkte, leidet an Überreaktionen auf Nachrichten und entwickelt Blasen, die irgendwann platzen. In der verhaltensorientierten Finanzmarkttheorie werden solche Ineffizienzen durch Selbstüberschätzung, Unaufmerksamkeit bei Preisbewegungen und Herdenverhalten erklärt. Diese können positive Rückkopplungsschleifen zur Folge haben. Wenn die Aktienkurse beginnen, durch Zufall zu steigen, dann können die Anleger überzogene Erwartungen entwickeln und diese Aktien bevorzugt kaufen, sodass ihre Kurse weiter steigen – ein Paradebeispiel für positive Rückkopplung. Solche Fehler erzeugen große Ineffizienzen sowie negative externe Effekte.

Kognitive Dissonanz

Kognitive Dissonanz ist ein wichtiger Bestandteil der Entscheidungstheorie, da viele Optionen mit widersprüchlichen und nicht miteinander zu vereinbarenden Ideen, Zielen oder Werten verbunden sind, die wiederum in uns ein Gefühl der Anspannung erzeugen. Um diese Anspannung zu reduzieren, ändern viele Menschen ihre Überzeugungen oder unterdrücken die Bedeutung einer der widersprüchlichen Wahrnehmungen, um ein scheinbar einheitliches Glaubenssystem zu schaffen. Dieser Selbstbetrug durch das Unterbewusstsein führt zu verzerrten Denkweisen, wie zum Beispiel im Vorspiel der Finanzkrise, und beeinflusst auch unser Urteil über Umweltgefahren, den Klimawandel oder die Adipositas-Epidemie. Die Wurzeln des Problems sind die gleichen: Dissonanzreduktion oder adaptive Präferenzbildung.[32] Kein Raucher sagt zu sich selbst: „Ich werde meine Chancen auf Lungenkrebs durch das Rauchen einer weiteren Zigarette erhöhen." Vielmehr wird der Raucher diese unbequeme Wahrheit durch Ausflüchte verdrängen, die einfacher sind, als mit dem Rauchen aufzuhören, indem er sich zum Beispiel sagt: „Ab morgen werde ich weniger rauchen." So kann man die Qual der widersprüchlichen Überzeugungen verringern.

Ein weiteres Beispiel ist Alan Greenspans Überzeugung, dass die Finanzmärkte effizient seien und keine staatliche Aufsicht bräuchten. Dieser Auffassung wurde von vielen Ökonomen widersprochen, die vor einer Blase auf dem Immobilienmarkt sowie vor dem Platzen der Blase warnten. John Cassidy sagte zum Beispiel im *New Yorker* im Juli 2004 in einem Artikel mit dem bedrohlich klingenden Titel „Blowing Bubbles": „Angesichts der Rolle von Greenspan bei der Förderung und Verlängerung der Aktienblase, die im Jahr 2000 platzte, scheint die Ehrerbietung, die ihm entgegengebracht wird, ein wenig übertrieben ... auch einige Kollegen Greenspans sind besorgt, dass die eine Blase nur einer anderen Platz gemacht hat ... [Doch] Greenspan weigert sich, eine solche Katastrophe in Betracht zu ziehen. Auf dem Capitol Hill bestand er vor kurzem darauf, dass die Wirtschaft auf Kurs zu sein scheint."[33] Greenspan hörte auch nicht auf seinen eigenen Kollegen im Board of Governors der Federal Reserve, Edward Gramlich, der ihn immer wieder ermahnte, etwas gegen die Subprime-Hypotheken zu tun.[34]

Die meisten Menschen werden mit großer Wahrscheinlichkeit weiter glauben, dass ihre ursprünglichen Entscheidungen richtig waren, selbst wenn sie mit neuen Informationen konfrontiert werden, die ihren vorherigen Informationen und Meinungen widersprechen.

Sie tendieren dazu, gegenteilige Beweise zu ignorieren oder ihre Gültigkeit zu verleugnen und das eigene Handeln durch Rationalisierung des Problems in irgendeiner Weise zu rechtfertigen. Man hat die Tendenz, seine Ideen durch weitere Rechtfertigungen zu verteidigen, wie zum Beispiel durch Aussagen wie: „Banker sind intelligent und müssen daher gut darin sein, Preisrisiken abzuschätzen. Warum sollte ich da regulierend eingreifen?"

---

[32] Leon Festinger, Henry Riecken und Stanley Schachter, *When Prophecy Fails: A Social and Psychological Study of a Modern Group That Predicted the Destruction of the World* (New York: Harper-Torchbooks, 1956); Jon Elster, *Sour Grapes: Studies in the Subversion of Rationality* (Cambridge, UK: Cambridge University Press, 1983).

[33] John Cassidy, „Blowing Bubbles", *The New Yorker*, 12. Juli 2004.

[34] Micheline Maynard, „Being Right Is Bittersweet for a Critic of Lenders", *The New York Times*, 18. August 2007.

Kognitive Dissonanz lässt sich auch gut mit der Kongressanhörung von Dick Fuld, dem CEO von Lehman Brothers zum Zeitpunkt ihrer Insolvenz, veranschaulichen. Er verleugnete seine Fehler vehement und wollte nicht zugeben, dass er irgendetwas falsch gemacht hatte. Ein solches Verhalten lässt sich am besten durch kognitive Dissonanz verstehen.[35]

Kognitive Ausstattung

Die kognitive Ausstattung der Marktteilnehmer ist sehr heterogen. Dies stellt eine eigene Herausforderung für die orthodoxe Ökonomie dar, da Lehrbücher stillschweigend davon ausgehen, dass alle Marktteilnehmer homogen und daher gleich intelligent sind, das heißt sie sind gleichermaßen in der Lage komplexe Lösungen für die komplexen wirtschaftlichen Probleme im heutigen globalen System zu finden. Allerdings sind sie es offensichtlich nicht, da Intelligenz und auch die wirtschaftliche Kompetenz sehr unterschiedlich in der Bevölkerung verteilt sind.[36] Die Normalverteilung der kognitiven Fähigkeit bedeutet, dass etwa 1/6 der erwachsenen Bevölkerung geistig zurückgeblieben ist, während etwa der gleiche Anteil hochintelligent ist. Das bedeutet, dass die letztere Gruppe schneller denken kann, ein besseres Gedächtnis hat und Probleme präziser lösen kann als die erste Gruppe. Wenn Menschen mit unterschiedlichen mentalen Fähigkeiten auf den Märkten interagieren, eröffnet dies eine Vielzahl von Möglichkeiten zur Irreführung. Die kognitive Fähigkeit ist ein wichtiger Prädiktor für das Lebenseinkommen. Dieses Problem wird in der Ökonomie vernachlässigt, obwohl es ein sehr wichtiges ist, weil die Unternehmen es sich leisten können, die intelligentesten Menschen anzustellen, um jene mit geringeren kognitiven Fähigkeiten auszunutzen. In einem solchen Fall kann der Verkäufer aus der Unfähigkeit der Käufer, die Details einer Transaktion zu verstehen, Vorteile ziehen. Das ist ein wichtiger Grund für die Existenz des Verbraucherschutzes. Der im angelsächsischen Common Law übliche Grundsatz des Caveat emptor (Gewährleistungsausschluss) ist moralisch höchst problematisch, wenn die beiden Parteien einer Transaktion keine vergleichbaren geistigen Fähigkeiten haben.

---

[35] Diese erstaunliche Aussage lohnt zitiert zu werden. Fuld sagte, „Ich glaubte, dass diese Entscheidungen und Handlungen sowohl umsichtig als auch angemessen waren", und räumte niemals ein, einen Fehler begangen zu haben. „Lehman Brothers CEO Testifies on Capitol Hill", YouTube video, 2:23, gepostet von „AssociatedPress", 6. Oktober 2008.
[36] William T. Dickens, „Cognitive Ability", in *The New Palgrave Dictionary of Economics*, 2. Auflage, Hrsg. Steven N. Durlauf und Lawrence E. Blume (Basingstoke, UK: Palgrave Macmillan, 2008).

Die Klugen und Gerissenen nutzten die Schwächen ihrer Kunden häufig aus, z.B. während des Subprime-Hypotheken-Debakels oder auch hinsichtlich der chronischen Kreditkartenschulden vieler Bürger, indem sie sie mit Unmengen von unverständlichem Kleingedruckten bombardierten. Die Geschäftspartner waren nicht im gleichen Maß über die Details der Transaktion informiert und waren nicht in der Lage, die Bedingungen und Risiken zu verstehen. Leider sind die meisten der wichtigen Dinge, die wir in einer modernen Gesellschaft erwerben, extrem kompliziert und schwer zu verstehen. Deshalb schuf der US-Kongress das Consumer Financial Protection Bureau.[37] So warnte Elisabeth Warren, die erste Leiterin der Behörde: „Die Zeit für das Verstecken von Tricks und Fallen im Kleingedruckten ist vorbei."[38]

Genetische Veranlagung

Die genetische Veranlagung eines Menschen beeinflusst eine Vielzahl von persönlichen Eigenschaften, die entscheidend für die Teilnahme am Wirtschaftsleben sind. Zu solchen Attributen gehören kognitive Fähigkeiten und das soziale Umfeld, das auch eine entscheidende Rolle spielt. Zwillingsstudien zeigen, dass Bildung und Einkommen durch unsere Gene beeinflusst werden.[39] Das neue Feld der „genoeconomics" zeigt, dass die Ergebnisse unseres wirtschaftlichen Handelns wie Einkommen und Vermögen „in etwa so vererbbar erscheinen wie viele vererbbare Erkrankungen".[40] Unsere genetischen Codes sind ein wesentlicher Bestandteil der menschlichen Natur und sind somit eine wichtige Determinante der wirtschaftlichen Prozesse.[41] Eine ständig

---

[37] Gegen CapitolOne wurde wegen ihres Geschäftsgebaren eine 210-Millionen-Dollar-Strafe verhängt. Siehe Ben Prootess und Jessica Silver-Greenberg, „Consumer Watchdog Fines Capital One for Deceptive Credit Card Practices", *The New York Times*, 18. Juli 2012.

[38] Elizabeth Warren, „Fighting to Protect Consumers", The White House Blog, 17. September 2010.

[39] Paul Taubman, „The Determinants of Earnings: Genetics, Family, and Other Environments: A Study of White Male Twins", *American Economic Review* 66 (1976) 5: S. 858-870.

[40] Daniel J. Benjamin, David Cesarini, Christopher F. Chabris, Edward L. Glaeser, David I. Laibson, Vilmundur Guðnason, Tamara B. Harris, Leonore J. Launer, Shaun Purcell, Albert Vernon Smith, Magnus Johannesson, Patrik K.E. Magnusson, Jonathan P. Beauchamp, Nicholas A. Christakis, Craig S. Atwood, Benjamin Hebert, Jeremy Freese, Robert M. Hauser, Taissa S. Hauser, Alexander Grankvist, Christina M. Hultman und Paul Lichtenstein, „The Promises and Pitfalls of Genoeconomics", *Annual Review of Economics* 4 (Juli 2012): S. 627-662.

[41] Michael J. Zyphur, Jayanth Narayanan, Richard D. Arvey und Gordon J. Alexander, „The Genetics of Economic Risk Preferences", *Journal of Behavioral Decision Making* 22 (2009): S. 367-377. Soziologische Attribute werden auch mit genetischen Propensitäten

ansteigende Zahl wissenschaftlicher Veröffentlichungen argumentiert überzeugend, dass viele der Entscheidungen, die wir treffen, eigentlich nicht allein
das Ergebnis bewusster kognitiver Prozesse sind, sondern in wichtigen Punkten von unserer genetischen Veranlagung und ihrer Interaktion mit der
Umwelt beeinflusst werden.[42] „Die Variation in einem überraschend breiten
Spektrum von Verhaltensweisen wird im wesentlichen durch genetische Unterschiede beeinflusst."[43] Zum Beispiel ist der Grad der individuellen Risikoaversion zu etwa 45% erblich bedingt.[44] Die genetische Veranlagung hat auch
Auswirkungen auf Attribute wie unseren IQ, unser Bildungsniveau, unser
Einkommen, unseren Sinn für Empathie und auf Aspekte unserer Persönlichkeit wie unsere Ungeduld, Machtstreben, Aufmerksamkeit oder Risikobereitschaft, auch wenn viele dieser Attribute zusätzlich durch kulturelle Normen und Erwartungen beeinflusst werden.[45] Zukünftige Forschung kann viel-

assoziiert. Siehe Guang Guo, Michael E. Roettger und Tianji Cai, „The Integration of
Genetic Propensities into Social-Control Models of Delinquency and Violence Among
Male Youths", *American Sociological Review* 73 (2008): S. 543-568; Arthur J. Robson,
„The Biological Basis of Economic Behavior", *Journal of Economic Literature* 29 (2001):
S. 11-33; Arthur J. Robson und Larry Samuelson, „The Evolutionary Foundations of Pre-
ferences", in *Handbook of Social Economics*, Hrsg. Jess Benhabib, Alberto Bisin und
Matthew O. Jackson (Amsterdam: North Holland Press, 2010).

[42] Deirdre Barrett, *Supernormal Stimuli: How Primal Urges Overran Their Evolutionary
Purpose* (New York: W.W. Norton, 2010); A. Knafo, S. Israel, A. Darvasi, R. Bachner-
Melman, F. Uzefovsky, L. Cohen, E. Feldman, E. Lerer, E. Laiba, Y. Raz, L. Nemanov,
I. Gritsenko, C. Dina, G. Agam, B. Dean, G. Bornstein und R.P. Ebstein, „Individual
Differences in Allocation of Funds in the Dictator Game Associated with Length of the
Arginine Vasopressin 1a Receptor RS3 Promoter Region and Correlation Between RS3
Length and Hippocampal mRNA", *Genes, Brain and Behavior* 7 (2008) 3: S. 266-275.
Hormonlevel spielen auch in unserem wirtschaftlichen Verhalten eine Rolle. Siehe Terence
C. Burnham, „High-Testosterone Men Reject Low Ultimatum Game Offers", *Proceed-
ings of the Royal Society* B 274 (2007) 1623: S. 2327-2330.

[43] William T. Dickens, „Behavioural Genetics", in *The New Palgrave Dictionary of Eco-
nomics*, 2. Auflage, Hrsg. Steven N. Durlauf und Lawrence E. Blume (Basingstoke, UK:
Palgrave Macmillan, 2008). Dies gilt auch für gesellschaftliche Auswirkungen. Siehe
Guo, Roettger und Cai, „The Integration of Genetic Propensities into Social-Control
Models of Delinquency and Violence Among Male Youths".

[44] Jonathan P. Beauchamp, David Cesarini, Magnus Johannesson, Matthijs J.H.M. der
Loos, Philipp D. Koellinger, Patrick J.F. Groenen, James H. Fowler, Niels Rosenquist,
Roy Thurik und Nicholas A. Christakis, „Molecular Genetics and Economics", *Journal of
Economic Perspectives* 25 (2011) 4: S. 1-27.

[45] Jere Richard Behrman und Paul Taubman, „Is Schooling ‚Mostly in the Genes'?
Nature-Nurture Decomposition Using Data on Relatives", *Journal of Political Economy* 97
(1989) 6: S. 1425-1446; Björn Wallace, David Cesarini, Paul Lichtenstein und Magnus
Johannesson, „Heritability of Ultimatum Game Responder Behavior", *Proceedings of the
National Academy of Sciences* 104 (2007) 40: S. 15631-15634; David Cesarini, Christo-

leicht auch den genetischen (oder hormonellen) Einfluss auf andere Persönlichkeitsmerkmale entdecken, die in der ökonomischen Theorie als latente Variablen verwendet werden, wie zum Beispiel Ehrgeiz, die individuelle Zeitpräferenzrate, Vertrauen, Selbstsucht und andere, selbst wenn diese teilweise auch vom sozialen Umfeld oder der Kultur beeinflusst werden. Daher ist rationales Verhalten nicht wirklich möglich, wenn der Einfluss von Genen so stark ist: „Bei Vielem, was wir denken, fühlen und tun, marschieren wir im Rhythmus alter Trommeln."[46] Dies bedeutet, dass unser Einkommen tatsächlich zu einem erheblichen Teil eine Rendite für unsere genetische Veranlagung ist.

Unser Sexualtrieb ist zum Beispiel ein wichtiger Aspekt unseres Fortpflanzungsmechanismus und wird häufig mit dem Streben nach Macht oder nach Wertschätzung durch unsere Kollegen verschmolzen. Unternehmen nutzen diese Instinkte in der Werbung allzu oft für ihre Produkte aus, die mit erotischen Botschaften unsere sexuellen Fantasien anspricht. Solche Marketingstrategien sind sowohl erniedrigend als auch ausbeuterisch, da sie an unsere urmenschlichen Triebe appellieren, die wir nur schwer zu kontrollieren in der Lage sind.[47]

Die Suche nach Anerkennung, die Zusammenarbeit mit anderen und der Respekt vor Autorität haben auch evolutionäre Vorteile, da sie die Überlebenschancen in unserem angestammten Umfeld verbessern. Durch die Anerkennung durch unser soziales Umfeld gewinnen wir Sicherheit, Unterstützung und Kraft und dies hatte einen positiven Effekt auf unsere Fortpflanzungschancen im Laufe der Evolution. Geltungskonsum ist tatsächlich ein

---

pher Dawes, Magnus Johannesson, Paul Lichtenstein und Björn Wallace, „Genetic Variation in Preferences for Giving and Risk Taking", *The Quarterly Journal of Economics* 124 (2009) 2: S. 809-842; Anh T. Le, Paul W. Miller, Wendy S. Slutske und Nicholas G. Martin, „Are Attitudes Towards Economic Risk Heritable? Analyses Using the Australian Twin Study of Gambling", *Twin Research and Human Genetics* 13 (2010) 4: S. 330-339; Songfa Zhong, Soo Hong Chew, Eric Set, Junsen Zhang, Hong Xue, Pak C. Sham, Richard P. Ebstein und Salomon Israel, „The Heritability of Attitude Toward Economic Risk", *Twin Research and Human Genetics* 12 (2009) 1: S. 103-107; David Cesarini, Magnus Johannesson, Paul Lichtenstein, Örjan Sandewall und Björn Wallace, „Genetic Variation in Financial Decision Making", *Journal of Finance* 65 (2009) 5: S. 1725-1754; Anna Dreber, Coren L. Apicella, Dan T.A. Eisenberg, Justin R. Garcia, Richard S. Zamore, J. Koji Lum und Benjamin Campbell, „The 7R Polymorphism in the Dopamine Receptor D4 Gene (DRD4) Is Associated with Financial Risk Taking in Men", *Evolution and Human Behavior* 30 (2008) 2: S. 85-92.

[46] Peter Whybrow, „Ideas to Challenge and Inspire", erhältlich auf der Webseite von Peter C. Whybrow.

[47] Andrea Dworkin und Catharine A. MacKinnon, Pornography and Civil Rights: A New Day for Women's Equality (Minneapolis: Organizing Against Pornography, 1988); Matthew Hutson, „Lust Now, Pay Later: Keeping Up with Your Joneses", *Psychology Today*, 1. Mai 2008.

Weg, um die Anerkennung durch unsere Mitbewerber zu erzielen. „Weil Menschen sich meist an eine pleistozäne Umgebung angepasst haben, sind psychologische Mechanismen oft Fehlanpassungen an die moderne Umwelt."[48] Fertigkost und Fastfood sind ein gutes Beispiel: In der Evolution hatte das Verlangen nach knappen Gütern wie Zucker, Fett und Salz die Funktion der Verbesserung der Lebensqualität. In unserer heutigen Gesellschaft des Überflusses hingegen ist diese evolutionäre Anpassung völlig fehl am Platz und ist eher eine gesundheitliche Achillesferse, die Unternehmen zu ihrem Vorteil nutzen.[49]

Unsere Überlebenschancen wurden auch von unserer Bereitschaft, Autorität anzuerkennen verbessert. Die Ergebnisse der Milgram'schen Gehorsamkeitsexperimente sind symptomatisch für die Bürokraten, die an der Subprime-Hypothekenkrise teilnahmen: „Das Wesen des Gehorsams besteht darin, dass eine Person sich als Instrument für die Durchführung der Wünsche einer anderen Person sieht und sich daher nicht mehr für seine Handlungen verantwortlich fühlt. Sobald diese kritische Verschiebung des Blickwinkels geschieht, folgen alle wesentlichen Funktionen des Gehorsams."[50] Die Universalität der Vergötterung von Autoritätsfiguren und Prominenten impliziert, dass sie tief in unseren Chromosomen verankert wurde. Im Urwald wurden diejenigen, die nicht bereit waren, die Autorität anderer anzuerkennen, vermutlich getötet oder ausgegrenzt und hatten daher eine geringere Wahrscheinlichkeit sich fortzupflanzen. Diese genetische Disposition drückt sich in unserer modernen Anerkennung zeitgenössischer Autoritäten – der Reichen und der Berühmten – aus und kann von Unternehmen dazu ausgenutzt werden, uns jede Art von Produkten zu verkaufen.

Darüber hinaus haben wir nicht die Fähigkeit entwickelt, den heutigen Wohlstand respektvoll zu behandeln. Peter Whybrow meint: „die Menschheit wuchs weitestgehend sparsam in Zeiten des Mangels auf. Sie hat nicht gelernt, wie man Wohlstand verkraftet."[51] „Die Biologie unserer Vorfahren ... wirft ein kritisches Licht auf die gefährliche Diskrepanz zwischen unserer konsumorientierten Kultur und den Gehirnsystemen, die vor 200.000 Jahren in einer Zeit der Entbehrungen entwickelt wurden. Mangels Kontrollen jeder Art, kultureller oder wirtschaftlicher, machen wir einfach mit unserem kauffreudigen und vergnügungssüchtigen Leben weiter ... die Biologie des Menschen

[48] Wikipedia Autoren, „Evolutionary Psychology", *Wikipedia: The Free Encyclopedia.*

[49] Barrett, *Supernormal Stimuli.*

[50] Stanley Milgram, *Obedience to Authority: An Experimental View* (New York: Harper Collins, 1974), S. xii–xiii.

[51] Peter Whybrow, „A Conversation with Doctor Peter Whybrow", *Charlie Rose*, 18. März 2005.

ist schlecht ausgerüstet, um mit den Anforderungen der modernen, globalen, reizüberfluteten, schnelllebigen Kultur ... fertig zu werden."[52] In vieler Hinsicht kann unsere präfrontale Cortex uns nicht steuern. Vielmehr sind unsere Handlungen von unserem genetischen Code und der Interaktion mit der Umwelt dominiert. Die Biologie beeinflusst das menschliche Verhalten in großem Maße. Oder wie Edward O. Wilson es ausgedrückt hat: „Um den Zustand der Menschheit zu verstehen, ist es notwendig, zu akzeptieren, dass wir Instinkte haben."[53]

Kapitelzusammenfassung

Psychologie spielt eine entscheidende Rolle in den Wirtschaftswissenschaften. Die Wirtschaftswissenschaften machen vereinfachende, aber irreführende Annahmen über die Art und Weise, wie wir Entscheidungen treffen. Sicherlich können wir eine vernünftige Wahl treffen, wenn es darum geht, die richtigen Brötchen zum Frühstück auszuwählen. Wir sind jedoch nicht oder nur schwer dazu in der Lage, unseren Nutzen bei komplexen Entscheidungen zu maximieren, wie zum Beispiel bei der Auswahl des besten Handyvertrags oder der besten medizinischen Versorgung, wenn die relevanten Informationen, wie die Qualität des Produkts oder der Dienstleistung, entweder nicht verfügbar oder zu komplex sind. Wenn Informationen unvollkommen sind, suchen wir vergeblich nach einer optimalen Lösung, weil der menschliche Verstand begrenzt ist. Er ist kein Supercomputer von Supermann oder Superfrau. Unser Denken ist in vielerlei Hinsicht verzerrt. Wir haben erhebliche Probleme, insbesondere Unsicherheit abzuschätzen, vor allem, wenn das Problem komplex ist, weit in der Zukunft liegt oder wir unter Zeitdruck stehen. Daher verwenden wir Intuition oder eine Faustregel oder kopieren die Aktionen anderer, um Entscheidungslähmung zu vermeiden und eine Entscheidung zu treffen, die oft – uns nicht bewusst – von unserem Unbewussten außerhalb der Kontrolle unserer präfrontalen Cortex getroffen wird. Wir suchen eine einfachere, aber zufriedenstellende Lösung, eine Lösung, die oft gut genug ist, auch wenn wir häufig Fehler machen. Darüber hinaus kann eine falsche Wahl einen Schneeballeffekt auslösen und zu einer Reihe schlechter Entscheidungen führen.

---

[52] „American Mania: About the Book", erhältlich auf der Webseite von Peter C. Whybrow.
[53] Siehe Edward O. Wilson, „Evolution and Our Inner Conflict", *The New York Times*, 24. Juni 2012; Edward O. Wilson, *The Social Conquest of Earth* (New York: W.W. Norton, 2012).

Die geistigen Begrenzungen haben vielfältige Auswirkungen auf die Wirtschaftstheorie und Wirtschaftspolitik. Wenn Konsumenten keine Übermenschen sind, brauchen sie die Hilfe von neutralen Institutionen, um durch die äußerst komplexen und verwirrenden Labyrinthe der Wirtschaft zu navigieren. Die Vorsichtspflicht alleine auf die Käufer abzuwälzen, wie es im angelsächsischen Raum geschieht, ist kein ethischer Ansatz zur Schaffung einer Wirtschaft, in der Individuen gedeihen, ihre Individualität und ihr Selbstwertgefühl bewahren, respektiert werden und sich zu selbstverwirklichenden Mitgliedern der Gesellschaft entwickeln, die nicht einen von Hollywood aufoktroyierten Lebensstil anstreben. Die Unternehmen haben schlichtweg zu viel Macht gewonnen. Nur wenn wir Institutionen entwickeln, die Konsumenten davor bewahren, von den Firmen übervorteilt und ausgenutzt zu werden, können sie ihre Würde bewahren, schaffen wir einen Kapitalismus mit menschlichem Antlitz, erhöhen wir sowohl den Lebensstandard als auch die Lebensqualität und garantieren, dass wir diesen Planeten unbedenklich an zukünftige Generationen weitergeben können. Um dies zu erreichen, muss die Ökonomie als Erstes auf das nutzenmaximierende Modell des rationalen Agenten als theoretischer Grundlage verzichten.

5 Trendsetter und Konsum

Wir haben bisher argumentiert, dass der Standardkanon der mikroökonomischen Konsumtheorie nicht objektiv ist. Er beginnt mit willkürlichen Annahmen, die Erkenntnissen von anderen wissenschaftlichen Disziplinen klar widersprechen, und ignoriert wichtige Aspekte der Realwirtschaft wie etwa die Verteilung der politischen und finanziellen Macht. Die Standardbehandlung der Konsumtheorie betont die Ideologie des freien Marktes durch Auslassung nicht konformer Theorien wie des Konzepts des Satisfizierens, das den Fakten besser entspricht als das Nutzenmaximierungsmodell. Standardlehrbücher behandeln schwere Mängel der neoklassischen Theorie als Epiphänomene, wie zum Beispiel das Problem unvollkommener Information, und sind voller versteckter Werturteile wie bei der Nichtbeachtung der Nachhaltigkeit und des Wohlergehens der zukünftigen Generationen.

Ein weiterer eklatanter Mangel in der herkömmlichen Betrachtung der Märkte, der in diesem Kapitel behandelt wird, ist das Argument, wir sollten Märkte um ihrer Effizienz willen vergöttern, welche sie jedoch außer in einigen irrelevanten Fällen einfach nicht besitzen. Außerdem ist Effizienz selbst eine von Werturteilen behaftete Norm, deren Messung kontrovers ist.

Der Einfluss der Macht von Unternehmen

Macht ist die Fähigkeit, entweder das eigene Denken und Handeln oder das von anderen zu kontrollieren. So führt Reichtum zu Macht und Reichtum ist Macht. Das ist nichts Neues: Adam Smith wusste das ebenso wie die Gründungsväter.[1] Reichtum kann ein unwiderstehlicher Anreiz für Politiker sein, im Namen der besitzenden Menschen zu handeln. Macht kann im vollkommenen Wettbewerb nicht existieren, da es viele Käufer und Verkäufer gibt und es daher keinen Sinn ergeben würde, Werbung zu betreiben. In einem solchen Markt wird Macht so weit gestreut, bis sie vernachlässigbar wird und sich strategisches Verhalten nicht auszahlt. Zwar ist dies das Standardmodell,

---

[1] „Reichtum, wie Mr. Hobbes sagt, ist Macht." Siehe Adam Smith, „Of the Real and Nominal Price of Commodities, or Their Price in Labour, and Their Price in Money", Buch I, Kapitel V, in *An Inquiry into the Nature and Causes of the Wealth of Nations*, Hrsg. Edwin Cannan (London: Methuen, 1904).

das in den meisten einführenden Analysen verwendet wird, aber es ist vollkommen irreführend, weil eine der Grundprinzipien der freien Marktwirtschaft die Tendenz zur Machtkonzentration ist. Dies war schon bei den Indus-
triebaronen Ende des 19. Jahrhunderts der Fall: Beim Ausbau der Eisenbahnen, der Finanz-Erdöl- und Stahlindustrie bildete sich eine neue wohl-
habende Klasse heraus, die ihre gesellschaftliche Position und ihren Wohlstand durch fragwürdige Geschäftspraktiken erreichte. Eine frühe Warnung
des modernen Kapitalismus kam von Präsident Dwight D. Eisenhower, der in
seiner Abschiedsrede an die Nation ungeniert von dem „ungerechtfertigten
Einfluss" des „militärisch-industriellen Komplexes" sprach und vor dem
„Potenzial für die katastrophale Zunahme fehlgeleiteter Macht" warnte.[2] Der
progressive Harvard-Ökonom John Kenneth Galbraith prognostizierte, dass
die Zukunft der Wirtschaft von Großkonzernen, Gewerkschaftsführern und
mächtigen Regierungen bestimmt würde.[3] Er hatte zu zwei Dritteln recht.
Wie vorausschauend waren sie beide, auch wenn Galbraith nicht den Niedergang der großen Gewerkschaften und Eisenhower nicht den Aufstieg der
Finanzkönige vorausgesehen hatte.[4]

In dem halben Jahrhundert seit dieser Prognose haben Konzerne ihre
Kontrolle über die Gesellschaft über den militärisch-industriellen Komplex
hinaus erweitert, umfassen jetzt auch den Finanzsektor und kontrollieren
Regierungen in einem größeren Ausmaß als je zuvor. Dieser „Fortschritt" war
so langsam, dass er bei kurzfristiger Betrachtung kaum aufgefallen ist. Allerdings war die kumulative Wirkung eine Übertragung sowohl der politischen
als auch der wirtschaftlichen Macht von den Bürgern auf die Großkonzerne.
Das Problem beginnt mit der Tatsache, dass nach unserer Rechtstradition
Unternehmen juristische Personen sind. Das ist aus der Sicht der Unternehmensführung sinnvoll. Allerdings hat es absolut keinen Sinn, dass es einem
Unternehmen, das existiert um zu produzieren, zu handeln oder Finanzgeschäfte zu tätigen, erlaubt ist, als (juristische) Person Politik oder Kultur zu
beeinflussen. In diesem rechtlichen Konstrukt gibt es schädliche Elemente,
dass nämlich Unternehmen die gleichen politischen Rechte erhalten wie Individuen.

---

[2] „Eisenhower warnte uns bereits vor dem industriellen-militärischen Komplex." YouTube
video, gepostet von „RobUniv", 4. August 2006; James Ledbetter, „What Ike Got Right",
The New York Times, 13. Dezember 2010.

[3] John Kenneth Galbraith, *American Capitalism: The Concept of Countervailing Power*
(Boston: Houghton Mifflin, 1952).

[4] Wie der bekannte MIT-Ökonom Simon Johnson es ausdrückt: „Macht macht korrupt
und finanzielle Marktmacht hat die Finanzmärkte komplett korrumpiert." Siehe Simon
Johnson, „The Market Has Spoken, and It Is Rigged", *The New York Times*, 12. Juli 2012.

Der 1. (1791) und der 14. (1868) amerikanische Verfassungszusatz waren ursprünglich dazu bestimmt, Menschen aus Fleisch und Blut das Grundrecht der freien Meinungsäußerung zu gewährleisten und die Rechte der befreiten Sklaven zu schützen. Sie hatten nichts mit Wirtschaftsunternehmen zu tun. Allerdings erniedrigt die Ausweitung dieser Rechte auf nicht lebende Entitäten in Wahrheit uns Menschen. Die Rechte der Unternehmen sollten sich strikt auf die Wirtschaftstätigkeit beschränken und es sollte ihnen nicht erlaubt sein, politische oder kulturelle Rechte zu besitzen. Da diese Entitäten nicht tatsächlich sprechen können, sollten sie nicht durch den ersten Verfassungszusatz geschützt werden. Das würde es uns ermöglichen, ihre Werbetätigkeit zu begrenzen und wieder die Kontrolle über unsere politischen Prozesse zu gewinnen. Natürlich lassen Unternehmen ihre Mitarbeiter für sich sprechen, das bedeutet aber, dass diese Menschen aus Fleisch und Blut mehrere Stimmen in der Gesellschaft haben: einmal als ihr wahres Selbst und einmal als Sprecher für ein lebloses Wesen. Dies allein führt zu einer ungleichen Verteilung der Macht, die natürlich durch die ungleiche Verteilung finanzieller Ressourcen noch verstärkt wird. Auf diese Weise führen die enormen Profite der Großkonzerne zu politischer und gesellschaftlicher Macht mit enormen Rückkopplungseffekten auf die Wirtschaftsstruktur und ihre Institutionen. Es ist zudem lächerlich, Geld mit freier Rede gleichzusetzen, da dies Unternehmen eine unzulässige Einflussnahme auf Wahlen ermöglicht.

Daher haben globale Oligopole wie Goldman Sachs und JP Morgan Chase viel Einfluss, mit dem sie Preise und Märkte zu ihren Gunsten manipulieren können. Als Barclays und UBS bei der Manipulation von Zinsraten erwischt wurden, wurden sie zu Geldstrafen von 450 Millionen bzw. 1,5 Milliarden Dollar verurteilt.[5] Mit anderen Worten, Macht ermöglicht es Interessengruppen, das wirtschaftliche Ungleichgewicht weiter zu ihren Gunsten zu verschieben, indem sie, dank ihrer anfänglichen Vorteile, die Regeln des Marktes so verändern, dass ihre anfänglichen Vorteile zu weiteren politischen Machtungleichgewichten führen, die wiederum ihre Privilegien ausweiten.[6]

Das ist genau das, was im Kongress mit erheblichen Rückwirkungen auf die Wirtschaft geschieht.[7] Der Finanzsektor gab zwischen 1999 und 2008 2,7 Milliarden US-Dollar für die Beeinflussung von Abgeordneten aus, während Personen und Gremien, die mit der Industrie verflochten sind, mehr als eine Milliarde Dollar an Wahlkampfspenden aufbrachten, um weitere wirtschaft-

---

[5] Alexandra Alper und Kirstin Ridley, „Barclays Paying $435 Million to Settle Libor Probe", *Reuters*, 27. Juni 2012.

[6] Ökonomen können auch manipuliert werden, wie es in dem Film *Inside Job* so klar verdeutlicht wird.

[7] *Bill Moyers Journal*, „Simon Johnson and Marcy Kaptur, interview", 9. Oktober 2009.

liche Vorteile zu erlangen.[8] Es ist unglaublich ungerecht und gefährlich, dass Firmen unbegrenzt Gelder für politische Kampagnen aufwenden können, ohne dies auch nur ihren Aktionären mitteilen zu müssen. So können CEOs das Geld der Aktionäre auch gegen die Interessen der Aktionäre verwenden, ohne dass diese es wissen.[9] Im Gegensatz dazu haben die Unterbeschäftigten keine Lobbyisten und können sich keine Wahlkampfspenden leisten. Unter solchen Umständen können Märkte unmöglich Chancengleichheit bieten.[10] Kein Wunder, dass die Konzerne viele Vorteile von der Regierung erhalten haben: „2010 betrugen staatliche und lokale Subventionen für Unternehmen mehr als 70 Milliarden Dollar [in den USA]"[11] und weitere Billionen von Dollar wurden seit dem Zusammenbruch der Finanzmärkte 2008 durch die amerikanische Zentralbank in den Finanzsektor gepumpt.

Doch die gleichmäßige Verteilung der Macht ist eine notwendige Bedingung für unser demokratisches politisches System, weil die Demokratie schnell zu einer Plutokratie wird, wenn sich die Macht auf eine kleine Elite konzentriert. Somit ist die Konzentration von Reichtum eine große Bedrohung für unsere demokratischen Institutionen,[12] weshalb wir dringend eine Machtbalance herstellen müssen, die der Begierde der Unternehmen, Gesetze und Institutionen der Regierung weiter zu ihren Gunsten zu manipulieren, Einhalt gebietet. Macht führt häufig zu Missbrauch. Sechzig Menschen wurden vor kurzem des Insiderhandels für schuldig befunden, darunter ein ehemaliges Vorstandsmitglied von Goldman Sachs.[13]

Auch die Einflussnahme auf die Gestaltung des Marktsystems ermöglicht es den mächtigen Oligopolen, den Wettbewerb noch weiter zu unterdrücken und damit nahezu monopolistische Gewinne zu erzielen. Die unsichtbare Hand kann effiziente Marktergebnisse nur in dem Maße erzielen, in dem die

---

[8] Sewell Chan, „Financial Crisis Was Avoidable, Inquiry Finds", *The New York Times*, 25. Januar 2011.

[9] Mike McIntire und Nicholas Confessore, „Groups Shield Political Gifts of Businesses", *The New York Times*, 8. Juli 2012.

[10] In einem enthüllenden Freud'schen Versprecher erzählte der Abgeordnete Spencer Bachus aus Alabama, Vorsitzender des Ausschusses für Finanzdienstleistungen der Birmingham News, dass „Washington und die Regulierungsbehörden den Banken zu dienen haben." Er macht klar, dass die Banken es geschafft haben, dass Washington ihre Denkweise komplett übernommen hat. Siehe die Kolumne „How to Derail Financial Reform", *The New York Times*, 26. Dezember 2010.

[11] David Cay Johnston, „How Corporate Socialism Destroys", *Reuters*, 1. Juni 2012.

[12] Charles Wright Mills, *The Power Elite* (Oxford: Oxford University Press, 1956); G. William Domhoff, *Who Rules America?* (Englewood Cliffs, NJ: Prentice-Hall, 1967).

[13] Peter Lattman und Azam Ahmed, „Rajat Gupta Convicted of Insider Trading", *The New York Times*, 15. Juni 2012.

Macht über die Märkte dezentralisiert ist. Machtkonzentration ist eine Verletzung unserer Rechte, da wir dann zu den Bedingungen der bereits Mächtigen und nicht zu unseren Bedingungen konkurrieren. Aldous Huxley, bekannt für seinen berühmten dystopischen Roman *Schöne neue Welt* (1932), war der gleichen Meinung: „Offensichtlich ist die Leidenschaft für Macht eine der stärksten Leidenschaften, die im Menschen existiert; und schließlich basieren alle Demokratien auf der Prämisse, dass Macht sehr gefährlich ist und dass es extrem wichtig ist, nicht zuzulassen, dass ein Mensch oder eine kleine Gruppe von Menschen zu viel Macht für zu lange Zeit besitzt."[14] Wir haben den großen Fehler gemacht, diese Machtungleichgewichte ein solches Ausmaß annehmen zu lassen, dass die Wiedererlangung unserer Individualität nur schwer zu erreichen sein wird. Auch Franklin Roosevelt verstand das. Er warnte davor, dass die „industrielle Diktatur" die Löhne der arbeitenden Bevölkerung drücken und die „wirtschaftliche Nobilität" sich auf Kosten der Normalbevölkerung bereichern würde.[15] Stiglitz hat dieses Machtungleichgewicht als Sozialismus für die Reichen und Kapitalismus für den Rest von uns beschrieben.

So gibt es verschiedene Arten von Macht: Marktmacht; die Macht, Institutionen und Gesetze zu beeinflussen; die Macht, kulturelle Normen zu beeinflussen; die Macht, unser Kaufverhalten zu beeinflussen und die Macht großer Konzerne (wie Walmart), die sie auf Lieferanten ausüben können, um Preisnachlässe durchzusetzen.

Unternehmen verwenden viel Energie und Geld darauf, unsere Kultur und unsere Denkweise zu beeinflussen, die die Grundlage unserer Nutzenfunktion bilden. Ein großes Versäumnis der neoklassischen Ökonomie ist es, ihre Analyse auf Erwachsene zu beschränken. Der entscheidende und verderbliche Einfluss mächtiger Großkonzerne während unserer Kindheit auf die Herausbildung unseres Geschmacks und unserer Sensibilität wird ignoriert. Begierden, die über die grundlegenden Bedürfnisse hinausgehen, werden nach und nach „erlernt" und entspringen nicht spontan aus unserem eigenen Selbst. Durch den Prozess der Sozialisation lernen wir die Bedingungen, unter denen wir angesehene Mitglieder der Gesellschaft werden. Das sind die Jahre, in denen die Grundlagen unserer Werte erlernt werden, und Pawlow'sche Konditionierung begleitet unser Freud'sches Unbewusstes für den Rest unseres Lebens. Die Kindheit ist die Zeit, in der die Verinnerlichung der sozialen Normen uns kulturell zu Amerikanern, Franzosen, Deutschen oder was auch immer macht.

---

[14] Aldous Huxley, Interview mit Mike Wallace, 18. Mai 1958.
[15] Franklin D. Roosevelt, „Speech before the 1936 Democratic National Convention" (Philadelphia, PA, 27. Juni 1936).

Daher haben wir beim Erreichen des Erwachsenenalters einen rigorosen Prozess der kommerziellen Sozialisierung durchlaufen, in dem uns die Werbeindustrie mit Symbolen von Sex, Macht und kulturellen Ikonen überschwemmt hat, um uns zu Käufern der Produkte ihrer Kunden zu machen. Durch diesen Prozess gleichen wir uns einer Kultur an, in der wir durch die Projektion der Medien lernen, den Geschmack, die Werte und die Konsumgewohnheiten der Superstars und anderer Idole zu imitieren. Unter einem solchen intensiven Druck werden Kinder aufgezogen, um spätestens beim Erreichen des Erwachsenenalters zu zuverlässigen Konsumenten geworden zu sein, und ihre Konsumwahl hat nur den „Anschein des Individualismus."[16] Folglich ist es pure Selbsttäuschung zu glauben, dass wir die Kontrolle über unsere Geschmäcker und Werte haben. Fast drei Stunden Fernsehkonsum täglich beeinflussen jedes Denkmuster. Unternehmen investieren Unmengen, um die Aspekte der Kultur zu fördern, von deren Verbreitung sie am meisten profitieren, beeinflussen unsere Wünsche und vermitteln uns das Gefühl, dass wir ihre Produkte unbedingt brauchen. Sie nutzen Trendsetter, um uns hundert- oder tausendfach zu ermahnen, die Zukunft zu vergessen und heute zu konsumieren, bevor die Gelegenheit zum Schnäppchenkauf verfällt, uns sofortige Befriedigung zu gönnen, und sie verführen uns mit den neuesten glitzernden Produkten und verstecken alles Unangenehme im Kleingedruckten.[17]

Im krassen Gegensatz dazu gibt es kaum Werbung, die uns lehrt, einen Notgroschen anzulegen, sparsam zu sein und Mäßigung zu üben, umsichtig zu sein, die kostenlosen Dinge im Leben zu schätzen, die Klassiker in der öffentlichen Bibliothek zu lesen, geduldig und demütig zu sein, uns mit Freunden zu entspannen, nicht neidisch zu sein, die Reichen und Berühmten nicht zu imitieren, Selbstbeherrschung zu zeigen und zu schätzen, Werbung, die uns vermittelt, dass wir gesund und nicht hungrig sind. In einem solchen asymmetrischen sozialen Umfeld aufzuwachsen, bedeutet, dass wir zwar unsere Softdrinks frei wählen können, dass wir aber auch des Grundrechts, unseren eigenen Geschmack zu entwickeln, durch die Manipulation der Unternehmen beraubt werden. Wir sind uns jedoch der Tatsache nicht bewusst, dass uns eigentlich unser Recht auf Individualität und Autonomie geraubt wird. Dies hindert uns daran, eine gesunde geistige Haltung zu entwickeln

---

[16] Wikipedia Autoren, „Theodore W. Adorno", *Wikipedia: The Free Encyclopedia*.

[17] Marketingexperten wissen: „Sex sells". Viele Anzeigen (wie zum Beispiel für Pepsi) benutzen Sex als Thema und enden mit dem Slogan: „LIVE FOR NOW!" Siehe zum Beispiel „Pepsi Max Beyonce ,Mirrors' – Official 2013 video", URL: at www.youtube.com/ watch?v=_qp8WodZg1U. Natalie Zmuda, „Pepsi Tackles Identity Crisis", Advertising Age, 7. Mai 2012. Siehe auch „Super Bowl Teleflora Ad 2012 Commercial", URL: www.youtube.com/watch?v=-N0jwGRU00E.

und ein erfülltes Leben zu führen, weil neue Wünsche so schnell in uns implantiert werden, wie wir die alten erfüllt haben. Zufriedenheit ist offensichtlich unrentabel. Kein Wunder, dass der durchschnittliche Amerikaner übergewichtig, verschuldet und grundlegend unzufrieden ist. Wir haben es nicht bewusst gewählt, so zu sein. Wir wurden durch die Marketingabteilungen von mächtigen und gierigen Unternehmen konditioniert, zwanghafte Käufer zu werden. Wie es Whybrow ausdrückt:

„Eine ,gähnende Leere, unersättlicher Hunger, eine Leere, die nur darauf wartet, gefüllt zu werden,' wurde von [Christopher] Lasch als die Animation des typischen Narzissten der 1970er Jahre identifiziert – dies hat im Laufe der Zeit nur zugenommen. Die Finanzkrise von 2008 sollte eine Rückskalierung bedeuten, eine Neukalibrierung unseres Lebensstils, und eine neue Ära einleiten, in der aus weniger mehr gemacht wird. Aber der Druck, der die fehlregulierten Amerikaner antreibt, hat seit Herbst 2008 nicht nachgelassen. Die Wall Street ist wieder erstarkt und die Arbeitslosigkeit ist immer noch hoch. Für zu viele Menschen kann der Kreislauf von Sucht und Schulden, der das Laufband unserer Existenz antreibt, einfach nicht durchbrochen werden."[18]

Wir haben diese kommerzielle Kultur nach und nach in einem solchen Ausmaß verinnerlicht, dass wir uns dieses Eingriffs in unsere Psyche, dieser groben Verletzung unseres Grundrechts, uns ohne übermäßigen Einfluss der Konzerne zu entwickeln, nicht mehr bewusst sind.[19] Leider sind wir uns auch nicht bewusst, wie sich unsere Geschmäcker herausgebildet haben und auch nicht des Ausmaßes, in dem unsere Willenskraft, unser Unterbewusstsein und alle unsere Einstellungen von denen beeinflusst wurden, die von unseren Entscheidungen profitieren. Zusammenfassend ist Konsumentensouveränität nur eine Fata Morgana in der real existierenden Wirtschaft[20] (Abb. 5.1). Dadurch, dass die Analyse da beginnt, wo der Prozess der Sozialisation abgeschlossen ist, missachtet die ökonomische Theorie alle Rückkopplungseffekte von der Unternehmenswelt zum Konsum und das Ausmaß, in dem die langsame Akkumulation wirtschaftlicher Macht in den Händen der Konzerne zu einer zunehmend materialistischeren Kultur führt, die Konsum über alles stellt und alle Aspekte des Lebens trivialisiert, die nicht profitorientiert sind.[21]

---

[18] Judith Warner, „Dysregulation Nation", *The New York Times*, 14. Juni 2010.

[19] Siehe den Dokumentarfilm *Affluenza* von 1997, der darstellt, wie diese Moral in der Zeit nach dem Zweiten Weltkrieg in der amerikanischen Kultur verwurzelt wurde.

[20] Das Internet soll dies ändern: „Die Geschäftswelt von heute versucht, die Kunden zusammenzutreiben, als ob sie Rinder wären, aber eine Revolution der persönlichen Ermächtigung ist im Entstehen – und Einkaufen wird nie mehr so sein wie bisher." Wir werden abwarten müssen, ob diese Vorhersage eintrifft. Siehe Doc Searls, „The Customer as God", *The Wall Street Journal*, 20. Juli 2012.

[21] Vance Packard, *The Hidden Persuaders* (New York: Pocket Books, 1957).

Abb. 5.1: In der real existierenden Wirtschaft ist Geschmack endogen

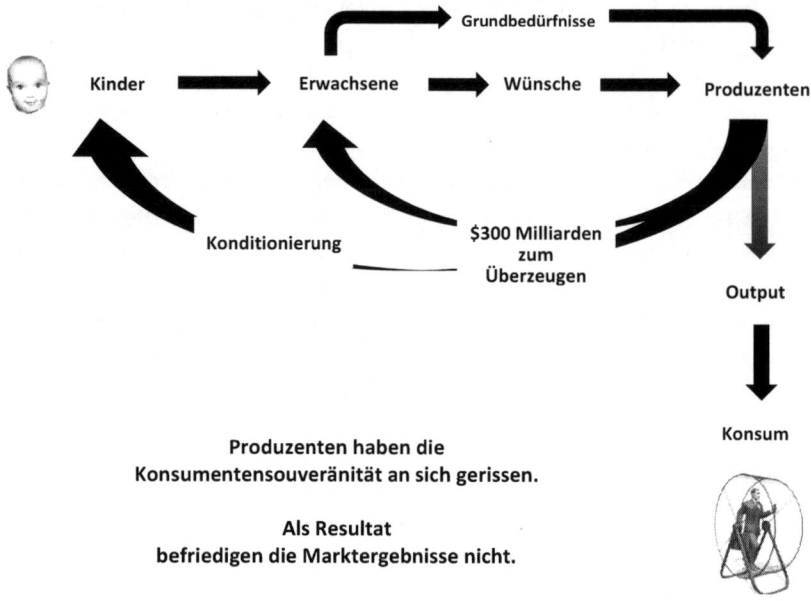

Die wirtschaftswissenschaftliche Analyse sollte bei der Geburt beginnen und wir sollten die vorherrschende „Erwachsenenökonomie" ablehnen. Um unsere natürlichen Freiheiten zurückzugewinnen, um unsere ureigene Persönlichkeit zu entwickeln und unsere Konsumentensouveränität wieder herzustellen, müssen wir beginnen, uns vor dem Einfluss von Wirtschaftsinteressen zu schützen. Nur dann können wir uns aus unserer gegenwärtigen Leibeigenschaft befreien und selbstverwirklichende Menschen nach Abraham Maslows Hierarchie der Bedürfnisse werden: Menschen, die in der Lage sind, eine gewisse Autonomie in ihrer persönlichen Entwicklung zu genießen, die reich an Geist sind, kreativ und klug genug, um nicht auf Hollywood-Stars angewiesen zu sein, die ihnen sagen, wie sie ihr Leben organisieren sollen.[22] Bis Konsumentensouveränität de facto wiederhergestellt ist, wird die freie Marktwirtschaft für die überwältigende Mehrheit der Bevölkerung nicht zu einem erfüllten Leben führen, weil die Unternehmen davon profitieren, uns das Gierigsein zu lehren. Jedoch kann Gier nie befriedigt werden und so enden wir in dem Teufelskreis, Wünschen hinterherzujagen, die uns unaufhörlich neu ein-

---

[22] Abraham Maslow, „A Theory of Human Motivation", *Psychological Review* 50 (1943): S. 370-396.

gepflanzt werden.[23] Die Fixierung auf materielle Bedürfnisse kann nicht zur Befriedigung führen, weil sie unsere persönliche Weiterentwicklung blockiert. Diese Fixierung verhindert, dass wir den Sinn des Lebens in spirituellen oder immateriellen Dingen und nicht in materiellen Gütern suchen, obwohl es ein unbegrenztes Angebot von positiven Gefühlen gibt, die von der Schönheit der Natur erzeugt werden, von Freundschaften mit gegenseitigem Respekt, von würdevollen Beziehungen, Liebe, spiritueller Verbundenheit und anderen immateriellen Vermögenswerten.[24] Die Banken und großen Konzerne haben bereits immensen Einfluss auf unsere Psyche, und wir müssen unsere fundamentale Unabhängigkeit von ihnen zurückgewinnen.

Interdependenz

Die traditionelle ökonomische Theorie geht davon aus, dass individuelle Konsumentenpräferenzen unabhängig voneinander sind. Unter dieser bequemen, aber total unrealistischen Annahme ändert sich die Nachfrage einer Person nur, wenn sich das Einkommen dieser Person oder die Preise für Waren ändern, aber nicht, wenn sich der Konsum ihres Nachbarn ändert. So gibt es in der neoklassischen Theorie keinen Platz für Interaktionseffekte zwischen den Konsumenten oder für einen positiven Rückkopplungsmechanismus, der von Konsum zu weiterem Konsum führt. Dies ist ein weiterer Grund, warum das gängige Axiom der Nutzenmaximierung eines isolierten Individuums abwegig ist. Es gibt in der Tat viele starke, voneinander abhängige Effekte im Konsumverhalten.

Vor mehr als einem Jahrhundert argumentierte Thorstein Veblen mit Nachdruck, dass der Konsum vor allem von sozialen Normen, Gewohnheiten, Bräuchen und solch irrationalen Motiven wie Statussucht, Snobismus und Herdentrieb beeinflusst wird.[25] Daher hat Konsum eine erhebliche soziale Komponente: Tatsächlich findet Konsum selten in Isolation statt. In dem Maße, in dem die Gesellschaft wohlhabender wurde, spielten die interdepen-

---

[23] Thorstein Veblen, *The Theory of the Leisure Class: An Economic Study of Institutions* (London: Macmillan, 1899), S. 110.

[24] Stephen A. Marglin, *The Dismal Science: How Thinking Like an Economist Undermines Community* (Cambridge, MA: Harvard University Press, 2010). Mihaly Csikszentmihalyi, *Flow: The Psychology of Optimal Experience* (New York: Harper, 2008). Martin Seligman, *Flourish: A Visionary New Understanding of Happiness and Well-Being* (New York: The Free Press, 2012).

[25] Geoffrey M. Hodgson, „Veblen, Thorstein Bunde (1857-1929)", in *The New Palgrave Dictionary of Economics*, 2. Auflage, Hrsg. Steven N. Durlauf und Lawrence E. Blume (Basingstoke, UK: Palgrave Macmillan, 2008).

denten Nutzenfunktionen Veblens eine immer größere Rolle.[26] Heutzutage gibt es weit mehr Konsumexternalitäten als noch vor einem Jahrhundert und viele ausgezeichnete Ökonomen seit Veblen haben umsonst argumentiert, dass relativer Konsum und relatives Einkommen sehr bedeutend sind.[27] Wir sollten in der Konsumanalyse die Wechselbeziehung zwischen Menschen berücksichtigen: Menschen kopieren die Kaufgewohnheiten von ihren Bekannten und Freunden und von Trendsettern in den Medien und wir schenken der Meinung anderer über unseren Konsum große Bedeutung. Die externen Effekte sind vor allem für Luxusgüter und Positionsgüter relevant, deren Zurschaustellung Reichtum anzeigt, andere beeindrucken soll und den sozialen Status erhöht. Der dadurch hervorgerufene Neid ist ein negativer externer Effekt, da der Neid Empfindende nachteilig beeinflusst wird.[28] Solche negativen externen Effekte werden in der Berechnung des Bruttoinlandsprodukts nicht berücksichtigt. Allerdings ist dieses Streben nach Status aus der Sicht der Gesellschaft als Ganzes vergeblich, weil es im Grunde ein Nullsummenspiel ist. Wenn man in der Hierarchie aufsteigt, steigt jemand anderes ab.

Zum Beispiel formulierte der Harvard-Ökonom James Duesenberry die Konsumtheorie durch Betonung der Realitätsferne der Unabhängigkeitsannahme um.[29] Nach ihm hängt der Nutzen des Konsums von unserem vergangenen Konsum und dem Konsum unserer Umwelt ab. Genauso weist Robert Frank darauf hin, dass Konsum einem Wettrüsten ähnlich ist: Da unser Statusgewinn ein relativer Verlust anderer ist, werden alle mehr Positionsgüter kaufen als in Abwesenheit dieses Effekts. Dies geschieht zu Lasten der Güter, die für andere nicht sichtbar sind, was eine Verzerrung der Märkte bewirkt und die soziale Wohlfahrt verringert. Der Rückgang der Sparquote trotz der höheren Einkommen kann sicher auf die erhöhte Nachfrage für Positionsgüter zurückgeführt werden, da Ersparnisse (oder zukünftiger Kon-

---

[26] „Wie viele Menschen ruinieren sich selbst, wenn sie Geld für Spielereien ausgeben, die zweifelhaften Nutzen verbreiten?", Adam Smith, *The Theory of Moral Sentiments* (London: A. Millar, 1759), IV.I.6.

[27] Richard Easterlin, „Does Economic Growth Improve the Human Lot? Some Empirical Evidence", in *Nations and Households in Economic Growth: Essays in Honor of Moses Abramovitz*, Hrsg. Paul David und Melvin Reder (Palo Alto: Stanford University Press, 1974), S. 89-125; Robert Frank, *Choosing the Right Pond: Human Behavior and the Quest for Status* (New York: Oxford University Press, 1985); Robert Frank, „The Demand for Unobservable and Other Nonpositional Goods", *American Economic Review* 75 (1985) 1: S. 101-116; Richard Easterlin, „The Economics of Happiness", *Daedalus* 133 (2004) 2: S. 26-33.

[28] Veblen, *Theory of the Leisure Class*, S. 110.

[29] James Duesenberry, *Income, Saving, and the Theory of Consumer Behavior* (Cambridge, MA: Harvard University Press, 1949).

sum) kein Positionsgut sind. Sie sind nicht allgemein sichtbar wie ein neues elektronisches Spielzeug. In der herkömmlichen Nutzentheorie würde man erwarten, dass Ersparnisse, wie ein normales Gut, mit höheren Einkommen steigen oder zumindest konstant bleiben und nicht auf Null zurückgehen, wie es direkt vor der Finanzkrise geschah. Dieser Rückgang kann einfach in Bezug auf die relative Einkommenshypothese verstanden werden, da die Mittelklasse trotz konstanter Einkommen versuchte, mit den Konsumgewohnheiten der Elite, deren Einkommen exponentiell stiegen, mitzuhalten.

Die Modeindustrie ist ein gutes Beispiel dafür, wie der Geschmack für Kleidung manipuliert wird, um Gewinne zu erzielen. Mit Hilfe der Werbeindustrie schaffen Modeschöpfer einen Nachahmeffekt, der bewirkt, dass wir uns inadäquat fühlen, wenn unsere Kleidung nicht der aktuellen Mode entspricht.[30] Wir fühlen uns ausgeschlossen und haben einfach Angst vor sozialer Ächtung. Sichtbare Güter sind meist Positionsgüter, während unsichtbare wie Ersparnisse, Versicherungsverträge und Freizeit als Nicht-Positionsgüter betrachtet werden.[31] Statussucht hat vermutlich einen evolutionären Hintergrund, da Menschen mit hohem Status wohl eine höhere Überlebenschance und Reproduktionsrate besaßen.[32]

Aber Statusstreben ist ein Nullsummenspiel.[33] Der erhöhte Wettbewerb um Status ist wahrscheinlich auch der Grund, warum Menschen in den USA in den letzten Jahrzehnten immer mehr arbeiteten. Um mit dem Konsum der oberen 10% mithalten zu können, arbeitet der Rest der Bevölkerung länger, und im durchschnittlichen Haushalt leben heute zwei Erwerbstätige, während vor einer Generation noch einer genügte, um eine vierköpfige Familie zu ernähren. Daher würde eine progressive Einkommensteuer den sozialen Wohlstand erhöhen, weil sie – anders, als die herkömmliche Nutzentheorie vorhersagen würde – dem übertriebenen Statuswettbewerb und damit dem Kauf von Positionsgütern entgegenwirkt. So würden Gesetze, die Sicherheit, Sparen, Gesundheit und Freizeitbeschäftigungen wie Urlaub fördern, genauso wie Verbrauchssteuern auf Luxusgüter zu einer Wohlfahrtsverbesserung führen. Beim Konsumwettlauf der Jagd nach dem amerikanischen Traum mitzuhal-

---

[30] Ein normales Gut ist ein Gut, dessen Konsum bei steigendem Einkommen zunimmt.

[31] Solomon Asch, „Opinions and Social Pressure", *Scientific American* 193 (1955): S. 31-35; Harvey Leibenstein, „Bandwagon, Snob, and Veblen Effects in the Theory of Consumers' Demand", *Quarterly Journal of Economics* 64 (1950) 2: S. 183-207.

[32] Arthur J. Robson, „The Biological Basis of Economic Behavior", *Journal of Economic Literature* 29 (2001): S. 11-33.

[33] Robert H. Frank, „Consumption Externalities", in *The New Palgrave Dictionary of Economics*, 2. Auflage, Hrsg. Steven N. Durlauf und Lawrence E. Blume (Basingstoke, UK: Palgrave Macmillan, 2008).

ten, führt zu einer Epidemie von Stress, Überforderung und übermäßiger Verschuldung, aber nicht zu persönlicher Erfüllung.

Die Gesellschaft

Die Gesellschaft ist ein weiteres Konzept, das in den konventionellen Wirtschaftswissenschaften unverständlicherweise fehlt: Die superindividualistische Wirtschaftstheorie geht davon aus, dass wir in Wirtschaftsangelegenheiten nicht miteinander interagieren und somit die Ökonomie völlig durch das Handeln der einzelnen daran beteiligten Personen (repräsentative Agenten) beschrieben und erklärt werden kann. Der einzige Kontakt in den Standardlehrbüchern ist die kurze Begegnung zwischen Konsumenten und Produzenten, die nicht wirklich wie eine Wechselwirkung, sondern eher wie ein harmloser Austausch von Geld für Waren im Bruchteil einer Sekunde dargestellt wird. Doch wir sind keine Robinson Crusoes: Das Verhalten innerhalb der Gesellschaft hängt wesentlich von kulturellen Erwartungen, Institutionen, sozialen Normen und den Aktionen anderer ab. Diese beeinflussen unser Wertesystem, das unsere Bestrebungen kalibriert, unsere Handlungsfreiheit einschränkt und unser Wirken kanalisiert. Diese Normen tragen wesentlich zur Ausbildung unseres Geschmacks und zu den Bedingungen bei, unter denen wir vollwertige und geschätzte Mitglieder der Gesellschaft werden. Wir leben nicht in einem Vakuum: Die wenigsten unserer Entscheidungen sind wirklich autonom.

Die überwiegende Mehrheit von uns will nicht aus der Gesellschaft ausgestoßen werden und neigt daher dazu, den grundlegenden Einstellungen, Sitten und akzeptierten Verhaltensformen unserer jeweiligen Gesellschaft zu entsprechen.[34] Das bedeutet, dass wir von den Handlungen anderer Menschen lernen, wie wir handeln sollten, was wir in unserem Leben als wichtig betrachten müssen und wie Macht und Respekt innerhalb der sozialen Ordnung gewonnen werden. Wir folgen Mode und Modeerscheinungen in den Medien, um herauszufinden, was en vogue ist. Die Regeln sind komplex: Die Farbkombination muss stimmen und ein paar Zentimeter zu viel oder zu wenig bei der Größe eines Revers, einer Krawatte oder eines Saums können einen großen Unterschied machen – sie könnten den Unterschied zwischen Absage und Jobangebot bei einem Bewerbungsgespräch ausmachen.

---

[34] „Jeder, der nicht wie jeder andere ist und nicht wie jeder andere denkt, läuft Gefahr, eliminiert zu werden", schrieb der spanische Philosoph José Ortega y Gasset 1929. Siehe *The Revolt of the Masses* (New York: W.W. Norton, 1994).

Wir wollen Teil der Gesellschaft sein, d.h. von unserem Umfeld akzeptiert werden, und wir müssen die Bedingungen kennen, unter denen wir vermeiden, Außenseiter zu werden. Wenn wir um uns herum vor allem Menschen sehen, die Geld vergöttern, sind wir eher bereit, unser Leben dem Erwerb von Geld zu widmen als in einer Gesellschaft, die Religion in hohem Ansehen hält und Geld als erniedrigend betrachtet. Daher haben die Werte der Kultur, in der wir leben, einen allumfassenden Einfluss auf unser Verhalten, auch wenn wir sie in einem solchen Maße verinnerlicht haben, dass wir sie nicht mehr als solche erkennen können. Wir haben die Wertstruktur in unserem Unterbewusstsein verwurzelt oder sie kann z.B. das explizite Ergebnis des offenen Gruppendrucks sein, wenn Menschen beispielsweise die Kleidung, die wir tragen, kritisieren. Wir könnten uns alleingelassen, abgelehnt, unbeliebt oder sogar ausgestoßen fühlen, wenn wir nicht dem aktuellen Trend folgen. Der Punkt ist, dass wir dazugehören wollen. Das gibt uns ein Gefühl der Sicherheit und daher kopieren wir andere. Wenn Menschen in unserer Gesellschaft konsumorientiert sind, dann ist es fast unvermeidlich, dass wir es auch werden.[35] Es benötigt viel Energie und Entschlossenheit, dem zu trotzen und den sozialen Druck zu überwinden.[36]

Summa summarum ist Interaktion ein wesentliches Element der wirtschaftlichen Aktivität.[37] Was wir in einem Restaurant bestellen, hängt davon ab, ob wir alleine oder in einer Gruppe sind. Jemand kann Sie davon überzeugen, noch ein Bier zu trinken, obwohl Sie die Party gerade verlassen wollten. Wir betreiben Gruppendenken und halten uns an Gruppennormen, um Konflikte zu vermeiden.[38] In der Tat konsumieren wir sehr wenig in Isolation. Stattdessen konsumieren wir als Haushaltseinheit oder unter Freunden und werden durch das beeinflusst, was andere konsumieren oder nicht konsumieren. So wird Konsumkultur auch von einer Generation an die nächste weitergegeben.

Es gibt eine ganze Disziplin, die von Ökonomen nicht berücksichtigte Sozialpsychologie, die analysiert, inwiefern unser Verhalten davon abhängt, ob

---

[35] Siehe „Shopaholics Anonymous", eine Webseite des *Shulman Center for Compulsive Theft, Spending & Hoarding* und den Film *The Confessions of a Shopaholic* von P.J. Hogan (2009).

[36] Solomon E. Asch, „Opinions and Social Pressure", *Scientific American* 193 (1955): S. 31-35.

[37] Robert H. Frank, „Positional Externalities Cause Large and Preventable Welfare Losses", *American Economic Review* 95 (2005) 2: S. 137-141.

[38] William H. Whyte, Jr., „Groupthink", *Fortune*, März 1952, S. 114-117. Whyte betont, dass sich in der Firmenethik unsere Individualität der Gruppenideologie unterwirft. Gruppendenken wird zur vernunftmäßigen Konformität, um unsere Position innerhalb der Firma zu sichern oder unser Einkommen zu erhöhen.

wir als Einzelperson allein oder in einer Menschenmenge handeln.[39] Ein Massenansturm bei Walmart ist ein Beispiel für Herdenverhalten. Eine Person beginnt zu laufen und das steckt an. Das Ergebnis sind oft Verletzungen, es sind sogar Käufer zu Tode getrampelt worden![40] Die Menschen verlieren ihre Individualität in Menschenmengen: Hemmungen, die uns unter normalen Umständen unter Kontrolle halten, verschwinden, und man agiert als „gesichtsloser" Teil der Massen und nicht als Individuum.

Auch Geschlechterrollen werden sozial konstruiert. Bis 1960 wurde von verheirateten Frauen erwartet, dass sie Hausfrauen sind. Mit der Frauenrechtsbewegung erhöhte sich die Erwerbsbeteiligung von Frauen deutlich. Waren 1950 in den USA nur 20% der verheirateten Frauen mit Kindern erwerbstätig, sind es heute fast 70%.[41] Solche großen Veränderungen werden nicht durch Nutzenmaximierung bedingt, sondern erfordern große Veränderungen der gesellschaftlichen Normen, Erwartungen, Werte und des Gruppenzwangs.

Auch die Haushaltsaktivität wird in den meisten Lehrbüchern nicht behandelt. Wie wird der Konsum zwischen Haushaltsmitgliedern aufgeteilt? Verhandlungen innerhalb des Haushalts und die Erziehung der Kinder sind eine bedeutende offene Frage. Kinderbetreuung als „Pflegearbeit", in der das Kind von der Pflegeperson abhängig ist, passt nicht gut in das autonome individualistische Modell der Entscheidungsfindung. Wie kann Arbeit innerhalb des Haushalts die Wohlfahrt verbessern? Haushaltsproduktion wird bei der Berechnung des Bruttoinlandsprodukts (BIP), das nur bezahlte Marktaktivität beinhaltet, ausgeschlossen. Solange wir Einkommen mit Wohlfahrt gleichsetzen, ist all die wichtige unbezahlte Tätigkeit, die im Haushalt stattfindet, von Kindererziehung bis zur Zubereitung von Mahlzeiten, nicht Teil der Wohlfahrtsrechnung.

Feministische Ökonomen argumentieren, dass das traditionelle Konzept vom „ökonomischen Menschen" zu viel Affinität mit Aspekten der ökonomischen Theorie hat, die kulturell mehr mit Männlichkeit verbunden sind, wie zum Beispiel Wettbewerb, Selbstsucht und Rationalität Darüber hinaus lege das Konzept nicht genügend Wert auf weibliche Perspektiven des Lebens, die näher bei Kooperation, Altruismus und emotionaler Intelligenz anzusiedeln sind, und die Hausarbeit müsse in die Berechnung des BIP einbezogen werden. Daher ist aus ihrer Sicht die traditionelle Ökonomie als männlich verzerrt anzusehen.

---

[39] „Menschen … betätigen sich im Herdendenken. Man kann sehen, dass sie in Herden verrückt werden und nur langsam ihren Verstand zurückgewinnen und das nur einer nach dem anderen." Siehe Charles MacKay, *Extraordinary Popular Delusions and the Madness of Crowds* (London: Office of the National Illustrated Library, 1852).

[40] Siehe „Black Friday Stampede", YouTube video, gepostet von „kopret", 17. Juli 2007.

[41] Sharon R. Cohany und Emy Sok, „Married Mothers in the Labor Force", *Monthly Labor Review* 130 (2007) 2: S. 9-16.

Kultur

Kultur ist das Betriebssystem, das unseren Geist die Welt interpretieren lässt. Sie ist ein System von symbolischen Codes, also die Summe unserer geistigen Konstrukte bezüglich unserer sozialen und physischen Umwelt. Sie ist die Linse, durch die wir die Welt betrachten, also eine bestimmte Anordnung von inneren Einstellungen, Sitten, Symbolen, Überzeugungen und geistigen Reflexen, die unserem Leben Bedeutung verleiht und uns gleichzeitig als Mitglied einer Gruppe definiert. Ein gemeinsames Wertesystem ist Teil der Kultur: die Art und Weise, wie wir Privateigentum definieren, und der Grad, in dem wir ihm huldigen. Was wir als anständiges Verhalten ansehen, welche Normen Schönheit hat und was wünschenswert ist, sind alles Fragen aus dem Bereich der Kultur. Verhaltensnormen in der Gesellschaft sind Regeln, die man beachten sollte, um ein angesehenes Mitglied der Gruppe zu bleiben. Somit ist das Ausmaß, in dem wir uns unserem Wort verpflichtet fühlen, den Geist von Verträgen über den Wortlaut zu stellen oder religiöse Vorschriften einzuhalten, ein integraler Bestandteil der Kultur. Das 8. Gebot „Du sollst nicht falsches Zeugnis ablegen wider Deinen Nächsten" senkte zum Beispiel die Transaktionskosten durch das Ausmaß in dem und die Bedingungen unter welchen wir bereit waren, unseren Geschäftspartnern zu vertrauen, und förderte damit das Wirtschaftswachstum.

Der Umfang, in dem die Gesellschaft Abweichungen von der Wahrheit toleriert, wird so z.B. zu einem wichtigen Faktor bei der Bestimmung, welche Art der Werbung und Verpackung im Markt zugelassen wird. Wie viel Ungleichheit wird toleriert? Wie werden Geschlechterrollen definiert? Wie viel Umverteilung ist die Gesellschaft bereit zu akzeptieren? Wie sehr werden Arbeitnehmer sich anstrengen? Unsere Arbeitsmoral ist, wie Max Weber formuliert hat, ein Teil der Kultur. Unsere innere Unruhe, unsere Ungeduld und Unzufriedenheit sind kulturell geprägt. Ebenso ist unser Respekt für die Gesetze und Normen Teil der Kultur. Im Grunde sind alle Handlungen, die wir ohne tieferes Nachdenken vornehmen, Teil der Kultur. So hat praktisch jede wirtschaftliche Entscheidung eine kulturelle Komponente, inklusive unserer Vorlieben und Erwartungsbildungen und unserer Einstellung zum Risiko. So definiert die Kultur viele, wenn nicht die meisten der grundlegenden Konzepte des Wirtschaftssystems. Wirtschaft und kulturelle Normen interagieren und sind untrennbar miteinander verbunden.[42]

Was ist universell in Wirtschaft und Kultur, was ist spezifisch? Die Organisation einer japanischen Firma ist ganz anders als die ihres amerikanischen

---

[42] Luigi Guiso, Paola Sapienza und Luigi Zingales, „Does Culture Affect Economic Outcomes?", *Journal of Economic Perspectives* 20 (2006) 2: S. 23-48.

Konkurrenten, da beide sehr unterschiedlichen Kulturen entstammen. In Japan sind Arbeiter loyaler gegenüber ihrem Unternehmen, da die Firma eine moralische langfristige Verpflichtung gegenüber ihren Angestellten hat, während die Beziehung zwischen Arbeitnehmern und Unternehmen in den USA eher als eine temporäre angesehen wird.

Der Markt ist nicht dafür geschaffen, soziale Normen zu generieren, die sich selbst verewigen. Dies ließ Daniel Bell seine Sorgen um die Zukunft des Kapitalismus formulieren. Er argumentierte, dass die Kultur der sofortigen Befriedigung, die durch den Kapitalismus erzeugt wird, der Arbeitsmoral schadet, die für den Erfolg des Kapitalismus in erster Linie verantwortlich ist. Er behauptete, dass es ein „Problem bei der Verwaltung eines komplexen Gemeinwesens gibt, wenn die Werte der Gesellschaft ungebremsten Appetit betonen. Die Widersprüche, die ich im zeitgenössischen Kapitalismus sehe, leiten sich … von dem Einfluss des Hedonismus auf die vorherrschenden Werte in unserer Gesellschaft ab".[43] Eine „Porno-Pop-Kultur", „grell gekleidet" und „unflätig", hat große Schwierigkeiten, den Kapitalismus aufrechtzuerhalten, während die Arbeitsethik abnimmt. Die ständige Suche nach Vergnügen verdrängt Sparen, Investitionen, die Bereitschaft hart zu arbeiten und eine Gesinnung, die dem öffentlichen Interesse dient.

Christopher Lasch war ein weiterer Kritiker der marktorientierten Kultur des postindustriellen Kapitalismus, die Persönlichkeiten hervorbrachte, die er als pathologisch narzisstisch charakterisiert.[44] Er sah, dass die Menschen ein schwaches Identitätsbewusstsein und Selbstwertgefühl hatten. Unternehmen werden nicht von Menschen mit einer starken Identität, starker Willenskraft und einem starken Gefühl der Selbstachtung profitieren. Aber sie können von denen profitieren, die entwicklungsgestört sind und deren Selbstkontrolle begrenzt ist, sodass sie offen für den Einfluss von Trendsettern sind, den neuesten Schnickschnack kaufen, neuen Modeerscheinungen erliegen und leichtfertig mit Geld umgehen. Unternehmen profitieren von Verschwendern, da sie ihnen den letzten Cent aus der Tasche ziehen können.[45] Sie wollen es unbedingt verhindern, dass die Menschen persönlich und geistig wachsen und einen Sinn für soziale Verantwortung haben. Es besteht dann keine Notwendigkeit, sich um das Wohl der noch ungeborenen Generationen kümmern. Die Leitkultur der Yuppies, geprägt durch Egoismus und Rücksichtslosigkeit, war für die Bilanzen der Konzerne optimal.

---

[43] Für eine interessante Fortsetzung siehe Daniel Bell, *The Cultural Contradictions of Capitalism* (New York: Basic Books, 1976), S. 21-22.

[44] Christopher Lasch, *The Culture of Narcissism: American Life in an Age of Diminishing Expectations* (New York: W.W. Norton, 1979).

[45] Robert H. Frank, *Luxury Fever* (Princeton, NJ: Princeton University Press, 1999).

Das sind die Botschaften, die die Werbeanzeigen und Medienpersönlichkeiten propagieren. Als Folge fühlen wir uns inadäquat, es sei denn wir tragen die neueste Mode und imitieren die Stars. Wir streben nach den unrealistischen Phantasien des amerikanischen Traums und brauchen positive Bestätigung durch unseren Konsum. „Für den Moment – für sich selbst – zu leben, ist die vorherrschende Leidenschaft – nicht für die Vorfahren oder die Nachwelt. Wir verlieren schnell den Sinn für historische Kontinuität, für die Zugehörigkeit zu einer Abfolge von Generationen mit Ursprung in der Vergangenheit und in die Zukunft reichend."[46] Dies wurde vor mehr als einer Generation geschrieben.

Mit anderen Worten, unsere Eliten haben die Fähigkeit zu Besonnenheit und Weitsicht verloren, wie sie notwendig wären zur Festlegung angemessener Grenzen, zur Zügelung unseres Appetits, zur Verteidigung kultureller Werte wie Geduld und zu verantwortungsvoller Führung.[47] Anstatt zu führen, haben die Eliten nicht unser kulturelles Erbe verteidigt, sondern übergaben die Führung an die Interessen, die davon profitieren: die Großkonzerne, die gigantische Mengen an Geld kanalisieren, um die Kultur des Konsumerismus voranzutreiben. In gewissem Sinn wurden die Ankertaue der Kultur gelöst, sodass sie in Richtung der Marktkräfte driftete. Die Unternehmer haben diese Gelegenheit zu ihrem offensichtlichen Vorteil verwendet. Der Rückkopplungseffekt bewirkte eine kulturelle Strömung in Richtung der Kommerzialisierung und des Geldverdienens, in der Menschen ständig eine externe Validierung durch das Gefühl der Kontrolle über ihren Konsum erzielen.[48] Laut Bell stellt dies einen Widerspruch zur freien Marktwirtschaft dar, weil Überkonsum zu Umweltproblemen und Überschuldung führt. Diese Marktkultur verunglimpft Genügsamkeit und Sparsamkeit und tut stattdessen alles in ihrer Macht Stehende, um den Anschein zu erwecken, dass Konsum zu einem guten Leben führt. Folglich enthält der Kapitalismus den Keim

---

[46] Lasch fährt fort: „Die Determinanten dieses Wandels waren soziale und nicht psychologische. Der zunehmend kriegerische Charakter des sozialen Umfelds, die Zerbrechlichkeit von Freundschaften und Familienbanden, die soziale Betonung des Konsums und nicht der Herstellung von Gütern, das Aufkommen der Massenmedien mit ihrem Kult des Glamour und der Berühmtheiten, die Erschütterung des Sinnes für historische Kontinuität." „Eine Gesellschaft, die befürchtet, keine Zukunft zu haben, kümmert sich wahrscheinlich nicht um das Wohl folgender Generationen und das allgegenwärtige Gefühl der historischen Diskontinuität, der schädliche Einfluss unserer Gesellschaft, betrifft vor allem mit verheerender Wirkung die Familien." Christopher Lasch, „The Narcissist Society", *The New York Review of Books*, 30. September 1976.

[47] Christophe Hayes, *Twilight of the Elites* (New York: Crown, 2012).

[48] James Galbraith nennt dies die „Unternehmensrepublik" in *The Predator State: How Conservatives Abandoned the Free Market and Why Liberals Should Too* (New York: The Free Press, 2008).

seiner eigenen Zerstörung: Der Markt kann sich, abgeschnitten von seinem moralischen Anker, nicht in einer stabilen Weise festigen.

Gerechtigkeit

Menschen haben auf jeden Fall ein Empfinden für Gerechtigkeit, eine Überzeugung, dass gewisse Aktionen unparteiisch, vernünftig und gerecht sind. Fairness bedeutet die Einhaltung bestimmter allgemein anerkannter sozialer Normen wie Reziprozität oder einer gerechten Verteilung der Ressourcen, Güter oder Einkommen.[49] Das steht im Einklang mit den ethischen Regeln der Gesellschaft. Teilweise ist dies der menschlichen Natur angeboren und teilweise sozial konstruiert und gelernt worden.[50] In jedem Fall stimmen die meisten Menschen der Aussage zu, dass es nicht fair ist, den Preis für bereits in den Speichern der Tankstelle befindliches Benzin zu erhöhen, wenn der Großhandelspreis von Öl steigt. In Experimenten zeigen Menschen ihren Sinn für Fairness zum Beispiel bei der Verteilung eines unverhofften Gewinns. Die Person, die die Verteilung vornimmt, behält im Durchschnitt etwa 60% davon für sich. Dies bedeutet, dass wir nicht völlig selbstsüchtig sind, aber dafür sorgen, dass unser Gewinn in einem guten Verhältnis zu dem des anderen steht.

Darüber hinaus neigen die Menschen dazu, anderen Menschen gegenüber nachtragend zu sein, die das von ihrer Kultur abhängige Verständnis des Gesellschaftsvertrages verletzen. Mit anderen Worten, die Menschen haben soziale Präferenzen und sorgen sich nicht nur um ihr eigenes Wohlbefinden. Menschen lehnen auch Ungleichheit bei der Verteilung der Ressourcen ab und sorgen sich um ihr Image in der Öffentlichkeit, das heißt, was andere von ihrem Konsum halten.[51] Solche experimentellen Anhaltspunkte können helfen, Spenden, Lohnspreizung in den Unternehmen, Streiks und viele andere ökonomische Phänomene zu erklären. Es sollte das Ziel der Wirtschaftswissenschaften sein, diese psychologisch realistischen Aspekte in ihre Theorien und wirtschaftspolitischen Aussagen zu integrieren.

---

[49] Golnaz Tabibnia und Matthew D. Lieberman, „Fairness and Cooperation Are Rewarding: Evidence from Social Cognitive Neuroscience", *Annals of the New York Academy of Sciences* 1118 (2007): S. 90-101.

[50] Peter Corning, *The Fair Society: The Science of Human Nature and the Pursuit of Social Justice* (Chicago: University of Chicago Press, 2011).

[51] Colin F. Camerer, „Behavioural Game Theory", in *The New Palgrave Dictionary of Economics*, 2. Auflage, Hrsg. Steven N. Durlauf und Lawrence E. Blume (Basingstoke, UK: Palgrave Macmillan, 2008).

Effizienz und Fairness

Effizienz ist ein Eckpfeiler der herkömmlichen ökonomischen Denkweise, d.h. ein integraler Bestandteil ihres Wertesystems. Die Hauptannahme ist, dass die Marktwirtschaft effizient ist. Folglich kann nichts verbessert werden. Neoklassische Ökonomen scheinen vor allem dieses Ergebnis des freien Marktes zu schätzen. Die Produktion ist effizient, was bedeutet, dass die Unternehmen auf optimale Weise die optimale Menge von Waren produzieren, d.h. mehr könnte nicht mit den gegebenen Inputs produziert werden. Ebenso ist der Konsum effizient und optimal: Die Menschen wissen, was sie wollen und wie sie es bekommen, und es könnte aus den Gütern, die sie konsumieren, kein zusätzlicher Nutzen gequetscht werden. Niemand kann besser gestellt werden, ohne dass jemand anderes schlechter gestellt wird. Das ist Pareto-Optimalität. Jedoch ist diese Sichtweise fehlerhaft, da nach dieser Definition auch die Institution der Sklaverei effizient war, da das Wohlbefinden der Sklaven nicht verbessert werden konnte, ohne ihre Besitzer schlechter zu stellen. Daher kann ein effizientes System auch ungerecht sein.

Diese Konzeptionalisierung der Effizienz ist nicht, wie oft behauptet, wertneutral: Warum sollte man nicht Nachhaltigkeit oder Moral oder Gerechtigkeit oder Gleichheit oder die Befriedigung der Grundbedürfnisse stattdessen betonen? Lehrbücher gehen naiv davon aus, dass es offensichtlich ist, dass Effizienz über allen anderen Werten steht, aber das ist kaum der Fall: Ich glaube, dass die meisten Menschen lieber in einer gerechten als in einer effizienten Gesellschaft leben. Darüber hinaus akzeptiert die Definition von Effizienz implizit die gegenwärtige Verteilung von Reichtum als einen integralen Bestandteil des effizienten Ergebnisses. Dies ist auch ein implizites Werturteil und basiert nicht auf einer moralischen Rechtfertigung, weil die gegenwärtige Verteilung von Einkommen und Vermögen, laut dem politischen Philosophen John Rawls, nicht gerecht ist.

Rawls argumentiert, dass die gerechte Gesellschaft die ist, die Sie wählen würden, wenn Sie nicht wüssten, was Ihre Position in dieser Gesellschaft wäre, wenn Sie ihnen zufällig zugeteilt würde.[52] Man würde am ehesten den Gesellschaftsvertrag in einer gerechten Gesellschaft hinter diesem „Schleier des Nichtwissens" akzeptieren, da die meisten Menschen risikoavers sind und sich nicht am unteren Ende der sozialen Pyramide wiederfinden wollen. Darüber hinaus bemerkt Rawls, dass die Entscheidungen, die wir jetzt treffen, verzerrt sind, da wir uns unserer aktuellen Position in der sozialen Ordnung bewusst sind. Wir haben bereits Informationen zu unseren Begabungen und Fähigkeiten, wie intelligent wir sind, zu unserer Hautfarbe, unserem Wohlstand oder

---

[52] John Rawls, *A Theory of Justice* (Cambridge, MA: Harvard University Press, 1971).

unserem sozio-ökonomischen Status. Dieses Wissen beeinflusst offensichtlich unser Urteil. Wenn wir klug und talentiert wären und Zugang zu Bildung hätten wie Bill Gates, der Zugang zu einem Großrechner in seiner High-School hatte – was nur einer Handvoll Schülern zu seiner Zeit vergönnt war –, würden wir wahrscheinlich eine Leistungsgesellschaft, die auf Bildung basiert, unterstützen. Die Nachkommen von Herbert Quandt, Ferdinand Porsche oder August Thyssen haben kein Problem mit ererbtem Reichtum. Wenn wir Lionel Messi oder Cristiano Ronaldo wären, hätten wir keinen Zweifel, dass wir die zig Millionen Dollar Jahresgehalt wirklich verdienen. Wir neigen nicht dazu, unsere Talente dem Glück oder den Bemühungen oder Genen unserer Eltern zuzuschreiben und zuzugeben, dass wir unser Gehalt nicht wirklich „verdienen".

Allerdings wären wir wahrscheinlich ganz anderer Meinung, wenn wir eine Gesellschaft von Grund auf konzipieren würden, ohne im Voraus zu wissen, wie viel Intelligenz, Talent, Aussehen, ererbtes Vermögen oder Familienhintergrund wir in Relation zu dem Rest der Gesellschaft haben würden. Ohne dieses A-priori-Wissen würden wir zweifellos viel vorsichtiger bei der Konstruktion einer Gesellschaft sein und darauf achten, dass der Wohlstand nicht auf der Basis von Glück bei der Geburt verteilt wird, und anstatt dessen ein Rechtssystem kreieren, dass diejenigen, die nicht so viel Glück und nur begrenzte Fähigkeiten haben, befähigt, zumindest ihre Grundbedürfnisse zu befriedigen. In Unwissenheit über unsere Position in dieser Gesellschaft wäre es zu riskant für die meisten von uns, eine Gesellschaft zu schaffen, in der die Einkommensverteilung so ungleich wäre, wie es heute der Fall ist. Schließlich könnte man am unteren Rand der Verteilung enden. Eine Entscheidung hinter einem Schleier der Unwissenheit würde das Wohl der am wenigsten Begünstigten maximieren, weil wir damit sicherstellen würden, dass wir nicht am unteren Ende der gesellschaftlichen Rangordnung in völliger Armut verzweifeln.

Es muss etwas falsch sein an einer Definition, aufgrund derer es seit mehr als 10 Jahren für Victoria Secret effizient ist, jährlich einen Millionen-Dollar-BH zu produzieren[53], und für Kinder, in 250.000 Dollar teuren Spielhäusern zu spielen, während zur gleichen Zeit andere Kinder in Slums ohne Zugang zu menschenwürdiger Bildung und angemessener Gesundheitsversorgung leben. Darüber hinaus kann die Einkommensverteilung die Menge der Produktion beeinflussen, da sich Ressourcen unter Umständen nicht in den produktivsten Händen befinden. Einige Personen könnten produktiv sein, aber nicht

---

[53] „Heidi Klum 11 Million Dollar Bra", YouTube video, gepostet von „Jadesmythcom", 5. Juni 2007; Mandi Bierly, „Victora's Secret Fashion Show: 10 Years of Fantasy Bras", *Entertainment Weekly*, 29. November 2011.

genügend Kapital haben und keine Sicherheiten besitzen, um Zugang zum Kapitalmarkt zu erlangen. Man sollte glauben, dass Banken mit überschüssigem Kapital dies der produktivsten Person leihen würden, aber das passiert nicht automatisch in einer Welt, in der Sicherheiten eine entscheidende Rolle bei der Kreditvergabe spielen.

Stellen Sie sich nur vor, um wie viel die schulischen Leistungen und die Produktivität der nächsten Generation steigen könnten, wenn Bildungsressourcen gleicher verteilt würden. Eine ungeheure Menge von Humankapital wird dadurch verschwendet, dass talentierten Kindern und Jugendlichen der Zugang zu Bildungsressourcen verweigert oder erschwert wird. Ein Ressourcentransfer von Millionen-Dollar-BHs und 300-Millionen-Dollar-Yachten der Reichen zu unterprivilegierten Schulsystemen würde ihre Standards erhöhen und dadurch die Bildungschancen der Armen immens erhöhen, ohne für die Reichen eine wirkliche Beeinträchtigung in ihrem Lebensstil zu bedeuten, außer dass ihr Geltungskonsum etwas reduziert würde. Dies würde im Laufe der Zeit zu einer deutlichen Erhöhung der Produktivität und damit der Effizienz der gesamten Bevölkerung führen. Daher kann Umverteilung auch aus der Effizienzperspektive anstatt aus der Fairnessperspektive betrachtet werden, wenn man Effizienz als Wohlfahrtsmaximierung mit einer gegebenen Menge von Inputs betrachtet.

Zwar vermeidet die herkömmliche Wohlfahrtsanalyse interpersonelle Vergleiche, wenn sie die Umverteilung von Reichtum betrifft, aber nicht, wenn es – ideologisch bequem – um die Aggregation von Wohlfahrt geht. Wenn wir z.B. das Pro-Kopf-Einkommen als Wohlfahrtsparameter berechnen, wird implizit davon ausgegangen, dass der Nutzen des Einkommens für alle der Gleiche ist, was eine Verletzung des Verbots des interpersonellen Vergleichs von Nutzen ist.[54]

Die herkömmliche Definition von Effizienz ist auch nicht sehr hilfreich in der politischen Diskussion. Praktisch keine politische Handlung könnte aus dieser Perspektive gerechtfertigt werden, da jede Wirtschaftspolitik immer Verlierer und Gewinner produziert. Als Folge begünstigt die Regel, dass Umverteilung niemanden schlechter stellen darf, überwiegend den Status quo. Zum Beispiel wurde im Vorfeld der NAFTA (Nordamerikanisches Freihandelsabkommen) argumentiert, dass der Anstieg des Handels Wohlstand und wirtschaftliche Effizienz verbessern würde. Dennoch schadete NAFTA vielen Menschen, die ihre Arbeitsplätze verloren oder niedrigere Löhne akzeptieren mussten. Die handelsfreundliche Seite hat argumentiert, dass die Gesellschaft

---

[54] Ähnlich ist eine der impliziten Annahmen bei der Verwendung des Kaldor-Hicks-Kriteriums, dass das Nutzenniveau unterschiedlicher Individuen verglichen werden kann.

insgesamt dennoch gewinnen würde, da die Gewinne der Gewinner größer seien als die Verluste der Verlierer. Schön und gut, aber die Verlierer wurden nicht für ihre Verluste entschädigt. Also war aus der Sicht der obigen Definition die Gründung der NAFTA nicht pareto-effizient. Einige Menschen wurden bessergestellt, aber dies geschah auf Kosten anderer.[55] Wir erlauben diese Umverteilung, wenn es um Handelspolitik geht, aber viele Ökonomen (und Politiker) sprechen sich dagegen aus, wenn die Umverteilung die Bildungschancen armer Kinder verbessern würde.

Es gibt viele andere Aspekte des Status quo, die ineffizient sind. Zum Beispiel finden es Unternehmen vorteilhaft, Verbraucher zu verwirren, u.a. mit vielen versteckten Gebühren auf Kreditkartenschulden. Darum hat die Regierung 2009 ein Gesetz verabschiedet, das die Möglichkeiten der Kreditkartenunternehmen begrenzt, Konsumenten mit versteckten Tricks zu schaden.[56] Auch nach Inkrafttreten des Gesetzes schafften es einige Unternehmen immer noch irgendwie, unvorstellbare 79,9% Zinsen zu berechnen, die für die Kunden nicht offensichtlich waren.[57] Irreführende Praktiken sind nicht effizient, denn sie bereichern einige auf Kosten anderer und das ohne deren Einwilligung.

So ist es irreführend zu glauben, dass Märkte im vollkommenen Wettbewerb automatisch effizient sind. Märkte müssen im vollkommenen Wettbewerb stehen und alle Marktteilnehmer müssen darüber hinaus vollkommene Informationen über die Verträge sowie die Qualität der Produkte haben, damit diese Märkte effizient sind. So besteht nur ein vernachlässigbarer Bruchteil der heutigen Wirtschaft aus Firmen, die im vollkommenen Wettbewerb stehen, außerdem dominieren unvollkommene Informationen. Damit ein Markt im vollkommenen Wettbewerb steht, muss es viele kleine Unternehmen geben, die alle den gleichen Preis für ein homogenes Produkt verlangen, und es darf keine Eintrittsbarrieren geben.[58] Raten Sie mal, wie wichtig solche Märkte in der Weltwirtschaft heutzutage sind? Vielleicht 1 oder 2% des BIP werden unter Bedingungen erwirtschaftet, die den Bedingungen des vollkommenen Wettbewerbs nahekommen. Doch argumentieren viele Lehrbücher, dass diese Konzepte für Märkte im Allgemeinen anzuwenden sind: „Wir haben gesehen,

---

[55] In einem solchen Fall ist es erlaubt, interpersonelle Vergleiche zu machen, aber nicht, wenn es um Umverteilung geht.

[56] „To amend the Truth in Lending Act to establish fair and transparent practices relating to the extension of credit under an open end consumer credit plan ..." U.S. Congress, House, Credit CARD Act of 2009, HR 627, 111th Congress, 1. Sitzung, 6. Januar 2009.

[57] James Kwak, „When a 79.9% APR Is Good?", *The Baseline Scenario*, 8. Januar 2010.

[58] Die anderen Bedingungen schließen ein, dass Marktteilnehmer vollkommene Informationen haben, dass es unendlich viele Käufer und Verkäufer gibt, dass die Produktionsfaktoren vollkommen mobil sind und dass es keine Transaktionen gibt. Solche Firmen werden langfristig keine Profite erzielen.

dass die Märkte bemerkenswerte Effizienzeigenschaften haben",[59] schreiben Samuelson und Nordhaus und vergessen die Bedingungen des vollkommenen Wettbewerbs und vernachlässigen die Komplikationen, die aus der Unvollkommenheit von Informationen erwachsen. Das ist der Grund, warum die Meinung, dass Märkte effizient sind, sich im Sprachgebrauch der Bevölkerung eingeschlichen hat und den Zeitgeist widerspiegelt. Die fehlende Betonung der erwähnten Einschränkungen bewirkt, dass die obige Formulierung (und viele andere) sich negativ auswirkt, da Studenten die Idee übernehmen, dass alle Märkte effizient sind, solange es irgendeinen Wettbewerb gibt. Folglich ist dies eine äußerst irreführende und sogar schädliche Behauptung. Denken Sie an den Konsens, um den Finanzsektor zu deregulieren. Alan Greenspan und seine Entourage haben einfach das vollkommene Wettbewerbsmodell mit perfekter Information für einen Sektor angewendet, der alles andere als vollkommen war – er ist durch mangelnde Konkurrenz und Informationsasymmetrien charakterisiert. Offensichtlich wurde Greenspan die falsche Einführungsökonomie gelehrt.

Eigennutz und Altruismus

Altruismus ist, sich um das Wohl anderer zu sorgen und „ihre Interessen ohne die Notwendigkeit von Hintergedanken" zu berücksichtigen.[60] Hunderte von Experimenten haben gezeigt, dass wir nicht zu 100% egoistisch sind. Eigeninteresse ist keine binäre Eigenschaft. Wir sind in der Lage für das Wohl anderer oder für einen immateriellen Grund oder eine Idee Opfer zu bringen.[61] Vielmehr gibt es einen von der Kultur abhängigen Zusammenhang zwischen den beiden polaren Extremen Mutter Theresa und Dick Fuld, dem CEO von Lehman Brothers, der bekanntlich erklärte, dass er die Herzen der Leerverkäufer „herausreißen und essen" wollte.[62] Ich glaube, dass die menschliche Natur wahrscheinlich zu etwa zwei Dritteln egoistisch ist.

---

[59] Paul Samuelson und William Nordhaus, *Economics*, 19. Auflage (New York: McGraw-Hill/Irwin, 2009), S. 164. Allerdings geben sie auf Seite 169 zu, dass solche Firmen schwer zu finden sind, und auf Seite 187 sagen sie, dass solche Firmen selten sind. Allerdings bleibt die Frage, ob eine solche Inkonsistenz in der 19. Auflage noch zu finden sein sollte.

[60] Thomas Nagel, *The Possibility of Altruism* (Oxford: Clarendon Press, 1970), S. 79.

[61] James Andreoni, William T. Harbaugh und Lise Vesterlund, „Altruism in Experiments", in *The New Palgrave Dictionary of Economics*, 2. Auflage, Hrsg. Steven N. Durlauf und Lawrence E. Blume (Basingstoke, UK: Palgrave Macmillan, 2008).

[62] Stephen G. Post, „It's Good to Be Good: 2011 Fifth Annual Scientific Report on Health, Happiness and Helping Others", unveröffentlichtes Manuskript.

Neurowissenschaftler haben z.B. gezeigt, dass die Fähigkeit für Empathie in Menschen vorprogrammiert ist und sie in manchen Situationen altruistisch handeln, auch wenn sie keinen Spaß daran haben. Wir könnten nicht in Familien, Gruppen oder Gemeinschaften leben, wenn wir völlig egoistisch wären. Hätten unsere Urahnen die Gruppeninteressen völlig ignoriert, wären sie nicht in der Lage gewesen, sich mit der gleichen Rate zu reproduzieren wie jene, die diese Gruppeninteressen respektierten. Sie hätten Probleme gehabt, in der Wildnis zu überleben, zu jagen und sich gegen Feinde zu verteidigen, wenn sie sich nicht um die anderen Mitglieder der Familie oder des Stammes gesorgt hätten.

Darüber hinaus erfordert Gruppenjagd Zusammenarbeit und Großwildjagd impliziert Teilen als die beste Strategie, weil das erjagte Fleisch zu viel ist, um von den Jägern allein konsumiert zu werden. Mit anderen Worten, sie überlebten als Mitglieder einer Gemeinschaft und nicht als Individuen. Die Entdeckung des Feuers bedeutete, dass die einen das Feuer hüteten, während andere auf der Jagd waren, was zu Arbeitsteilung und kooperativem Verhalten führte. Menschen ohne Empathie für das Wohl der anderen wären geächtet und aus dem Stamm ausgestoßen worden. Sie wären ohne Freunde und Familie isoliert gewesen. Daher ist Altruismus, außer bei einer Handvoll Psychopathen, in unserer Genetik tief verankert, sodass egozentrische Nutzenmaximierung eigentlich nicht Teil unserer Natur und deshalb keine realistische Annahme in der Wirtschaftstheorie ist. Neuronale Forschung bestätigt dies.[63] Wer sich um das Wohl der Gemeinschaft sorgte, hatte bessere Chancen, seine Gene an die nächste Generation weiterzugeben.

Wie Adam Smith selbst bemerkt, sind wir von Natur aus bis zu einem gewissen Grad ohne Rücksicht auf unseren eigenen Vorteil altruistisch.[64] Smith erkannte, dass wir an dem „Glück der Anderen" interessiert sind und Mitleid und Mitgefühl auch für Fremde empfinden.[65] Wir mögen das Elend der anderen nicht sehen und fühlen Schmerzen beim Anblick des „Leids der anderen".[66] Soziale Normen spielen eine wichtige Rolle, wie altruistisch wir werden.[67] Hirn-

---

[63] Dharol Tankersley, C. Jill Stowe und Scott A. Huettel, „Altruism Is Associated with an Increased Neural Response to Agency", *Nature Neuroscience* 10 (2007): S. 150-151; Tabibnia und Lieberman, „Fairness and Cooperation".

[64] Adam Smith, *The Theory of Moral Sentiments* (1759).

[65] Natürlich können wir auch Nutzen aus dem Gefühl, dass wir altruistisch sind, erzielen.

[66] Adam Smith, *The Theory of Moral Sentiments* I.I.1; siehe auch Alexander J. Field, *Altruistically Inclined? The Behavioral Sciences, Evolutionary Theory, and the Origins of Reciprocity* (Michigan: University of Michigan Press, 2002).

[67] Experimente haben gezeigt, dass Frauen altruistischer sind als Männer. Siehe Rachel Croson und Uri Gneezy, „Gender Differences in Preferences", *Journal of Economic Literature* 47 (2009) 2: S. 1-27.

forschung zeigt, dass wir „Spiegelneuronen" haben, die reagieren, wenn wir andere in Not sehen, als wäre es unsere eigene Erfahrung. „Smith (und Hume vor ihm) hatte Sympathie als allgegenwärtiges Merkmal der menschlichen Natur durch die Kraft der Selbstbeobachtung identifiziert … jetzt gibt es genügend Beweise, dass es einen tieferen Grund für Smith' Intuition gibt … Sympathie hat eine Basis in der Art und Weise, in der das Gehirn funktioniert …"[68]

Durch das Vernachlässigen von Altruismus werden wir irregeführt: Es ist einfach falsch zu behaupten, dass wir eine Nutzenfunktion maximieren, die nur unseren eigenen Konsum beinhaltet. Wir kümmern uns um das Wohlergehen anderer und es bedrückt viele von uns zu wissen, dass viele Millionen Menschen am Rande der Gesellschaft leiden. Altruismus gegenüber unserer Verwandtschaft ist in Bezug auf unser Bestreben, unsere Gene zu verbreiten, thematisiert worden. Jedoch ist dieser Gedanke durch das Konzept der Multi-level-Selektion erweitert worden. Edward O. Wilson erklärt Gruppenselektionsverhalten wie folgt: „Erbliches Sozialverhalten verbessert die Wettbewerbsfähigkeit nicht nur von Einzelpersonen innerhalb von Gruppen, sondern auch von Gruppen als Ganzen …" Er fährt fort, dass Menschen ein „intensives, obsessives Interesse an anderen … Menschen haben, das in den ersten Tagen des Lebens beginnt." Darüber hinaus enthält die menschliche Natur „das überwältigende instinktive Verlangen, zu Gruppen zu gehören … einsam zu sein ist wie Schmerzen zu haben … die Zugehörigkeit einer Person zu ihrer Gruppe – ihrem Stamm – ist ein großer Teil ihrer Identität … Wettbewerb unter den Gruppen … fördert Altruismus und Zusammenarbeit aller Gruppenmitglieder. Es führte zu gruppenweiter Moral und einem Sinn für Gewissen und Ehre … Sich ganz dem instinktiven Drängen zu ergeben, das der individuellen Selektion entstammt, würde zur Auflösung der Gesellschaft führen."[69]

Positive und normative Ökonomie

Ökonomen legen viel Wert auf die Unterscheidung zwischen positiver Ökonomie, deren angebliches Ziel die Beschreibung und Analyse der Wirtschaft mit wissenschaftlichen Methoden ist, und normativer Ökonomie, die aussagt, was sein sollte. Die erstere ist angeblich wertfrei und die letztere beinhaltet Werturteile. Dennoch ist der Unterschied im Wesentlichen künstlicher Natur,

---

[68] „Es gibt eine erhebliche Überlappung zwischen den Bereichen [des Gehirns], die aktiviert werden, wenn wir Emotionen empfinden und wenn wir jemanden beobachten, der die gleichen Emotionen empfindet." Aldo Rustichini, „Introduction. Neuroeconomics: Present and Future", *Games and Economic Behavior* 52 (2005): S. 201-212.

[69] Edward O. Wilson, „Evolution and Our Inner Conflict", *The New York Times*, 24. Juni 2012.

weil es nicht möglich ist, wirtschaftswissenschaftliche Analyse ohne Annahmen zu betreiben. Diese Annahmen unterliegen Werturteilen, auch wenn sie intuitiv plausibel erscheinen, wie weiter oben in Bezug auf das Konzept der Effizienz gezeigt wurde. Es ist umstritten, wie die Gültigkeit von als selbstverständlich betrachteten Annahmen festzustellen ist. Welche Fragen die positive Ökonomie behandelt, ist abhängig von kulturellen Normen und erfordert die Existenz eines Wertesystems. Zum Beispiel gehen Ökonomen davon aus, dass Menschen rational sind, obwohl Psychologen gezeigt haben, dass Menschen meist nicht in der Lage sind, rational oder kohärent zu handeln. Somit ist die bewusste Missachtung der Erkenntnisse wissenschaftlicher Forschung ein wichtiges Werturteil in sich. Das Gleiche gilt für die Akzeptanz der gegenwärtigen Verteilung des Reichtums in Effizienztheorien. Die Beschreibung der Verteilung selbst kann objektiv sein, aber die Definition der gegenwärtigen Verteilung als effizient ist nicht mehr wertfrei. Sie erfordert ein Werturteil.

Der Effizienz den Vorrang gegenüber der Nachhaltigkeit zu gewähren, ist ein weiteres Beispiel für ein Werturteil, da dies nicht in der Objektivität verankert ist. Nicht zwischen grundlegenden Bedürfnissen und anderen Begierden zu unterscheiden, ist ebenfalls ein beliebiges Werturteil. So ist es unmöglich, eine wertneutrale Wirtschaftstheorie zu haben. Aus konventioneller Sicht ist die Annahme, dass Wünsche unbegrenzt sind, positive Ökonomie, während manche nicht-konventionellen Ökonomen dies nur als Teil des kulturell bedingten Wertesystems sehen. Es gibt keine empirischen Belege dafür, dass Unersättlichkeit die Norm der menschlichen Natur ist. Vielmehr werden solche Attribute im Prozess der kulturellen Angleichung gelernt. Die Feindseligkeit der Ökonomen gegenüber dem Staat ist ein weiteres typisches und vor allem amerikanisches Kulturattribut. Dieses Weltbild lehnt die Notwendigkeit des Verbraucherschutzes vor übermächtigen Wirtschaftsinteressen ab, obwohl der Schutz der Verbraucher durch die Regierung etliche Erfolge vorzuweisen hat wie zum Beispiel die Halbierung der Zahl der Raucher. Dies wäre nie ohne die Hilfe und den Druck des Staates geschehen.

Einige Ökonomen argumentieren, dass Theorien nicht bezüglich der Wahrheit ihrer Annahmen, sondern in Bezug auf ihre Fähigkeit, richtige Vorhersagen zu treffen, beurteilt werden sollten. Allerdings ist auch dies an sich ein Werturteil, das in Frage gestellt werden kann. Die Volkswirtschaftslehre ist jedenfalls nicht für ihre präzisen Prognosen bekannt. Sie scheiterte kläglich bei der Vorhersage der Finanzkrise von 2008, obwohl es genug Warnungen gab, die von den Kapazitäten des Fachs ignoriert wurden.[70] Stattdessen rief

---

[70] „Das Platzen der Immobilienblase wird zu einem Verlust von Immobilienwerten von 1,3 bis 2,6 Billionen Dollar führen." Dean Baker, „The Run-up in Home Prices: A Bubble",

Ben Bernanke 2004 stolz das Zeitalter der „Great Moderation" aus, genau wie George W. Bush im Jahr davor an Bord der USS Abraham Lincoln den Sieg im Irak verkündete. Noch bis 2007 beruhigte Ben Bernanke in öffentlichen Reden jeden Zweifler, dass es im Finanzsektor keine größeren Probleme geben würde: „Wichtig ist, dass wir kein schwerwiegendes oder umfassenderes Übergreifen der Probleme von dem Hochrisikohypothekenmarkt auf Banken oder Sparkassen sehen. Die beunruhigten Kreditgeber sind zum größten Teil nicht Institutionen mit staatlich gesicherten Einlagen."[71] Er nutzte offensichtlich die falschen Modelle, um systemische Risiken zu prognostizieren. Die Wirtschaftswissenschaften versagten nicht nur darin, das Ausmaß der Großen Rezession zu prognostizieren, sondern hatten auch keinerlei Ahnung, wie man die Wirtschaft aus der Rezession wieder herausführen könnte. Natürlich gibt es viele Lösungsvorschläge, aber keinen Konsens. Wirtschaftsmodelle sind einfach nicht besonders nützlich bei der Vorhersage der realen Welt.

Erwarteter und realisierter Nutzen

Es gibt noch ein weiteres ernstes Problem mit der herkömmlichen Nutzentheorie. Sie unterscheidet nur selten zwischen erwartetem und realisiertem Nutzen. Sie geht davon aus, dass ich mindestens drei Dollar an Nutzen erhalte, wenn ich eine Bratwurst für drei Dollar bestelle. Die Argumentation ist, dass ich die Bratwurst nicht bestellt hätte, wenn ich nicht mindestens einen Nutzen im gleichen Wert des Preises erzielen würde. Doch natürlich ist diese Schlussfolgerung falsch: Ich habe für sie bezahlt, bevor ich die Bratwurst verzehrt habe. Daher weiß ich zum Zeitpunkt der Transaktion noch nicht, wie viel Nutzen ich durch den Verzehr der Wurst erhalten werde, auch wenn ich erwarte, dass ich mindestens drei Dollar an Zufriedenheit durch ihren Verzehr erhalten werde. Doch das bedeutet nicht, dass ich letztendlich auch mindestens so viel Nutzen durch ihren Verzehr erhalten werde. Nach dem Verzehr kann alles anders sein, als ich es erwartet habe. Daher müssen wir zwischen erwartetem und realisiertem Nutzen unterscheiden, und der Betrag, den ich bezahle, muss nicht gleich sein wie (oder weniger als) der Nutzen, den ich daraus ziehe. Dies ist ein weiterer Grund dafür, warum Konsum und Einkommen nicht eins zu eins mit Nutzen und Wohlfahrt gleichgesetzt werden sollen.

Challenge 45 (2002) 6: S. 93-119; John Cassidy, „Blowing Bubbles", *The New Yorker*, 12. Juli 2004.

[71] Ben Bernanke in seiner Rede, „The Subprime Mortgage Market", 17. Mai 2007.

Im Grunde sind wir anfällig für systematische Fehler, wenn wir versuchen, den Nutzen verschiedener Güter vorherzusagen. Viele Menschen scheitern daran, zwischen dem anfänglichen und dem zukünftigen Nutzen eines Gutes zu unterscheiden. Konsumenten können normalerweise nicht abschätzen, wie sich der Nutzen, den sie aus einem Gut erzielen, im Laufe der Zeit entwickeln wird. Sie neigen dazu, den langfristigen Nutzen eines neuen Gutes zu überschätzen, da sie meist unterschätzen, wie schnell sie sich an das neue Gut gewöhnen und wie schnell es somit seinen nutzenstiftenden Reiz verliert. Des Weiteren gibt es oft auch Vorurteile, die auf unseren Erinnerungen basieren. Wer hat nicht schon einmal etwas gekauft, an das er schöne Erinnerungen hatte, nur um dann beim erneuten Konsum enttäuscht zu sein? Ökonomen betonen die Erfahrungen des Konsums, aber es gibt auch Erwartungen und Erinnerungen, die Nutzen generieren. Doch diese gewichten die meisten Menschen in ihren Entscheidungen in der Regel nicht ausreichend. Angenommen Sie haben vor einem Jahr ein Eis gegessen. Dieses Eis bereitet heute keinen Nutzen mehr. Allerdings bleibt zum Beispiel ein schöner Urlaub viel länger in Erinnerung und bereitet so auch lange nach seinem Ende noch Nutzen. Diese Unterschiede zwischen Besitz und Erlebnis werden oft übersehen, wenn wir unsere Entscheidung treffen, was zu suboptimalen Konsumentscheidungen führt.

Des Weiteren nutzt die Werbung systematisch unsere psychologischen Schwächen aus und verführt uns zum Kauf eines Produktes, dessen Kauf wir später bereuen.[72] Auch werden wir oft dazu verleitet, Verträge abzuschließen, ohne im Besitz der vollständigen Informationen zu sein. Oft haben wir das Problem, dass wir nicht einmal wissen, welche Fragen wir stellen müssten, um eine fundierte Entscheidung treffen zu können. Online-Shopping führt häufig zu frustrierten Kunden, die mit den gekauften Produkten unzufrieden sind.[73] Ich weiß, dass ich schon häufiger betrogen wurde, vor allem, wenn ich zum ersten Mal oder unter Zeitdruck etwas Kompliziertes kaufte und dies, was die Regel ist, mit unvollständigen Informationen geschah. Dies ist oft der Fall bei Kreditkarten-, Satellitenempfangs-, Bauspar- oder Handyverträgen, Pauschalreisen oder Krankenversicherungen.

[72] Dies ist auch als Kaufreue bekannt.
[73] „Ripoff Report", URL: www.ripoffreport.com/reports/specific_search/internet.

Unvollständige Informationen

Standardlehrbücher implizieren, dass der Preis für ein Produkt die einzige Information ist, die man braucht, um eine rationale Konsumentscheidung zu treffen. Das ist korrekt, solange die Auswahl trivial ist. Doch da unvollständige Informationen und unvollkommene Märkte allgegenwärtig sind, sollte dies nicht das Standardmodell sein. Meistens ist es kostspielig, schwierig und aufwändig, genaue Informationen über ein Gut oder eine Dienstleistung zu erhalten. Leider wird dieses reale Problem in den meisten Lehrbüchern verharmlost. Es gibt zahlreiche Ursachen für unvollständige Informationen, wie beispielsweise Unsicherheit über die Informationen, die man hat, unvollkommene Informationen und asymmetrische Informationen. Sie stellen ein enormes Hindernis für die effiziente Nutzenerzielung und das effiziente Funktionieren der Märkte dar.[74] Laut Joseph Stiglitz „kann auch ein kleines Maß von Informationsunvollkommenheit tiefgreifende Auswirkungen auf die Art des Gleichgewichts haben."[75] Dies bedeutet, dass effiziente Marktergebnisse in der Praxis nur selten erreicht werden können. Informationen zu erhalten, ist kostspielig, und Produzenten tun ihr Bestes, um Informationen zu manipulieren und um Informationen über bestimmte Attribute zugänglicher zu machen als über andere. Daher sind Informationen ungleich verteilt und angesichts der ungleichen Verteilung von Wohlstand, Bildung und kognitiven Fähigkeiten hat nicht jeder die gleichen Informationen zur Verfügung.

Entscheidende Informationen sind in der Regel für die meisten Menschen nicht einfach zu erhalten. So haben wir fast immer nur unvollständige Informationen, was eine Herausforderung für unsere Fähigkeit darstellt, zufriedenstellende, geschweige denn optimale Entscheidungen zu treffen. Zu versuchen, unser Bestes zu geben, ist kein sehr nützliches Verfahren, wenn wir nicht einmal wissen, wie wir herausfinden können, welche Informationen wir brauchen, um unser Ziel zu erreichen. Auch verfügen wir oft nicht über die erforderlichen finanziellen Mittel und die Zeit, um all die Informationen zu finden, die wir zum Erreichen unserer Ziele brauchen.

Die unsichtbare Hand wird als Synonym für den Selbstregulierungsmechanismus des Marktes verwendet. Dieses Konzept impliziert, dass die Gesellschaft von Aktionen der egoistischen Individuen profitiert. Allerdings ist dies

---

[74] Joseph Stiglitz, *Information and Economic Analysis*, vol. 1 of Selected Works of Joseph E. Stiglitz (Oxford: Oxford University Press, 2009).

[75] Joseph Stiglitz, „Information and the Change in the Paradigm in Economics", *American Economic Review* 92 (2002) 3: S. 460-501, hier S. 461.

nicht richtig, wenn unvollständige Informationen existieren.[76] Stiglitz hat wiederholt gewarnt, dass die Metapher der unsichtbaren Hand nicht ernst genommen werden sollte: „Der Grund, warum die unsichtbare Hand oft unsichtbar erscheint, ist, dass sie nicht da ist … Märkte alleine führen nicht zu wirtschaftlicher Effizienz. Wenn wir Beispiele von erfolgreichen Märkten und Marktversagen auf der ganzen Welt untersuchen, sehen wir, dass viele dieser Ergebnisse Sinn ergeben, wenn wir Theorien unvollkommener Märkte verwenden, in denen der Staat eine wichtige Rolle spielen muss …"[77]

Die Situation, in der eine Partei mehr Informationen über die Eigenschaften eines Gutes, einer Dienstleistung oder eines Vertrags als die andere Partei hat, wird als „asymmetrische Information" bezeichnet. In diesem Fall wäre es nicht im Interesse der besser informierten Partei, diese Information weiterzugeben, und meist könnte sie es nicht einmal glaubwürdig tun.[78] Zum Beispiel wussten die Banker viel mehr über die Risiken von Hypotheken mit variablen Zinssätzen als die Kreditnehmer, die diese Art von Hypotheken im Vorfeld der großen Finanzkrise 2008 massenhaft abgeschlossen haben. Diejenigen, die exotische Wertpapierkonstrukte zusammenstellten, wussten viel mehr über diese Produkte als diejenigen, die sie kauften. So war vorsätzliche Täuschung in der Zeit vor der Krise gang und gäbe. Goldman Sachs musste eine Strafe von 650 Millionen Dollar für nur eine solche Transaktion zahlen.

Insiderinformationen sind ein anderes Thema. Die Hypothekenmakler wussten um die schlechte Bonität der Kreditnehmer, aber die Investoren, die letztendlich die Hypothekenpapiere kauften, wussten viel weniger darüber, und dieses Wissen nahm mit jeder Neuverpackung und jedem Weiterverkauf der Hypotheken weiter ab. Asymmetrische Informationen sind offensichtlich die Hauptursache der Subprime-Hypothekenkrise, was bedeutet, dass die Insider strategisch gehandelt haben und diejenigen ausgenutzt haben, die nicht über ähnlich viel Wissen wie sie verfügt haben. Millionen dieser Verträge wurden von Parteien mit asymmetrischen Informationen unterzeichnet. Das

---

[76] Bruce C. Greenwald und Joseph Stiglitz, „Externalities in Economies with Imperfect Information and Incomplete Markets", *Quarterly Journal of Economics* 101 (1986): S. 229-264.

[77] Joseph Stiglitz, „Doctor of Honoris Causa Ceremony Speech", Universität des Baskenlandes, Bilbao, Spain, 23. Mai 2006. Siehe auch seine Nobelpreis-Rede: Joseph Stiglitz, „Information and the Change in the Paradigm in Economics", Universität Stockholm, Aula Magna, 8. Dezember 2001. Joseph Stiglitz, Making Globalization Work (New York: W.W. Norton, 2006); Joseph Stiglitz, *The Roaring Nineties* (New York: W.W. Norton, 2003).

[78] George Akerlof, „The Market for ‚Lemons': Quality Uncertainty and the Market Mechanism", *Quarterly Journal of Economics* 84 (1970): S. 488-450; George Akerlof, „Behavioral Macroeconomics and Macroeconomic Behavior", *American Economic Review* 92 (2002) 3: S. 411-433.

ist genau der Grund, warum das Consumer Financial Protection Bureau im Jahr 2010, leider zu spät, geschaffen wurde.[79]

Das Problem beschränkt sich nicht auf ahnungslose Konsumenten, sondern erstreckt sich auch auf Investoren. Acht kleine Städte und Gemeinden in Norwegen verloren ihre gesamten Investitionen in der Größenordnung von 75 Millionen US-Dollar durch den Kauf von in hohem Maße fremdfinanzierten, unglaublich riskanten und komplizierten Anleihen, die von der Citibank ausgegeben und durch einen norwegischen Broker vertrieben wurden. Die Verantwortlichen in den Gemeinden haben offensichtlich kaum verstanden, auf was sie sich da einließen, und waren nicht ausreichend informiert. Der Broker hatte ihnen offenbar einige wichtige Informationen vorenthalten. Dass sie ahnungslos waren, wird allein durch die Tatsache klar, dass ihr Gewinnpotenzial gering, das Verlustrisiko aber enorm war und in keinem Verhältnis zu den potenziellen Gewinnen stand. Das Risiko war offensichtlich völlig falsch bewertet worden.[80] Dieser Fall ist ein gutes Beispiel dafür, wie Banken und Hypothekenmakler mit Hilfe der Informationsasymmetrie leichtgläubige Investoren ausnutzen.

Prinzipal-Agent-Probleme beziehen sich auch auf Informationsprobleme, bei denen Mitarbeiter, zum Beispiel ein CEO (der Agent), im Auftrag von jemand anderem, zum Beispiel den Aktionären (dem Prinzipal), arbeiten. Der Auftraggeber besitzt nicht die kompletten Informationen über alle Attribute des Agenten, die für den Erfolg der Firma wichtig sind, wie zum Beispiel seine Ehrlichkeit, sein Pflichtbewusstsein oder seine Kompetenz. Dies macht es praktisch unmöglich, perfekte Verträge abzuschließen, die die Anreize von Prinzipal und Agenten unter allen Umständen in Einklang bringen, und führt dazu, dass die Agenten oft zuerst hauptsächlich für ihren eigenen Vorteil arbeiten. Auf allen Beschäftigtenebenen wird Drückebergerei zum Problem, sobald es schwierig ist, den Arbeitseinsatz komplett zu überwachen. Diese Informationsasymmetrie ist insofern ein Problem, als der Agent (Arbeitnehmer oder CEO) bessere Informationen als der Auftraggeber (Manager, Arbeitgeber oder Aktionäre) darüber hat, was diese bereit und in der Lage sind, für die Firma zu tun. Dies führt zu Ineffizienzen und Fehlallokation von Ressourcen, was die übermäßigen Risiken, die CEOs während der Hypothekenblase eingingen, verdeutlichen. Dick Fuld verließ die bankrotten Lehman Brothers mit einem Vermögen von fast einer halben Milliarde Dollar. Seine Arbeitgeber, die Aktionäre, gingen mit praktisch leeren Händen nach Hause. Wenn sich die

---

[79] „Bureau of Consumer Financial Protection (CFPB)", U.S. Department of the Treasury, zuletzt geändert am 23. Juli 2012.

[80] Es lohnt sich, die Details dieses unglaublichen Falls zu lesen. Wikipedia Autoren, „Terra Securities Scandal", *Wikipedia: The Free Encyclopedia*.

Risiken auszahlen, wird der Agent reich, wenn aber nicht, verliert vor allem der Prinzipal.

Das Konzept des „Moral Hazard" ist ein weiterer Sonderfall der Informationsasymmetrie. Es bezieht sich oft auf Märkte mit falschen Anreizstrukturen. Zum Beispiel kann sich der Agent unangemessen verhalten, wenn Verträge unvollständig sind oder der Auftraggeber nicht über ausreichende und glaubwürdige Informationen über die Leistung des Agenten verfügt. Jamie Dimon (CEO von JP Morgan Chase) und Lloyd Blankfein (CEO von Goldman Sachs) wissen spätestens jetzt, dass ihre Firmen systemrelevant sind. Daher werden sie willens sein, übermäßige Risiken einzugehen, da sie dabei fast nur gewinnen können. Wenn alles gut geht, werden sie gewinnen, wenn etwas schief geht, zahlt der Steuerzahler. Das ist das Wesen des Moral Hazard. Goldman Sachs, JP Morgan Chase, Bank of America und Wells Fargo haben nicht mehr so viel Verlustrisiko wie Profitpotenzial. Die Risiken sind asymmetrisch verteilt. Die Regierung kann nicht wirklich alle ihre Geschäfte überwachen, hält aber dennoch einen Rettungsschirm für den Notfall bereit.[81]

Dank der Rettung der Wall Street durch das Finanzministerium und die Federal Reserve hat der Moral Hazard in der amerikanischen Wirtschaft stark zugenommen. Daraus folgt, dass JP Morgan Chase, die Citibank und die anderen großen zentralen Akteure der Finanzkrise systemrelevant und „zu groß, um zu scheitern" sind. Dies führt zu der sich selbst erfüllenden Prophezeiung, dass die Großen größer werden – eine Prognose der prekären Instabilität, die der MIT-Professor und ehemalige Chefökonom des IMF, Simon Johnson, als Teufelskreis bezeichnet hat.[82] Joseph Stiglitz nennt das System, das Gewinne privatisiert und Verluste sozialisiert, „Sozialismus für die Reichen und Kapitalismus für die Armen". Nach Stiglitz hat sich dieses Wirtschaftssystem zu einem „Ersatzkapitalismus" entwickelt, eine Variante von Vetternwirtschaft oder Korporatismus.

---

[81] Finanzminister Timothy Geithner hatte Jamie Dimons Geschäfte effektiv garantiert, als er deutlich genug vor dem Kongress klarmachte, dass die Steuerzahler das Verlustrisiko tragen werden. Er begründete diesen enormen Transfer von den Armen zu den Reichen mit der Behauptung: „in einer Wirtschaft, die heutzutage so instabil ist, ist es sehr wichtig, dass wir effektiv das System stabilisieren und die breiten, katastrophalen Schäden verhindern, die entstehen, wenn Wirtschaft oder Regierung unwillig oder nicht in der Lage sind, das Versagen zu verhindern". Geithners Aussage zu „14 ‚Too Big to Fail' Banks", YouTube video, gepostet von „TheySayNothing", 12. Februar 2009.

[82] Simon Johnson und Michael Perino im Interview mit Bill Moyers, PBS, 24. April 2009; Simon Johnson im Interview mit Bill Moyers, PBS, 13. Februar 2009; Simon Johnson und James Kwak im Interview mit Bill Moyers, 16. April 2010. Alle diese Interviews kann man in Bill Moyers Journal finden. URL: www.pbs.org/moyers/journal/index.html.

Zusammenfassend hat das Problem des Erwerbs und der Verarbeitung von Informationen viele Facetten. Den Studenten der Wirtschaftswissenschaften sollten diese nicht vorenthalten werden, denn diese Probleme sind ein Haupthindernis für die effiziente Funktionsweise der Märkte. Die ungleiche Verteilung von Informationen ist eine der Achillesfersen der Märkte. Laissez-faire und die unsichtbare Hand führen bei unvollkommenen Informationen nicht zu effizienten Ergebnissen. Daher ist Verbraucherschutz gar nicht überflüssig, sondern vielmehr von größter Bedeutung. Häufig hat der Produzent den Konsumenten gegenüber einen Informationsvorsprung und in solchen Fällen ist es nicht fair, die gesamten Kosten der Informationsbeschaffung, die für eine sachkundige Entscheidung notwendig ist, dem potenziellen Kunden aufzubürden. Die gesamte Verantwortung dem Käufer aufzuerlegen (Gewährleistungsausschluss), kann in solchen Fällen keine vernünftige Faustregel sein. In Gegenwart asymmetrischer Information sollte die Regierung den Verkäufer zur Transparenz verpflichten, denn die ehrliche Gewährung von Informationen kann die Transaktionskosten senken und dem Käufer die Möglichkeit geben, eine informierte Wahl zu treffen, die zu nutzenstiftendem Konsum führt. Wahrheitsgemäße Verpackung und wahrheitsgemäße Werbung könnten die Zufriedenheit der Verbraucher deutlich steigern.[83] Ich glaube, dass das Ausnutzen von asymmetrischer Information beim Handel das Eigeninteresse und den Gewährleistungsausschluss zu weit treibt. Ich definiere daher eine solche Praxis als Ausbeutung.

Signaling

Signale erzeugen Informationen. In einem Markt mit unvollkommenen Informationen sind Signale insofern wichtig, als sie häufig Informationen ersetzten, die schwer auf andere Art und Weise zu vermitteln sind. Ein Diplom ist z.B. ein Signal dafür, einen gewissen Grad akademischer Bildung erreicht zu haben. Studenten gehen nicht nur zur Universität um zu lernen, sondern auch um zukünftigen Arbeitgebern zu beweisen, dass sie die Attribute besitzen, um im Berufsleben zu bestehen. Der Erwerb eines Studienabschlusses ist daher ein Signal dafür, dass man erfolgreich durch den akademischen Irrgarten gefunden hat, dass man die erforderliche Ausdauer, Willenskraft und Intelligenz besitzt, ein langwieriges Projekt wie ein Studium erfolgreich zu meistern. Wenn ein Arbeitgeber entscheidet, ob er einen Bewerber einstellen will, dann hat er zwar gewisse Informationen über den Kandidaten zur Ver-

---

[83] Avner Offer, „A Warrant for Pain: Caveat Emptor vs. the Duty of Care in American Medicine, c. 1970-2010", *real-world economics review* 61 (2012).

fügung, aber es gibt viele nicht beobachtbare Eigenschaften, die er gerne wüsste: Zuverlässigkeit, die Fähigkeit unter Stress zu arbeiten, Flexibilität in neuen Situationen, Kooperationsbereitschaft etc. In einem solchen Markt mit unvollkommenen Informationen geht der Wert eines erfolgreichen Bildungsabschlusses weit über den Wert der während des Studiums erworbenen Kenntnisse hinaus. Er signalisiert den Besitz von immateriellen Attributen. Deshalb verdienen diejenigen, die einen Schul-, Ausbildungs- oder Universitätsabschluss haben, wesentlich mehr als diejenigen, die kurz vor dem Abschluss die Schule, die Ausbildung oder das Studium abgebrochen haben, obwohl das zusätzliche Wissen, das während des fehlenden Zeitintervalls gewonnen wurde, wohl kaum entscheidend ist für die Leistung bei der Arbeit. In diesem Sinne ist der zusätzliche Aufwand für den Erhalt des Abschlusses ineffizient, weil man auf dem Arbeitsmarkt auch ohne diesen Abschluss die gleiche Leistung erbringen könnte. Wegen der unvollkommenen Informationen ist der Abbrechende jedoch nicht in der Lage, dies seinem zukünftigen Arbeitgeber zu signalisieren. Nur das Diplom symbolisiert oder signalisiert diese erwünschten Verhaltensweisen oder Fähigkeiten.[84]

So gibt es eine Divergenz zwischen privaten und sozialen Bildungsrenditen. Für das Individuum lohnt es sich, in den eigentlichen Abschluss zu investieren, aber aus Sicht der Gesellschaft ist dieser Aufwand, der nur ein Signal generiert, verschwendet und ineffizient, da er nicht zu einer Erhöhung der Produktivität führt. Dennoch ist dieser Aufwand notwendig, falls Informationen über die wahre Produktivität nicht anders auf glaubwürdige Art und Weise kommuniziert werden können.

Der Preis eines Produkts vermittelt die Information, dass der Verkäufer willens ist, es zu diesem Preis zu verkaufen. Allerdings kann eine Lockvogelstrategie den Preis für ein Produkt, das zu Produktions- oder Einkaufskosten oder sogar darunter angeboten wird, in ein Signal verwandeln, dass der Produzent ein Billiganbieter ist. Auch wenn die Lockvogelangebote wirkliche Schnäppchen sind, kann das Preisniveau der anderen angebotenen Waren im Schnitt weit über dem der Konkurrenz liegen. In diesem Fall wird der Preis als Signal dafür verwendet, den Verbraucher häufiger in dieses Geschäft zu locken. Dies ist betrügerisch und kann zu ineffizienten Ergebnissen führen, da die Entscheidung des Konsumenten nicht auf der vollständigen Kenntnis aller Preise basiert.

---

[84] Michael Spence, „Job Market Signaling", *Quarterly Journal of Economics* 87 (1973) 3: S. 355-374.

Der Preis kann auch direkt Einfluss auf die Höhe der Zufriedenheit haben, die wir durch den Kauf und Besitz eines Produkts erzielen.[85] In diesem Fall stiftet nicht nur das Produkt selbst, sondern auch sein Preis Nutzen, was im Gegensatz zu dem Standardmodell steht.

Den sozialen Status zu signalisieren, ist eine weitere Art von Ineffizienz im Konsum. Veblen hat gezeigt, dass wir durch demonstrativen Konsum unseren Status und unsere soziale Stellung signalisieren, was eine negative Externalität bewirkt, da es ein Gefühl von Neid in anderen hervorruft. Dies ist eine teure Art und Weise, um der Welt seinen Platz in der Gesellschaft zu zeigen, und verführt andere dazu, zu versuchen, die Konsumgewohnheiten der Reichen – sogar auf Kosten der eigenen Verschuldung – nachzuahmen.

Zeitinkonsistenz

Standardlehrbücher nehmen an, dass die Menschen die Zukunft diskontieren. Für die meisten Menschen ist die Zukunft eine nebulöse Vorstellung und nicht so wichtig wie die Gegenwart. Natürlich denkt nicht jeder so. Manche Menschen diskontieren die Zukunft überhaupt nicht, da sie sich auf die Freuden von morgen freuen. Vorfreude bereitet ihnen einen eigenen Nutzen, der aber in der Regel übersehen wird. Dennoch geht die gängige Lehrmeinung davon aus, dass die Menschen exponentiell diskontieren, um den Wert zukünftigen Nutzens zu bestimmen. Das bedeutet, dass wir einen Euro, den wir in einem Jahr erhalten werden, heute zum Beispiel mit nur 95 Cent bewerten. Die Differenz von fünf Cent ist in gewisser Weise der Wertverlust, ein Jahr auf das Geld warten zu müssen.

Exponentielle Diskontierung hat die Eigenschaft, dass der Diskontsatz konstant und unabhängig davon ist, wie weit man in die Zukunft vorausschaut. So ist ein Euro in 10 Jahren heute nur etwa 60 Cent wert, wenn man einen jährlichen Diskontsatz von 5% ansetzt, und verliert alle 10 Jahre, die seine Realisierung in die Ferne rückt, rund weitere 40% des jeweiligen Wertes. So bleibt die Zerfallsrate des Wertes konstant.

Allerdings haben Experimente gezeigt, dass Menschen nicht exponentiell diskontieren. Stattdessen verwenden die Menschen hyperbolische Diskontierung, das heißt, dass ihr Diskontsatz vom Zeithorizont abhängig ist. In der

---

[85] Hilke Plassmann, John O'Doherty, Raba Shiv und Antonio Rangel, „Marketing Actions Can Modulate Neural Representations of Experienced Pleasantness", *Proceedings of the National Academy of Sciences of the United States of America* 105 (2008) 3: S. 1050-1054.

naheliegenden Zukunft ist er höher und weit in der Zukunft ist er niedriger.[86] Ein Vergleich der hyperbolischen mit der exponentiellen Diskontierung zeigt, dass beide in der nahen Zukunft einander ähnlich sind. Wie man in Abbildung 5.2 sehen kann, hat ein Euro in 10 Jahren bei beiden Diskontierungsarten in etwa den gleichen Wert. Danach verliert der Euro bei hyperbolischer Diskontierung zwischen dem 30. und 40. Jahr nur 18% seines Wertes und zwischen dem 40. und 50. Jahr sogar nur 15%. Dies bedeutet, dass es aus heutiger Perspektive teuer ist, die nächsten 10 Jahre zu warten – man ist ungeduldig –, aber 40 oder 50 Jahre zu warten ist aus heutiger Perspektive kein so großer Unterschied – deshalb die geringere Diskontierung während dieser Dekade. Es ist, als ob man kurzsichtig in die Zukunft schaut: Während von heute aus betrachtet 10 Jahre weit entfernt erscheinen, erscheinen 40 und 50 Jahre recht nahe zusammenzuliegen. Diese Diskrepanz ist inkonsistent mit den Standardmodellen der Theorie der rationalen Entscheidung, da Präferenzen zeitabhängig sind. Dies ist eine bedeutende kognitive Verzerrung, weil sie dazu führt, dass wir uns zu wenig um unsere langfristige Zukunft kümmern, was problematische Auswirkungen auf unsere Rentenvorsorge oder Neigung zur Kreditaufnahme hat.

Abb. 5.2: Hyperbolische und exponentielle Diskontierung

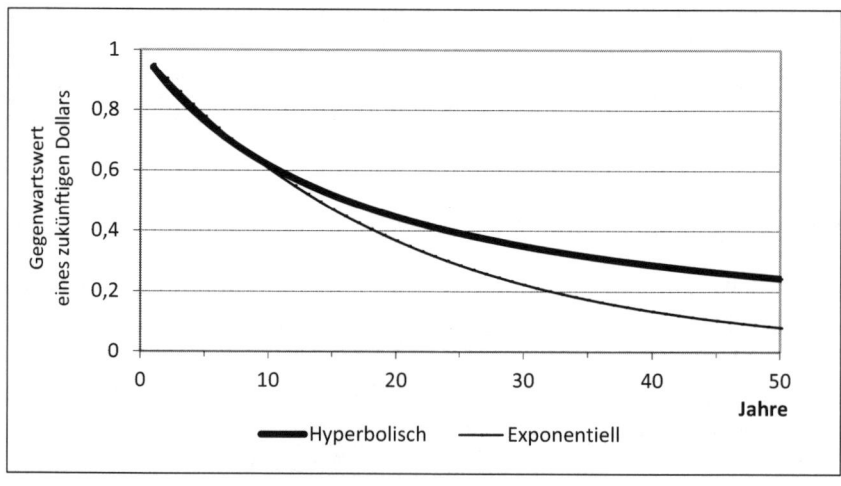

---

[86] Richard Thaler, „Some Empirical Evidence on Dynamic Inconsistency", *Economic Letters* 8 (1981) 3: S. 201-207; Shane Frederick, George Loewenstein und Ted O'Donoghue, „Time Discounting and Time Preference: A Critical Review", *Journal of Economic Literature* 40 (2002) 2: S. 351-401.

Diese Kurzsichtigkeit ist ein wichtiger Grund für Regierungsprogramme wie die Kranken- und Sozialversicherung. Junge Arbeitnehmer denken in der Regel nicht ausreichend an ihre Altersversorgung. Die Regierung kann durch ihre Steuerhoheit sicherstellen, dass durch die Sozialversicherung bei Renteneintritt menschenunwürdige Altersarmut zumindest gelindert wird.

Ein weiterer kognitiver Bias, der zu Zeitinkonsistenz führt, ist die Beurteilung von Wahrscheinlichkeiten. Wie groß ist die Wahrscheinlichkeit, dass man behindert wird, an einer der 200 verschiedenen Arten von Krebs erkrankt oder im Alter ein Pflegefall wird? Wir tendieren in der Regel dazu, die Gegenwart in unseren Bewertungen zu stark zu gewichten und unwahrscheinliche zukünftige Ereignisse übermäßig zu diskontieren.

Geduld und Ungeduld

Geduld ist einer der wichtigsten Parameter einer Wirtschaft, da sie einen großen Einfluss auf die Sparquote und damit auf das langfristige Wachstum der Wirtschaft hat. Die Entscheidungen, die wir heute treffen, wirken sich langfristig aus. Unsere intertemporalen Entscheidungen hängen davon ab, wie sehr wir die Zukunft diskontieren. Unsere Einstellung zur Zukunft wird hauptsächlich früh im Leben erlernt und ist Teil unserer kulturellen Attribute. Deshalb sind wir für Einflüsse aus der Wirtschaft anfällig, die allen Anreiz bieten, uns zu ungeduldigen und gegenwartsbezogenen Konsumenten zu erziehen. Dies wurde oben in Bezug auf Daniel Bells Vorhersage diskutiert, dass es einen Widerspruch gibt zwischen dem Bedürfnis der Wirtschaft für Ersparnisse, um eine dynamische Wirtschaft zu schaffen, und der Notwendigkeit der Wirtschaft, jetzt ihre Rentabilität zu erhöhen. Deshalb ist anzunehmen, dass ohne ausreichende, die Konzernmacht begrenzende Maßnahmen der Regierung die Wahrscheinlichkeit groß ist, dass die Gegenwartsbezogenheit weiter zunehmen wird. Das ist ein Hauptgrund dafür, dass die Verschuldung sowohl auf individueller als auch staatlicher Ebene so hoch ist.

Die Metapher der unsichtbaren Hand

Ökonomen neigen dazu, Adam Smiths berühmten Bezug auf die „unsichtbare Hand" als eine Metapher für den Koordinierungsmechanismus im Wettbewerbsmarkt zu zitieren, in dem Eigeninteressen der Hersteller und Konsumenten dazu führen, dass die richtige Menge an Waren produziert wird, wodurch die soziale Wohlfahrt maximiert wird. Allerdings ist eine solche

Metapher anachronistisch.[87] Smith beschrieb eine Wirtschaft, in der die Qualität der gekauften Produkte nicht schwer festzustellen war, sodass Informationsasymmetrie kein Problem war. Außerdem kaufte der Metzger Jahr für Jahr Brot vom Bäcker, genau wie der Bäcker Fleisch vom Metzger. Unter solchen Umständen war die Gefahr opportunistischen Verhaltens so gut wie nicht existent. Offensichtlich hätte keiner der beiden lange davon profitiert, den anderen übers Ohr zu hauen. Sie wären schnell diskreditiert worden, wenn sie versucht hätten, die Kunden in ihrer kleinen Gemeinde zu täuschen, zu übervorteilen oder sonst wie zu schädigen. Es gab kein Kleingedrucktes und die Transaktionen basierten auf persönlichem Austausch. Die Produkte waren einfach und wurden innerhalb der Grenzen eines Dorfes, dessen Familien sich seit Generationen kannten und meist miteinander verwandt waren, wiederholt mit einem Gefühl von Dauerhaftigkeit gehandelt. Einen solchen Markt mit dem Markt für mit Hypotheken besicherte Wertpapiere zu vergleichen, für den keine der oben genannten Bedingungen gilt, ist lachhaft. Asymmetrische Information ist die Essenz der modernen Wirtschaft, was Markttransaktionen viel prekärer macht, als es in Smiths Zeiten der Fall war.

Außerdem gab es im 18. Jahrhundert viel mehr sozialen Druck, der opportunistisches Verhalten vermeiden half: Schwindler, Betrüger, Raffsüchtige und die, die andere übervorteilten, wurden ausgegrenzt und waren nicht mehr gesellschaftsfähig. Die unpersönliche Natur der heutigen Wirtschaft hingegen führt dazu, dass nicht einmal Dick Fuld, der Lehman Brothers in den Konkurs getrieben hat, von der Gesellschaft in Palm Beach geächtet wird. Darüber hinaus haben die Marktteilnehmer im 18. Jahrhundert viel wahrscheinlicher an die Zehn Gebote geglaubt, als es die heutigen Unternehmer tun, und hätten deshalb viel weniger wahrscheinlich opportunistisches Verhalten an den Tag legen wollen. Die Welt von Adam Smith ist alles andere als ein zuverlässiger Leitfaden für die heutige Wirtschaft. Peter Whybrow formulierte es so:

> „Obwohl es klar war, dass … Menschen eine Neigung zur Habgier haben, argumentiert Smith, dass in einer freien Gesellschaft maßloses Eigeninteresse von dem Wunsch im Zaum gehalten wird, von anderen geliebt zu werden … und durch die Schranken des ‚Sozialgefühls' (Verhalten dominiert von Empathie und gesundem Menschenverstand), das durch das Leben in der Gemeinschaft erlernt wird. Deshalb kann durch die Akzeptanz von ein paar Regeln wie Ehrlichkeit im Wettbewerb, Respekt für das Privateigentum und der Möglichkeit, Ware gegen Geld zu tauschen, persönliche Begierde freigesetzt werden, um die Motoren des Wirtschaftswachstums an-

---

[87] Sie ist für die heutige Ökonomie ungefähr so zutreffend wie Newtons Grundsätze der Bewegung für subatomare Teilchen.

zutreiben. Eigenliebe wird gleichzeitig durch die komplexen persönlichen Beziehungen und durch die soziale Ordnung, in der die ‚freien‘ Märkte operieren, zum Gemeinwohl geformt. Eigeninteresse wird letztendlich dem Gemeinschaftsinteresse dienen … Aber Smith lebte vor der Erfindung des Großkonzerns, vor der Existenz der globalen Kommunikation und vor der Einführung des Doublecheeseburgers und der Hedgefonds. Heute sind die Ketten, die einst Eigeninteresse und soziale Anliegen in engmaschigen Wirtschaftsgemeinschaften aneinander schmiedeten, und Adam Smiths dauerhafte Metapher einer ‚unsichtbaren Hand‘, die Märkte im Gleichgewicht hielt, durch einen aufdringlichen Merkantilismus, der niemals schläft, geschwächt worden."[88]

Daher sind die Anreize in einem globalen Marktumfeld sehr unterschiedlich, in dem anonyme Individuen Unternehmen in ihrem Umgang mit anonymen Gesichtern in der Menge vertreten. Natürlich verhalten sich Menschen unter solchen Umständen anders. Jemand Unbekannten in einem weit entfernten Ort, von dem man noch nicht einmal gehört hat, übers Ohr zu hauen, ist ein ganz anderes psychologisches Dilemma als der Umgang mit seinen Nachbarn in der lokalen Wirtschaftswelt Adam Smiths. Beim Verkauf von Citigroups Hochrisikoanleihen in Narvik im Norden Norwegens sind die Anreize und die Umstände völlig anders als bei Adam Smiths Metzger und Bäcker.[89] Goldman Sachs zahlte eine 550-Millionen-Dollar-Strafe dafür, dass sie ihre Investoren mit einer forderungsbesicherten Schuldverschreibung betrogen haben.[90] Einen Tag später stimmte die American International Group (AIG) einer Strafzahlung von 725 Millionen Dollar in einem Betrugsfall zu.[91] Der wichtigste Punkt ist, dass diese Firmen viel mehr über das wussten, was sie verkauften, als die Käufer gewusst haben, und dass sie deren Unwissenheit ausnutzten. Daher ist die Verwendung von Adam Smiths Metzger und Bäcker als Metapher für den Turbokapitalismus des 21. Jahrhunderts ein auf die Spitze getriebener Anachronismus.[92]

---

[88] Peter Whybrow, „Dangerously Addictive. Why We Are Biologically Ill-Suited to the Riches of Modern America", *The Chronicle of Higher Education*, 13. März 2009.

[89] Stephen LeRoy, „Is the ‚Invisible Hand‘ Still Relevant?", *FRBSF Economic Letter* no. 14, 3. Mai 2010.

[90] Ebd.

[91] Ebd.

[92] Ebd.

Die Magie des Wettbewerbs

Wettbewerb bewirkt in unserer Kultur durchaus positive Assoziationen. Er soll gewährleisten, dass die Märkte zu den richtigen Ergebnissen kommen, dass die richtige Qualität zum niedrigsten möglichen Preis in der richtigen Menge produziert wird. Aber die Realität sieht etwas anders aus. Der Wettbewerb ist nicht bedingungslos vorteilhaft für die Gesellschaft. Ein Grund, warum die Realität in diesem Fall nicht der Theorie entspricht, ist, dass Märkte nicht effizient dabei sind, Sicherheitsstandards zu erstellen oder durchzusetzen, und es zu viele Transaktionen mit asymmetrischen Informationen gibt, die opportunistisches Verhalten ermöglichen und Unsicherheit über den Ausgang einer Transaktion bewirken. Wettbewerb beseitigt Fahrlässigkeit und die daraus folgenden Katastrophen nicht.

Das folgende Beispiel zeigt die Unzulänglichkeit von Wettbewerb: Nehmen wir an, dass ein Hackfleisch-Produzent sein Produkt mit einem Etikett mit der Angabe versieht: „Wir garantieren, dass dieses Produkt maximal eine Millionen E.-coli-Bakterien pro Pfund enthält. Wenn Sie von seinem Verzehr krank werden, werden wir Ihnen tausend Euro geben." Würde jemand dieses Hackfleisch kaufen? Ich weiß, dass ich es nicht tun würde, und ich bezweifle, dass irgendjemand es tun würde, weil viele von uns nicht wissen oder nicht daran erinnert werden wollen, dass Hackfleisch immer E. coli beinhaltet, und wir nicht wissen, was die gesetzlichen Grenzwerte sind. Darüber hinaus bevorzugen wir es wahrscheinlich, den Gedanken daran aus unserem Bewusstsein zu verdrängen, auch wenn wir eine vage Vorstellung davon haben. Alles, was wir wissen wollen, ist, dass die Hamburger aus Hackfleisch gemacht sind, dessen Verzehr nicht schädlich ist. Daher kann freiwillige Kennzeichnung, die aus Wettbewerbsbedingungen entsteht, kein Ersatz für behördliche Aufsicht und Regulierung sein. Wettbewerb kann nicht alle Probleme lösen, wenn Transaktionen komplex sind oder wenn Qualität schwer zu ermitteln ist.

Wettbewerb ist auch nicht die beste Lösung, wenn die Transaktion eventuelle, also unsichere zukünftige Gebühren beinhaltet, die der Konsument oft übersieht oder deren Fälligwerden er als zu unwahrscheinlich beurteilt. Das ist das große Problem mit den versteckten Strafzinsen bei Kreditkarten. Meine Kreditkartenfirma hat mir vor kurzem eine Gebühr berechnet, nachdem ich etwas aus Kanada gekauft hatte. Das kam für mich unerwartet, da es mir nicht bewusst war, dass es einen Zuschlag auf Käufe im Ausland gibt.[93] Tat-

---

[93] Simon P. Anderson, „Product Differentiation", in *The New Palgrave Dictionary of Economics*, 2. Auflage, Hrsg. Steven N. Durlauf und Lawrence E. Blume (Basingstoke, UK: Palgrave Macmillan, 2008).

sächlich überraschen mich die versteckten Gebühren meist, die Teil fast jeder komplexen Transaktion sind.

Konsumverhalten

Das herkömmliche wirtschaftstheoretische Verständnis geht davon aus, dass eine breitere Produktpalette mehr Auswahl für die Konsumenten beinhaltet und so die Wohlfahrt der Konsumenten erhöht. Allerdings kann zu viel Auswahl auch zu viel des Guten sein. Mit mehr Wahlmöglichkeiten erhöhen sich die Schwierigkeiten bei der Auswahl und die Möglichkeiten von Fehleinschätzungen bei den einzelnen Produkten. Mehr Auswahl erfordert auch mehr Zeit zur richtigen Auswahl, was ein wohlfahrtsverringernder Kostenfaktor ist. Bis zu einem gewissen Punkt ist mehr Auswahl besser, doch zu viel führt zu Ärger und Verwirrung. Ein Lebensmittelgeschäft bietet 118 Sorten von pikanten Pfeffersaucen, 41 Sorten von Balsamico-Essig und 121 verschiedene Olivenöle an.[94] Unter solchen Umständen einzukaufen, ist eine Herausforderung, die den Normalverbraucher verwirrt und daher zu Ineffizienzen führt. Ich wähle in der Regel in solchen Fällen nach dem Zufallsprinzip aus, da ich weder die Zeit noch die Geduld habe, die vielen Möglichkeiten ausreichend zu studieren. Markenunterschiede sind in der Regel sowieso gering: Tests haben beispielsweise ergeben, dass es keinen wirklichen Unterschied zwischen dem Benzin verschiedener Marken gibt.[95]

Konsum ist der amerikanische Nationalsport und die Jagd nach Schnäppchen zu einer süchtig machenden Manie geworden.[96] Unser Konsumverhalten lastet schwer auf unserer Gesellschaft, indem wir persönliche Beziehungen dem Prozess der Erlangung materieller Güter opfern und weil wir uns längere Arbeitszeiten zumuten, um die Dinge zu erwerben, zu deren Kauf uns die Werbeindustrie verleitet hat.[97] Darüber hinaus verpfänden wir den Lebensstandard der künftigen Generationen in diesem Prozess. Das Ergebnis ist ein stressiges Leben. In einem Artikel der New York Times über die Gedanken Peter Whybrows schreibt Judith Warner: „Unter normalen Umständen wird

---

[94] Ebd.

[95] Elisabeth Leamy, „Generic vs. Brand-Name Gas: Are They Different?", *ABC News Good Morning America*, 24. März 2007.

[96] Tibor Scitovsky, *The Joyless Economy: An Inquiry into Human Satisfaction and Consumer Dissatisfaction* (Oxford: Oxford University Press, 1976); Shirley Lee und Avis Mysyk, „The Medicalization of Compulsive Buying", *Social Science and Medicine* 58 (2004) 9: S. 1709-1718.

[97] Peter Whybrow, *American Mania: When More Is Not Enough* (New York: W.W. Norton, 2005); Peter Whybrow, „Dangerously Addictive".

der emotionale, nach Belohnung strebende, egoistische, kurzsichtige Teil unseres Gehirns in seinem Verlangen durch unser Erkenntnisvermögen und unser Bewusstsein für die Folgen dabei kontrolliert und in Balance gehalten, zum Beispiel zu viel zu essen oder zu viel auszugeben. Aber nach Jahrzehnten des nie zuvor gesehenen Wohlstands und endloser Propagierung sofortiger Bedürfnisbefriedigung, sagt Whybrow, ist dieses Selbstregulierungssystem aus dem Gleichgewicht geraten. Diese ‚Orgie der Genusssucht‘, die sich in unserem Land … verbreitet hat … hat die ‚alten Mechanismen, die unser körperliches und geistiges Gleichgewicht aufrechterhalten haben‘ gestört."[98] Wir sind nicht mehr auf der Hut. Die Werbeindustrie hat unser Gehirn und das Nervensystem neu verkabelt. Warner führt fort: „ Wenn Sie jemanden in ein Umfeld versetzen, in dem Reichtum verehrt und Geltungskonsum befürwortet wird, und dann große Einkommensungleichheit, die Neid und Konkurrenz verursacht, stagnierende Löhne für die untere Hälfte der Einkommensverteilung, exponentiell wachsende Einkommen für die Elite, hohe Kosten, um im Konsumwettlauf mitzuhalten, und allzu leichtfertige Kreditvergabe hinzufügen, dann erhalten sie übermäßigen Konsum, hohe Schulden und eine ‚Existenz wie auf dem Laufband‘, wie Whybrow es nennt: zwanghaftes Erlangen und Ausgeben."[99]

Wir wollen dazugehören, wir wollen ein Teil der Gesellschaft sein und durch unser Konsumverhalten bekräftigen wir unser Gefühl der Zugehörigkeit. Dadurch wird der Akt des Einkaufens zur Gewohnheit, zu einem Selbstzweck als Ersatz für die Befriedigung psychologischer Grundbedürfnisse. Diese Grundbedürfnisse beinhalten nach Erich Fromm den Wunsch, dass andere sich um uns kümmern und uns respektieren, den Wunsch, liebevolle Beziehungen zu entwickeln, das Gefühl der Zugehörigkeit zu einer sozialen Gruppe zu haben, zu wissen, wie wir in diese Welt passen, und Ziele und ein Gefühl der Erfüllung zu haben.[100] Wenn allerdings der Konsum letztlich ein schlechter Ersatz dafür ist, den Respekt von anderen zu gewinnen, dann führt Konsum zu einem angstbetonten Leben. Der entscheidende Punkt ist, dass die Unternehmenswelt die Kultur in einer Weise verändert hat, dass wir versuchen, diese psychologischen Belohnungen durch Konsum zu erlangen – von dem die Konzerne profitieren – und nicht durch andere, nicht monetäre Quellen wie den Genuss der Natur, das Hören von Musik, das Lesen von Büchern und die Gesellschaft von Familie und Freunden. Whybrow äußert sich ähnlich, wenn er feststellt, „trotz unserer materiellen Reichtümer entzieht sich vielen

---

[98] Judith Warner, „Dysregulation Nation".
[99] Ebd.
[100] Wikipedia Autoren, „Erich Fromm", *Wikipedia: The Free Encyclopedia*.

Amerikanern außer einer guten Nachtruhe das Gefühl echter Erfüllung – das Gefühl, in Harmonie mit anderen und sich selbst zu sein."[101] Laut Fromm ist eines der Symptome unserer kollektiven Pathologie der ständige Drang zu konsumieren. In einem Interview vor einem halben Jahrhundert sagte er, dass „wir alles mit Gier konsumieren. Hinter dieser schwindsüchtigen Raserei liegt eine innere Leere, eine Unfähigkeit der Menschen, autonom, wirklich produktive Bürger und ein einzigartiges Selbst zu sein. Die ewige Herausforderung ist es, sich eine alternative Existenz für uns selbst vorzustellen – eine, die immer intelligenter, humaner und mitfühlender ist." Fromm fährt fort: „Es gibt in der Tat ein Gefühl der Depression, ein Gefühl der Einsamkeit. Wir finden die klinischen Beweise für diese Verbindung darin, dass sehr oft übermäßiges Essen und starker Konsumdrang die Ergebnisse von Depressionszuständen oder intensiver Angst sind ..."[102] „Was wir als Freiheit empfinden, ist zu einem großen Teil die Freiheit zu kaufen oder zu konsumieren. Das heißt, zwischen vielen, vielen verschiedenen Dingen zu wählen und zu sagen: ‚Ich will diese Zigarette. Ich möchte dieses Auto. Ich möchte diese Sache lieber als eine andere.' Gerade weil viele der konkurrierenden Marken sich in der Realität stark ähneln, empfindet das Individuum die große Macht, frei zu wählen."[103] In Wirklichkeit sind unsere Entscheidungen aber limitiert und werden vom Markt in großem Maße manipuliert.

Fromm fährt fort: „Es liegt ein bestimmtes Leiden in diesem Streben nach immer mehr Konsum und die Gefahr ist, dass, da sie mit diesem Bedarf an Konsum gefüllt ist, die Person nicht wirklich das Problem der inneren Passivität löst, der inneren Leere, der Angst, der Depression – weil das Leben in irgendeiner Weise keinen Sinn hat." Der Konsum sollte zuerst ein Mittel der Befriedigung unserer Bedürfnisse und dann unserer Wünsche sein und nicht ein Ziel an sich – konsumieren, nur um zu konsumieren. „Wir sind konsumverrückt und produktionsverrückt"[104], stellte Fromm fest, während „... unser emotionales Leben verarmt."[105] Fromm drängt uns, wieder „das Recht, wir selbst zu sein", zurückzuerlangen. „Wir leben in ... [einer] westlichen Industriegesellschaft ..., die eine Art von ... Mensch erschafft ..., den man *homo consumens*, den konsumenten Menschen, nennen könnte, ... er widmet sein

---

[101] Peter Whybrow, „Books: Get Satisfied".

[102] „Homo Consumens", YouTube video, geposted von „Q&A projects". Theodor Adorno, Sozialkritiker in der Mitte des letzten Jahrhunderts, war ähnlicher Meinung. Siehe Wikipedia Autoren, „Theodor W. Adorno", *Wikipedia: The Free Encyclopedia*.

[103] Mike Wallace Interview: Erich Fromm, 25. Mai 1958.

[104] Ebd.

[105] Ebd.

Leben der Herstellung und dem Konsum von Dingen"[106], und in diesem Prozess verliert er seine menschliche Natur und wird immer mehr zu einem manipulierbaren Objekt und ist „nicht viel mehr als ein Mechanismus."[107]

Genauso sah Aldous Huxley, dass die Bedrohung für unseren Individualismus und unsere Freiheit von anderen Institutionen als den Regierungen kommen kann. Er stellte scharfsinnig schon vor einem halben Jahrhundert fest, dass die Werbebranche entdeckt hatte, dass der kürzeste Weg zu unserem Geldbeutel über unsere Kinder führt: „Die Kinder von heute laufen Bier- und Zahnpastawerbung singend herum ... diese ganze Frage der Kinder, denke ich, ist schrecklich wichtig, weil Kinder ... viel einfacher beeinflussbar sind als der durchschnittliche Erwachsene, und ... die ganze Propaganda [ist] eine außerordentlich starke Kraft, die auf diese Kinder einwirkt, Kinder, die aufwachsen und bald zu Erwachsenen werden ... die Kinder, die in Europa ‚Kanonenfutter' genannt wurden und hier in den Vereinigten Staaten sind sie ‚Fernseh- und Radiofutter'. ... Sie können in den Fachzeitschriften nachlesen, ... wie notwendig es ist, die Kinder früh zu erreichen, weil sie dann später treue Markenkäufer sein werden."[108]

Seine Erkenntnisse waren prophetisch. Wir waren so beschäftigt mit der Bedrohung unseres Lebens durch einen starken Staat, dass wir blind für die Bedrohung waren, die von anderen Institutionen ausging, nämlich der Werbebranche auf der Madison Avenue in New York, der Finanzindustrie auf der Wall Street, Hollywood, Silicon Valley und den globalen Großkonzernen, die langsam, aber beständig, Jahr für Jahr genau das taten, was wir am meisten gefürchtet haben: Sie begrenzten viele unserer Freiheiten und manipulierten unsere Individualität.

Nachdem wir die Kontrolle über uns selbst verloren haben, werden immer mehr von uns depressiv. Wir können Überkonsum und die soziale Stabilität nur mit der Einnahme von Antidepressiva wie Fluctin und Valium aufrechterhalten.[109] Die Verwendung solcher Medikamente hat, wie der Konsum ohne Befriedigung, phänomenal zugenommen. In den USA wurden 2010 sage und schreibe 213 Millionen Rezepte für Antidepressiva ausgestellt.[110]

---

[106] Mike Wallace Interview: Erich Fromm, 25. Mai 1958.

[107] Ebd.

[108] Aldous Huxley, Interview mit Mike Wallace.

[109] Robin Marantz Henig, „Valium's Contribution to Our New Normal", *The New York Times*, 29. September 2012.

[110] Wikipedia Autoren, „Antidepressant", *Wikipedia: The Free Encyclopedia*. Der Konsum von Antidepressiva nahm zwischen 1990 und 2003 um den Faktor vier zu. Ramin Mojtabai, „Increase in Antidepressant Medication in the U.S. Adult Population Between 1990 and 2003", *Psychotherapy and Psychosomatics* 77 (2008) 2: S. 83-92.

Kapitelzusammenfassung

Die Konzentration der Macht ist in einer Demokratie gefährlich. Ungleichheit von Reichtum birgt ebenso viele Probleme wie die Ungleichheit der politischen Macht. Die Reichen haben einen überproportionalen Einfluss auf die Politik. Sie verwenden Unsummen für Lobbying und politische Spenden, eine juristisch korrekte, aber unethische Methode, um Gesetze verabschiedet zu bekommen, die den Reichen zusätzliche wirtschaftliche Vorteile bieten. In Abwesenheit einer Gegenmacht neigt sich die Waagschale zunehmend zu ihren Gunsten. Darüber hinaus haben Oligopole die Macht, Preise festzulegen und uns durch Werbung so zu manipulieren, dass wir ihre Produkte unbedingt wollen. Während diese Macht allgegenwärtig und ein äußerst wichtiger Aspekt der real existierenden Wirtschaft ist, wird sie in herkömmlichen Lehrbüchern kaum oder gar nicht erwähnt, was eine wesentliche Unterlassung ist.

Trotz all ihrer Mängel, sollte das Ziel aber nicht sein, die Märkte zu beseitigen, sondern sie in einer Weise zu reformieren, dass sie den Menschen besser dienen können. Wir sollten induktive Methoden verwenden, um die aktuelle Orthodoxie durch eine Methodik zu ersetzen, die auf empirischen Daten beruht. Wir müssen bedenken, dass wir schon seit der Geburt Teil des Wirtschaftssystems sind, und anerkennen, dass Geschmäcker endogen sind. Am Wichtigsten ist es, dass wir die Individualität unserer Kinder vor der Manipulation durch die Unternehmenswelt schützen. Das kann nur erreicht werden, wenn wir die Macht der Werbeindustrie begrenzen, unsere Nachfolgegeneration zu passiven Konsumsklaven zu erziehen.

Teil III
Produktion in der realen Welt

6 Unternehmen und Wettbewerb

In diesem Kapitel behandeln wir Themen der mikroökonomischen Theorie des Wettbewerbs zwischen Unternehmen, da sich Einführungsvorlesungen oft nur auf das vollkommene Wettbewerbsmodell konzentrieren und viel realistischere Modelle nur am Rande erwähnt werden. Das Modell des vollkommenen Wettbewerbs geht davon aus, dass es unzählige Firmen gibt, die ein homogenes Produkt für Millionen von Konsumenten produzieren. In einem solchen Fall ist jeder ein Preisnehmer und die Konsumenten sind „König": Unternehmen produzieren, was die Konsumenten wollen, und kein Unternehmen hat die Macht, den Preis zu manipulieren. Daher ist die Nachfrage für das Produkt des einzelnen Unternehmens durch den exogen bestimmten Preis gegeben und es gibt keinen Anreiz zu versuchen, die Nachfrage durch Werbung zu beeinflussen. Folglich produzieren Unternehmen effizient, das heißt zu den minimalen Durchschnittskosten, und müssen nur genügend Einnahmen haben, um die Kosten zu decken und im Geschäft zu bleiben.

Dies ist grundsätzlich irreführend und damit schlechte Pädagogik, weil es den Schwerpunkt auf eine Marktstruktur legt, die in der heutigen Wirtschaft im Wesentlichen irrelevant ist. Heutzutage werden praktisch alle wichtigen Produkte in Märkten mit unvollkommener Konkurrenz produziert und gehandelt. Die Konzentration der Produktion bedeutet eine Konzentration von Macht, die es erlaubt, Preise und Löhne festzulegen oder zumindest massiv zu beeinflussen, die Konsumenten zu manipulieren und Einfluss auf die politischen Prozesse zu nehmen, sodass die Unternehmen weitere Marktmacht anhäufen können. Wettbewerb zwischen Oligopolisten und monopolistische Konkurrenz haben vollkommen andere Konsequenzen für die Marktergebnisse als Wettbewerb zwischen Preisnehmern. Daher konzentrieren wir uns in diesem Kapitel auf die wichtigsten Aspekte des unvollkommenen Wettbewerbs und stellen dar, wie dessen Marktergebnisse vor allem Konsumenten betreffen.

Firmen

Üblicherweise wird ein Unternehmen als ein individueller Entscheidungsträger betrachtet, analog dem Konsumenten, der ebenso beschrieben wird. Der Schuhmacher in der Nähe meines Hauses besitzt sein eigenes Geschäft und arbeitet für sich selbst. Seine Firma ist ein Lehrbuchbeispiel für eine solche Firma, aber ähnlich gute Beispiele sind rar. Sie sind im Grunde ein vernachlässigbarer Teil der Wirtschaft. Die meisten Firmen sind bürokratische, hierarchische und autoritäre Strukturen, über denen die sichtbare Hand des Managements die unsichtbare Hand des Marktes ersetzt.[1] In diesem Sinne ähneln Firmen eher anderen Arten von bürokratischen Institutionen wie zum Beispiel staatlichen Behörden.

Ein Unternehmen ist daher keine Person und trifft nicht Entscheidungen wie eine Person. Vielmehr ist es oft eine bürokratische Organisation mit einer Armee von Managern, die Hunderttausende von Arbeitern und Angestellten beschäftigt: Die Bank of America beschäftigt 288.000 Menschen und IBM weltweit sogar 436.000.[2] Die effiziente Koordination, Überwachung und Organisation von Befehlsketten innerhalb eines solchen Megakonzerns ist fast unmöglich. Damit ist eine wirkliche Aufsicht durch den tatsächlichen Besitzer der Firma unmöglich, weil es zu viele Entscheidungsebenen mit jeweils unvollkommenen Informationen zwischen Eigentümern, Managern und Mitarbeitern gibt. Sicher jedoch wird die Verschwendung von Ressourcen in großen Unternehmen durch Skaleneffekte und Senkung der Transaktionskosten kompensiert.

Solche riesigen Firmen beschäftigen zu viele Menschen, was eher zu Zielkonflikten führt, als dass es sie in die Lage versetzen würde, optimal zu handeln. Es ist nicht möglich, die Anreize der einzelnen Mitarbeiter mit denen der Firma in Einklang zu bringen, zumal die Mitarbeiter normalerweise das Beste für sich selbst und nicht für die Firma wollen. Zudem ist die notwendige Überwachung aller Mitarbeiter meist zu kostenintensiv. Wirkliche Profitmaximierung ist auch deshalb unmöglich, weil Unternehmen mit zu viel Unsicherheit bezüglich der Nachfrage nach ihren Produkten konfrontiert sind und nicht wirklich die Nachfrageelastizitäten für ihre Produkte kennen. Daher ist es den Unternehmen unmöglich, profitmaximierende Mengen zu optimalen Preisen anzubieten. Das Beste, was die Verantwortlichen in den Firmen tun können, ist, ähnlich den Konsumenten, sich mit beschränkter Rationalität zufriedenzugeben. Wie Konsumenten verwenden Unternehmen Faustregeln

---

[1] Alfred Chandler, *The Visible Hand: The Managerial Revolution in American Business* (Cambridge, MA: Belknap Press, 1977).

[2] Der größte Arbeitgeber in den USA ist keine private Firma, sondern das Verteidigungsministerium.

zur Lösung ihres Profitmaximierungsproblems, wie zum Beispiel die Markup-Regel, bei der die Kosten eines Produkts mit einem konstanten Faktor multipliziert werden, um den Verkaufspreis zu erhalten. Die Firma ist intern nicht wie ein Markt organisiert. Das ist ein scheinbarer Widerspruch zu der Theorie derjenigen, die die positiven Wirkungen von freien Märkten und Unternehmen betonen. Die beiden basieren auf sehr unterschiedlichen Prinzipien. Der freie Markt soll theoretisch im Kern demokratisch und die Macht weit gestreut sein. Die Firma ist im Gegensatz dazu autoritär, mit konzentrierter Macht und Anreiz für diejenigen auf der untersten Befehlsebene zu gehorchen, vor allem im Hinblick auf die aktuell hohe Arbeitslosigkeit.

Die Illusion des vollkommenen Wettbewerbs

Die meisten Studenten der Einführungsveranstaltung erinnern sich, dass der Wettbewerb der Mechanismus ist, der zu effizienten Märkten führt. Das ist auch die Logik, die häufig in den Medien widerhallt und sich im öffentlichen Bewusstsein eingenistet hat. Daher ist es wichtig zu verstehen, dass diese logische Kette eigentlich falsch, da unvollständig ist. Wettbewerb an sich ist keine ausreichende Bedingung, um wirtschaftliche Effizienz zu erzielen. Zu den Bedingungen für effiziente Marktergebnisse gehören unzählige Anbieter und eine unbegrenzte Anzahl von Nachfragern für ein undifferenziertes Produkt. Außerdem sind Verkäufer wie auch Käufer rational, allwissend, was das Produkt anbelangt, und Transaktionskosten sind nicht existent. In einem solchen Fall sind Hersteller und Konsumenten Preisnehmer, d.h. sie haben keine Möglichkeit, den Preis individuell zu beeinflussen. Wenn jemand von solchen Märkten weiß, lasse er es mich bitte wissen. Mir sind keine solchen Märkte bekannt, die für die Konsumenten von Bedeutung sind.

Produktdifferenzierung und Branding sind eine Form des Wettbewerbs, durch die Unternehmen versuchen, das Ergebnis eines perfekten Wettbewerbs – Profite von Null – zu vermeiden und die Vorteile einer gewissen Marktmacht zu erzielen. Solange Louis Vuitton das Monopolrecht hat, um Produkte mit seinem Namen und Design zu produzieren, wird er in der Lage sein, Profite zu erzielen, obwohl seine Handtaschen und die der Konkurrenten Gucci, Dior, Prada und Chanel selbstverständlich Substitute sind.

Die wenigen Märkte, die dem perfekten Wettbewerbsmodell am nächsten kommen, sind die für einige Rohstoffe, die in Warenbörsen gehandelt werden. Aber diese leiden unter irrationalen Spekulationsblasen. Daher ist das Modell des perfekten Wettbewerbs mit rationalen Agenten völlig irrelevant für die Konsumenten und das Standardmodell sollte das des unvollkommenen Wett-

bewerbs wie z.B. bei oligopolistischen oder monopolistischen Konkurrenz-
modellen sein.

Unvollkommener Wettbewerb besteht, wenn entweder Unternehmen oder
Konsumenten den Preis der Ware beeinflussen können. Dies geschieht, wenn
eine Firma einen großen Marktanteil hat oder durch Produktdifferenzierung.
Solche Produzenten werden Oligopolisten oder Monopolisten genannt. Der
Wettbewerb zwischen solchen Firmen führt nicht zu einer effizienten Lösung,
bei der der Preis gleich den Grenzkosten ist und die Unternehmen zu minimalen Stückkosten produzieren. Vielmehr übersteigt der Preis normalerweise
die durchschnittlichen Kosten und in der Regel werden so Profite erzielt.
Hinzu kommt, dass Oligopole und Monopole nicht im Minimum der Durchschnittskosten produzieren. Daher produzieren sie ineffizient, auch wenn sie
im Wettbewerb stehen.

Oft wird argumentiert, dass auf lange Sicht Unternehmen in den Markt
eintreten, bis die neue Konkurrenz die Profite der Oligopole auf Null reduziert. Allerdings ist diese Behauptung im Wesentlichen irreführend, weil unklar ist, wie lange dies dauert, und es potenziell den relevanten Zeitrahmen
sprengt. Darüber hinaus passiert dies nur, wenn es keine Eintrittsbarrieren
gibt und wenn die erwarteten künftigen Profite hoch genug sind, um den
Markteintritt neuer Unternehmen zu rechtfertigen. In jedem Fall dürften sich
die bereits im Markt befindlichen Firmen nicht einfach der theoretischen
langfristigen Lösung fügen, sondern werden stattdessen alles in ihrer Macht
Stehende tun, um Markteintrittsbarrieren zu errichten. Dies kann zum Beispiel durch Werbung geschehen, sodass potenzielle Wettbewerber prohibitive
Markteintrittskosten haben, um einen ausreichend großen Marktanteil zu
gewinnen. Alternativ können sie ständig ihre Produkte ändern, um das langfristige Ergebnis zu vermeiden. Außerdem sind Oligopole und Monopole
immer noch ineffizient, selbst wenn sie keinen Profit erzielen, weil der Preis,
den sie für ihre Produkte verlangen, praktisch immer die Grenzkosten übertrifft und weil sie meist mit Überkapazitäten produzieren, wie man in der
Automobilindustrie sehen kann.

Eine andere Form des unvollkommenen Wettbewerbs sind geographische
Monopole, wie zum Beispiel Supermärkte oder Tankstellen, weil sie ein Monopol für den Verkauf an einem bestimmten Ort haben. Trotzdem ist die Konkurrenz so stark, dass die meisten von ihnen nur wenig Profit machen. Dennoch ist dies eine ineffiziente Form der Marktorganisation, da sie zu einer
großen Zahl von Tankstellen führt und keine von ihnen optimal ausgelastet
ist. Dies führt zu einer Fehlallokation von Land, Arbeit und Kapital, die zu
anderen Zwecken genutzt werden könnten. Eine solche räumliche Überver-
sorgung von Angeboten dominiert große Teile des Einzelhandelssektors:
Apotheken, Restaurants, Supermärkte, Kaufhäuser und ähnliche Einzelhänd-

ler stehen in starkem Wettbewerb und erzielen nur wenig Profit, sind also unwirtschaftlich. Die wirklichen Monopol-Profite werden von den Pharmaunternehmen, die die Apotheken beliefern, von den Ölgesellschaften, die die Tankstellen beliefern, und natürlich auch von Goldman Sachs erzielt. Darüber hinaus erhält die Ölindustrie hohe Subventionen von der Regierung, während die Banken Darlehen der Federal Reserve zu beinahe 0% Zinsen bekommen.[3] Es ist schwer, auf diese Art und Weise keinen Profit zu machen.

Die Schaffung und Förderung von Marken ist eine weitere Möglichkeit, vollkommene Konkurrenz zu vermeiden. Obwohl Apples iPod mit ähnlichen Geräten anderer Anbieter konkurriert, erwirtschaftet Apple damit immer noch hohe Profite, da gewisse Eigenschaften des iPods urheberrechtlich geschützt sind und nicht dupliziert werden dürfen. Daher gibt es für den iPod keine Angebotskurve. Apple liefert so viele iPods, wie Apple es bei gegebenen Nachfragebedingungen für angemessen hält. Der Preis des iPods variiert nicht wesentlich. Statt mit dem Preis konkurriert Apple mit Funktionen. Um der Konkurrenz vorauszubleiben, bringt Apple jährlich eine neue Produktgeneration auf den Markt. Seit seiner Einführung im Jahr 2001 kostet der iPod ungefähr 300 bis 400 Dollar.[4] Also hat der Wettbewerb auch langfristig nicht die Wirkung, die die einfache Markttheorie vorhersagt, weil die reale Welt dynamisch und die Welt der Theorie statisch ist. Firmen erstarren nicht im Angesicht von Konkurrenz, sondern entwerfen Strategien, um sich den Folgen des Wettbewerbs zu entziehen.

Anders als Unternehmen, die im vollkommenen Wettbewerb stehen, sind fast alle Oligopole und Monopole in der Lage, auch in der Wettbewerbssituation Profit zu erzielen, denn der Wettbewerbsdruck ist zu gering, um die Profite zu beseitigen. Diese Profite sind alles andere als temporär: Im Jahr 2010 machten die folgenden Aktiengesellschaften Profite in Milliardenhöhe (in Auswahl): Exxon: 19 Milliarden Dollar, Microsoft: 15 Milliarden Dollar, Wal-Mart: 14 Milliarden Dollar, Goldman Sachs: 13 Milliarden Dollar, JP Morgan Chase: 12 Milliarden Dollar, Wells Fargo: 12 Milliarden Dollar, Chevron: 10 Milliarden Dollar, Bank of America: 6 Milliarden Dollar, Apple: 6-7 Milliarden Dollar, Coca Cola und Conoco: 5 Milliarden Dollar.[5] Diese Profite wurden durch

---

[3] David Kocieniewski, „As Oil Industry Fights a Tax, It Reaps Subsidies", *The New York Times*, 3. Juli 2010.

[4] Der 2007 als Nachfolger für den iPod eingeführte iPod touch kostete zwischen 300 und 500 Dollar.

[5] „Fortune 500, 2010", CNN Money.

die Konkurrenz nicht vernichtet und das wird sich höchst wahrscheinlich auch in absehbarer Zeit nicht ändern.[6]

In den USA machten im Jahr 2010 alle Unternehmen zusammen 1.660.000.000.000 Dollar Profit, wobei 28% des Profits in der Finanzbranche erzielt wurden.[7] So ist diese in der Lage, sich einen großen Anteil der Gesamtprofite der Wirtschaft einzuverleiben. Die langfristige Zukunft scheint für diese Firmen nie zur Gegenwart zu werden. Daher sollte das Standardmodell der Industrieökonomie eines sein, in dem nicht alle Profite „wegkonkurriert" werden.

Außerdem machen die Staatsausgaben auf allen Ebenen für Konsum und Investitionen in den USA etwa 20% des BSP aus und vieles von dem, was die Regierung kauft (wie z.b. militärische Ausrüstung), wird in nicht vollkommenen Märkten gehandelt. 2007 beschäftigte der Staat auf allen Ebenen 22 Millionen Menschen (ohne Militär), rund 15% der Erwerbsbevölkerung.[8]

Wettbewerb ist angeblich der Mechanismus, durch den die produktiveren Unternehmen, die ein besseres Produkt produzieren, überleben – aber „besser" in welchem Sinne? Wenn der Wettbewerb zu intensiv wird, kann es gut sein, dass der Skrupelloseste und Unmoralischste überlebt. Wettbewerb kann unter solchen Umständen brutal werden, und es gibt keine Garantie dafür, dass das Ergebnis sozial erwünscht ist.[9] Zwar haben viele ineffiziente Unternehmen, die zu viele Risiken eingingen, wie IndyMac, Countrywide, Washington Mutual und Lehman Brothers, nicht überlebt, aber viele andere ähnlich strukturierte Unternehmen haben es – dank der Rettungspakete der Regierung. Darüber hinaus überlebten ihre Manager samt ihren Vermögen den Finanzkollaps.

Der Kollaps des Finanzsystems ist ein Beispiel dafür, wie sehr Einzel- und gesellschaftliche Interessen auseinanderklaffen können. Wettbewerb kann dieses Ungleichgewicht nicht beseitigen. Im Gegenteil, oft verstärkt oder ver-

---

[6] „Unsere Händler und Meister beklagen gerne die negativen Auswirkungen hoher Gehälter, die zu Preiserhöhungen und geringeren Verkaufsvolumen führen. Sie sagen nichts zu den negativen Auswirkungen hoher Profite. Sie schweigen zu den schädlichen Folgen ihrer eigenen Vorteile. Sie beschweren sich nur über die der Vorteile anderer." Adam Smith, Book I, Chapter VIII, Section 24 in *An Inquiry into the Nature and Causes of the Wealth of Nations*, Hrsg. Edwin Cannan (London: Methuen, 1904).

[7] U.S. Department of Commerce, Bureau of Economic Analysis, „Gross Domestic Product: Third Quarter 2010 (Second Estimate). Corporate Profits: Third Quarter 2010 (Preliminary)", News Release, 23. November 2010.

[8] Siehe 2007 Census of Governments, „Summary of Public Employment and Payrolls by Type of Government: March 2007", URL: www2.census.gov/govs/apes/emp_compendium.pdf.

[9] Robert Frank, *The Darwin Economy: Liberty, Competition, and the Common Good* (Princeton, NJ: Princeton University Press, 2011).

ursacht er dieses Ungleichgewicht. Das Interesse von Angelo Mozilo, CEO von Countrywide Financial, einem Pionier und Giganten des Subprime-Hypothekenmarktes, war es, so viel Geld wie möglich von seiner Firma zu extrahieren – ohne Berücksichtigung der Millionen Menschen, die als Folge seiner Handlungen ihre Arbeit verlieren würden. Dies bedeutet, dass Adam Smiths „unsichtbare Hand" nicht im Falle von systemischen Wirkungen gilt, die praktisch allgegenwärtig sind.

Weit davon entfernt, alle Beteiligten profitieren zu lassen, ist der Wettbewerb ein zweischneidiges Schwert und artet allzu oft nur in eine Abwärtsspirale moralischer Werte aus. CEOs verabscheuen die Profitmargen, die sie erzielen können, wenn die Märkte sich im vollkommenen Wettbewerb befinden, besonders, da die Finanzmärkte Druck auf sie ausüben, Profitmargen zu erreichen, die alle Erwartungen übertreffen. So wird das Management alles in seiner Macht Stehende tun, um vollkommene Wettbewerbsergebnisse zu verhindern: durch Informationsverschleierung, Innovation, Produktdifferenzierung, Werbekampagnen oder all zu oft auch durch unethisches oder sogar illegales Verhalten. Dies schädigt häufig die Gesellschaft und zwingt die Konkurrenz, sich ebenso unethisch zu verhalten, um zu überleben. Der bekannte und eher konservative Kolumnist der New York Times, David Brooks, kommt zu folgender scharfsinniger Schlussfolgerung:

> „Die Kultur der Korruption, die sich heutzutage in der Welt der Finanzen und anderen Berufen eingeschlichen hat, ist kein natürlicher Bestandteil einer Leistungsgesellschaft, sondern einer der spezifischen Kultur unserer Leistungsgesellschaft ... Der heutigen Elite fehlt ... [ein] selbstbewusstes Führungsethos ... Die besten der WASP-Eliten hatten eine verantwortungsbewusste Mentalität und sahen sich als temporäre Betreuer von Institutionen, die Generationen überspannen würde. Sie ächteten Menschen, die nicht ihre Regeln des vornehmen und weltmännischen Verhaltens und der Gewissenhaftigkeit befolgten ... [trotz all ihrer Mängel] glaubten sie an Zurückhaltung und Service ... Die Sprache der Leistungsgesellschaft ... hat die Sprache der Moral in den Schatten gestellt ... Wenn Sie die E-Mails aus dem Libor-Skandal lesen, empfinden sie das Gleiche wie bei der Lektüre der E-Mails so vieler Skandale: Diese Leute sind Rotznasen; sie haben keinen Sinn dafür, dass sie Wächter einer Institution sind, von der die Welt abhängt; sie haben kein Bewusstsein für ihre größere soziale Verantwortung."[10]

Solche moralischen Ungleichgewichte existierten zu Adam Smiths Zeit nicht auf einer vergleichbaren Skala in vergleichbarem Maße.

Wir sollten beachten, dass vollkommene Märkte Angebotskurven haben. Oligopole und Monopole haben dies nicht, da sie Marktmacht haben und die

---

[10] David Brooks, „Why Our Elites Stink", The New York Times, 12. Juli 2012.

Kombination aus Preis und Menge wählen, die zufriedenstellende Profite ergibt. Sie sind im Verhältnis zum Markt groß und haben ein einzigartiges Produkt zu verkaufen und sind daher nicht Preisnehmer (Abb. 6.1).[11] Zum Beispiel ist das Windows-Betriebssystem ein Monopol in einer oligopolistischen Marktstruktur und befindet sich vor allem im Wettbewerb mit Apple. So hat Microsoft Marktmacht und ist nicht bereit, seine Produkte für den sozial optimalen Preis zu vertreiben. Es bietet seine Software zu einem Preis an, der es Windows ermöglichte, im Jahr 2010 15 Milliarden Dollar Profit zu machen.

Abb. 6.1: Profit eines Monopolisten ohne Fixkosten

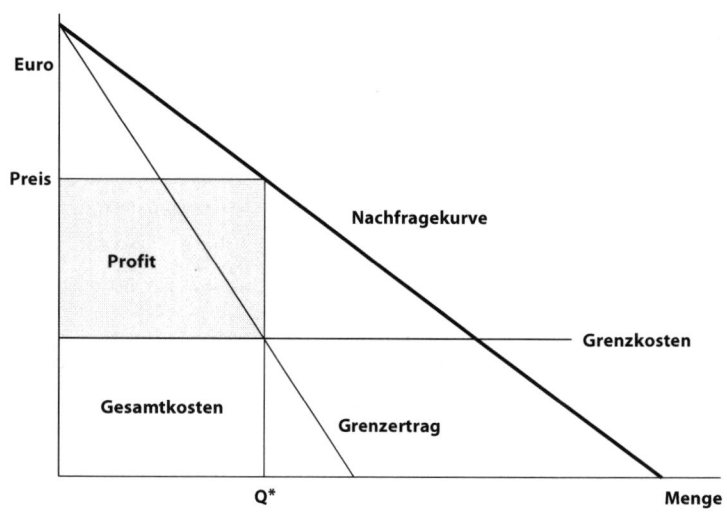

Transformationskurve

Die Transformations- oder Produktionsmöglichkeitenkurve beschreibt die maximale Menge von Waren, die effizient in einer Wirtschaft in einem definierten Zeitrahmen mit gegebenen Ressourcen, Know-how, Technologie, Arbeit und Kapital produziert werden kann. Allerdings ist der Begriff schwammig, da die maximale Produktionsmenge von vielen Faktoren abhängt, die flexibel und innerhalb der wirtschaftlichen Rahmenbedingungen nicht klar definiert

[11] Edward Chamberlin, *The Theory of Monopolistic Competition: A Re-Orientation of the Theory of Value* (Cambridge, MA: Harvard University Press, 1933). Joan Robinson, *The Economics of Imperfect Competition* (London: Macmillan, 1933).

sind. Dies schließt die kulturellen Faktoren mit ein. Zum Beispiel bewirkte im Zweiten Weltkrieg die Mobilisierung von Frauen für den Arbeitsmarkt einen plötzlichen Anstieg der Warenmenge, die die Wirtschaft produzieren konnte. Auch die kulturelle Veränderung, die mehr Frauen veranlasste, ab den 1970er Jahren in den Arbeitsmarkt zu treten, ließ die Transformationskurve wesentlich ansteigen, da zu Hause produzierte Waren und Dienstleistungen nicht in der Transformationskurve berücksichtigt werden. Die Transformationskurve hängt auch von den geltenden Gesetzen und moralischen Regeln ab. Das Verbot der Kinderarbeit, zum Beispiel, verschiebt die Transformationskurve kurzfristig nach innen, obwohl es sie langfristig nach außen verschiebt, wenn die Kinder eine Ausbildung erhalten, anstatt zu arbeiten. Wenn die Unternehmen illegale Einwanderer einstellen oder gesundheitlich gefährliche Arbeitsbedingungen der Wirtschaft erlauben, außerhalb der gesetzlichen (oder moralisch erzwungenen) Transformationskurve zu produzieren, so ist die Transformationskurve keineswegs in Stein gemeißelt.

Die Wirtschaft produziert angeblich effizient, wenn sie auf ihrer Transformationskurve produziert. Allerdings ist das, außer in Kriegszeiten, nie der Fall, da es in einer modernen Wirtschaft immer ungenutzte Ressourcen gibt. Bei chronischer Arbeitslosigkeit und ungenutztem Kapital verliert das Konzept der Transformationskurve seine Bedeutung. Im Juni 2011 betrug die Arbeitslosigkeit und Unterbeschäftigung des Faktors Arbeit in den USA rund 18% der Erwerbsbevölkerung, während die Kapazitätsauslastung der Fabriken bei rund 77% lag.[12] Das bedeutet, dass 23% des Produktionskapitals der Privatwirtschaft im Wesentlichen ungenutzt waren. Das impliziert, dass wir sehr weit davon entfernt sind, auf der Transformationskurve zu produzieren (wie im Punkt P(1) in Abb. 6.2). Auch können Institutionen und kulturelle Faktoren die Wirtschaft daran hindern, auf der Transformationskurve zu produzieren. Zum Beispiel können Gesetze Unternehmen ineffiziente Strukturen aufzwingen, die dazu führen, dass ein Segment der Transformationskurve unerreichbar ist wie bei P(2). Bei P(1) ist der institutionelle Zwang nicht bindend: Die Einschränkung wirkt sich nicht auf die Produktion aus. Doch im Punkt P(2) ist der institutionelle Zwang bindend und das effiziente Produktionsniveau ist unerreichbar.

---

[12] Textilfabriken waren zu 58% ausgelastet. Board of Governors of the Federal Reserve System, Federal Reserve Statistical Release, G.17 (419) Supplemental Tables, 15. August 2012.

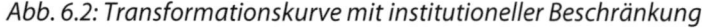

Abb. 6.2: Transformationskurve mit institutioneller Beschränkung

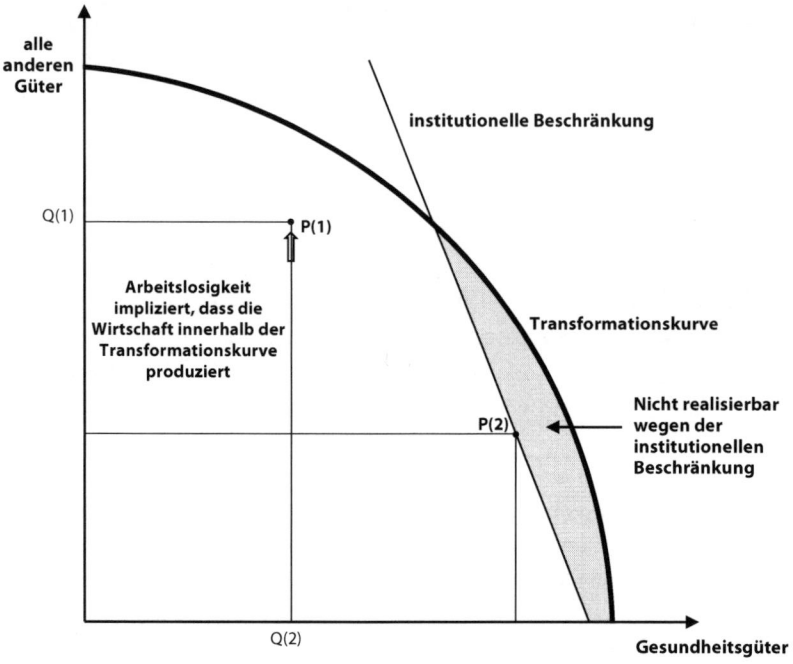

Preise

Dass Preise von den Märkten durch den Schnittpunkt der Angebots- und Nachfragekurve bestimmt werden, ist nach herkömmlichem ökonomischem Denken heilig. Doch ist die Preisfindung in der Realität komplizierter. Wie bereits oben erwähnt, haben Oligopole und Monopole keine Angebotskurven, sodass sich die Nachfragekurven nicht mit ihnen schneiden können. Auch haben die meisten Unternehmen nur eine vage Vorstellung von der Preiselastizität der Nachfrage, sodass sie bei der Preisfindung satisfizieren. Darüber hinaus gibt es keine Auktionatoren, die bei der Bestimmung der Preise helfen, sodass, um ihre Profite zu steigern, Unternehmen viel Mühe darauf verwenden, das Preis-Mengen-Qualitäts-Leistungs-Verhältnis zu verschlüsseln, um so die Aufmerksamkeit der Konsumenten auf die attraktiven Aspekte des Angebots zu konzentrieren. Sie nutzen mehrere Strategien um Wettbewerbsverzerrungen zu ihren Gunsten zu schaffen, zum Beispiel durch die Erhöhung von Transaktionskosten durch das Erschweren der Beschaffung von Informationen über die Produkteigenschaften oder von Preisvergleichen. Dies ist eine

Methode, um die an dem Produkt ernsthaft Interessierten von den weniger Interessierten zu trennen, und sobald die Interessierten eine gewisse Zeit darauf verwendet haben, Preis und Produktinformationen zu erhalten, gehen sie weniger wahrscheinlich zu einem Konkurrenten, wo sie die ganze Prozedur wiederholen müssten. Darüber hinaus macht es eine solche Strategie für die Mitbewerber schwieriger, genaue Produkt- und Preisinformationen zu erhalten, wodurch die negativen Auswirkungen des Preiswettbewerbs in gewissem Maße vermieden werden können. Daher ist es im Interesse des Unternehmens, die Preise zu verschleiern; sie verwenden Ankerheuristik und Framing, um zu vermitteln, wie viel man beim Kauf spart, anstatt den wirklichen Preis zu kommunizieren; sie bieten zeitlich begrenzte Rabatte, sodass die Konsumenten das Gefühl haben, nur begrenzt Zeit zu haben, um über den Kauf nachzudenken; sie bieten zwei für den Preis von einem an, solange der Vorrat reicht; Schlussverkäufe; Null-%-Finanzierung für die ersten sechs Monate; sie verschleiern die Vertragsdauer (d.h. bis auf Widerruf). Eine weitere Strategie ist es, unangenehme Informationen im Kleingedruckten zu verstecken: mit niedrigen Zinsen zu beginnen, aber viele Strafen zu verhängen, wenn bestimmte Bedingungen nicht erfüllt sind. Die Liste der Tricks, Fallen und Täuschungen ist praktisch unbegrenzt. Aber die Haupterkenntnis ist, dass die Unternehmen ihr Möglichstes tun, um die Konsumenten zu verwirren und Produkt- und Preisvergleiche so anstrengend wie möglich zu gestalten. Deshalb hat die Lebensmittelbranche im Jahre 2007 sicher nichts gegen die Abschaffung der normierten Verpackungsgrößen für Lebensmittel in der EU einzuwenden gehabt.

Es gibt praktisch keine Preissignale für Konsumprodukte, die in Märkten mit vollkommener Konkurrenz gehandelt werden. Daher ist die Anwendung eines solchen Modells in der realen Welt geradezu archaisch. Die meisten Märkte sind durch monopolistische Konkurrenz charakterisiert, wie zum Beispiel die Modebranche, Restaurants, Teile der Lebensmittelbranche, der Wohnungsmarkt usw. Oligopole findet man in der Automobil- und Benzinbranche, in den meisten Märkten für elektronische Produkte und der Unterhaltungsindustrie; Monopole vor allem in Märkten für Pharmazeutika. Des Weiteren gibt es natürlich auch Kartelle, legale wie die OPEC, die immer noch einen überragenden Einfluss auf die Ölpreise hat, und illegale, wie man in schöner Regelmäßigkeit in den Nachrichten sieht, wenn mal wieder eines zerschlagen wird. Die obige Liste zeigt, dass der größte Teil unserer Konsumausgaben nicht in vollkommenen Märkten getätigt wird. Daher führt die Kausalitätskette nicht vom Angebot zum Preis, sondern vom Preis zum Angebot.

Die nachgefragte Menge wird nicht nur durch den aktuellen Preis, sondern auch durch die historischen Preise bestimmt. Höhere Preise heute führen nicht immer zu einem Rückgang in der nachgefragten Menge, da die

Nachfrage auch von Preiserwartungen abhängt. Angenommen, der Preis eines Gutes steigt seit einer Weile. Dann könnte man die aktuelle Preiserhöhung als Signal dafür verstehen, dass die Preise immer weiter steigen werden, und noch mehr kaufen, um höhere Preise in der Zukunft zu vermeiden. Oder nehmen wir an, dass die Preise fallen. Dann könnte man diese Entwicklung als Hinweis darauf interpretieren, dass die Qualität des Gutes gesunken ist, und kauft weniger. Daher hängt das Verhältnis zwischen dem Preis eines Gutes und der nachgefragten Menge auch von der Erwartungshaltung ab.

Zuzulassen, dass Preise einen Rationierungseffekt haben, hat auch einen moralischen Aspekt, wenn das Gut Grundbedürfnisse befriedigt. Es ist unmenschlich, Hungersnöte inmitten des Überflusses zu sehen. Im August 2011 litten in Somalia zwei Millionen Kinder unter einer Hungersnot,[13] während gleichzeitig das Supermodel Linda Evangelista von dem französischen Milliardär Francois Henri-Pinault einen monatlichen Unterhalt von 46.000 Dollar für ihren gemeinsamen vier Jahre alten Sohn verlangte.[14] Während von Louis Vuitton Schuhe für 1500 Dollar pro Paar[15] und einige Handtaschen für ungefähr 3.000 Dollar verkauft wurden, töteten gleichzeitig andere ihre Kinder aus finanzieller Verzweiflung.[16] Jeden Tag hört man von solchen ekelerregenden kolossalen Diskrepanzen. Der gesunde Menschenverstand sagt einem, dass die Alles-oder-Nichts-Mentalität in der Gesellschaft es nicht schafft, solchen Exzessen vorzubeugen, damit solche großen Unterschiede nicht entstehen können. Die Rationierung der Grundbedürfnisse durch Preise ist gefühllos und grausam gegenüber den Armen, Obdachlosen, Verzweifelten und anderweitig Benachteiligten.

Gleichgewicht und Ungleichgewicht

Die herkömmliche Ansicht in Lehrbüchern ist die Annahme, dass das Gesetz von Angebot und Nachfrage bedeutet, dass in allen Märkten zu allen Zeiten ein Gleichgewicht (Angebot entspricht der Nachfrage) existiert. Doch es bleibt unklar, welcher Mechanismus es den Märkten ermöglicht, ein solches Gleichgewicht zu erreichen, und es wird nie dargestellt, wie lange es dauert, um das

[13] „Horn of Africa", UNICEF. URL: www.unicefusa.org/work/emergencies/horn-of-africa/.
[14] Robert Frank, „How Does a Four-Year-Old Spend $46,000 a Month?", *The Wall Street Journal*, 3. August 2011.
[15] Die Handtasche wird Saumur genannt. Stephanie Clifford, „Even Marked Up, Luxury Goods Fly Off Shelves", *The New York Times*, 3. August 2011.
[16] Unfähig, sich um sie zu kümmern, tötete eine arbeitslose und finanziell verzweifelte Mutter ihre zwei Kinder; Robbie Brown, „Mother in South Carolina Killed 2 Children, Police Say", *The New York Times*, 17. August 2010.

Gleichgewicht zu erreichen. Der Preis hängt von zwei entscheidenden Variablen ab, die oft in der herkömmlichen Darstellung des Marktmodells fehlen: Ort und Zeit. Diese Unterlassung ist eine der vielen Achillesfersen des Standardmodells. Wir haben nicht immer die Geduld zu warten, bis der Markt ein Gleichgewicht findet. Wie Keynes einst sagte, „auf lange Sicht sind wir alle tot". Deshalb finden selbst in nahezu vollkommenen Märkten die meisten Transaktionen zu Nicht-Gleichgewichtspreisen statt, da kaum jemand Zeit oder Lust hat, auf den neuen Gleichgewichtspreis zu warten.

Mit Informations- und Transaktionskosten ist es nicht einfach, Käufer und Verkäufer zu paaren, und dezentrale Märkte verfügen über keinen einfachen Mechanismus, um dies zu erreichen. Daher wird in den Standardmodellen oft ein hypothetischer Auktionator eingeführt, um das Gleichgewicht zu finden. Er nennt Preise, bis Angebot und Nachfrage sich entsprechen. Aber eine solche fiktive Figur ist nicht überzeugend, da der Auktionator entweder ein wohlwollender Diktator – was nicht mit der Auffassung in Einklang zu bringen wäre, dass die Wirtschaft aus egoistischen Individuen besteht – oder eine selbstsüchtige diktatorische Autoritätsperson sein müsste, die einen solchen Service nicht kostenlos anbieten würde und kompensiert werden müsste. Diese Kompensation würde einen ineffizienten Keil zwischen den von Konsumenten gezahlten Preis und den von Produzenten erhaltenen Preis treiben. Der Auktionator müsste außerhalb des Systems stehen. Das bleibt ein echtes Rätsel für die gängige Theorie, besonders, da der Auktionator unbeschränkte Macht haben muss, um den Handel unterdrücken zu können, bis der Gleichgewichtspreis gefunden wird.[17]

In Wirklichkeit ist die Preisfindung ein viel komplexerer Prozess, als den Studenten weisgemacht wird. Die Annahme eines solchen theoretischen Auktionators bedeutet nur, dass die koordinierende Fähigkeit des Preismechanismus ohne eine Autorität nur von begrenztem Wert ist. Zugegebenermaßen könnte das Internet auch die Preisfindung erleichtern, aber die Unternehmen lernen bereits, wie man zusätzliche Profite durch Preisdiskriminierung auch im Web erzielen kann. So zeigt die Staples Inc., ein Büromaterialhändler, je nach geographischer Lage des potenziellen Käufers verschiedene Preise auf ihrer Webseite an.[18] Ich persönlich hatte eine ähnliche Erfahrung beim Kauf eines Tickets von USAirways. Zu meinem Erstaunen hing der Preis davon ab, von welchem Portal aus ich auf die Webseite des Unternehmens gelangte.

---

[17] F.H. Hahn, „Auctioneer", in *The New Palgrave Dictionary of Economics*, 2. Auflage, Hrsg. Steven N. Durlauf und Lawrence E. Blume (Basingstoke, UK: Palgrave Macmillan, 2008).
[18] Basierend auf der IP-Adresse des Computers betrugen die Unterschiede ungefähr 10%. „A Tale of Two Prices", *The Wall Street Journal*, 24. Dezember 2012.

Käufer und Verkäufer zusammenzubringen kann sogar fatale Folgen haben: In 2008 wurde, am Tag nach Thanksgiving, dem traditionellen Beginn der Weihnachtssaison in den USA, an dem einige Produkte als „Lockangebote" unter dem Einkaufspreis verkauft werden, eine Person vor einem Walmart Shopping Center von der wartenden Kundenmenge zu Tode getrampelt, als die Türen geöffnet wurden.[19] Und wie hätten GM und Chrysler Konkurs gehen können, wenn es so einfach wäre, Angebot und Nachfrage einander anzupassen? Tatsache ist, dass eine solche Anpassung keineswegs trivial ist, weil die Produzenten und Konsumenten nicht zur gleichen Zeit an der gleichen Stelle sind, Mittelsmänner sind an fast allen Markttransaktionen beteiligt, und es gibt eine erhebliche Zeitverzögerung zwischen dem Beginn der Produktion und dem endgültigen Kauf eines Gutes. Daher haben Hersteller ein gewaltiges Informationsproblem und müssen unvorhersehbare Marktentwicklungen im Voraus erahnen. Folglich gibt es eine konstante Unbeständigkeit der Nachfrage und des Lagerzyklus, die zu Turbulenzen auf dem Arbeitsmarkt führt, was in der Regel die Lebensqualität der Bevölkerung erheblich beeinträchtigt.

Ökonomen haben meist ein statisches Gleichgewicht vor Augen, bei dem die Kräfte des Angebots durch die der Nachfrage ausgeglichen werden. Es gibt jedoch andere Modelle, die besser geeignet sind. Betrachten wir den Ozean. Ist er im Gleichgewicht? Nun, er fliegt sicherlich nicht weg, aber er ist nicht statisch. Obwohl er im momentanen Gleichgewicht ist, ist er unablässig in Bewegung. Ich denke, dies ist ein zutreffenderes Bild für die Art von Gleichgewicht, die man in den meisten Märkten findet.

Eine geologische Analogie ist ein weiterer nützlicher Weg, sich das Gleichgewicht der Märkte und ihrer plötzlichen chaotischen Bewegung von einem Gleichgewicht zu einem anderen vorzustellen: Tektonische Kräfte sind meist entlang der Bruchlinien im Gleichgewicht, während sie Energie aufstauen und so lange Spannungen aufbauen, bis die potenzielle Energie den Widerstand der Felsen überwältigt und es ein Erdbeben gibt. Die geologische Reibung und gelegentliche Erdbeben finden ihre Analogie in den katastrophalen Veränderungen, die in den Märkten auftreten: Beispielsweise gaben die Rating-Agenturen Lehman Brothers und der AIG bis kurz vor deren Insolvenz AA-Ratings. So kann man die potenzielle Energie von Erdbeben mit der Insolvenz von Lehman Brothers vergleichen und ein Vorbeben ist vergleichbar mit der Insolvenz von Bear Stearns. Der katastrophale Zusammenbruch eines

---

[19] „Store Worker Trampled, Dies", YouTube video, 1:56, gepostet von „CBS", 28. November 2008. Walmart ist gegen die lächerliche Strafe von 7.000 Dollar in Berufung gegangen. Megan Woolhouse, „Walmart Still Battling Fine in '08 Trampling", *The Boston Globe*, 22. November 2012.

Marktes ist einfacher mit einer geologischen Analogie als mit dem üblichen Modell von Angebot und Nachfrage visualisierbar.

Katastrophentheorie wurde in der Mathematik dynamischer Systeme seit den 1960er Jahren entwickelt, hat aber als Werkzeug der Analyse nicht seinen Weg in die Mainstream-Ökonomie gefunden. Ein solches System könnte sich scheinbar für einen längeren Zeitraum im Gleichgewicht befinden und dann plötzlich und ohne ersichtlichen Grund implodieren. Das scheinbare Gleichgewicht war deshalb nur eine Täuschung. Es war zeitlich begrenzt und ein Hinweis für eine Transformation zu chaotischem Verhalten. Es gibt einfach verschiedene Arten von Gleichgewichten, und die statische Konzeption des Gleichgewichts im üblichen Rahmen von Angebot und Nachfrage erscheint meist als eine weltfremde Abstraktion.

Es gibt eine Vielzahl von Gründen, warum Marktgleichgewichte nicht einfach, spontan und sofort entstehen: Reibung, Widerstände, Unsicherheiten, Suchkosten, Transaktionskosten, räumliche Trennung von Käufer und Verkäufer und unvollkommene Informationen tragen zu den Schwierigkeiten bei, die Käufer und Verkäufer beim normalen Austausch von Waren haben. Während eine Art Gleichgewicht bei einer Auktion zwar denkbar ist, ist diese Situation wie auch das konventionell konzipierte Gleichgewicht jedoch extrem selten. In der realen Welt ist ein Gleichgewicht schwer zu fassen. Stattdessen schwanken die Preise wie Wellen auf einem Ozean, ähnlich den Aktienpreisen an der Börse. Sie können auch stabil und solide wie entlang einer geologischen Bruchlinie erscheinen und sich nur gelegentlich dramatisch verändern. Zum Beispiel erreichten Immobilienpreise einen Höhepunkt im 2. Quartal 2006 und brachen dann jäh und unerwartet mit einer durchschnittlichen Rate von etwa 2,4% pro Quartal zusammen – eine Reduzierung um insgesamt 30% bis 2010.[20] Somit dauert es eine längere Zeit, ein neues Gleichgewicht zu erreichen, und die Wirtschaftstheorie ist nicht in der Lage, die Dauer der Anpassung vorherzusagen.

Daher ist die Wirtschaft ein sich entwickelndes System und während sich die Preise ändern, ändern sich auch Angebot und Nachfrage. Es kann gut sein, dass ein herkömmliches Gleichgewicht nie erreicht wird, da sich die Marktbedingungen kontinuierlich weiterentwickeln. Das ist die Botschaft der komplexen Wirtschaft.[21] Anstatt zu konvergieren, sind komplexe Systeme ständig in Bewegung und kleine Änderungen in den Anfangsbedingungen können solche Systeme auf radikal andere Bahnen lenken.[22] Denken Sie an

---

[20] „S&P/Case-Shiller Home Price Indices", MacroMarkets.

[21] Wikipedia Autoren, „Complexity Economics", *Wikipedia: The Free Encyclopedia*.

[22] W. Brian Arthur, Steven N. Durlauf und D.A. Lane, Hrsg., *The Economy as an Evolving Complex System II* (Reading, MA: Addison-Wesley, 1997).

die Ausfahrt einer Autobahn: Ein paar Zentimeter Unterschied in der Stellung des Lenkrads können Sie 20 Kilometer in die falsche Richtung fahren
lassen. Das ist das Gesetz der großen Auswirkungen von kleinen Anfangs-
unterschieden. Nach W. Brian Arthur sollte eine realistische Ökonomie mit
der Annahme beginnen, „dass die Akteure in der Wirtschaft nicht unbedingt
vor klar definierten Problemen stehen oder übertriebene Formen der Rationalität in ihren Entscheidungen verwenden. Und sie reagieren auf die Ergebnisse, die sie zusammen schaffen. So gesehen ist die Wirtschaft nicht statisch,
sondern immer in Entstehung, entwickelt sich ständig weiter …".[23] Das Gesamt-
verhalten der Wirtschaft als komplexes System ist nicht das eines repräsentativen Agenten, sondern beinhaltet komplizierte Interaktionseffekte zwischen
den Individuen.[24]

Es scheint daher, dass es in den meisten modernen Märkten ein allgegenwärtiges Missverhältnis gibt: Verkäufer wollen fast immer mehr verkaufen,
als Käufer zu kaufen bereit sind. Also gibt es in der Regel Überkapazitäten und
Arbeitslosigkeit, und genau dieses fortwährende Ungleichgewicht sollte das
Standardmodell in der Volkswirtschaftslehre sein.[25] Es gibt ein Überangebot
auf dem Wohnungsmarkt (nicht so sehr in Deutschland, aber sicher in Spanien und großen Teilen der USA) als auch auf dem Arbeitsmarkt und unsere
Einkaufszentren sind voll von unverkauften Waren. Es gibt zu viele Reibungs-
komponenten, als dass Markträumung einfach erreicht werden könnte: Der
US-amerikanische Arbeitsmarkt war zuletzt im Zweiten Weltkrieg im Gleichgewicht.

Darüber hinaus gibt es nicht nur einen einzigen Preis, auch nicht für homogene Güter in der gleichen Gegend oder von der gleichen Firma. Firmen versuchen geschickt zu sein und vermeiden mit aller Macht einen einheitlichen
Preis, da Preisdiskriminierung und Marktsegmentierung den Profit erhöhen.
Zum Beispiel werden Lebensmittel selbst innerhalb eines einzigen Super-
marktes oft nicht für den gleichen Preis verkauft. Mit Kundenkarten bezahlt
man vor allem in Supermärkten einen niedrigeren Preis für viele Artikel.
Selbst die gleiche Supermarktkette hat in Läden, die ein paar Kilometer voneinander entfernt sind, unterschiedliche Preise für Milch der gleichen Marke
und gleichen Qualität. Der Markt ist, mit anderen Worten, selbst für homo-

---

[23] W. Brian Arthur, Santa Fe Institute, „Interests". URL: http://tuvalu.santafe.edu/~wbarthur/.

[24] Alan Kirman, „Economy as a Complex System", in *The New Palgrave Dictionary of Economics*, 2. Auflage, Hrsg. Steven N. Durlauf und Lawrence E. Blume (Basingstoke, UK: Palgrave Macmillan, 2008).

[25] The Wall Street Journal beobachtet: „von Kaschmir bis Jeans, von Silberschmuck bis Aluminiumdosen, die Welt ist voller Überangebote". James Crotty, „Why There Is Chronic Excess Capacity – The Market Failures Issue", *Challenge* 6 (2002): S. 21-44.

gene Produkte stark segmentiert. Suchkosten bewirken, dass das Gesetz des einheitlichen Preises nicht einmal im gleichen Markt gelten muss.[26]

Wir haben Schwierigkeiten, uns auch nur eine Handvoll Preise zu merken, geschweige denn die Tausende von Preisen in einem typischen Supermarkt. Wenn es mühsam ist, die Qualität des Produktes festzustellen, oder wenn es komplex ist wie zum Beispiel bei Hypotheken, Wertpapieren oder Kreditkartenverträgen, ist es für die Konsumenten viel schwieriger, eine zufriedenstellende Lösung für ihr Nutzenmaximierungsproblem zu finden.

Adverse Selektion

Wenn Käufer die Qualität von Produkten nicht einfach unterscheiden können, kann es mehrere Marktgleichgewichte geben oder Märkte können implodieren. Manche Menschen tendieren dazu, Produkte mit geringerer Qualität zu kaufen, während andere hingegen den Preis als Signal für Qualität sehen. Solche Probleme ergeben sich in vielen Märkten mit asymmetrischer Information über die Produktqualität, wie zum Beispiel bei Kreditmärkten, Gebrauchtwagenmärkten und Versicherungsmärkten.[27] Die Versicherungsgesellschaft weiß wenig über die Gesundheit oder die Fahrtüchtigkeit des potenziellen Versicherungsnehmers, der normalerweise über bessere Informationen über sich selbst verfügt. Auf dem Arbeitsmarkt weiß der Arbeitgeber in der Regel nicht so viel über die Produktivität des Arbeiters wie der Arbeiter selbst.

Märkte mit adverser Selektion sind in der Regel ineffizient. Wenn die Versicherer einen Preis für eine Krankenversicherung auf der Grundlage der durchschnittlichen erwarteten Gesundheitskosten der Bevölkerung anbieten, dann werden die weniger gesunden Menschen die Versicherung eher abschließen als die gesünderen. Als Folge werden die durchschnittlichen Gesundheitskosten der Versicherten höher sein als der Durchschnitt bei der Gesamtbevölkerung, was bedeutet, dass das Versicherungsunternehmen höhere Kosten als erwartet hat und so niedrigere Profite oder sogar Verluste erzielt. Dies führt normalerweise zu einer Erhöhung der Versicherungsprämien, was wiederum die gesünderen der Versicherten dazu bringt die Versicherung zu kündigen, was die Durchschnittskosten weiter in die Höhe treibt. In Märkten mit einer solchen negativen Rückkopplungsschleife kann die Spirale von Preis-

[26] Joseph Stiglitz, „Information and the Change in the Paradigm in Economics", *American Economic Review* 92 (2002) 3: S. 460-501, hier S. 477.

[27] George Akerlof, „The Market for ‚Lemons': Quality Uncertainty and the Market Mechanism", *Quarterly Journal of Economics* 84 (1970): S. 488-500.

erhöhungen zu einem Zusammenbruch des Versicherungsmarktes führen. In solchen Fällen kann eine gesetzliche Pflichtversicherung die einzige Möglichkeit sein, die Effizienz des Marktes zu verbessern.

Technologischer Wandel

Technologischer Wandel umfasst die Entdeckung neuer Prozesse zur Herstellung von Gütern und Dienstleistungen sowie die Entdeckung und Anwendung neuer Maschinen und die Entwicklung neuer Produkte. So war die Erfindung des Stuhls eine tolle technologische Verbesserung, weil sie viele Produktionsabläufe vereinfachte und das Leben in vielfältiger Weise angenehmer machte. Aber nicht alle technologischen Veränderungen sind positiv, viele beinhalten verborgene Gefahren, die wir gegen ihre Vorteile abwägen müssen. Aldous Huxley warnte vor der ungezügelten Macht des technologischen Wandels, der erhebliche versteckte soziale Auswirkungen und unbeabsichtigte Folgen hat.[28] Zum Beispiel beinhaltete die jüngste Innovationswelle in der Finanztechnologie systemische Risiken, wie wir vor kurzem leidvoll herausgefunden haben.

Die Anwendung von Innovationen bewirkt in der Regel, was Joseph Schumpeter die „schöpferische Zerstörung" nannte: Die neue Technologie macht die alte obsolet. Die neue Firma, das neue Produkt oder der neue Prozess konkurriert mit dem Vorgänger und zerstört ihn. Kreativität ist gleichzeitig konstruktiv und destruktiv: Fortschritt geschieht auf Kosten der Verlierer im Prozess der Veränderung. Daher bringt technischer Fortschritt immer Gewinner und Verlierer, auch menschliche, hervor. Somit ist die Kehrseite der Innovationen, dass sie nie pareto-effizient sind und oft zu viel Leid und sozialen Verwerfungen führen. Es ist inkonsequent, dass die gleichen Ökonomen, die sozialpolitische Umverteilung des Reichtums mit der Begründung ablehnen, dass sie nicht pareto-optimal sei, auch wenn diese Umverteilung die Produktion erhöhen würde, technologischen Wandel jedoch bedingungslos verehren, obwohl auch er nicht pareto-effizient ist. Ich glaube, dass dies eine eklatante Inkonsistenz in der gängigen Sicht der Volkswirtschaftslehre ist. Ein großes Defizit unseres gegenwärtigen Wirtschaftssystems ist, dass die Verlierer ungerechterweise nicht von Profiteuren des Wandels kompensiert werden, obwohl es sicherlich ungerecht ist, sich auf Kosten anderer zu bereichern.[29]

---

[28] Aldous Huxley im Interview mit Mike Wallace, 18. Mai 1958. YouTube Video.

[29] Manche argumentieren, dass die hypothetische Kompensation ausreichend für Effizienz ist. Nach dieser Theorie muss die Kompensation nicht stattfinden, sondern muss nur möglich sein. Deshalb ist die Politik effizient, solange die Gewinne der Gewinner größer

Bis wir Institutionen schaffen, die die Verlierer angemessen kompensieren, wird das Wirtschaftssystem nie in der Lage sein, die Lebenszufriedenheit zu verbessern, da der technische Fortschritt auf Kosten von menschlichem Schmerz geschieht.

Schöpferische Zerstörung kann und sollte als eine Externalität betrachtet werden, die den wahren Wert des Bruttoinlandsprodukts (BIP) mindert. Wenn eine Innovation ein neues Produkt schafft, das mit 100 Euro bewertet wird, steigt das BIP um 100 Euro. Nehmen wir jedoch an, dass das Produkt, das durch diese Innovation ersetzt wird, einen Wert von 60 Euro hatte und nun unerwartet veraltet und wertlos wird, dann ist die Abschreibung des alten Produkts eine negative Externalität, die berücksichtigt werden sollte, wenn der Nettogewinn für die Gesellschaft berechnet wird. Da dies bei der Berechnung des BIP nicht geschieht, ist das BIP ein übertriebener und verzerrter Maßstab für die Bewertung des gesellschaftlichen Wohlbefindens.

Außerdem sind nicht alle neuen Produkte tatsächlich Verbesserungen. Windows war eine große technische Leistung, aber einige spätere Versionen davon (wie Vista) wurden nur veröffentlicht, um Microsoft zu bereichern, und waren nicht wirklich eine Verbesserung. Diese Strategie ist profitabel für Unternehmen, weil die Qualität eines neuen Produktes oft nicht sofort ersichtlich ist. Es gibt viele versteckte Qualitätsmerkmale, gute wie schlechte, die nicht offensichtlich sind, bevor man etwas Erfahrung mit dem Produkt hat.[30]

So gibt es einen integrierten Prozess der Veralterung in unserem Wirtschaftssystem, der zu einer Überschätzung des durch das BIP-Wachstum produzierten Wohlbefindens führt, da der Wert eines vorzeitig zerstörten Produktes nicht vom BIP subtrahiert wird. Wenn wir ein iPhone kaufen, wissen wir nicht, wann die nächste Generation auf den Markt kommt. Eine neue Generation von iPhones bewirkt, dass die ältere Version aus der Mode kommt, und drängt Konsumenten aus ihrem vorherigen Gleichgewicht. Der Wertverlust der alten iPhones wird nicht vom BIP abgezogen, während der volle Wert der neuen iPhones dem BIP zugerechnet wird. In der Modeindustrie ist Ähnliches zu beobachten: Durch die Schaffung neuer Modetrends wird unser Bestand von Kleidung abgewertet. Das bedeutet, dass wir aus unserer aktuellen Kleidung nicht so viel Nutzen ziehen können, wie wir

---

sind als die Verluste der Verlierer. Leider hilft diese hypothetische Kompensation den Verlierern herzlich wenig und ist daher kein humanistischer Ansatz zu guter Wirtschaftspolitik.

[30] So dauerte es einige Jahre, bevor die neuen Finanzinstrumente toxisch wurden. Anfangs waren sie sehr profitabel, bis einige der minderwertigen Eigenschaften dieser Innovationen ans Licht kamen.

zum Zeitpunkt des Kaufs erwartet haben. Mit anderen Worten, die neue Mode reduziert den Wert der alten.

Die vom technischen Wandel am meisten betroffen Menschen sind oft freigesetzte Arbeitnehmer, die keine Beschäftigung in anderen Sektoren der Wirtschaft finden können. Die Volkswirtschaften der entwickelten Welt befinden sich wohl schon in einem Stadium, in dem technologische Arbeitslosigkeit ein fester Bestandteil des Systems ist:

„Seit die Rezession im Juni 2009 offiziell endete, haben sich BIP, Ausrüstungsinvestitionen und Unternehmensprofite wieder erholt ... ist die Beschäftigungsquote beständig gesunken und befindet sich jetzt auf dem niedrigsten Stand seit den frühen 1980er Jahren, als Frauen noch nicht im gleichen Maße wie jetzt auf dem Arbeitsmarkt aktiv waren. Daher ist mangelndes Wachstum nicht der Grund für die aktuellen Arbeitsmarktprobleme ... Sie existieren, weil sich Beschäftigungs- und Wachstumstrends zunehmend entkoppeln – Wachstum benötigt immer weniger Arbeitskräfte. In dem Maß, wie Computer immer leistungsfähiger werden, immer größere Leistungsfähigkeit in musterbasierter Suche, Kommunikation, Wahrnehmung haben ... wird sich diese Entkopplung auch weiterhin fortsetzen ... So ist es möglich, dass wir vor einer grundlegenden Veränderung der Art und Weise stehen, wie Technologie und Beschäftigung miteinander interagieren ... frühere Wellen der Automatisierung betrafen nur einen kleinen Teil der menschlichen Fähigkeiten und Fertigkeiten ... in der industriellen Revolution waren es die Maschinen, die (viel) mehr rohe Kraft hatten als wir. Für alle geistige Arbeit war die industrielle Revolution bedeutungslos – dafür benötigte man immer noch Menschen. Bis vor kurzem hat die digitale Revolution auch viele menschliche Fähigkeiten und Fertigkeiten nicht beeinflusst ... Arbeitgeber mussten Menschen einstellen, wenn sie mit Menschen sprechen, ihnen zuhören und auf sie reagieren wollten, ein Bericht zu schreiben war, musterbasierte Suche in einer großen und vielfältigen Menge an Informationen anstand, und für all die anderen Dinge, die moderne Wissensarbeiter tun. Arbeitgeber benötigten auch Menschen, wenn viele körperliche Aufgaben zu erledigen waren ... Das Gleiche gilt für die meisten Aufgaben, die Sinneswahrnehmung erfordern ... Für alle oben genannten Fähigkeiten ist jetzt dank digitaler Technologien keine menschliche Arbeitskraft mehr nötig ... Daher werden Arbeitgeber von menschlicher zu digitaler Arbeitskraft wechseln, um die oben genannten Aufgaben auszuführen. In der Tat tun sie dies bereits. Ich erwarte, dass dieser Umstellungsprozess sich in der Zukunft noch beschleunigen wird ..., weil Computer ständig billiger werden, sehr genau und zuverlässig arbeiten, wenn sie richtig programmiert sind, und keine Überstundenzuschläge, Sonderleistungen oder Gesundheitsversorgung verlangen ... Es gibt kein Gesetz, das besagt, dass jeder in der Wirtschaft von technologischen Verbesserungen profitieren muss ... die Gesamtzahl der Arbeitsplätze außerhalb der Landwirtschaft [in den USA] ...

ist jetzt um 5 Millionen geringer als im Januar 2008. Die 3,7 Millionen Arbeitsplätze, die seitdem geschaffen wurden, haben nicht gereicht, um die 8,7 Millionen [in der großen Rezession] verlorenen Arbeitsplätze zu ersetzen."[31]

Kurz gesagt, wir müssen Notfallpläne aufstellen, wie man die Früchte der
Produktion in einem System verteilt, in dem Menschen zunehmend durch
technologischen Wandel überflüssig werden.[32] Wir sollten nicht einfach davon ausgehen, dass das Problem sich schon irgendwie von selbst löst. Für den
Fall, dass es sich nicht selbst löst, müssen wir Pläne für die ausgewogene und
gerechte Aufteilung der verfügbaren Arbeit haben. Wir sollten dies nicht dem
Zufall überlassen.

Kapitelzusammenfassung

Nach herkömmlichem Wissen ist effiziente Produktion ein Kinderspiel: Wenn
Gewerkschaften und Regierungen nicht stören, kombinieren Firmen die Pro-
duktionsfaktoren in den richtigen Proportionen, um die richtige Menge an
Waren zum richtigen Zeitpunkt und zum richtigen Preis zu produzieren.
Langfristig gibt es keine Gewinne und so ist die Verteilung ein Kinderspiel:
Arbeitnehmer und Arbeitgeber erhalten ihren gerechten Lohn und es gibt
weder Verteilungskonflikte noch die Notwendigkeit, über die Einkommens-
verteilung zu moralisieren.

Doch haben wir viele Schwierigkeiten präsentiert, die entstehen, wenn das
Modell auf die reale Welt angewendet wird. Die konventionelle Lehrmeinung
nutzt überwiegend das Modell des vollkommenen Wettbewerbs, obwohl das
Modell für eine Wirtschaft überholt ist, in der Oligopole und Monopole vorherrschen, entscheidende Informationen kostspielig sind und in der opportunistisches Verhalten wichtiger ist als je zuvor.

Unternehmen sind keine Individuen und agieren nicht mit einem einzigen
Sinn oder Ziel. Mitarbeiter haben ihren eigenen Kopf und ihre Überwachung
ist kostspielig. Die heutige Wirtschaft besteht nicht aus vollkommenen wettbewerbsfähigen Unternehmen. Natürlich gibt es Wettbewerb, aber der besteht
zwischen Oligopolisten oder Monopolisten, und solche Marktstrukturen führen in der Regel nicht zu effizienten Ergebnissen. Solche Märkte sind ineffizient und das bedeutet, dass es auch in der Privatwirtschaft Verschwendung
gibt. Die Verschwendung von Steuergeldern durch die Regierung wird in den

[31] Erik Brynjolfsson und Andrew McAfee, Race Against the Machine, zitiert in Thomas
Edsall, „The Hollowing Out", *The New York Times*, 8. Juli 2012.
[32] Sean Patrick Farrell, „The Robot Factory Future", *The New York Times*, video, 3:58, 18.
August 2012.

Medien betont, obwohl die privaten Unternehmen und Haushalte ebenso viele Ressourcen verschwenden. Es ist unmöglich, ganz ohne Verschwendung zu konsumieren, zu produzieren oder zu regieren. Darüber hinaus haben Oligopolisten die Macht der Preissetzung und die, ihre Produkte von denen der Wettbewerber zu differenzieren, und erwirtschaften als Folge Riesenprofite.

7 Erträge der Produktionsfaktoren

Im vollkommenen Wettbewerb zahlen Firmen wettbewerbsfähige Löhne und Arbeit, Kapital, Manager und Kapitalisten erhalten alle nur ihre entsprechenden Opportunitätskosten. Der Staat spielt in diesem Modell keine Rolle, da alles reibungslos läuft. Jeder bekommt seinen gerechten Lohn, und da es keine Profite gibt, um die es sich zu streiten lohnt, werden alle Probleme bequem durch den Markt gelöst. So beenden Millionen von Studenten jedes Jahr ihre volkswirtschaftliche „Ausbildung" nach der Einführungsveranstaltung in der tief verwurzelten Überzeugung, dass auch Faktormärkte ohne Eingreifen der Regierung reibungslos und effizient funktionieren, es fehlt ihnen aber das Verständnis dafür, wie sehr der viel verbreitetere unvollkommene Wettbewerb den Lehrbuchlösungen des vollkommenen Wettbewerbsmodells widerspricht. Die Studenten nehmen den Eindruck mit, dass der Wettbewerb alle wichtigen wirtschaftlichen Probleme löst und daher sich selbstüberlassene Märkte am effizientesten sind. Wie wir in diesem Kapitel sehen werden, trifft dies auf die viel verbreiteteren Firmenformen – Oligopolisten und Monopolisten – nicht zu. Mangels einer Gegenmacht, die die Löhne verteidigt, und wegen der ständigen Drohung, den Arbeitsplatz zu verlieren, haben die Löhne der US-Amerikaner nicht mit dem Produktivitätswachstum Schritt gehalten. Das wiederum bedeutet, dass im unvollständigen Wettbewerb die Firmenprofite explodiert sind, was zu einer unerwünschten Zunahme der Ungleichverteilung der Einkommen geführt hat. Wir heben hier die Notwendigkeit für neues kreatives Denken in zwei wichtigen Punkten hervor: die Bestimmung des Arbeitslohns und der Einkommensverteilung in der real existierenden Marktwirtschaft.

Produktionsfaktoren

Ein Unternehmen beschäftigt und kombiniert Produktionsfaktoren (üblicherweise Arbeit, Boden und Kapital), um Waren und Dienstleistungen zu produzieren. Infrastruktur, Sozialkapital, Institutionen, Wissen und Humankapital, Kultur, das Rechtssystem und natürliche Ressourcen sind weitere wichtige Produktionsfaktoren. Der Markt könnte nicht ohne Infrastruktur funktionieren, die meist aus öffentlichen Mitteln finanziert wird. In einer zunehmend informationsorientierten Wissenswirtschaft sollten wir die Rolle der immateriellen Faktoren wie z.b. Humankapital im Produktionsprozess hervorheben. Institutionelles Kapital bildet das Grundgerüst des Wirtschaftslebens und ist daher von entscheidender Bedeutung für sein Funktionieren. Das Rechtssystem bietet Durchsetzungsmechanismen für Gesetze und Verordnungen. Diese immateriellen Produktionsfaktoren haben die einzigartige Eigenschaft, dass sie nicht durch Märkte, sondern durch soziale, politische und kulturelle Prozesse geschaffen werden. Diese entwickeln sich langsam aus historischen Erfahrungen und dem Wertesystem der Bevölkerung. Dies ist nur ein Beispiel dafür, wie Märkte in entscheidender Weise von den institutionellen und rechtlichen Rahmenbedingungen abhängen und ohne sie nicht existieren könnten.[1] Institutionelles Kapital wird von Ökonomen oft als selbstverständlich vorausgesetzt, obwohl seine Entwicklung sehr umständlich, langwierig und teuer ist. Man denke nur an die unglaublichen Herausforderungen beim Aufbau der Institutionen nach dem Arabischen Frühling oder im Irak und in Afghanistan. Doch Märkte schaffen von selbst keine Institutionen, obwohl sie selbstverständlich mit ihnen interagieren und sie im Laufe der Zeit beeinflussen können. Dies ist entscheidend, weil freie Märkte mit vielen verschiedenen Institutionen kompatibel sind. Die Vielfalt der Arbeitsmarktinstitutionen rund um den Globus ist nur ein Beispiel.

Institutionen haben entscheidenden Einfluss auf die Wirtschaftsleistung: Sie lenken wirtschaftliches Verhalten und Marktprozesse auf einen von mehreren potenziellen Entwicklungspfaden. Sie beeinflussen die Produktion und damit die Effizienz. Darüber hinaus können sie, ebenso wie die herkömmlichen Produktionsfaktoren, die Produktion beschränken (siehe Abb. 3.2). Daher sollten wir Institutionen als Inputfaktor im Produktionsprozess betrachten. Dies bedeutet, dass ein wichtiger Faktor für die wirtschaftliche Effizienz durch sozio-politische und nicht durch wirtschaftliche Prozesse bestimmt wird. Volkswirtschaftslehre ohne Verständnis von Institutionen ist daher irreführend.

Ein Rechtssystem, das Non-recourse-Hypotheken erlaubt, hat zum Beispiel andere wirtschaftliche Auswirkungen als eines, das dies nicht tut. Bei Nonrecourse-Darlehen muss der Schuldner, wenn bei einem Kreditausfall die Kreditsicherheit (zum Beispiel eine Immobilie) den noch ausstehenden Kreditbetrag nicht abdeckt, trotzdem nicht für den Restbetrag aufkommen. Wäh-

---

[1] Laut Daron Acemoglu (Harvard University) sind „gut gestaltete Institutionen und Vorschriften wichtig für das korrekte Funktionieren der Märkte". Daron Acemoglu, „Structural Lessons For and From Economics", 12. Januar 2009; Daron Acemoglu und James Robinson, *Why Nations Fail: The Origins of Power, Prosperity, and Poverty* (New York: Crown, 2012).

rend diese Kreditform in den USA weit verbreitet ist, haften Schuldner in den meisten europäischen Ländern für den Rest der Schulden potenziell bis zu ihrem Lebensende.

Ebenso spielen kulturelle Eigenschaften wie Vertrauen und damit die Fähigkeit, ohne kostspielige Verhandlungen, Verträge und Rechtsbeistand zusammenzuarbeiten, im Wirtschaftsleben eine wichtige Rolle.[2] „Praktisch jedes Handelsgeschäft beinhaltet ein Element des Vertrauens",[3] wie wir im September 2008 zu spüren bekamen, als das Vertrauensverhältnis zwischen den Banken plötzlich gestört war und sie nicht einmal mehr bereit waren, sich gegenseitig Geld zu leihen. Der Mangel an Vertrauen kann zu Bank Runs führen. Märkte haben große Schwierigkeiten, ohne ausreichendes Vertrauen zu funktionieren, weil es teuer ist, Verträge zu erstellen, die alle denkbaren Eventualitäten einschließen, und sie auch durchzusetzen. Man stelle sich nur vor, wie es wäre, wenn man vor dem Betreten eines Restaurants einen Vertrag unterzeichnen müsste! Es wäre ein erheblicher zusätzlicher Kostenfaktor im Gastronomiegewerbe. Müsste man spezifizieren, was passiert, falls dem Kunden das Essen nicht schmeckt oder es zu warm oder zu kalt ist? Möchten Sie vor dem Essen einen Vertrag unterschreiben, der die Haftung im Falle einer Lebensmittelvergiftung regelt? Es ist viel effizienter, wenn der Restaurantbesitzer seinen Gästen vertrauen kann, dass sie ihre Rechnung bezahlen, und die Gäste dem Restaurantbesitzer, dass das Essen von ausreichender Qualität ist.

Die meisten Formen der immateriellen Produktionsfaktoren – das Sozialkapital, das institutionelle Kapital und Wissen – sind im Gegensatz zu den anderen Produktionsfaktoren öffentliche Güter. Das heißt, dass sie nicht Eigentum einer Person oder eines Unternehmens sind und dass niemand von ihrer Nutzung ausgeschlossen werden kann. Die ganze Gesellschaft profitiert von einem funktionierenden Rechtssystem oder einer Verfassung und muss nicht dafür bezahlen, sie verwenden zu können und von ihr zu profitieren. Wie viel ist das Rechtssystem wert? Man stelle sich nur vor, dass jede Generation ein neues Rechtssystem erschaffen müsste. Es würde Unmengen von Ressourcen kosten.

Auch wenn wir nicht in der Lage sind, diejenigen, die vor uns kamen, für dieses wertvolle Geschenk zu entschädigen, so können wir doch ihr Vermächtnis ehren, indem wir es an die nachfolgenden Generationen weiterreichen. Dieser Aspekt der Institutionen ist in der Diskussion der Produktivität wichtig, weil es unmöglich ist, die individuelle Produktivität genau zu messen,

[2] Robert Putnam, *Making Democracy Work* (Princeton, NJ: Princeton University Press, 1993); Francis Fukuyama, *Trust: The Social Virtues and the Creation of Prosperity* (New York: Free Press, 1995).

[3] Kenneth Arrow, „Gifts and Exchanges", *Philosophy and Public Affairs* 1 (1972): 343-362.

wenn öffentliche Güter – einschließlich der Institutionen – in großem Umfang im Produktionsprozess eingesetzt werden.

Auch unterscheiden sich die immateriellen Produktionsfaktoren, wie zum Beispiel Wissen, von den herkömmlichen Faktoren dadurch, dass ihre Nutzung ihren Wert nicht mindert und sie daher nicht wegen Abnutzung abgeschrieben werden müssen. Im Gegenteil, ihre Produktivität nimmt häufig durch ihre Nutzung zu, obwohl sie möglicherweise durch die Entdeckung von neuem Wissen überflüssig werden.[4] Im Menschen verkörpertes Wissen wird Humankapital genannt, aber Humankapital schließt auch Gesundheit mit ein, da Gesundheit die Produktivität erhöht. Gemeinschaftsgefühl und das Netzwerk von Freunden und Bekannten werden als Sozialkapital bezeichnet. Ich kann mich nicht von dem Gefühl befreien, dass die Banker, die Hypotheken an Privatpersonen vergeben haben, die offensichtlich nicht in der Lage sein würden, diese zurückzuzahlen, dies nicht getan hätten, wenn sie ein Mindestmaß an Verantwortung gegenüber der Gesellschaft gehabt hätten. Wenn sie ein größeres Zugehörigkeitsgefühl gehabt hätten, wären sie nicht bereit gewesen, sich auf Kosten ihrer Mitbürger zu bereichern. Dies ist ein deutliches Beispiel für das Fehlen von Sozialkapital. Der Kollaps der Finanzmärkte 2008 hätte vermieden werden können, wenn die Kultur der Finanzwirtschaftler die Interessen der Gemeinschaft stärker berücksichtigt hätte. Sozialkapital auf der Grundlage gegenseitiger Sympathie, sozialen Zusammenhalts, gemeinsamer kultureller Normen und Werte fördert das Vertrauen und die Zusammenarbeit innerhalb der Gemeinschaft und senkt die Transaktionskosten. Zusammenfassend lässt sich daher sagen, dass die immateriellen Produktionsfaktoren einen enormen Einfluss auf die wirtschaftlichen Prozesse haben.

Darüber hinaus unterscheiden sich Menschen generell von den anderen Produktionsfaktoren, da sie Gefühle und einen Sinn für Fairness haben. Außerdem haben sie Grundbedürfnisse, ohne deren Befriedigung sie nicht arbeiten können. Eine Maschine kann eine Zeitlang ohne viel Aufmerksamkeit im Leerlauf stehen, ein Arbeiter aber nicht. Er muss jeden Tag ernährt werden. Ein Arbeiter könnte sich vor der Arbeit drücken oder sich dafür entscheiden, sich anzustrengen, aber eine Maschine kann das nicht. Die analytische Gleichbehandlung von Arbeit und Kapital ist eine Vereinfachung, mit der man sich aufs Glatteis begibt. Es ist wichtig, Arbeit nicht als ein Objekt zu behandeln. Um das Wohlergehen der Gesellschaft zu verbessern, ist es wichtig, Arbeitnehmer – unabhängig von ihrem monetären Wert – mit Menschenwürde zu

---

[4] Diese Verallgemeinerung gilt nicht unbedingt für Leistungssportler, die sich verletzen können oder deren Fähigkeiten mit dem Alter abnehmen.

behandeln und die Arbeit nicht zu entmenschlichen, indem man Menschen wie alle anderen Produktionsfaktoren behandelt.

Natürliche Ressourcen unterscheiden sich von den anderen Produktionsfaktoren darin, dass sie für das Leben (Wasser, Luft, Boden etc.) wie auch für die Produktion (Mineralien etc.) wichtig sind. Viele von ihnen sind aber nicht erneuerbar und die Reserven vieler von ihnen schwinden seit der industriellen Revolution in bedrohlichem Tempo. Viele Ressourcen regenerieren sich nicht und es gibt nur eine endliche Menge von ihnen auf der Erde. Darüber hinaus gibt es viele unheilvolle Entwicklungen wie den Klimawandel, abnehmende Wasser- und Luftqualität oder den Verlust von Artenvielfalt und Ökosystemen. Dies ist ein großes Problem, da die Erschöpfung der natürlichen Ressourcen und Veränderungen im Wettergeschehen in den Konten der volkswirtschaftlichen Gesamtrechnung keine Berücksichtigung finden. Außerdem bedrohen diese Entwicklungen die Wirtschaft, wie wir sie kennen. Dies ist eine potenzielle Zeitbombe mit unvorstellbarem Vernichtungspotenzial.[5]

Natürliche Ressourcen

Natürliche Ressourcen sind wichtige Inputs im Produktionsprozess. Einige sind reproduzierbar, wie Bäume und Fischbestände, während andere dies nicht sind, wie zum Beispiel Mineralien. Es gibt eine begrenzte Menge an Mineralien auf der Erde und abhängig von der Geschwindigkeit der Extraktion bekannter und der Entdeckung neuer Lager können ihre Reserven eines Tages erschöpft sein. Während die verfügbare Gesamtmenge unbekannt ist und wir daher ihre Lebensdauer nur raten können, ist es klar, dass sie endlich sein muss. Die Atmosphäre und die Ozeane galten lange als unbegrenzte Ressourcen, bis bekannt wurde, dass ihre Fähigkeit, Kohlendioxid und Kohlenmonoxid ohne große Veränderungen im Wettersystem zu absorbieren, begrenzt ist. Obwohl viele Ressourcen, wie die Atmosphäre oder das Meer, öffentliche Güter sind, ist es extrem schwierig sicherzustellen, dass sie auch zukünftigen Generationen zur Verfügung stehen. Sie haben keinen Preis und die Festlegung eines Preises für Verschmutzung auf internationaler Ebene scheint unmöglich zu sein. Das wirft die Frage auf, ob die industrielle Revolution möglicherweise den Samen ihrer eigenen Zerstörung gesät hat, da die globale Erwärmung und die Umweltverschmutzung unser Leben in vielerlei Hinsicht bedrohen.[6]

---

[5] Wir diskutieren dieses Thema in Kapitel 14 in Zusammenhang mit der Umweltgesamtrechnung.

[6] Der Verlust der Artenvielfalt ist ein weiteres Problem mit unbekannten Konsequenzen.

Zugegeben, einige behaupten, dass der technische Fortschritt unsere Probleme in der Vergangenheit gelöst hat und es auch in Zukunft tun wird, aber das ist Wunschdenken ohne wissenschaftliche Beweise. Es könnte passieren oder auch nicht. Wir wissen es einfach nicht. Ist es sinnvoll, sich bei einem potenziell bedeutenden Problem aufs Glück zu verlassen? Wäre es nicht von Vorteil, eine absolut zuverlässige Strategie zu haben, um sicherzustellen, dass die Erde und die Menschheit diese Herausforderungen überleben? Eine solche Strategie würde bedeuten, sich mehr auf Nachhaltigkeit und weniger auf Wachstum und Konsum zu konzentrieren. Diejenigen, die eine „Gier ist geil"-Politik befürworten, wollen nicht begreifen, dass dies eine Politik der Missachtung des Wohlergehens und der natürlichen Rechte zukünftiger Generationen ist. Nachhaltigkeit setzt die Bereitschaft zum Konsumverzicht zu Gunsten der noch ungeborenen Generationen voraus, die in einer „Gier ist geil"-Kultur nicht wahrscheinlich ist.

Grenztheorie

Grenznutzen, Grenzkosten, Grenzprodukt, Grenzerlös – nennen wir diese Abstraktionen „Grenzirgendwas" (GI) – spielen eine fundamentale Rolle im wirtschaftstheoretischen Denken. Wenn die Menschen rational wären und wenn man GI tatsächlich erkennen und messen könnte, dann würde es Sinn machen, dass sie der Schlüssel zur Bestimmung von Produktion und Verbrauch wären. Produktion würde von den Grenzkosten beschränkt werden und die Löhne wären gleich dem Wert des Grenzproduktes der Arbeit, der Grenzerlös gliche den Grenzkosten und die tausend anderen optimalen Bedingungen, die auf Tafeln millionenfach abgeleitet wurden, würden auch gelten. Doch leider gibt es eine Vielzahl von Problemen mit dieser Theorie.

Es wird davon ausgegangen, dass alles kontinuierlich teilbar ist und daher alle Funktionen differenzierbar sind. Die Berechnung der GI setzt winzige Variationen in Produktion oder Konsum voraus. Aber in der wirklichen Welt ist das heillos schwierig, wenn nicht gar unmöglich zu bestimmen. Unternehmen können keine Manager stundenweise anstellen, um festzustellen, was ihr Beitrag an der Produktion ist. Autos sind auch nicht teilbar.

Darüber hinaus gibt es viele Berufe, deren Grenzprodukt auch theoretisch nicht beobachtbar ist. Lehrer, Polizisten, Feuerwehrleute und Beamte fallen in diese Kategorie. In den USA arbeiten ein Fünftel der Arbeitskräfte ohne messbares Grenzprodukt für die Regierung. Wenn so viele Menschen in Berufen arbeiten, in denen der Wert des Grenzprodukts im Prinzip nicht definiert ist, ist der Rest des Arbeitsmarkts auf jeden Fall so verzerrt, dass das Grenzprodukt, selbst wenn wir es messen könnten, kaum von Nutzen wäre.

Und was ist der Grenznutzen, wenn ich ein Stück Kuchen esse? Ich habe keine klare Vorstellung davon. Es ist ein Anstieg des flüchtigen Vergnügens, das sich schon bald in dauerhaftes Bedauern verwandeln kann. Kahneman und Tversky haben gezeigt, wie viele kognitive Fehler Menschen bezüglich ihres eigenen Nutzens machen. Es wäre weit hergeholt zu glauben, dass sie ihren Grenznutzen auch nur annäherungsweise bestimmen könnten. Angesichts dieser Unmöglichkeit ersetzen wir diese Bestimmung normalerweise durch eine Faustregel, eine Heuristik, eine Konvention oder folgen einem historischen Präzedenzfall, um eine ausreichend gute Lösung zu erreichen. So ähnlich wie die Verbraucher betreiben die Firmen Satisfizierung ohne die Verwendung von GI. Sonst wären auch sie in ihrem Handeln gelähmt.

Es gibt ein zusätzliches Problem bei der Aggregation der Produktionsfaktoren. Wie können wir Kapital aufaddieren? Wie addiert man Computer und Autos und Gebäude? Und wie sollten wir die Putzkolonne mit dem Werkstattleiter und der IT-Abteilung aggregieren, um die Gesamtarbeitskraft zu berechnen? Wenn wir nicht in der Lage sind, die Aggregate zu berechnen, dann sind wir auch nicht in der Lage, das Grenzprodukt der Arbeit oder des Kapitals zu berechnen. Und was ist der Grenzbeitrag öffentlicher Güter wie z.B. des Internet?

Ein weiteres Problem ist, dass Produktionsfaktoren oft in einem bestimmten Verhältnis verwendet werden. Ich tippe auf einer Tastatur. Eine zusätzliche Tastatur würde nichts zu meiner Leistung beitragen. Nähmen Sie sie weg, wäre ich nicht mehr in der Lage, den Computer zu benutzen. Wenn die Produktionsfaktoren in einem festen Einsatzverhältnis verwendet werden, spricht man von perfekter Komplementarität. Zusammen haben sie zwar ein Grenzprodukt, aber wie würden wir es zwischen der Tastatur und mir aufteilen? Das Marginalprinzip ist in einem solchen Fall nicht anwendbar.

Die Produktionsmenge eines Unternehmens wird meist durch die Produktnachfrage bestimmt. Die meisten Firmen werden am besten durch konstante Skalenerträge beschrieben und die Grenzkosten sind in der Regel für die meisten Unternehmen im Hinblick auf die Arbeitslosigkeit und die freien Produktionskapazitäten weitestgehend konstant. Konstante Grenz- und Durchschnittskosten sollten daher das Standardmodell sein. Die Nachfrage beschränkt in den meisten Fällen die Produktion und nicht die Grenzkosten.

Lohn

In der traditionellen Theorie entsprechen Löhne dem Wert des Grenzprodukts. Nach dieser Theorie sollten die Reallöhne mit der Produktivität Schritt halten. Dennoch ist diese Vermutung leicht zu widerlegen, weil das Lohnwachstum in den USA seit 1970 klar dem Produktivitätswachstum hinterherhinkt (Abb. 7.1). Zwischen 1947 und 1970 gab es praktisch keinen Unterschied zwischen dem Produktivitätswachstum und dem Wachstum der Reallöhne, genau wie die Theorie vorhergesagt hatte. Beide verdoppelten sich in diesem Vierteljahrhundert, was einer durchschnittlichen jährlichen Wachstumsrate von ca. 2,7% entspricht. Dieses goldene Zeitalter des Wirtschaftswachstums in der Nachkriegszeit endete in den frühen 1970er Jahren, als die Wirtschaft durch zwei große Ölkrisen und eine hohe Inflation aus dem Ruder lief.

Abb. 7.1: Produktivitäts- und Lohnindex in den USA (1947 = 100)

Dies resultierte in geringeren Wachstumsraten der Produktivität und der Reallöhne. Ein erstes Anzeichen eines strukturellen Bruchs in der Beziehung zwischen Löhnen und Produktivität wurde erkennbar, als die Löhne langsamer stiegen als die Produktivität. Nach 1982 drifteten die Wachstumsraten immer weiter auseinander. Während die Produktivität um 2,2% pro Jahr zunahm, hinkte der Anstieg der Reallöhne mit im Durchschnitt 1,0% weit hinterher (Tab. 7.1). Dies bedeutet, dass die Produktivität in den folgenden drei Jahrzehnten um 85% gestiegen ist, während sich die Löhne nur um 35% erhöhten. Die Divergenz ist ein offensichtlicher Widerspruch zu der Hypothese, dass Wettbewerb dazu führt, dass die Löhne dem Wert des Grenzprodukts entsprechen. Und noch schlimmer: Diese Zahlen beinhalten Gehälter und Boni an der Wall Street. Daher hinkt das Wachstum der Einkommen der normalen Arbeiter und Angestellten dem Produktivitätswachstum noch weiter hinterher.

Tab. 7.1: Produktivitäts- und Lohnwachstum in den USA (1947-2011)

Jahre	Produktivitäts-wachstum %		Lohn-wachstum %		Verhältnis	Differenz
	gesamt	jährlich	gesamt	jährlich	jährlich	jährlich
1947-1970 (23)	85	2.7	83	2.7	0.98	–0.0
1970-1982 (12)	19	1.4	14	1.1	0.74	–0.3
1982-2011 (29)	85	2.2	35	1.0	0.45	–1.2

Quelle: Susan Fleck, John Glaser und Shawn Sprague, „The compensation-productivity gap: a visual essay", *Monthly Labor Review*, January 2011: S. 57-69.

Noch eine weitere unbequeme Wahrheit ist zu berücksichtigen: Der reale durchschnittliche Jahresverdienst für Vollzeit arbeitende Männer hat sich seit 1973 nicht erhöht (Abb. 7.2 und 7.3). Vielmehr ist er um rund 300 Dollar pro Jahr zurückgegangen.[7] Das bedeutet, dass die 35%ige Erhöhung der Löhne sich vor allem auf Frauen und auf eine kleine Gruppe von Männern beschränkt hat. Die Jahresgehälter der weiblichen Beschäftigten in Vollzeit stiegen deutlich von 20.000 Dollar auf 36.000 Dollar pro Jahr. Die mittleren wöchentlichen Einkommensdaten liefern ein ähnliches Bild (Abb. 7.3). Männliche Einkommen stagnieren seit 1980 bei etwa 375 Dollar pro Woche, während die der Frauen in der Zwischenzeit um etwa 50 Dollar pro Woche gestiegen sind.[8] Es ist nicht plausibel anzunehmen, dass die Produktivität der Männer in diesem Zeitraum zurückgegangen ist und die Produktivität der Frauen zugenommen hat. Somit überzeugt die Produktivitätshypothese der Lohnfindung überhaupt nicht.

[7] U.S. Department of Commerce, U.S. Census Bureau, 2012 Statistical Abstract. Income, Expenditures, Poverty, & Wealth: Income for Persons.

[8] Der Unterschied zwischen den beiden Datensätzen ist, dass Abbildung 7.3 auch diejenigen mit einschließt, die nicht das ganze Jahr über beschäftigt waren.

Abb. 7.2: Mittleres jährliches Einkommen eines Vollzeitbeschäftigten
nach Geschlecht (reale Dollar von 2010)

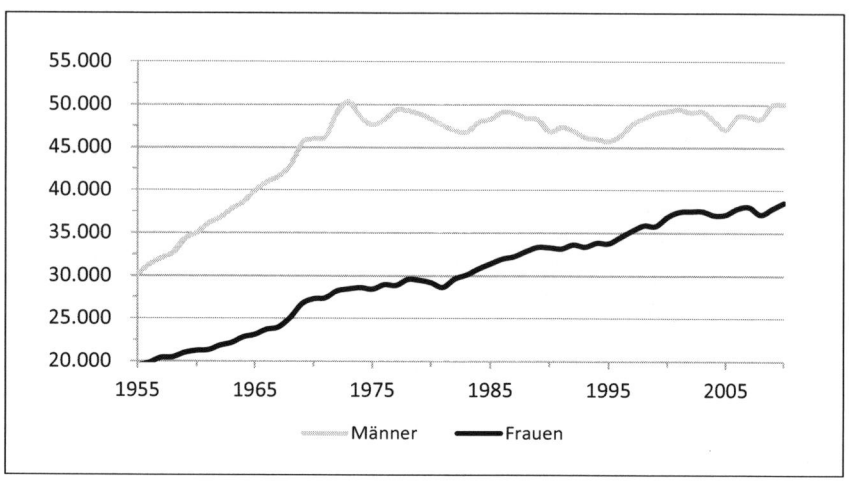

Abb. 7.3: Mittleres wöchentliches Einkommen eines Vollzeitbeschäftigen
nach Geschlecht (reale Dollar von 1982-84)

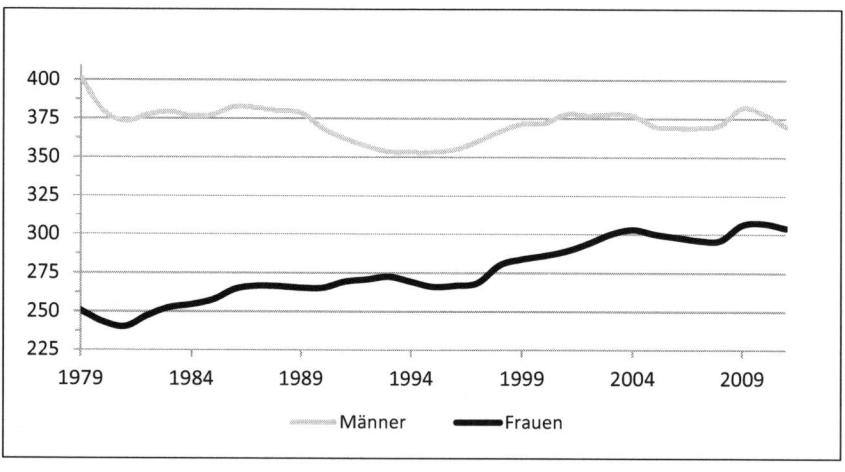

Wie werden die Löhne bestimmt, wenn nicht durch die GI-Theorie? Angesichts der Schwierigkeiten bei der Ermittlung des Grenzprodukts der Arbeit und der damit verbundenen Unsicherheit, satisfizieren Firmen, um eine tragfähige Lösung für ihr Problem zu finden. Sie verwenden Heuristiken und Signale, um die Löhne ihrer Arbeiter zu bestimmen. Natürlich spielen Bildung, Abschlüsse, Berufserfahrung, Alter, Geschlecht, ethnische Herkunft und Aussehen dabei eine Rolle. Das bedeutet nicht, dass die erwartete Produktivität nicht auch Teil des Ratespiels ist, aber die oben genannten Signale werden ebenfalls zur Approximation der erwarteten Produktivität verwendet. Zusätzlich zu den oben genannten persönlichen Attributen hängen die Löhne auch von historischen Löhnen, Gewohnheiten, dem Grad der gewerkschaftlichen Organisation, der Konzentration innerhalb der Branche, der Profitrate des Unternehmens und den institutionellen Strukturen ab. Auch sind nicht alle Arbeitsmärkte durch vollkommenen Wettbewerb charakterisiert. Oft haben wenige große Arbeitgeber monopolistische Marktmacht und können die Gehälter unter das Grenzprodukt drücken.

Wenngleich Bildung eine Rolle bei der Bestimmung der Löhne spielt, erklärt sie einen geringeren Teil der Einkommensunterschiede, als oft argumentiert wird. „… obwohl das Humankapital einen signifikanten Einfluss auf die Lohnbildung hat, ist es nicht der dominierende Faktor … in einer typischen logarithmischen Einkommensgleichung kann Bildung nur 5% der Varianz erklären und Ausbildung und Berufserfahrung zusammen erklären 15% …".[9]

Auch ist der institutionelle Rahmen entscheidend. Zum Beispiel sind die Löhne in der Finanzbranche um ungefähr 40% höher als das Gehalt vergleichbarer Arbeitnehmer in anderen Sektoren. Dieses zusätzliche Einkommen der in der Finanzbranche Beschäftigten begann in der Ära der Finanzmarktderegulierung Anfang der 1980er Jahre, also als sich die institutionellen Rahmenbedingungen verändert haben (Abb. 7.4).[10] Arbeitnehmer im Finanzsektor sind anscheinend in der Lage, sich einen Teil der außerordentlichen Oligopolgewinne zu sichern.

Sitten und Gebräuche spielen auch eine Schlüsselrolle, zum Beispiel beim Gender Pay Gap. Außerdem arbeiten Teilzeitbeschäftigte oft für einen geringeren Lohn als Vollzeitbeschäftigte, und Leiharbeiter verdienen weniger als Festangestellte, auch wenn beide Seite an Seite arbeiten und die gleiche Arbeit verrichten. Diese Einkommensunterschiede bleiben bestehen, auch wenn man für Bildung und andere Merkmale kontrolliert.[11] Folglich muss ihre Produktivität ähnlich derjenigen der Vollzeit arbeitenden Festangestellten sein. Solche Lohnunterschiede haben historische Wurzeln: Es war üblich, Teilzeitbeschäf-

[9] Richard B. Freeman, „Labour Economics", in The New Palgrave Dictionary of Economics, 2. Auflage, Hrsg. Steven N. Durlauf und Lawrence E. Blume (Basingstoke, UK: Palgrave Macmillan, 2008).

[10] Thomas Philippon und Ariell Reshef, „Wages and Human Capital in the U.S. Financial Industry: 1909-2006", NBER Working Paper No. 14644, Januar 2009.

[11] Michael K. Lettau, „Compensation in Part-Time Jobs Versus Full-Time Jobs: What If the Job Is the Same?", Bureau of Labor Statistics (BLS) Arbeitspapier 260, Dezember 1994.

tigten sowie Frauen weniger zu zahlen, da ihr Einkommen oft „nur" ein Zusatzeinkommen zu dem des meist männlichen Haushaltsvorstands war. Studenten und Mütter in Teilzeit waren bereit, für einen niedrigeren Lohn als der Hauptverdiener zu arbeiten, denn ihr Einkommen wurde als Bonus zu dem Haushaltseinkommen gesehen. Natürlich ist dies nicht mehr der Fall. Heutzutage gibt es Millionen von Teilzeitbeschäftigten, die keine Vollzeitbeschäftigung finden, womit sich das Problem der zunehmenden Lohnarmut verstärkt.

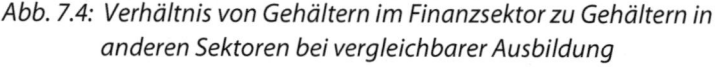

Abb. 7.4: Verhältnis von Gehältern im Finanzsektor zu Gehältern in anderen Sektoren bei vergleichbarer Ausbildung

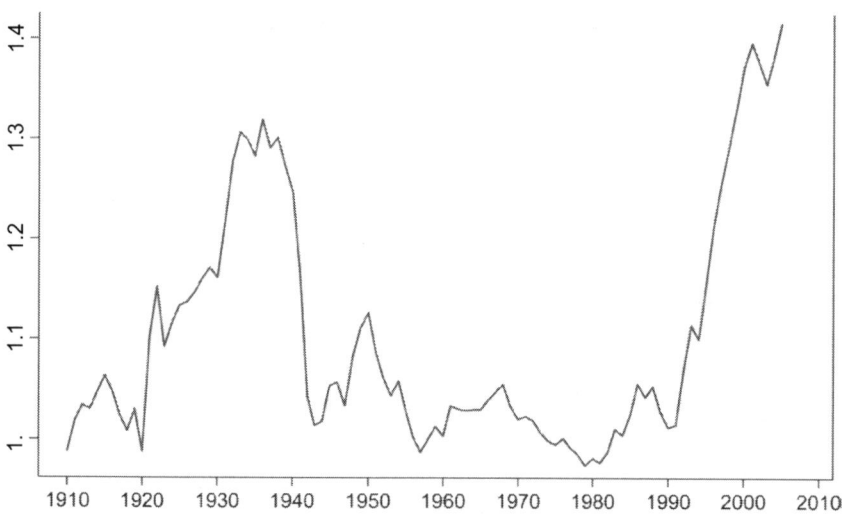

Offensichtlich ist der Lohn eine Zahlung für eine erbrachte Leistung. Doch was bezahlt wird, ist weniger offensichtlich. Die Zahlungen sind teilweise für die Zeit, die physisch bei der Arbeit verbracht wird, für die Leistung während dieser Zeit (die schwerer zu ermitteln und zunächst unbekannt ist) und für die Fähigkeit, Bildung und Erfahrung der Mitarbeiter, da diese die Produktivität beeinflussen (gleichzeitig sind sie auch schwierig zu bestimmen, weshalb Abschlüsse als Signale verwendet werden). Diese Aspekte der Gehaltsbestimmung sind nicht umstritten. Das ist jedoch nicht alles: Ein Teil des Lohns ist eine Rendite für andere Attribute, wie die natürliche Intelligenz der Beschäftigten, ihre körperlichen Merkmale und ihre angeborenen Talente. Diese Attribute steigern auch im Allgemeinen die Produktivität, jedoch ist der Unterschied zwischen diesen und der erstgenannten Gruppe von Attributen, dass der Arbeitnehmer nichts für den Erwerb dieser Eigenschaften getan hat. Stattdessen ist es eine Frage des Glücks, mit diesen Eigenschaften geboren zu werden. Laut dem Harvard-Politologen John Rawls sollten diese Eigenschaften nicht belohnt werden, da ihre Entlohnung eine reine Rendite ohne eigene Vorleistung ist. Daher ist die Entlohnung dieser Attribute kein Anreiz, mehr oder weniger von ihnen zur Verfügung zu stellen, da die Gentechnik noch nicht weit genug fortgeschritten ist.

Ein weiteres wichtiges Thema ist, dass die Beschäftigten in der Regel von öffentlichen Gütern profitieren sollen, die auf Kosten der Steuerzahler geschaffen wurden. Wenn die Arbeiter oder Athleten für diese nicht bezahlen müssen oder sie nicht selbst erschaffen, sollten sie auch nicht von ihnen profitieren. Das Internet ist ein gutes Beispiel. Die Grundlagenforschung für das Internet geschah auf Kosten der Steuerzahler, sodass die Steuerzahler auch einen erheblichen Teil der Profite aus dem Internet erhalten sollten, anstatt diese Privatpersonen zukommen zu lassen. 1980 verdienten Major-League-Baseball-Spieler im Durchschnitt etwa zehnmal so viel wie Lehrer in den USA. Dies war offensichtlich schon moralisch verwerflich, da der Beitrag der Lehrer zum Gemeinwohl ungleich größer ist als der der Baseball-Profis, die nur deshalb solche gigantischen Gehälter verdienen, weil der Markt für Sport durch die Befreiung vom Kartellrecht und die öffentlichen Subventionen für Sportstadien und Kommunikationsnetze und -technologie sehr privilegiert ist. Nur 20 Jahre später, im Jahr 2000, verdienten die Baseball-Profis durchschnittlich das 45fache der Lehrer, weil das Internet und andere Technologien dem Sport ein viel größeres Publikum ermöglichten.[12] Mit anderen Worten, der Wert der Athleten und anderer Prominenter wird nicht nur durch ihre eigenen Anstrengungen bestimmt, sondern auch entscheidend durch die der Gesellschaft, die übrigens auch den „Äther" besitzt, über den die Spiele und Ähnliches verbreitet werden. Daher ist der Wert eines Spiels ein Gemeinschaftsprodukt des Einzelnen und der Gesellschaft und deshalb sollte seine Verteilung nicht durch Marktkräfte, sondern durch institutionelle Strukturen und geltendes Recht bestimmt werden.

Wenn Sport als privilegierte Industrie behandelt wird und vom Kartellrecht befreit ist, sollten teilnehmende Athleten nicht von dieser Regelung profitieren. Ohne diese Gesetze würden LeBron James und Kobe Bryant nicht 17 Millionen Dollar bzw. 28 Millionen Dollar verdienen. Ihre Gehälter sind nicht das Ergebnis freier Marktkräfte von Angebot und Nachfrage, sondern der Gesetze, die der NBA ermöglichen, ein Kartell zu sein. Die gesamte Struktur des sportindustriellen Komplexes steht auf dem Fundament des staatlich

---

[12] John Siegfried und Wendy Stock, „The Labor Market for New Ph.D. Economists in 2002", *American Economic Review* 94 (Mai 2004) 94: S. 272-285.

sanktionierten Privilegs, das ihn vor der Konkurrenz schützt und ihm eine Monopolmacht ermöglicht hat. Natürlich können sie dank dieser Monopolrechte außergewöhnliche Gehälter verdienen. Ist das Privileg für Sport gerecht? Auch wenn dies vielleicht ein vernünftiger Weg ist, um Sport zu organisieren, gibt es keinen Grund, warum die Spieler oder die Franchisenehmer so exzessiv von der Gesetzgebung profitieren sollten. Ihre Gehälter sind nicht allein das Ergebnis ihrer Leistungen. Es gibt keinen Grund dafür, dass die Arbeitnehmer in der Sportindustrie stärker als der durchschnittliche Arbeiter vom Internet profitieren. Es ist nur ihr Glück, dass sie Berufe haben, die vom Internet profitiert haben, doch in einer gerechten Gesellschaft würden Löhne keine Funktion des zufälligen Glücks sein.

Genauso hätten die Herren der Wall Street ohne das Internet nicht Milliarden verdient. Diejenigen, die gegen staatliche Eingriffe in Märkte wettern, sollten bedenken, dass ihre außerordentlichen Gewinne nur möglich sind, weil die Steuerzahler eine Infrastruktur geschaffen und sie ihnen kostenlos zur Verfügung gestellt haben. Die Spitzenmanager der größten Banken, Lloyd Blankfein, Jamie Dimon, Walid Chammah oder John Havens, deren jährliche Vergütung (im Jahr 2009) im 10-Millionen-Dollar-Bereich lag, und John Stumpf und Thomas Montag verdienten zwei- bis dreimal so viel (alles Dank der Hilfe der Steuerzahler).[13] Sie würden diese Gehälter nicht verdienen, wenn der Markt für CEOs ein vollkommener Wettbewerbsmarkt wäre. Die Schlussfolgerung, dass „Finanziers überbezahlt sind", ist gerechtfertigt.[14] Sie werden nicht entsprechend ihren Opportunitätskosten bezahlt. Selbst jene CEOs, die ihr Unternehmen in den Konkurs trieben, erhielten astronomische Gehälter. John Thain erhielt zum Beispiel vor der Insolvenz von Merryl Lynch noch 83 Millionen Dollar. Dies widerspricht völlig der Theorie, dass die Löhne dem Wert des Grenzprodukts entsprechen.

Die Gesetze und Institutionen, die durch Generationen vor unserer Zeit geschaffen wurden, erhöhen auch die Produktivität der heutigen Arbeitskräfte. Unternehmer können alleine nichts erreichen, und daher verdienen sie nicht ihren gesamten Profit, da ihre Produktion mit Hilfe des sozialen und institutionellen Kapitals geschieht, das der Gesellschaft gehört. Wie diese Aufteilung geschieht, ist im Wesentlichen eine kollektive politische Entscheidung. Märkte sollten das nicht alleine entscheiden. Unsere Vorfahren haben oft sogar ihr Leben geopfert, um jene Institutionen zu schaffen und zu verteidigen, die jetzt

---

[13] CEOs von Goldman Sachs, JP Morgan Chase, Morgan Stanley, Citigroup, Wells Fargo und der Bank of America. „CEO Pay and the 99%", AFL-CIO, URL: http://www.aflcio.org/Blog/Economy/New-Today-CEO-Pay-and-the-99 (Stand 19. April 2011)

[14] Thomas Philippon und Ariell Reshef, 2009. Wages and Human Capital in the U.S. Financial Sector: 1909-2006. NBER Working Paper no. 14644.

öffentliche Güter sind und die alle verwenden und von denen alle profitieren. Es gibt keinen Grund, dass die Menschen für den Teil ihrer Produktivität, der von öffentlichen Gütern abgeleitet wird, bezahlt werden. Diese wurden von dem Blut und Schweiß der Generationen vor uns geschaffen. Wie viel sollten die Stars von heute den Nachkommen der Menschen zahlen, die oft ihr Leben gaben, um die Institutionen zu ermöglichen, die den Stars ihr Einkommen ermöglichen?

Ein weiteres Beispiel für das Ausmaß, in dem institutionelle Struktur Gehälter und Einkommen beeinflusst, ist der Erfolg der American Medical Association (AMA), die im Namen der Förderung der Exzellenz in der medizinischen Versorgung den Wettbewerb beschränkt.[15] Durch die Beschränkung der Zahl der Studienplätze in Medizin garantiert sie Ärzten Gehälter, die deutlich über dem Wettbewerbsniveau liegen. Nur die Hälfte der Bewerber wird zum Medizinstudium zugelassen. Trotz des Mangels an Ärzten lehnt es die Ärzteschaft ab, dass zum Beispiel ausländische medizinische Fakultäten ihre Studenten für Praktika in die USA schicken dürfen.[16] Amerikanische Ärzte verdienen fünfmal so viel wie japanische Ärzte. Ich bezweifle ernsthaft, dass sie fünfmal so produktiv sind.

Es ist ziemlich seltsam, dass die USA alle anderen Berufe in Hülle und Fülle produzieren, aber nicht in der Lage sind, so viele Ärzte (pro Kopf) auszubilden wie andere Industriegesellschaften (Abb. 7.5).[17] Um die Zahl der Ärzte pro Kopf auf norwegisches Niveau zu erhöhen, bräuchten die USA rund 480.000 zusätzliche Mediziner, ein Anstieg um 60%. Diese Marktsituation ist in Abbildung 7.6 dargestellt. Mit der Beschränkung der Zahl der Ärzte durch die AMA auf N gibt es weniger Ärzte als im Wettbewerbsgleichgewicht N', und das Gehalt liegt über dem Wettbewerbsniveau. Die hohen Einkommen der amerikanischen Ärzte sind nicht durch Marktkräfte zu erklären; sie sind nicht die Rendite für die medizinische Ausbildung, sondern das Ergebnis der erfolgreichen Unterdrückung der Marktkräfte durch die institutionellen Strukturen. Die AMA ist einfach viel effektiver als andere Organisationen

---

[15] Milton Friedman nannte die AMA (American Medical Association) die mächtigste Gewerkschaft im ganzen Land. Die AMA ist für den Gesundheitssektor, was die OPEC für den Ölmarkt ist. Mark J. Perry, „The Medical Cartel: Why Are MD Salaries So High?", *Wall Street Pit*, 24. Juni 2009.

[16] Anemona Hartocollis, „Medical Schools in Region Fight Caribbean Flow", *The New York Times*, 22. Dezember 2010.

[17] World Health Organization, *World Health Statistics 2010* (Geneva: WHO Press, 2010); Organization for Economic Cooperation and Development (OECD), OECD Health Data 2012 – Frequently Requested Data.

darin, durch Angebotsverknappung die Einkommen der Mediziner hoch zu halten.[18]

Abb. 7.5: Ärzte pro 1000 Einwohner

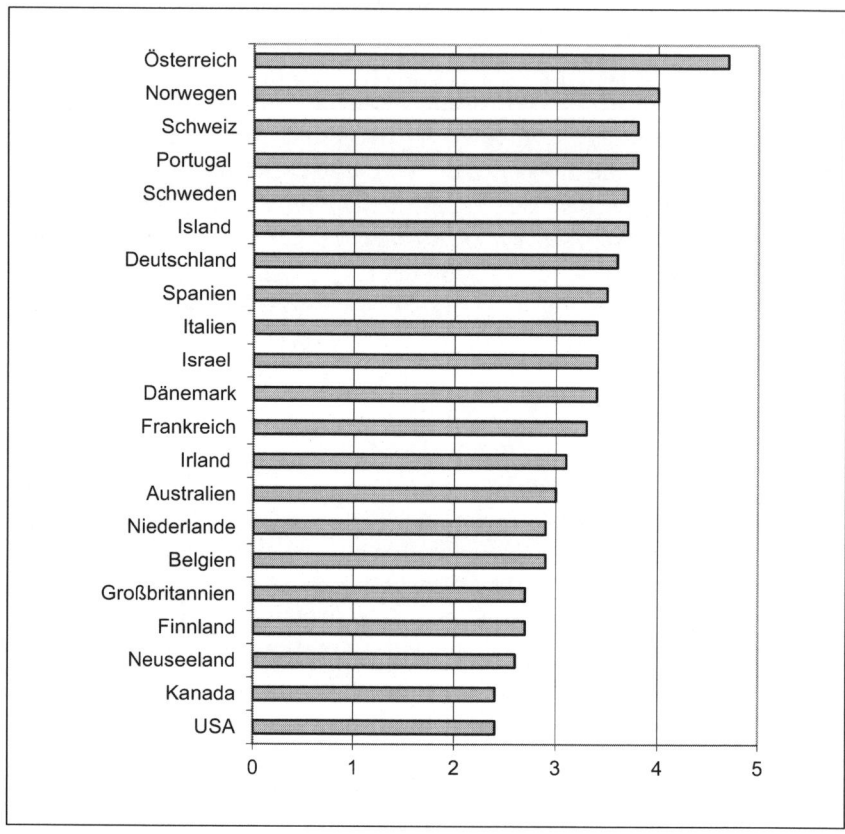

Quelle: OECD Health Data 2011. http://stats.oecd.org/Index.aspx?DataSetCode=HEALTH _REAC; Stand: 12 Oktober 2011.

---

[18] Des Weiteren waren andere Länder in der Lage, die Kosten zu deckeln, weil sie ein effizienteres System eingeführt haben. Es ist wesentlich wirtschaftlicher, wenn eine einzige Entität, die nicht profitorientiert ist, das Gesundheitswesen organisiert, als wenn jeder durch das Chaos vieler profitorientierter Anbieter navigieren muss. Das erstere System ist wesentlich günstiger, weil die administrativen Kosten wesentlich geringer sind und die Nachfrageseite mehr Marktmacht hat.

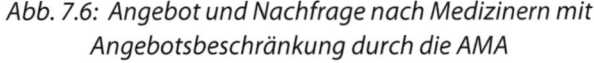

Abb. 7.6: Angebot und Nachfrage nach Medizinern mit Angebotsbeschränkung durch die AMA

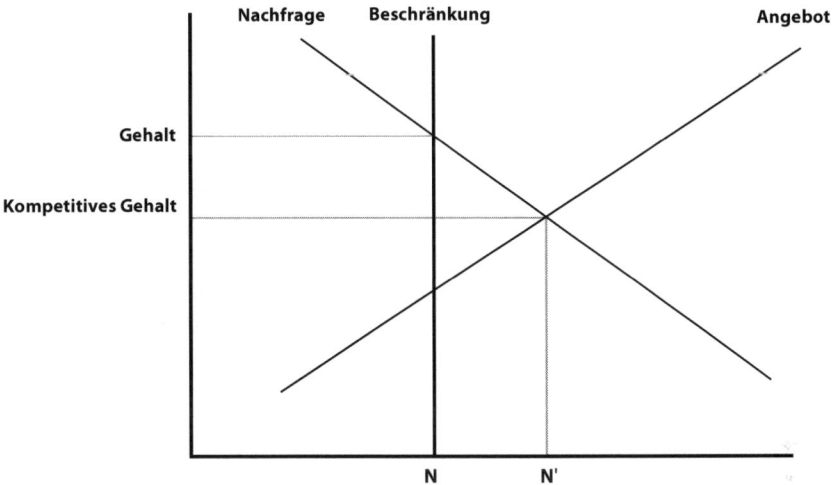

Während die Vergütung von Vorständen Teil der offiziellen Einkommensstatistik ist,[19] unterscheidet sie sich von den Löhnen der einfachen Arbeiter und Angestellten insofern, als es eigentlich keinen Markt für Top-Manager und CEOs gibt. Die Stellen werden selten ausgeschrieben und es gibt keine Transparenz, wie die Vorstände ausgewählt werden. Sind sie einmal ernannt, können sie im Wesentlichen den Aufsichtsrat mit ihren Anhängern füllen und schließlich ihre eigenen Gehälter bestimmen. „Die, die in der Nähe der Suppenschüssel sitzen, werden zuerst bedient." Ihre Gehälter werden in Vorstandszimmern oder im Rahmen von bilateralen Verhandlungen festgelegt. Die Verhandlungen über Gehälter finden unter Umständen statt, bei denen der Aufsichtsrat keinen Anreiz hat, eine harte Linie zu fahren, da es das Geld der Aktionäre und nicht sein eigenes ist. Dies ist ein Paradebeispiel des Prinzipal-Agent-Problems, das die Macht von den Aktionären zum CEO verschiebt.[20]

Darüber hinaus wurde es zur sozialen Norm, CEOs enorme Gehälter zu zahlen, und jede Abweichung von dieser Norm wird aufgrund der entsprechenden Erwartungen und des Gruppendrucks schwierig. CEOs haben viele Insider-Informationen, sodass sie den Aufsichtsrat beeinflussen können. Wenn es mehr Wettbewerb im Markt für Spitzenmanager gäbe, würden die

---

[19] Lisa Waananen, Seth Feaster und Alan McLean, „200 Slices of Wealth", *The New York Times*, 16. Juni 2012.

[20] John M. Keynes, *The End of Laissez-faire* (London: Hogarth Press, 1926).

Gehälter deutlich sinken, weil die aktuellen Gehälter weit über den Opportunitätskosten liegen. Hätte man nicht jemanden finden können, der die Bank of America 2009 für weniger als 4 Millionen Dollar im Jahr (also ca. 2000 Dollar pro Stunde) geführt hätte, als die Bank von den US-Steuerzahlern gestützt wurde?[21] Ich glaube, dass es viele Führungskräfte gibt, die diese Arbeit für eine halbe Million Dollar ebenso effizient gemacht hätten. Das übliche Argument, dass gedeckelte Gehälter ineffizient wären, ist in diesem Fall nicht zu halten, weil der Großteil der Gehälter Renten sind. So bringen Anreize nicht mehr Talent oder Intelligenz hervor. Die CEOs würden genauso hart für 10% ihres derzeitigen Gehalts arbeiten, sofern die Deckelung alle Spitzengehälter beträfe. Was würden sie sonst tun? Es wären immer noch die höchsten Gehälter, die sie verdienen könnten. Was würde passieren, wenn die Gehälter gedeckt würden? Würden alle CEOs emigrieren? Wohin würden sie gehen? CEOs verdienen in anderen Ländern wesentlich weniger. Der Grenzsteuersatz für die höchsten Einkommen war zu Zeiten der Eisenhower-Regierung in den 1950er Jahren über 88% und unter Nixon waren es immer noch rund 70%. Trotzdem gab es keinen Mangel an CEOs, Prominenten oder Footballspielern. Der US-Präsident verdient 400.000 Dollar im Jahr. Im Gegensatz dazu verdiente Angelo Mozilo von Countrywide Financial, ein Hauptschuldiger in der Subprime-Hypothekenkrise zwischen 2000 und 2008, ungefähr 500 Millionen Dollar. Er erhielt eine Geldstrafe 67 Millionenen Dollar für Betrug, was zwar nach viel klingt, aber doch nur 13% seines Gehalts in dieser Zeitspanne war.[22]

Zusammenfassend kann man sagen, dass das Gehalt eine Zahlung für Ausbildung, Geschick, Mühe, Talent und Intelligenz der Mitarbeiter ist, die im Produktionsprozess verwendet werden und alle von den öffentlichen Gütern beeinflusst sind. Die Arbeitsproduktivität basiert nicht ausschließlich auf unseren persönlichen privaten Anstrengungen und unseren Investitionen in unser Humankapital. Vieles davon ist auf Aspekte außerhalb unserer Kontrolle zurückzuführen, für die wir keine Entlohnung erhalten sollten. Die Gehälter basieren auf Produktivität, aber die Produktivität ist wegen der Heterogenität der Arbeitnehmer schwer zu messen und Arbeitgeber verwenden daher oft Faustregeln, um die Gehälter zu bestimmen.[23] Daher sind faire Gehäl-

---

[21] Für die Gehälter siehe www.aflcio.org/corporatewatch/paywatch/ceou/database.cfm.

[22] Gretchen Morgenson, „Lending Magnate Settles Fraud Case", *The New York Times*, 15. Oktober 2010.

[23] Die Kausalität kann auch umgekehrt sein. Der Lohn kann die Produktivität beeinflussen, wenn höhere Löhne zu höherer Produktivität führen. Der Grund dafür können höhere Motivation, geringere Überwachungskosten und geringere Drückebergerei sein. Carl Shapiro und Joseph E. Stiglitz, „Equilibrium Unemployment as a Worker Discipline Device", *American Economic Review* 74 (1984) 3, S. 433-444.

ter schwer zu ermitteln und es wird noch einige Zeit dauern herauszufinden, wie man sie am besten bestimmt, aber es sollte klar sein, dass das gegenwärtige System weit von der optimalen Lösung entfernt ist.

Die Kapitalkosten

Um Gewinne berechnen zu können, müssen wir auch die Kapitalkosten bestimmen, die von der Höhe des Kapitalstocks sowie dessen Preis abhängen. Das setzt aber voraus, dass wir verschiedene Arten von Kapital addieren, was nicht in physikalischen Einheiten getan werden kann. Das ist der Unterschied zu homogenen Ressourcen wie Öl, das in Barrels gemessen wird, oder zu Arbeit, die in Arbeitsstunden erfasst werden kann. Kapital ist anders, da wir Hämmer und Computer haben und somit keine physikalischen Einheiten verwenden können. Das einzige was wir tun können, ist ihren Wert aufzuaddieren, entweder unter Verwendung der Anschaffungskosten oder des diskontierten Werts der vom Kapitalstock ermöglichten zukünftigen Produktion.

Die historischen Kapitalkosten sind der Preis zum Zeitpunkt des Kaufs P. Durch ihre Nutzung verliert Kapital jedoch an Wert. Daher hängen ihre jährlichen Kosten von der Abschreibungsrate δ und dem Zinssatz r ab: Kosten = $(r + \delta) * P$. Da r, der Marktzins für Unternehmensanleihen, vom Tagesgeldsatz der Zentralbank abhängt, werden die Kapitalkosten nicht durch den Markt allein bestimmt, sondern auch durch eine staatlich geförderte Institution beeinflusst. Sicher würde der Marktwert des Kapitalstocks in der Regel weniger als die Anschaffungskosten sein, da der Sekundärmarkt für das meiste Sachkapital stärker durch unvollkommene Informationen charakterisiert ist als der für neues Sachkapital. Neuwagen verlieren massiv an Wert, sobald sie den Parkplatz des Autohändlers verlassen haben, und wenn eine Firma einen Computer mit einer bestimmten Konfiguration kauft, ist der Wiederverkaufswert nur ein Bruchteil des Neupreises. Das Gleiche gilt für die meisten Spezialmaschinen. Immobilien können allerdings an Wert gewinnen, in welchem Fall der Marktwert die bessere Berechnungsmethode sein könnte (außer bei Immobilienblasen).

Wenn wir allerdings den Wert des Kapitalstocks als die diskontierte erwartete zukünftige Wertschöpfung des Kapitals berechnen wollten, wie dies die meisten konventionellen Ökonomen möchten, würden die folgenden Probleme auftreten: Erstens müssten wir den zukünftigen Zinssatz kennen, um die zukünftigen Einnahmen zu diskontieren, aber die Marktzinsen werden angeblich durch das Grenzprodukt des Kapitals bestimmt. Daher ist diese Methode der Berechnung des Grundkapitals zirkulär. Ein weiteres Problem ist, dass wir die zukünftige Produktion und die zukünftigen Preise nicht kennen und nur grobe Vermutungen anstellen können, was nicht sehr hilfreich bei der Vorausberechnung der tatsächlichen Kapitalkosten der Produktion ist. Darüber hinaus wissen wir nicht, wie viel von dem Nettoumsatz des Unternehmens auf Gewinne und wie viel auf die Kapitalrendite zugeordnet werden sollte, bis wir den Wert des Grundkapitals kennen.[24] So ist die Schätzung des Werts des Grundkapitals ein reichlich verzwicktes Rätsel.

Beispiel: Angenommen, die Firma zahlt 3 Dollar Lohn pro Jahr und kauft eine Maschine für 2 Dollar, die nur ein Jahr hält. Gemeinsam produzieren die Maschine und ein Arbeiter Waren im Wert von 6,10 Dollar. Da die Abschreibungsrate 100% und der Zinssatz 5% beträgt, ist der Profit 1 Dollar, nämlich 6.10 $ − (3 $ + 2 $ + 0.05 * 2 $). Die 10 Cent werden als die Zinsen für das investierte Kapital gezahlt. Doch man könnte argumentieren, dass der Wert der Maschine in Wirklichkeit 3 Dollar war und der Gewinn eigentlich gleich null, da die Anschaffungskosten unerheblich sind. Was zählt, ist der von der Maschine erzeugte Wert, und der Inhaber der Firma wäre in der Lage gewesen, die Maschine für beinahe 3 Dollar zu verkaufen (ein bisschen weniger als 3 Dollar, da der Käufer ca. 5 Cent mehr an Zinsen aufbringen müsste), und das bestimmt ihren Marktwert. Die Rendite auf die 2 ursprünglich investierten Dollar würde dann fast 50% sein. Doch warum sollte jemand fast 3 Dollar für eine Maschine zahlen, die er auch für 2 Dollar (wie unsere Firma) kaufen könnte, vor allem, da der 'zukünftige Umsatz am Anfang der Periode unbekannt war? Daher ist der Wert der Maschine zu Beginn des Berichtszeitraums der historische Preis, er könnte nicht eine Funktion einer unbekannten Größe, nämlich der zukünftigen Umsätze sein. Es gibt überhaupt keinen Grund, warum der Gewinn von 1 Dollar dem Kapital und nicht der Arbeit zugeschrieben werden sollte. Das Produkt wurde immerhin gemeinsam produziert. Die beiden Produktionsfaktoren sollten gleich behandelt werden. Die Frage, wie der Wert des Kapitals zu berechnen ist, ist ein großes Rätsel, das in der Ökonomie als die Cambridge-Kapital-Kontroverse bekannt ist.[25]

Profite

Der Profit ist das, was von den Einnahmen übrig bleibt, wenn man die Kosten der Arbeit, der Rohstoffe und des Kapitals abgezogen hat. In vollkommener Konkurrenz gäbe es keine Gewinne, aber das ist in der heutigen Wirtschaft,

[24] Joan Robinson und John Eatwell, *Introduction to Modern Economics* (London: McGraw-Hill, 1974); Joan Robinson, *Economics of Imperfect Competition*, 2. Auflage (London: Macmillan, 1969).

[25] Piero Sraffa, *Production of Commodities by Means of Commodities: Prelude to a Critique of Economic Theory* (Cambridge, UK: Cambridge University Press, 1960).

die von oligopolistischen Unternehmen dominiert wird, irrelevant. Die Profite sind enorm, wie bereits oben erwähnt wurde. So hat Apple 8.200.000.000 Dollar Gewinn im Jahr 2008 gemacht – und das bei Vermögenswerten von 47,5 Milliarden Dollar. Insgesamt erzielten die Geschäftsbanken in den USA zwischen 1994 und 2007 eine Eigenkapitalrendite von 14%.[26] Sogar während der großen Rezession im Jahr 2009 betrugen die Gewinne des Finanzsektors 242 Milliarden Dollar oder 17% aller Unternehmensgewinne.[27] Das war viel mehr als ein Nullgewinn und auch weit über dem langfristigen Zinssatz von 2,8% auf Staatsanleihen. Außerdem wuchsen die Gewinne enorm: Der Gewinn nach Steuern des Unternehmenssektors hat sich zwischen 2003 und 2010 von 660 Milliarden Dollar auf 1400 Milliarden Dollar[28] mehr als verdoppelt, aber nur, weil die Unternehmen auf Kosten der Steuerzahler gerettet wurden.

Nach Schumpeter sind die Gewinne das Ergebnis von Innovationen, die verhindern, dass die Wirtschaft ein langfristiges Gleichgewicht erreicht, in dem es keine Gewinne mehr gäbe. Innovationen schaffen Monopole für neue Produkte oder Dienstleistungen und führen daher zu einem Ungleichgewicht. Gewinne werden auch durch Wettbewerbsverzerrungen wie Eintrittsbarrieren, durch Marktmacht als Resultat von Markentreue, die durch Werbekampagnen geschaffen wird, oder durch die Erschließung neuer Märkte durch die Globalisierung erzielt.

Die Einkommensverteilung

Die herkömmliche Theorie der Einkommensverteilung ist einfach: Sowohl Arbeit als auch Kapital erhalten den Wert ihres Grenzprodukts, und da es keine Gewinne gibt, ist ihre Verteilung ein Kinderspiel. Doch wie wir gerade gesehen haben, sind die Gewinne keineswegs Null und waren es seit Beginn der Industrialisierung im frühen 19. Jahrhundert nicht. So entsteht natürlich die Frage, wie die Gewinne verteilt werden. Dies ist eine Frage der rechtlichen und institutionellen Struktur und nicht der Wirtschaftstheorie. In unserem

---

[26] Morten L. Bech und Tara Rice, „Profits and Balance Sheet Developments at U.S. Commercial Banks in 2008", *Federal Reserve Bulletin*, Juni 2009.

[27] U.S. Department of Commerce, Bureau of Economic Analysis, Fixed Assets Accounts Tables: Table 12. Chain-Type Quantity Indexes for Net Stock of Government Fixed Assets, letztes Update 15. August 2012. 2007 machte der Finanzsektor 323 Milliarden Dollar Gewinn.

[28] U.S. Department of Commerce, Bureau of Economic Analysis, National Income and Product Accounts Tables: Table 7.16. Relation of Corporate Profits, Taxes, and Dividends in the National Income and Product Accounts to Corresponding Measures as Published by the Internal Revenue Service, letztes Update 2. August 2012.

aktuellen System fallen sie den Aktionären zu, nachdem die Topmanager einen übermäßig großen Anteil von ihnen erhalten haben.
Es ist allgemein bekannt, dass die Einkommensverteilung in den USA (Abb. 7.7) schwindelerregend kopflastig geworden ist. Das unterste Fünftel der Haushalte erhielt zusammen nur 3,4% des Gesamteinkommens, während das oberste Fünftel der Haushalte 50% der Gesamteinnahmen verdiente (Abb. 7.8). Die obersten 5% der Einkommensbezieher verdienen zusammen fast doppelt so viel wie die untersten 40% zusammen (Abb. 7.9). Die untersten 20% der Haushalte verdienten 2009 weniger als 20.500 Dollar im Jahr, während die Top 5% mehr als 180.000 Dollar verdienten. Es gibt keine wirtschaftliche oder ethische Rechtfertigung für eine solche schiefe Verteilung der Einkommen.

Abb. 7.7: Einkommensverteilung nach Ethnizität, USA 2009

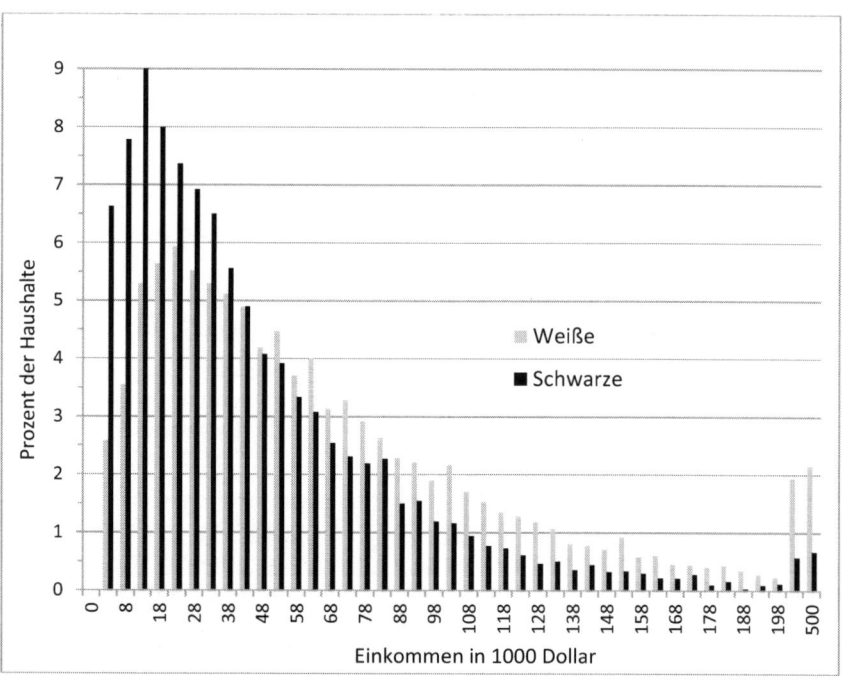

Bemerkung: Letzte Klasse ist unbegrenzt.

Quelle: U.S. Department of Commerce, U.S. Census Bureau, The 2012 Abstract. 693-Money Income of Households – Number and Distribution by Race. Origin: 2009. www.census.gov/ compendia/statab/ (Stand 25. Juli 2012)

Abb. 7.8: Einkommensverteilung in den USA (2009)

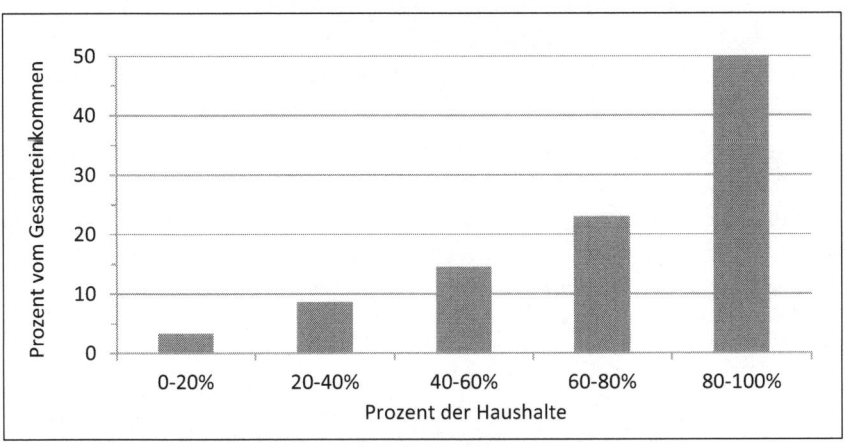

Abb. 7.9: Trend der Gesamteinkommensverteilung nach Haushalten

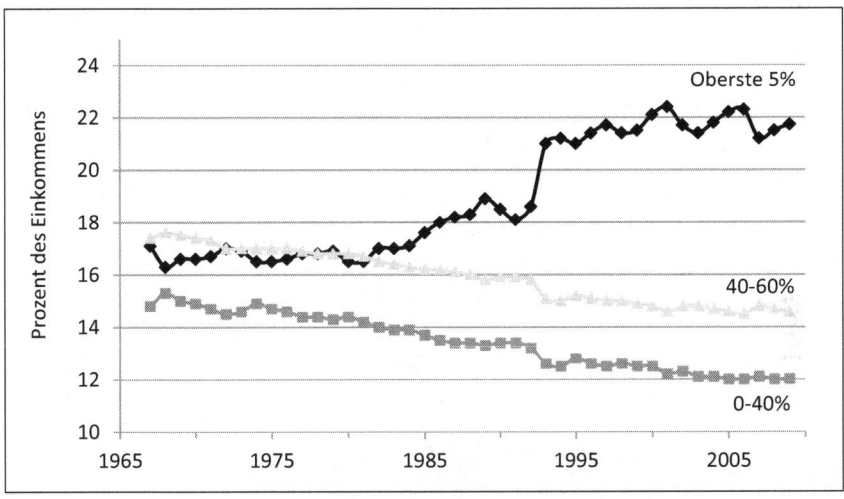

Darüber hinaus ist in den USA das Einkommen fast ausschließlich an der Spitze der Einkommensverteilung gewachsen: Die unteren 20% sahen eine Erhöhung der Einkommen seit 1973 von gerade mal 1500 Dollar (real in Dollar von 2009), während die Einkommen der obersten 5% sich um 55.000 Dollar oder um das 37fache erhöhten. Darüber hinaus ist der Anteil des obersten 1% der Einkommensbezieher zwischen 1982 und 2006 von 13% auf 21% des Gesamteinkommens gewachsen, während der Anteil der unteren

40% von 12% auf 9% zurückging.[29] Außerdem kontrolliert das oberste 1% nicht weniger als 40% des Vermögens der Nation.[30]

In den USA sind die Einkommensunterschiede zwischen den ethnischen Gruppen ebenfalls beträchtlich: Nur 16% der weißen Haushalte hatten ein Einkommen von weniger als 20.000 Dollar im Jahr 2009, während es bei schwarzen Haushalten 32% waren. Im Gegensatz dazu hatte mehr als die Hälfte der weißen Haushalte ein Einkommen von mehr als 50.000 Dollar, während dies nur ein Drittel der schwarzen Haushalte hatte (Tab. 7.2). Die hispanischen Haushalte lagen ungefähr dazwischen, während die Verteilung bei den asiatischen Haushalten näher an der der Weißen lag.

Tab. 7.2: Einkommensverteilung nach Ethnizität

	Weiße	Schwarze	Hispanics	Asiaten
unter 20.000 $	16%	32%	24%	16%
20-50.000 $	30%	35%	38%	23%
über 50.000 $	54%	33%	39%	61%

Quelle: U.S. Census Bureau. The 2012 Statistical Abstract. URL: http://www.census.gov/com pendia/statab/cats/income_expenditures_poverty_wealth/household_income.html Table 693. Stand 25. Juli 2012.

Steuererklärungen ermöglichen es uns, das Einkommen der Superreichen in den USA ein bisschen näher zu untersuchen. Die Top 2,8% der Einkommens- bezieher verdienen insgesamt 2 Billionen Dollar oder 26% der gesamten an- gegebenen persönlichen Einkommen (Tab. 7.3). Dies ist das Gleiche wie die Einkommen der untersten 64% aller Steuerzahler. Anders ausgedrückt, das Gesamteinkommen der oberen 3,9 Millionen Menschen entspricht dem der unteren 90 Millionen. Ebenso verdienen die Top 730.000 Menschen so viel wie die unteren 65 Millionen. Es ist kaum möglich, diese Einkommensvertei- lung als fair zu bezeichnen. Diese Ungleichverteilung hat sich in den letzten Jahrzehnten immer weiter verschärft, da die Einkommen der oberen 10% in immer astronomischere Höhen kletterten und die der unteren 90% weitest- gehend stagnierten.

---

[29] Edward N. Wolff, „Recent Trends in Household Wealth in the United States: Rising Debt and the Middle-Class Squeeze – an Update to 2007", Levy Economics Institute of Bard College Working Paper No. 589, März 2010.
[30] Joseph Stiglitz, *The Price of Inequality: How Today's Divided Society Endangers Our Future* (New York: W.W. Norton, 2012).

Tab. 7.3: Steuererklärungen der Superreichen in den USA

% von allen Erklärungen	Einkommen			
	Anzahl (1.000)	Gesamt (Billionen $)	Durchschnitt (1.000 $)	% des Volkseinkommens
Höchste 0.5%	730	1,1	1.507	14
Höchste 2.8%	3.900	2,0	513	26

Quelle: Internal Revenue Service, URL: http://www.irs.gov/taxstats/indtaxstats/article/0,,id=96981,00.html Stand 25. Juli 2012.

Der gesunde Menschenverstand sagt einem, dass diese immense Einkommensungleichheit weder gerechtfertigt noch gesund für die zukünftige Stabilität des sozio-ökonomischen Gesellschaftssystems ist. Joseph Stiglitz argumentiert, dass die Elite, während sie die beste Gesundheitsversorgung, Bildung und die Vorteile des Reichtums genießt, nicht erkennt, dass „ihr Schicksal davon abhängt, wie die anderen 99 Prozent leben".[31] Sogar Alan Greenspan, ein Idol der Ayn-Rand-Republikaner und ein glühender Verfechter der Exzesse der freien Märkte, erkennt die fundamentale Bedrohung für das System: „Man kann die Vorteile des kapitalistischen Marktwachstums nicht ohne die Unterstützung eines erheblichen Anteils und in der Tat praktisch aller Menschen genießen; und wenn sie zunehmend das Gefühl haben, dass die Früchte des Kapitalismus ungerecht verteilt werden, wird das System nicht standhalten."[32] Zbigniew Brzezinski, sicher auch kein Kommunist, äußert ähnliche Bedenken: „Ich bin zutiefst besorgt, dass ... was unsere Gesellschaft zusammengehalten hat, sich auflöst ... Ich glaube, dass wir eine Situation in Amerika haben, in der die Reichen reicher geworden sind, als man moralisch oder pragmatisch vertreten kann. Auch glaube ich, dass wir auf einen sozialen Konflikt zusteuern könnten. Dies könnte sehr destabilisierend sein ... Ich glaube, dass die grundlegende Spaltung zwischen den sehr Armen und den Reichen und der Verlust der Aufstiegsmöglichkeiten für die Mittelklasse ein ernstes Problem sind. Heute hat ein neugeborener Amerikaner weniger Aufstiegschancen ... als ein Europäer ... Ich denke, das Problem ... [ist] so in ... unserem Finanzsystem integriert ..., die Nation [sollte] sich wirklich fragen, was der Maßstab ist, an dem eine anständige und gerechte Gesellschaft definiert werden müsste. Dieser Maßstab ist nicht die konsequente Gleichstellung wie in kommunistischen Systemen, aber er beinhaltet sicherlich eine Begrenzung der persön-

[31] Joseph Stiglitz, The Price of Inequality.
[32] „Alan Greenspan on Income Inequality", YouTube video, 5:42, gepostet von „johnklin", 28. September 2007.

lichen finanziellen Bereicherung, meist durch Spekulation, die sozial nicht produktiv ist, und er sollte auch die Idee eines fairen Standards für Aufstiegschancen beinhalten."[33] Schon die Gründerväter wussten nur zu gut, dass die Demokratie sich in eine Oligarchie verwandelt, wenn Reichtum und Macht und die Privilegien, die sich von ihnen ableiten, zu ungleich verteilt sind.

Kurz gesagt, es gibt keinen berechtigten Grund für diese krasse Einkommensungleichverteilung.[34] Das gegenwärtige Niveau der Ungleichheit widerspricht jeglichem gesunden Menschenverstand: Es entstand nicht durch einen einfachen Marktmechanismus und spiegelt nicht die sozialen Werte der Betroffenen wider, auch wenn der Mythos vom Selfmademan weit verbreitet und in der Folklore des amerikanischen Traums eingebettet ist. Doch der Erfolg der Elite ist vor allem durch Herkunft und Gene, Pioniervorteile, Glück und durch von der Regierung erteilte Privilegien bedingt, zusätzlich zu einer Reihe von institutionellen Veränderungen und technologischen Entwicklungen, von denen viele von der Regierung angestoßen wurden. Andere Beiträge der Regierung enthalten eine langfristige Verpflichtung zur Deregulierung, zu einer allgemeinen ideologischen Präferenz wirtschaftsfreundlicher Politik zur indirekten Schaffung von Arbeitsplätzen anstelle von arbeitnehmerfreundlicher Politik, die die Arbeitnehmer geschützt hätte. Außerdem schoben die Regierungen die Kräfte der Globalisierung an, wodurch lukrative Geschäftsmöglichkeiten die Finanz- und Wirtschaftselite bereicherten, während die Gewerkschaften unter ständigen politischen Druck gesetzt wurden. So ist die Regierung kläglich dabei gescheitert, die existenzsichernden Löhne der Mittelschicht zu verteidigen.[35] Stattdessen schritt sie ein und verteidigte durch die großen Rettungsaktionen von 2008/09 energisch Einkommen, Reichtum und politische Macht des obersten 1%, was als Rettung aller Amerikaner verkauft wurde. Dabei zogen die 99% sehr wenig Nutzen aus den Billionen von Dollar, die von der US-Notenbank gedruckt wurden. Mit anderen Worten, wenn es Schumpeters schöpferischer Zerstörung erlaubt gewesen wäre, ihren Gang zu gehen, dann hätten die Marktkräfte die enorme Ungleichheit wesentlich gemildert.

Der Bestseller-Autor Malcolm Gladwell argumentiert überzeugend, dass es nur wenige Selfmademan in der Elite gibt, da der Karrierepfad von fast allen vor allem durch Umstände, die außerhalb ihrer Kontrolle lagen, wie Glück oder angeborenes Talent bestimmt wurden.[36] Zum Beispiel scheint es, als ob

---

[33] „The Great U.S. Wealth Gap Could Cause a Social Conflict: Zbigniew Brzezinski – Fast Forward", Reuters TV video, 4:12, 18. Juli 2012.

[34] Joan Robinson, *An Essay on Marxian Economics* (London: Macmillan, 1960), S. 67.

[35] James Galbraith, *The Predator State: How Conservatives Abandoned the Free Market and Why Liberals Should Too* (New York: The Free Press, 2009).

[36] Malcolm Gladwell, *Outliers: The Story of Success* (New York: Little, Brown, 2008).

Bill Gates ein Selfmademan ist, aber die unangenehme Wahrheit ist, dass er einen privilegierten Start ins Leben hatte. Seine Eltern waren wohlhabend genug, um ihn in einer exklusiven Schule einschreiben zu können, die gerade einen Großrechner für ihre Schüler anschaffte. Wie viele 13-Jährige hatten im Jahr 1968 uneingeschränkt Zugang zu einem solchen Computer? Offensichtlich wurde er intelligent geboren, versiert und mit erheblichem unternehmerischem Talent, natürlich hat er auch hart gearbeitet, aber dies war keineswegs proportional zu seinem ultimativen Reichtum. Er erhielt die ersten Impulse von seinen Eltern, von seiner Schule und dem Beginn der IT-Revolution, aber profitierte auch sehr vom Glück, als die Verhandlungen zwischen IBM und anderen potenziellen Anbietern von PC-Betriebssystemen abbrachen und IBM sich an Gates wandte. Dabei hat Gates den größten Teil des Betriebssystems nicht einmal selbst geschrieben. Gates war mehr oder weniger nur ein Mittelsmann. Daher hätte ihm in einem Rawls'schen gerechten Staat dieser Reichtum nicht zugestanden. Sein Reichtum steht nicht im Verhältnis zu seinem Beitrag für die Gesellschaft. Es war die Art, in der sich sein Leben entfaltete, wie der Rechtsstaat funktionierte und ein Wirtschaftssystem, in dem der Gewinner fast alles bekommt, was ihm die Rechte gab, die es ihm ermöglichten, der reichste Mann der Erde zu werden. Anders gesagt, der Markt steigert den Reichtum der Gewinner, bis er in keinem Verhältnis mehr zu ihrer Leistung steht.[37] Sicher hat er einen kleinen Teil seines Reichtums verdient, da er einen echten Beitrag zur Gesellschaft geleistet hat, aber das tatsächliche Ergebnis ist nicht das System, das wir hinter einem „Schleier des Nichtwissens" erdacht hätten, wenn wir den Gesellschaftsvertrag von Grund auf geschaffen hätten.

Der legendäre Milliardär und Investor, Warren Buffett erklärt sein Vermögen wie folgt: „Ich hatte Glück, in einem Marktsystem zu leben, das manchmal verzerrte Ergebnisse produziert, auch wenn es insgesamt gut für unser Land ist … Ich lebe in einer Wirtschaft, in der jemand, der das Leben seiner Kameraden auf dem Schlachtfeld rettet, mit einer Medaille belohnt, in der ein großartiger Lehrer als Lohn ein Dankesschreiben von den Eltern bekommt, aber diejenigen, die die Fehlbewertung von Wertpapieren erkennen, mit Summen belohnt werden, die bis in die Milliarden gehen können. Kurz gesagt, ist die Schicksalsverteilung der langen Strohhalme äußerst launisch."[38]

Niemandes Beitrag für die Gesellschaft ist mehrere Millionen Dollar wert. Geschäftsführer stellen sich ihre eigenen Gehaltschecks aus, als ob sie die Eigentümer der Unternehmen wären. Buffett, der im Laufe von 40 Jahren

---

[37] Mark Zuckerbergs Geschichte ist ähnlich. Er stahl die Idee für Facebook im Wesentlichen von Kommilitonen.

[38] Wikipedia Autoren, „Warren Buffet", *Wikipedia: The Free Encyclopedia*.

Positionen im Vorstand von rund 19 Unternehmen innehatte, beschrieb die Atmosphäre bei den Vorstandssitzungen wie folgt: „Verantwortlichkeit und Verantwortung sind in den letzten zehn Jahren allmählich verschwunden, wurden Qualitäten von immer geringerer Bedeutung, … Als die Aktienkurse stiegen, gingen die Verhaltensnormen von Managern den Bach runter. Folglich war man im Club der ehrenhaften Vorstände meist recht einsam … Zu viele dieser Spitzenmanager haben jedoch in den letzten Jahren … Zahlen frisiert und obszöne Gehälter für mittelmäßige unternehmerische Leistungen bezogen … In der Theorie sollten die Aufsichtsräte diesen Sittenverfall verhindert haben … Wenn fähige, aber gierige Manager es übertreiben und versuchen, zu tief in die Taschen der Aktionäre zu greifen, müssen die Aufsichtsräte ihnen gehörig auf die Finger klopfen … Das Übertreiben ist inzwischen weit verbreitet, das Auf-die-Finger-Klopfen aber nicht. Warum sind intelligente und anständige Direktoren so kläglich gescheitert? Die Antwort liegt in dem, was … ich ‚Aufsichtsratsatmosphäre‘ nennen würde. Wenn der Vergütungsausschuss, wie immer mit Unterstützung von hochbezahlten Beratern, eine Mega-Gewährung von Optionen für den CEO vorschlägt, dann wäre Kritik an dem Vorschlag genauso ein Affront, als ob man bei Tisch rülpsen würde … Ich muss reumütig hinzufügen, dass ich mich häufig auch nicht mit Ruhm bekleckert habe: Zu oft habe ich geschwiegen, wenn das Management Vorschläge gemacht hat, die nach meinem Urteil den Interessen der Aktionäre entgegenstanden. In diesen Fällen hat Kollegialität unabhängiges Denken übertrumpft … In den letzten Jahren wurden Vergütungsausschüsse zu oft zu schwanzwedelnden Welpen, die kleinlaut den Empfehlungen der Berater folgten, eine Zunft, die nicht für Treue zu den gesichtslosen Aktionären bekannt ist, die doch ihre Gebühren bezahlen … Diese kostspielige Farce sollte aufhören."[39]

Dies sind nicht die Worte eines radikalen Globalisierungsgegners, sondern die Worte eines der reichsten Männer der Welt, der seine Karriere in der Unternehmenswelt gemacht hat und ein glühender Verfechter der freien Märkte ist. Aber er hat persönlich die Realität vieler Vorstandsetagen gesehen und verfügt über ausreichend gesunden Menschenverstand, um zu erkennen, wann ein Manager überbezahlt wird.

Es gibt keine empirischen Belege dafür, dass höhere Steuern für die Superreichen oder Gehaltsobergrenzen zu weniger Führungsqualitäten führen. Geringere Managergehälter haben deutschen, schweizerischen, französischen oder japanischen Unternehmen nicht geschadet, auch wenn die Gehälter ihrer CEOs nur einen Bruchteil der in den USA bezahlten betragen. Abgesehen von Aktienoptionen betrugen die durchschnittlichen Vorstandsgehälter in

---

[39] „Berkshire's Corporate Performance vs. the S&P 500", Berkshire Hathaway, Inc., 21. Februar 2003.

den 15 größten Unternehmen 10,4 Millionen Dollar in den USA, aber „nur" 3,6 Millionen Dollar in den Niederlanden, 6,8 Millionen Dollar in Deutschland und 6,0 Millionen Dollar in Australien. Inklusive der weit verbreiteten Aktienoptionen verdiente der durchschnittliche Vorstand in den USA 2007 etwa 24,4 Millionen Dollar. Zwischen 2003 und 2007 stiegen die Vergütungen der Vorstände in den USA um 45%, während die des durchschnittlichen Arbeitnehmers um kaum 3% stiegen.

Nirgendwo ist das Verhältnis der Gehälter von CEOs zu Arbeitnehmern so unterschiedlich wie in den USA. Heute verdient ein CEO mehr als 350-mal so viel wie ein durchschnittlicher Arbeitnehmer. Im Jahr 1980 waren es „nur" ungefähr 50-mal so viel.[40] Sollte es tatsächlich so sein, dass die Produktivität der CEOs siebenmal so schnell gewachsen ist wie die des Rests der Belegschaft? Das ist extrem unwahrscheinlich. In anderen Ländern ist dies nicht passiert. In einem vollkommenen Markt gäbe es solche Einkommensdiskrepanzen nicht. In den Niederlanden beträgt das Verhältnis z.B. „nur" 103.[41] Vielmehr sind diese Verzerrungen das Ergebnis von mangelnder Aufsicht. Es gibt keine Beweise dafür, dass amerikanische CEOs so viel produktiver sind als ihre ausländischen Kollegen.[42]

Dies bedeutet, dass die Arbeitnehmer bei ihrer Bezahlung immer mehr hinter Managern und Führungskräften zurückfallen. Die neue privilegierte Klasse sind nicht mehr die Eigentümer von Kapital, das heißt die Aktionäre der Konzerne, sondern die Unternehmensführung, die quasi am Scheckbuch sitzt. William F. Buckley, Jr., ein prominenter Konservativer bezeichnet CEO-Gehälter als „Erpressung".[43] Führungskräfte können im Grunde ihre eigenen Gehälter bestimmen, als ob sie die Eigentümer des Unternehmens wären.

[40] Sarah Anderson, John Cavanagh, Chuck Collins, Sam Pizzigati und Mike Lapham, *Executive Excess 2008* (Washington, DC: Institute for Policy Studies and United for a Fair Economy, 2008); G. William Domhoff, „Wealth, Income, and Power", URL: www 2.ucsc.edu/whorulesamerica/power/wealth.html (Stand 15.12.2014)

[41] Geschäftsführer verdienen in den USA im Schnitt 6,3 Millionen Dollar, in Deutschland hingegen nur 3,8 Millionen Dollar, in den Niederlanden 2,2 Millionen Dollar und in Australien 2,4 Millionen Dollar. Franz Christian Ebert, Raymond Torres und Konstantinos Papadakis, „Executive Compensation: Trends and Policy Issues", International Institute for Labour Studies, Geneva, Discussion Paper No. 190, 2008, 6.

[42] Ein Gespräch mit Paul Krugman und Joseph E. Stiglitz über den Stand der Wirtschaft, 23. Oktober 2012.

[43] William F. Buckley, Jr. „Capitalism's Boil", *National Review Online*, April 20, 2005, zitiert in John Alexander Burton und Christian E. Weller, „Supersize This: How CEO Pay Took Off While America's Middle Class Struggled", *Center for American Progress*, Mai 2005.

„Da Aktionäre nur unvollkommene Informationen über Handlungen der Führungskräfte haben, ist ihre Fähigkeit, das Verhalten der Führungskräfte zu kontrollieren, begrenzt. Dies schränkt die Möglichkeit der Aktionäre stark ein, die Erfüllung des Vertretungsvertrags durchzusetzen ... die Vergütung von Führungskräften ist ein Produkt des ... Ermessens und der Macht der Vorstände. Neben der Informationsasymmetrie resultiert die Entscheidungsfreiheit der Geschäftsführung aus der breiten Streuung der Aktionäre, die ihre Verhandlungsmacht schwächt, und aus der Verankerung des CEO im Vorstand, die seine Verhandlungsmacht stärkt ... Darüber hinaus sind die genauen Aufgaben von Spitzenmanagern nicht einfach definierbar, was es für die Aktionäre schwierig macht, einfache Leistungskriterien zu erstellen und die Anstrengungen der Geschäftsführung danach zu bewerten ... Darüber hinaus bestreitet die ‚Management Power Theory', dass der Aufsichtsrat, der verantwortlich für die Bestimmung der Vergütungspakete ist, zwangsläufig im Interesse der Aktionäre handelt und dass seine Loyalität gegenüber den Aktionären davon abhängig ist, ob ihre Interessen näher an denen der Aktionäre oder denen der Führungskräfte sind ..."[44]

Die Verteilung der Gehälter in den heutigen Großunternehmen ist nicht eindeutig bestimmt, sondern hängt von der jeweiligen Verhandlungsmacht der Akteure ab. Dabei haben die Führungskräfte aufgrund ihres Informationsvorsprungs eine starke Position und weil sie Verhandlungen mit einem Aufsichtsrat führen, der kaum Anreize hat, hart zu verhandeln – die Aufsichtsratsmitglieder arbeiten im Auftrag der Aktionäre und nicht in ihrem eigenen. Darüber hinaus gibt es Probleme mit der Anreizkompatibilität im Zeitverlauf: Es ist schwierig für die Aktionäre, zwischen kurz- und langfristigen Gewinnen zu unterscheiden. In den Jahren vor dem Zusammenbruch der Finanzmärkte wurden „Boni gezahlt und die CEOs profitierten von ihren Aktienoptionen. Erst viel später wurde den Aktionären klar, dass die berichteten Geschäftsergebnisse eine Farce waren."[45]

Als Folge ihrer Institutionen und rechtlichen wie steuerlichen Strukturen sind die USA unter den Industrieländern die Gesellschaft mit der größten Ungleichheit (Abb. 7.10). Die Wirtschaftsleistung wird nicht gerecht verteilt. Es gibt diejenigen, die behaupten, dass alles, was wir für eine gerechte Gesellschaft brauchen, Chancengleichheit ist. Andere glauben, dass die rechtliche Gleichstellung nicht genug ist, da Menschen alleine durch die sozio-ökonomischen und genetischen Umstände ihrer Herkunft benachteiligt werden. So sollten Menschen nicht für Umstände außerhalb ihrer Kontrolle bestraft werden, wie zum Beispiel Mangel an Talent, Intelligenz oder Familienwohlstand in

---

[44] Ebert, Torres und Papadakis, „Executive Compensation", S. 13-14.
[45] Warren Buffett, „2002 Annual Report", S. 17.

Abb. 7.10: Vergleich der Einkommensungleichverteilung in
ausgewählten Ländern: Verhältnis der reichsten 10%
zu den ärmsten 10% der Einkommensverteilung

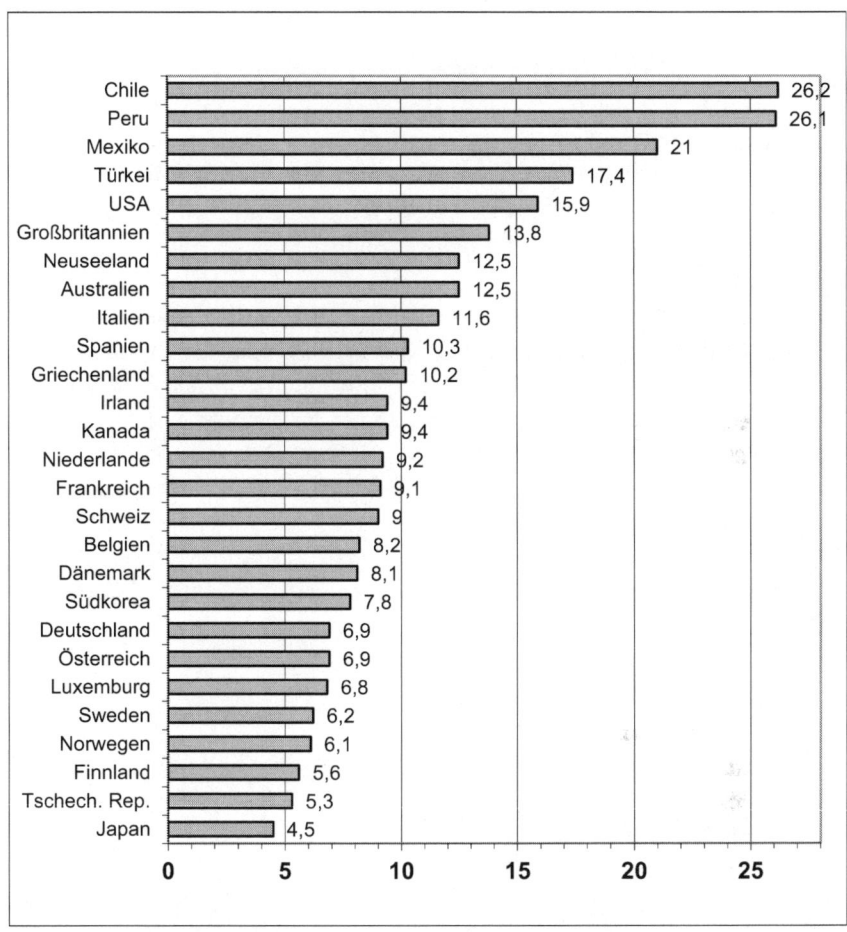

Quelle: World Bank (2009). „World Development Indicators". Washington DC: World Bank.
Die Daten beziehen sich auf die Jahre 1992-2007, zitiert nach Human Development Report.
Overcoming barriers: Human mobility and development, 2009, S. 195-196. http://hdr.undp.org/
sites/default/files/reports/269/hdr_2009_en_complete.pdf (letzter Zugriff: 07. April 2015).

ihrer Kindheit.[46] Die Verteilung von Einkommen und Vermögen sollte nicht
durch willkürliche Faktoren wie Rasse, Geschlecht oder soziale Herkunft be-

[46] Ronald Dworkin, *Sovereign Virtue: The Theory and Practice of Equality* (Cambridge,
MA: Harvard University Press, 2000).

einflusst werden.[47] Die Gesellschaft hat eine moralische Verpflichtung, allen gleiche Wettbewerbsbedingungen zu bieten, sodass soziale Herkunft nicht der dominierende Faktor in der Bestimmung des individuellen sozialen und wirtschaftlichen Erfolges ist. Ein Baby kann nichts für die Umstände, in die es geboren wird. Die Vorteile, die jemand wegen seiner Herkunft erzielt, sind im Prinzip nicht anders als die Privilegien der Aristokratie in der Feudalzeit, die wir gemeinhin als illegitim ansehen. Ich vermute, dass zukünftige Epochen auf unsere Formen von Privilegien mit ähnlicher Verachtung zurückblicken werden. Managergehälter in den USA auf europäischem Niveau zu deckeln, wäre ein vernünftiger Anfang, das Blatt zu wenden. Natürlich würde dies nur funktionieren, wenn es eine allgemeinverbindliche Regel oder ein Gesetz für alle Unternehmen wäre.

Die Theorie, dass Produktionsfaktoren den Wert ihrer Grenzprodukte erhalten, ist nicht belegbar. Zusätzlich zu den oben genannten Faktoren hängt die Einkommensverteilung auch von dem Grad ab, in dem sich die Menschen moralisch gezwungen sehen, im legalen Rahmen zu handeln. Der Moralkodex wurde in letzter Zeit zu oft verletzt, was dazu führte, dass viele Führungskräfte inhaftiert und verurteilt wurden. So wurde Michael Milken in 98 Punkten des Wertpapierbetrugs angeklagt, verbrachte zwei Jahre im Gefängnis und bezahlte 600 Millionen Dollar an Geldstrafen und Restitution. Aber er behielt immer noch 2 Milliarden Dollar seines Vermögens.[48]

Kapitelzusammenfassung

„Etwas ist faul im Staate Dänemark." Aber in diesem Fall ist es nicht der Staat Dänemark, in dem etwas faul ist, sondern die Art und Weise, wie in der heutigen Marktwirtschaft die arbeitenden Menschen entlohnt werden. Die neue Normalität ist, dass der Wohlstand auf wenige konzentriert wird, während die Mehrheit vom Genuss der Früchte ihrer Arbeit ausgeschlossen bleibt. Dieses ist ein wichtiges Thema, denn es hat starken Einfluss auf die Lebenszufriedenheit der Mehrheit der Bevölkerung. Darüber hinaus ist dies nicht die Art von Wirtschaftssystem, welches wir hinter einem „Schleier des Nichtwissens" schaffen würden, das heißt, wenn wir nicht wüssten, wo wir uns am

---

[47] John Roemer, *Equality of Opportunity* (Cambridge, MA: Harvard University Press, 2000).

[48] Ivan Boesky sagte in seiner Rede zur Abschlussfeier an der University of California, Berkeley: „Ich glaube, dass Gier gesund ist. Man kann gierig sein und sich trotzdem gut fühlen." Später wurde er wegen Insiderhandel zu einer Geldstrafe von 100 Millionen Dollar und zwei Jahren Gefängnis verurteilt. Wikipedia Autoren, „Ivan Boesky", *Wikipedia: The Free Encyclopedia*.

Ende in der Einkommensverteilung befinden würden. Die gegenwärtige Struktur ist zu riskant, und wir würden sicherlich ein integrativeres System schaffen, in dem alle ein Recht auf Arbeit haben und in dem die Löhne mit der Produktivität Schritt halten und die Früchte des Wachstums nicht von ein paar Privilegierten monopolisiert werden.

Im Gegensatz dazu wuchs in der real existierenden Wirtschaft die Produktivität viel schneller als die Löhne. Daher erhalten die Arbeitsnehmer nicht ihre gerechte Entlohnung. Die Produktivitätsgewinne fließen nicht ihnen zu, sondern den Eigentümern von Kapital und den Managern und CEOs, die die Unternehmen führen und mangels ausreichender Kontrolle durch die Aufsichtsräte ihre eigenen Gehaltsschecks schreiben können. Deregulierung und Rettungsaktionen auf Kosten der Steuerzahler ermöglichten die immensen Gewinne des Finanzsektors. Im Jahr 2013 gab es, zu einer Zeit als 50 Millionen Menschen in Armut lebten, nicht weniger als 13 Millionen Millionäre in den Vereinigten Staaten.[49]

Oligopole nutzen ihre Marktmacht und produzieren nicht die sozial effiziente Menge zu effizienten Preisen. Herkömmliche Lehrbücher verschweigen den Kern des Greenwald-Stiglitz-Theorems, das beweist, dass bei unvollkommener Information – also praktisch immer – Märkte ineffizient sind. Das bedeutet, dass es in der realen Welt viele Möglichkeiten für die Regierungen gibt, Marktergebnisse zu verbessern, um die gewünschte Verteilung von Vermögen und Einkommen zu erzielen. Der Fokus auf die Magie der unsichtbaren Hand hält uns davon ab, uns auf die Defizite der Marktallokationen zu konzentrieren, und ist somit ein heimtückisches Forschungsprogramm. Wir müssen systematisch Wege erforschen, die helfen können, unsere Produktion, unseren Konsum und die Verteilung der Ressourcen zu verbessern. Dieses Forschungsprogramm sollte zu Beginn des Studiums beginnen, und zwar im ersten VWL-Kurs. Das vorliegende Kapitel ist ein erster Schritt in diese Richtung.

[49] Es gab 45.000 Superreiche mit einem Vermögen von mehr als 50 Millionen Dollar. Credit Suisse, „Global Wealth Report 2013" S. 23; CBS, „Census: U.S. Poverty Rate Spikes, Nearly 50 Million Americans Affected", 15. November 2012.

8 Argumente für die Regulierung der Märkte

Märkte haben viele Seiten, die den Studenten in den Einführungslehrbüchern vorenthalten werden. Diese Abweichungen von den idealisierten Märkten sind sogenannte Marktunvollkommenheiten. Ich bezeichne diese lieber als die „Achillesfersen" der Märkte. In Kapitel 8 diskutieren wir einige dieser Themen, zum Beispiel opportunistisches Verhalten und die Probleme, die daraus resultieren, dass die meisten Menschen nicht für sich selbst, sondern im Auftrag anderer arbeiten. Dies führt zum Prinzipal-Agent-Problem, das bereits kurz in Kapitel 5 angesprochen wurde. Es verhindert einen reibungslosen Ablauf der Prozesse in Unternehmen, weil es zu teuer ist, die Arbeiter (Agenten) permanent zu überwachen, und weil die Anreize, die einen optimalen Arbeitseinsatz und Entscheidungen im Sinne der Firmenbesitzer bewirken sollten, oft fehlkonstruiert sind. Viele Geschäftsführer und Hypothekenmakler nutzten diese Möglichkeiten im Vorfeld der Finanzkrise, um sich auf Kosten der Gesellschaft zu bereichern.

Prinzipal und Agent

Aktionäre sind die Eigentümer des Unternehmens und daher die Prinzipale oder Auftraggeber. Manager und Arbeitnehmer sind ihre Agenten oder Auftragnehmer, die eigentlich zum Wohle der Firma handeln sollten. Allerdings ist dies mit der üblichen Annahme inkompatibel, dass Menschen egoistisch sind. Wenn wir davon ausgehen, dass die Menschen selbstsüchtig sind, warum sollten wir annehmen, dass sie bei der Arbeit diese Selbstsucht unterdrücken und für das Wohl der Firma und nicht für ihr eigenes arbeiten? Die Prinzipal-Agent-Theorie hilft, diesen Widerspruch aufzulösen. Sie bezieht sich auf die Tatsache, dass die Arbeiter und Manager eines Unternehmens ihre eigenen Interessen verfolgen und die der Firma nur berücksichtigen, wenn sie im Einklang mit ihren eigenen stehen. Obwohl praktisch alle Arbeitgeber versuchen, die Interessen der Agenten und der Prinzipale durch Anreize in Einklang zu bringen, ist dies nicht einfach, da es die schriftliche Niederlegung aller Eventualitäten und die ständige Kontrolle allen Handelns der Agenten erfordern würde, was normalerweise unmöglich ist.

Forschung im Bereich der Vertragstheorie hat gezeigt, dass Gewinnmaximierung unter solchen Umständen praktisch unmöglich ist. Ähnlich wie Konsumenten, können die Prinzipale eigentlich nur satisfizieren, also eine zufriedenstellende Lösung für das Profitmaximierungsproblem suchen. Verträge und Leistungsanreize sind nicht imstande, Führungskräfte von der Maximierung ihres eigenen Nutzens (oft ihrer Gehälter) abzuhalten, auch wenn dies zum Schaden der ihnen anvertrauten Unternehmen geschieht, wie wir während der Finanzkrise 2008 gesehen haben. Dick Fuld zum Beispiel besaß, selbst nachdem er Lehman Brothers in den Bankrott gesteuert hatte, die astronomische Summe von 450 Millionen Dollar, während die Aktionäre leer ausgingen.[1] Maurice Greenberg zog sich aus der AIG mit absurden 4,3 Milliarden Dollar zurück.[2] Stanley O'Neal brachte Merryl Lynch an den Rand des Bankrotts, erhielt aber einen goldenen Fallschirm im Wert von 161 Millionen Dollar. James Cayne, CEO von Bear Stearns, wurde als der „schlechteste amerikanische CEO aller Zeiten" bezeichnet, sicherte sich aber 61 Millionen Dollar, als die Firma in finanzielle Schieflage geriet.[3] Die Liste der modernen Raubritter und ihrer Beutezüge ließe sich noch endlos fortsetzen. Es ist auch nicht so, dass diese Finanzkönige die hellsten Köpfe waren. Vielmehr wussten sie besser als andere ihre Ellbogen einzusetzen, um sich an die Spitze zu kämpfen. So wurde beispielsweise Dick Fuld nachgesagt, dass er arrogant und ein „fehlgeleiteter Draufgänger" sowie eine „armselige Offenbarung von Macho-Arroganz" sei.[4]

Ein weiteres eklatantes Beispiel für einen Interessenkonflikt zwischen Prinzipal und Agent findet sich im Vorfeld der Finanzkrise von 2008. Alan Greenspan missachtete die Grundregeln des Prinzipal-Agent-Problems und dachte, dass er den Finanzunternehmen zutrauen könnte, sich um ihre langfristigen Interessen zu sorgen. Dies erwies sich allerdings als völlig falsch, weil Unternehmen nicht Einrichtungen sind, deren Mitarbeiter das Interesse der Aktionäre verfolgen. Stattdessen bestehen sie aus Mitarbeitern, die den Blick auf ihre eigenen kurzfristigen Boni richten und sich in der Regel wenig um das langfristige Wohl der Firma kümmern. Daher macht es wenig Sinn, die Theorie der Firma ohne Berücksichtigung des Prinzipal-Agent-Problems und der ihr inhärenten Interessenkonflikte zu unterrichten. Darüber hinaus bestand ein ruinöser Wettbewerb. Finanzmanager, die nicht kurzfristig Gewinne

---

[1] Wikipedia Autoren, „Richard S. Fuld, Jr.", *Wikipedia: The Free Encyclopedia.*
[2] Mary Williams Walsh, „Insurance Giant A.I.G. Takes Ex-Chief to Court", *The New York Times*, 14. Juni 2009.
[3] „Portfolio's Worst American CEOs of All Time", CNBC.
[4] William D. Cohan, „Lehman E-Mails Show Arrogance Led to the Fall", *Bloomberg View*, 6. Mai 2012.

erzielten, wurden schnell von ihren Kunden im Stich gelassen, was dazu führte, dass wegen der benötigten Gewinne immer größere Risiken eingegangen wurden, die den Kunden aber nicht im gleichen Maße bekannt waren.

Moral Hazard

Das Prinzipal-Agent-Problem ist ein Teilproblem der „Moral Hazard"-Problematik. Die Menschen betrachten ihren eigenen Nutzen ohne Rücksicht darauf, wie sich ihre Handlungen auf andere auswirken. So können ihre Entscheidungen anderen auch schaden, während sie aber die Verantwortung für die Folgen dieser Handlungen nicht zu tragen haben. Dies ist der Fall, wenn es zum Beispiel einen Konflikt zwischen kurzfristigen Gewinnen auf Kosten langfristiger Verluste gibt, wenn die Verluste verdeckt oder mit Unsicherheit behaftet sind, wenn die Verantwortung für das Handeln des Einzelnen auf eine ganze Gruppe verteilt wird, wenn die Überwachung zu teuer oder unvollständig ist oder wenn es unvollständige Informationen gibt. Für ein Unternehmen bedeutet es eine Herausforderung, die Untergebenen auf allen Ebenen ohne übermäßige Kosten zu überwachen und den zeitnahen Informationsfluss innerhalb der Befehlskette zu gewährleisten. Die Agenten (der Geschäftsführer und andere Führungskräfte der Unternehmen) können oft nicht für ihre Taten verantwortlich gemacht werden. Die Welt ist zu komplex, um perfekte Verträge zu erstellen, die alle Eventualitäten, inklusive aller zukünftigen noch unbekannten, abdecken. Es wäre zu kostspielig, einen solchen Vertrag zu erstellen.

In einem so komplexen System ist es daher eine Herausforderung, den Interessenkonflikt zwischen den Managern und den Aktionären zu überwinden. Eine solches System hat zu viele Reibungsverluste, als dass es effizient sein könnte, und daher werden viele Ressourcen verschwendet.[5] Zum Beispiel wurde das Büro und das Empfangszimmer des legendären John Thain, Vorstandsvorsitzender von Merrill Lynch, für 1,2 Millionen Dollar renoviert – und das nur wenige Monate, bevor die Firma auf Kosten der Steuerzahler mit 29 Milliarden Dollar gerettet werden musste. Thain zeigte auch den „gesunden Menschenverstand", nur wenige Tage vor der von der US-Regierung verfügten Zwangsfusion mit der Bank of America noch 4 Milliarden US-Dollar an Boni zu autorisieren. Natürlich war das nicht sein Geld, und so war es ihm

---

[5] Richard J. Arnott und Joseph E. Stiglitz, „Labor Turnover, Wage Structures, and Moral Hazard: The Inefficiency of Competitive Markets", *Journal of Labor Economics* 3 (1985): S. 434-462.

im Grunde egal. Er wurde auch nicht für sein schlechtes Urteilsvermögen bestraft.[6]

Moral Hazard ist in dieser Hinsicht einer negativen Externalität ähnlich, da Dritten Kosten aufgebürdet werden, ohne dass sie eingewilligt haben. Dies ist kein neues Phänomen. Schon Adam Smith war sich dessen bereits bewusst: „Von Direktoren solcher Unternehmen, … als Manager … des Geldes anderer und nicht ihres eigenen, kann nicht erwartet werden, dass sie über das Geld mit der gleichen ängstlichen Vorsicht wachen, wie die Partner in einer Partnerschaftsgesellschaft häufig über ihr eigenes wachen … Fahrlässigkeit und Überfluss werden deshalb immer mehr oder weniger in der Verwaltung der Angelegenheiten eines solchen Unternehmens vorherrschen."[7]

Opportunistisches Verhalten

Opportunistisches Verhalten bezeichnet das Problem, dass freie Märkte Geschäftspartnern eine Vielzahl von Möglichkeiten bieten, andere in einer unmoralischen, charakterlosen, gerissenen, unehrlichen oder betrügerischen Art und Weise oder durch List zu übervorteilen.[8] Ein Großteil der Möglichkeiten für Opportunismus resultiert aus Informationsasymmetrien. Man kann auch dank mehrdeutiger oder unzureichender Gesetze oder ihres kompletten Fehlens auf eine Art und Weise Vorteile erzielen, die der Gesetzgeber nicht vorhergesehen hat. Dies geschieht meist unter krasser Missachtung sozialer Normen. Das Wachstum der Schattenbanken in den letzten drei Jahrzehnten in den USA und der Einsatz von Derivaten sind ein gutes Beispiel für diese Art von Entwicklung. Opportunistisches Verhalten kommt auch bei der Nutzung unvollständiger Verträge, bei asymmetrischen Informationen, wenn eine Vertragspartei nur teilweise informiert ist, bei Leichtgläubigkeit, bei Mangel an geistigen Fähigkeiten seitens der Gegenpartei oder bei kognitiven Biases vor.

Die inhärente Neigung vieler Menschen, den Gesellschaftsvertrag zu ignorieren und andere skrupellos zu übervorteilen oder zu täuschen, impliziert,

---

[6] Die AIG verschwendete 86.000 Dollar für eine Rebhuhnjagd, während die Regierung 186 Milliarden Dollar für die Rettung der AIG aufbrachte. John Thains gegenwärtiges Einkommen beträgt immer noch ungefähr 6 Millionen Dollar pro Jahr, auch wenn er die Kosten für die Renovierung seines Büros, das er kurz danach räumen musste, zurückzahlen musste.

[7] Adam Smith, „Of the Expenses of the Sovereign or Commonwealth", Book V, Chapter I, Section 107 in *An Inquiry into the Nature and Causes of the Wealth of Nations*, Hrsg. Edwin Cannan (London: Methuen & Co., 1904), available online at Library of Economics and Liberty.

[8] Wikipedia Autoren, „Opportunism", *Wikipedia: The Free Encyclopedia*.

dass die Märkte nicht unreguliert sein sollten. Wir müssen die Handlungen der Menschen so beschränken, dass sie davon abgehalten werden, andere opportunistisch auszunutzen, z.B. durch den Verkauf von kontaminierten Medikamenten oder Lebensmitteln. In den USA gab es im Jahr 2009 mehr als 3000 Todesfälle durch Lebensmittelvergiftungen.[9] Freie Märkte ohne angemessene Gesetze und Vorschriften können nicht lange existieren.

In der Vergangenheit hat der Glaube an ein Leben nach dem Tod und an einen allwissenden Gott opportunistisches Verhalten wesentlich mehr beschränkt, als er es heute tut. Man rechnete damals nicht damit, langfristig gierig auf Kosten anderer profitieren zu können. Die zunehmende Säkularisierung und die damit verbundene Zunahme opportunistischen Verhaltens erfordert eine stärkere Regulierung seitens des Staates. Ich vermute, dass vor einer Generation altmodische Banker nicht so schnell bereit gewesen wären, Hypotheken zu gewähren, von denen sie selbst wussten, dass der Kunde nicht in der Lage sein würde, sie zurückzuzahlen. Allerdings waren die Jahre kurz vor der großen Finanzkrise stark von opportunistischem Verhalten geprägt. Paul Krugman drückte es so aus: „Es war eine weit verbreitete Immobilienblase ... Diese Blase wurde durch unverantwortliche Kreditvergabe aufgebläht, was sowohl durch die Deregulierung des Bankensektors wie durch die mangelnde Kontrolle der Schattenbanken möglich wurde, die nicht Teil der traditionellen Bankenregulierung waren, aber dennoch wie Banken tätig waren und bankenähnliche Risiken schufen."[10]

Die Neigung zu opportunistischem Verhalten wird maßgeblich durch die Unternehmenskultur bestimmt. Eine Wirtschaft, in der Betrug weit verbreitet ist, leidet gemeinhin unter höheren Kosten für die Überwachung von Verträgen. In diesen Jahren scheint es eine Betrugsepidemie zu geben, in der fast täglich Führungskräfte inhaftiert oder Unternehmen wegen Betrugs verurteilt werden. Kürzlich erhielt GlaxoSmithKline eine Geldstrafe in Höhe von 3 Milliarden Dollar,[11] ein Citibank Manager wurde wegen Veruntreuung von 22 Millionen Dollar zu einer achtjährigen Haftstrafe verurteilt[12] und 70 Menschen

---

[9] Im Jahr 2010 gab es in den USA 48 Millionen Fälle von Lebensmittelvergiftungen. William Neuman, „New Estimates of Food Poisoning Cases", The New York Times, 15. Dezember 2010.

[10] Paul Krugman, „Wall Street Whitewash", The New York Times, 16. Dezember 2010.

[11] Der Hersteller entdeckte, dass sein Diabetesmedikament Avandia für Herzrisiken verantwortlich war, „aber statt diese Ergebnisse zu veröffentlichen, verbrachte der Hersteller die nächsten 11 Jahre damit, die Ergebnisse zu verschleiern ..." Gardiner Harris, „Diabetes Drug Maker Hid Test Data, Files Indicate", The New York Times, 13. Juli 2010; Peter Landers und Jeanne Whalen, „Glaxo to Plead Guilty, Pay $3 Billion to U.S. to Resolve Fraud Allegations", The Wall Street Journal, 2. Juli 2012.

[12] „Gary Foster, Ex-Citigroup Exec, Headed to the Slammer", Huffington Post, 29. Juni 2012.

wurden seit der Finanzkrise wegen Betrugs verurteilt,[13] einschließlich des Hedgefondmilliardärs Raj Rajaratnam, der wegen Insiderhandel zu 11 Jahren Gefängnis verurteilt wurde. Auch der Bankier Rajat Gupta wurde des Insiderhandels für schuldig befunden und Barclays musste 450 Millionen Dollar Strafe wegen Zinsmanipulationen zahlen. Bernie's Bruder Peter Maddoff erhielt zehn Jahre[14] und Allen Stanford wurde wegen seines 7-Milliarden-Dollar-Ponzi-Schemas zu 110 Jahren Gefängnis verurteilt. Dennis Kozlowski, ehemaliger CEO von Tyco International, sitzt für acht bis 25 Jahre im Gefängnis. Jeff Skilling, ehemaliger Präsident von Enron, verbüßt eine 24-jährige und Bernard Ebbers von WorldCom eine 25-jährige Haftstrafe. Das sind nur diejenigen, die erwischt wurden, also nur die Spitze des Eisbergs. 2010 gab es eine Million Betrugsbeschwerden in den USA.[15] In 2011 hat das FBI 241 Verurteilungen wegen Unternehmensbetrug erwirkt.

So ist die Wirtschaft voller Korruption und opportunistischem Verhalten. Firmennamen wie Enron, Arthur Andersen, Worldcom oder Adelphia Communications sind als Folge von Betrug, Unterschlagung, Insiderhandel oder Behinderung der Justiz verschwunden.[16] Einer aktuellen Schätzung zufolge sind etwa 12% der börsennotierten Unternehmen fortlaufend in Betrugsfälle verwickelt. In einer Befragung von MBA-Studenten mit durchschnittlich zwei Jahren Berufserfahrung gaben 15% an, dass sie schon einmal aufgefordert worden waren, etwas Illegales zu tun.[17] Man könnte glauben, dass der Kapitalismus mit einer Elite, die nicht an die Normen glaubt, die in früheren Generationen geholfen haben, Vertrauen zu schaffen und die Kosten für die Durchsetzung von Verträgen zu senken, eine harte Zeit vor sich hat.

Das Internet bietet neue Möglichkeiten für innovative Formen von Betrug wie Identitätsdiebstahl. In den USA allein gab es im Jahr 2010 250.000 bekannte Opfer. Die amerikanische Steuerbehörde IRS hat festgestellt, dass in 2010 940.000 Steuererklärungen unter falscher Identität eingereicht wurden, um Rückzahlungen zu erhalten, die eigentlich anderen zustanden. Diese Identitätsdiebe hätten 6,5 Milliarden Dollar an Rückzahlungen erhalten, wenn sie nicht erwischt worden wären. Aber dem IRS wurden zusätzliche 1,5 Millio-

[13] Michael Rothfeld, „In Gupta Sentencing, a Judgment Call", *The Wall Street Journal*, 10. Oktober 2012.

[14] „Raj Rajaratnam – Galleon Group Founder Convicted in Insider Trading Case", *The New York Times*, 1. Dezember 2011.

[15] U.S. Department of Commerce, U.S. Census Bureau, The 2012 Statistical Abstract. 337: Fraud and Identity Theft – Consumer Complaints by State: 2010.

[16] Wikipedia Autoren, „List of Corporate Collapses and Scandals", *Wikipedia: The Free Encyclopedia*.

[17] Alexander Dyck, Adair Morse und Luigi Zingales, „How Pervasive Is Corporate Fraud?", URL: www.haas.berkeley.edu/groups/finance/DyckMorseZingales20130306.pdf.

nen gefälschte Steuererklärungen untergeschoben, die zu Erstattungen im Wert von mehr als 5,2 Milliarden Dollar führten. „Der IRS tut, was er kann, um das zu verhindern, aber es ist wie ein Betrugs-Tsunami."[18] Betrug erhöht die Transaktionskosten, da er Vertrauen und Kooperation zerstört und Menschen dazu bringt, zusätzliche Vorsichtsmaßnahmen im Geschäftsverkehr zu treffen, um sich gegen Verluste zu schützen. Die Angst vor Bargeld ist ein wichtiger Anreiz für die Menschen, mit Kreditkarte zu bezahlen, was die Konsumenten Milliarden Dollar kostet, da die Gewinne der Kreditkartenfirmen zumindest zum Teil auf die Preise abgewälzt werden.

Wegen der Existenz von opportunistischem Verhalten gibt es einen optimalen Grad der Freiheit auf dem Markt. Wenn es mehr als den optimalen Grad der Freiheit gibt, übersteigt der zusätzliche Schaden durch opportunistisches Verhalten den Nutzen der zusätzlichen Freiheit (Abb. 8.1). Laut Daron Acemoglu sind Ökonomen zu nachlässig gegenüber dem Problem des Opportunismus: „Die kapitalistische Wirtschaft lebt in einem Vakuum ohne Institutionen, in dem die Märkte opportunistisches Verhalten auf wundersame Weise überwachen."[19] Das ist ein enormes Problem in der Realwirtschaft, in der die Versuchung groß ist, zusätzliche Gewinne zu erzielen, und wo dabei auch nicht vor List, Tücke und Täuschung zurückgeschreckt wird. Mit dem Verfall des Glaubens an die Zehn Gebote hat der innere Wert der Wahrheit abgenommen.

Abb. 8.1: Optimales Niveau der Freiheit in der Wirtschaft

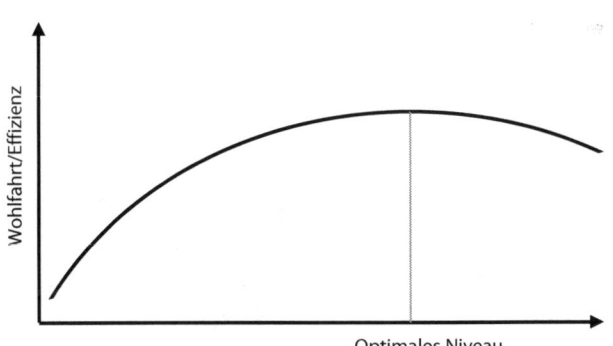

Freiheit/Abwesenheit von Regulierung

---

[18] Lizette Alvarez, „With Personal Data in Hand, Thieves File Early and Often", *The New York Times*, 26. Mai 2012.

[19] Daron Acemoglu, „The Crisis of 2008: Structural Lessons For and From Economics", 11. Januar 2009, URL: http://economics.mit.edu/files/3722.

Regulierung im Interesse der Öffentlichkeit

Zwar gibt es häufig nostalgische Verweise auf „freie Märkte" als theoretisches Konstrukt, in Wirklichkeit ist dieses Konzept im Zeitalter der Globalisierung aber überholt. Freie Märkte sind im 21. Jahrhundert passé: Sie können wegen der immer größeren Gefahr opportunistischen Verhaltens und der zunehmenden Bedeutung anderer Marktunvollkommenheiten nicht lange existieren. Staatliche Regulierung muss exponentiell mit der Komplexität der Märkte zunehmen, denn sonst würden diese ins Chaos verfallen oder einfach implodieren.

Ein richtiges System von Verordnungen ist wegen der vielen Mängel in den Märkten für jede moderne Wirtschaft wichtig. Regulierungen können der „Achillesferse" der Märkte entgegenwirken, wie unvollkommenem Wettbewerb, opportunistischem Verhalten oder Instabilität. Folglich sind Regulierungen wichtig, um den Verbraucherschutz, den Schutz von Kindern, den Schutz der Rechte der zukünftigen Generationen, Produktsicherheit, das soziale Sicherheitsnetz, die Beseitigung von Machtungleichgewichten, die Begrenzung der Umweltverschmutzung und anderer externer Effekte oder die Schaffung von Normen zu gewährleisten.

Deregulierung birgt oft erhebliche Risiken für die Stabilität der Märkte, wie wir in der Finanzkrise von 2008 erlebt haben. Die Deregulierung des Strommarktes in den 1990er Jahren führte zum Enron-Skandal. Verordnungen sind notwendig, um zum Beispiel den Missbrauch von Studenten durch profitorientierte Bildungsinstitutionen zu stoppen.[20]

Selbst ein einfaches Geschäft wie zum Beispiel das Tanken an einer Tankstellen erfordert die Aufsicht und Eichung einer staatlichen Behörde, um sicherzustellen, dass die Pumpen die Durchflussmenge des Benzins korrekt messen oder das Benzin keine giftigen Zusatzstoffe wie Blei enthält. Auf die Verwendung von verbleitem Benzin steht in den USA eine Geldstrafe von 10.000 Dollar.

Ein weiteres Beispiel ist bei den amerikanischen Banken zu finden, die nicht bereit waren, den akzeptierten rechtlichen Verfahren für die Zwangsversteigerung von Häusern zu folgen. Staatliche Stellen mussten einschreiten, um die illegale Praxis der automatisierten Unterzeichnung von Dokumenten, die eine Zwangspfändung bewirkten, zu stoppen.[21] Darüber hinaus ließ die Bank

---

[20] Editorial, „Let the Students Profit", *The New York Times*, 11. September 2010.

[21] Und sie verhängten 26 Milliarden Dollar an Strafen für die Banken. Nelson D. Schwartz und Shaila Dewan, „States Negotiate $36 Billion Agreement for Homeowners", *The New York Times*, 8. Februar 2012.

of America illegal in ein Haus einbrechen, um es in Besitz zu nehmen.[22] Wie lange würden die Wertpapiermärkte ohne die Security and Exchange Commission, die amerikanische Börsenaufsicht, oder der Geldmarkt ohne den Einlagensicherungsfond FDIC und die Federal Reserve überleben? Es ist zu bezweifeln, dass diese Märkte lange stabil wären, denn Betrug würde das System schnell destabilisieren. Leider existiert Betrug auch im aktuellen Marktumfeld – wir haben alle von Bernie Madoff gehört – und ähnliche Betrügereien sind gang und gäbe.[23] Aber der Missbrauch wird dank der Regulation in erträglichen Grenzen gehalten, sodass die Finanzmärkte nicht implodieren.

Fahrlässig regulierte Märkte können sehr gefährlich sein.[24] Praktisch jeder Markt hat Sicherheitsprobleme, die Aufsicht benötigen, damit Katastrophen verhindert werden – von Busunternehmen bis Blutspenden.[25] Der Rechtsweg bietet selten eine echte Lösung, da die Kosten, um ein ausländisches Unternehmen zu belangen, meist unerschwinglich sind und weil es für skrupellose Geschäftsleute zu einfach ist unterzutauchen.[26]

Zum Beispiel wurde die Verhütungsspirale Dalkon Shild, ein schlecht durchdachtes Intrauterinpessar, nicht richtig getestet, bevor sie in Verkehr gebracht wurde.[27] Statt einer wirksamen Verhütung verursachte sie schwere Entzündungen, tötete mindestens 17 Anwenderinnen und führte zu 300.000 Klagen gegen den Hersteller. Dies ist nur ein extremes Beispiel, in dem die versprochenen Wirkungen des Produzenten nicht von staatlichen Behörden vor der Vermarktung überprüft wurden und so zu schweren Schäden führten. Es gibt Tausende Beispiele, die meist mit Fragen der Sicherheit und unvollkomme-

---

[22] Andrew Martin, „In a Sign of Foreclosure Flaws, Suits Claim Break-Ins by Banks", *The New York Times*, 21. Dezember 2010.

[23] Trevor Cooks erschwindelte „nur" 160 Millionen Dollar, was aber genug war, um sich eine Villa für 2,8 Millionen Dollar leisten zu können. Das brauchte er wohl, um ein glückliches Leben zu führen.

[24] Sogar das Gewicht von Mannequins wird in Israel, Mailand und Madrid reguliert, nachdem die Modelle Ana Carolina Reston und Luisel Ramos 2006 in Folge einer Magersucht starben. Eric Wilson, „Health Guidelines Suggested for Models", *The New York Times*, 6. Januar 2007.

[25] Kontaminiertes, aus China exportiertes Heparin tötete 81 Menschen. Gardiner Harris, „U.S. Identifies Tainted Heparin in 11 Countries", *The New York Times*, 22. April 2008.

[26] Problemen mit chinesischen Gipskartonplatten folgt ein jahrelanger Rechtsstreit. Andrew Martin, „Drywall Flaws: Owners Gain Limited Relief", *The New York Times*, 17. September 2010. Patrick McGeehan, „Federal Officials Shut Down 26 Bus Operators", *The New York Times*, 31. Mai 2012.

[27] Die U.S. Food and Drug Administration erforderte vor 1976 keine Tests für Intrauterinpessare.

ner Informationen zu tun haben.[28] Wenn wir Hackfleisch kaufen, wissen wir nicht, wie viele und welche Bakterien sich in der Packung befinden, und haben auch keine die Möglichkeit, es herauszufinden. Also brauchen wir eine Behörde, die die Fleischfabriken überprüft. Trotz aller Gesetze und Regulierungen, die die Produktion von Lebensmitteln betreffen, gibt es immer noch Hersteller, die versuchen, Geld zu sparen und Hackfleisch zu verkaufen, das nicht zum Verzehr geeignet ist.[29] Salmonellenvergiftungen sind ein weiteres Beispiel: In den USA mussten im August 2010 500 Millionen Eier zurückgerufen werden.[30]

Daher brauchen wir staatliche Regulierung, Aufsicht und Durchsetzung der Regeln, damit die Märkte sicher und ethisch einwandfrei funktionieren. Die Märkte wurden nicht entwickelt, um dies selbst in einer so komplexen Welt zu erledigen. Die unsichtbare Hand ist in dem globalen Marktumfeld ineffizient. Darüber hinaus brauchen wir den Staat, um die Volatilität der Konjunkturzyklen zu dämpfen und ein Sicherheitsnetz für unseren Seelenfrieden zu schaffen. Jede Gesellschaft erwartet, dass die Regierungen in Notfällen wie dem Hurrikan Katrina oder der BP-Ölkatastrophe im Golf von Mexiko Hilfe leisten. In einigen Kulturen wird sogar von der Regierung erwartet, den Wohlstand zukünftiger Generationen sicherzustellen. Der Staat ist auch einer der wichtigsten Anbieter von Bildung, um den Wohlstand der folgenden Generationen zu sichern. Regierungen können auch helfen, eine höhere Lebensqualität zu erreichen, Ungleichheit und Unsicherheit zu verringern, Volatilität zu dämpfen, die Umwelt zu schützen, für eine nachhaltige Entwicklung zu sorgen, öffentliche Güter bereitzustellen, über die Stabilität der Märkte zu wachen,

---

[28] Wegen eines Meningitisausbruchs starben 15 Menschen und mehr als 200 mussten im Krankenhaus behandelt werden, weil ein Pharmaproduzent unreine Steroide verwendet hatte. Reuters, „Another Death Reported in Meningitis Outbreak", *The New York Times*, 13. Oktober 2012.

[29] Michael Moss, „The Burger That Shattered Her Life", *The New York Times*, 3. Oktober 2009. Gardiner Harris, „E. Coli Kills 2 and Sickens Many; Focus Is on Beef", *The New York Times*, 2. November 2009.

[30] Die Leiterin der Lebensmittelüberwachungs- und Arzneimittelzulassungsbehörde der Vereinigten Staaten (FDA), Margaret Hamburg, sagte, dass „es klar ist, dass die Farmen, die von dem Rückruf betroffen waren, die Standards, die als verantwortungsbewusst gelten, nicht eingehalten haben". Ab Juli forderte die FDA, dass Großbetriebe bessere Kühlanlagen verwenden und mehr Tests auf Krankheitserreger durchführen sollten, was nach Aussagen der FDA die Infizierungsrate durch Salmonellen mehr als halbieren würde. Erik Eckholm, „Egg Industry Faces New Scrutiny After Outbreak", *The New York Times*, 23. August 2010. In Großbritannien und Neuseeland, wo die Aufsicht effektiv ist, sind Salmonellen ein wesentlich geringeres Problem. David McSwane, „Prevention Before Recalls", *The New York Times*, 24. August 2010.

uns vor schädlicher Machtkonzentration zu schützen und sicherzustellen, dass es ein Mindestmaß an Generationengerechtigkeit gibt.

Ökonomen verwenden häufig die Metapher, dass Menschen mit ihrem Geldbeutel bestimmen, was produziert wird, und behaupten, dass das ein demokratisches Verfahren sei. Von all den irreführenden Vorstellungen in der Volkswirtschaftslehre ist dies eine der unlogischsten, da nicht alle Geldbeutel gleich gefüllt sind und daher einige Menschen mit dem Privileg geboren werden, viel mehr „Stimmen" zu haben als andere. So kann dieser Prozess unmöglich demokratisch sein.[31] Das ist ein weiteres Argument, den Märkten einige Befugnisse zu entziehen und in den politischen Bereich zu verlagern, da angesichts der aktuellen Einkommensverteilung Märkte überhaupt nicht demokratisch sind. In den Märkten haben die Reichen viel mehr Stimmen als die Armen, und daher dominieren ihre Wünsche. Weniger ausgeprägt ist dies in der Politik – zumindest theoretisch. Das ist ein wichtiger Grund, warum wir niemals das Recht der politischen Institutionen aufgeben dürfen, die Funktionsweise der Märkte zu überwachen, auch wenn die Armen dazu neigen, sich weniger politisch zu engagieren und weniger wahrscheinlich wählen gehen.

Interessengruppen und Regulierung

Allerdings ist Regulierung im öffentlichen Interesse alles andere als einfach, da Lobbyisten viel Geld und Mühe darauf verwenden, Regierungsvertreter und Behörden dazu zu bringen, den Interessen ihrer Auftraggeber zu dienen. Als Folge leidet die Gesellschaft, weil diese Lobbyisten viele Vorteile für ihre Auftraggeber auf Kosten der Gemeinschaft extrahieren.[32] Darüber hinaus investieren Unternehmen und vermögende Privatpersonen Unsummen in die Beeinflussung von Politikern und Regierungsbehörden, während das normale Volk individuell nur wenig Einfluss hat, auch wenn es zahlenmäßig überlegen ist.[33] Diese unausgewogene Anreizstruktur, dass Politiker eher ihren Wahlkampfspendern als dem Volk zuhören, macht es möglich, dass die Reichen die Oberhand gewinnen und die Regulierungsbehörden dazu bewegen können, die Regeln zu ihren Gunsten zu gestalten (Abb. 8.2). Dies wird als „regu-

---

[31] Tibor Scitovsky, „On the Principle of Consumers' Sovereignty", *American Economic Review* 52 (1962) 2: S. 262-268.

[32] Mancur Olson, *The Rise and Decline of Nations: Economic Growth, Stagflation, and Social Rigidities* (New Haven, CT: Yale University Press, 1982).

[33] Mancur Olson, *The Logic of Collective Action: Public Goods and the Theory of Groups* (Cambridge, MA: Harvard University Press, 1971); Olson, The Rise and Decline of Nations.

latory capture" (wörtlich: „die Behörden gefangen nehmen") bezeichnet und hat in den USA immense Ausmaße angenommen.

Abb. 8.2: Wirtschaftsinteressen investieren viel, um die Waagschale zu Ihren Gunsten zu neigen

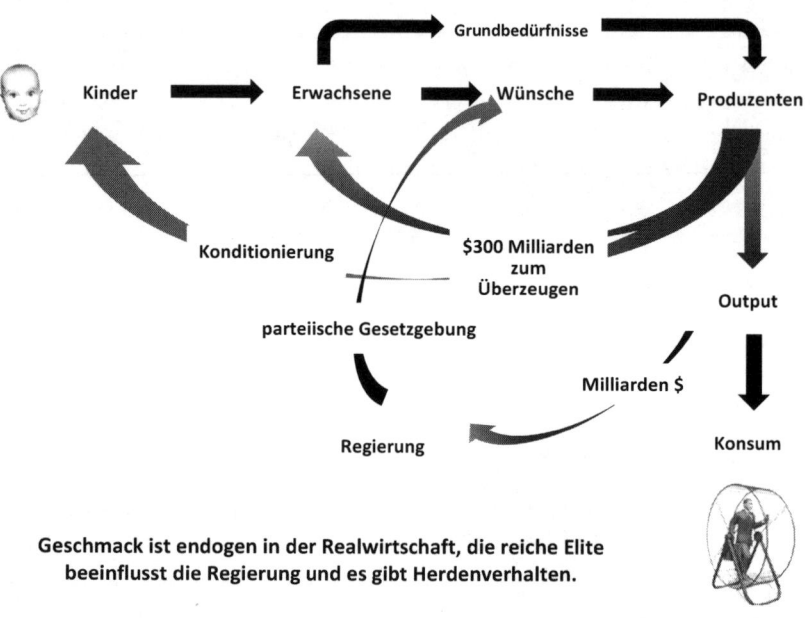

Geschmack ist endogen in der Realwirtschaft, die reiche Elite beeinflusst die Regierung und es gibt Herdenverhalten.

Die Wirtschaft kann Regulatoren noch eine andere Art von Anreiz bieten, mit ihr zusammenzuarbeiten: zukünftige hochbezahlte Arbeitsplätze, nachdem sie den Staatsdienst verlassen haben.[34] Die Öffentlichkeit verliert, wenn Regierungsstellen vorrangig Unternehmensinteressen vertreten, wie wir bei den Rettungsaktionen für den Finanzsektor vor wenigen Jahren gesehen haben.[35]

---

[34] Eins von Tausenden von Beispielen ist Wendy L. Gramm, die, während sie die Commodity Futures Trading Commission (CFTC) leitete, Enron eine Ausnahme von der Regulierung des Handels mit Energiederivaten gewährte. Nachdem sie die CFTC verließ, wurde sie als Mitglied in Enrons Aufsichtsrat berufen und verdiente 1-2 Millionen Dollar pro Jahr. Wikipedia Autoren, „Wendy Lee Gramm", *Wikipedia: The Free Encyclopedia*; Bob Herbert, „Enron and the Gramms", *The New York Times*, 17. Januar 2002.

[35] Neil Barofsky, *Bailout: An Inside Account of How Washington Abandoned Main Street While Rescuing Wall Street* (New York: The Free Press, 2012).

Es gibt noch einen weiteren Weg, die Aufsichtsbehörden zu beeinflussen, nämlich durch „intellectual capture", die auch als „ideologische, kognitive oder kulturelle Gefangenschaft" bezeichnet wird. „Intellectual capture bedeutet, dass die Finanzindustrie uns im Wesentlichen überzeugt hat … [dass] das, was gut für die Wall Street ist, auch gut für Amerika ist. Und sie haben uns irgendwie davon überzeugt, dass wir nicht fragen sollen, was richtig ist oder was funktioniert oder was gut für Amerika ist. Wir sollten uns [stattdessen] fragen, was produktiv ist, was effizient ist, was hilft, damit die Wirtschaft wächst. Es ist diese intellectual capture, die das Entstehen einer Reformbewegung verhindert."[36] Laut Simon Johnson „[ist] die intellectual capture von Washington durch die Wall Street … nun abgeschlossen."[37] Die lauschige Beziehung Timothy Geithners, Finanzminister der USA von 2009 bis 2013, mit den Finanzoligarchen ist ein gutes Beispiel. Er speiste und trank mit ihnen in schicken Restaurants, frühstückte mit ihnen, spielte mit ihnen Tennis und verkehrte mit ihnen regelmäßig auf Empfängen.[38] Er hatte eine „Serie von enge Kontakte – Frühstück, Mittagessen, Abendessen, Kaffee, Aufsichtsratssitzungen von gemeinnützigen Organisationen etc. – mit einer Reihe von sehr reichen, sehr mächtigen und sehr beeindruckenden Menschen, die alle an die Bedeutung der Wall Street und der lockereren Regulierung der Wall Street geglaubt haben und daran, dass es wichtig ist sicherzustellen, dass Tim Geithner es auch glaubte. Es ist zweifelhaft, dass es irgendetwas Ähnliches von Seiten derjenigen gab, die dachten, dass die Wall Street übermäßige Risiken einging und gezügelt werden müsse."[39] Geithner hat keine Normalbürger getroffen, keine Arbeitslosen, keinen, der sein Haus durch Zwangsversteigerung verloren hat, und keine Obdachlosen. Kein Wunder, dass er vollständig „captured" war: „Er hat eine Weltsicht verinnerlicht, in der die Wall Street die zentrale Säule der amerikanischen Wirtschaft ist … [und] die Bedeutung dieser Banken rechtfertigt praktisch alle Maßnahmen, um sie zu schützen … und jeder, der diese Grundsätze nicht versteht …, versteht einfach nicht, wie die Welt wirklich funktioniert …". Daher gilt, „solange die mächtigen Leute in Washington … [weiter an diese Weltsicht glauben,] ist die Macht und Fähigkeit der Wall Street, Geld zu verdienen, gesichert. Das ist die Bedeutung des kulturellen Kapitals."[40]

---

[36] David Corn und Kevin Drum, Interview mit Bill Moyers, PBS, 8. Januar 2010.

[37] Simon Johnson, „Protect Consumers, Raise Capital, and Jam the Revolving Wall St-Washington Door", *Baseline Scenario*, 20. September 2009.

[38] „Geithner's Calendar at the New York Fed", *The New York Times*, 26. April 2009.

[39] Jo Becker und Gretchen Morgenson, „Geithner, Member and Overseer of Finance Club", *The New York Times*, 26. April 2009.

[40] James Kwak, „Pierre Bourdieu, Tim Geithner, and Cultural Capital", *Baseline Scenario*, 27. April 2009.

Gewissenszwänge

Der freie Markt funktioniert nicht gut ohne Gewissenszwänge, da Gesetze nicht ausreichen, um geordneten und gewaltfreien Handel zu ermöglichen. Man müsste zusätzlich Verträge spezifizieren – ohne ausreichendes Vertrauen und ohne Normen wäre es allerdings zu teuer, sie durchzusetzen. Nach dem Zweiten Weltkrieg haben die Zehn Gebote ausgereicht, um Gier und opportunistisches Verhalten weitestgehend in Schach zu halten, da Geschäftsleute Angst hatten, ihrem Schöpfer mit einem schlechten Gewissen gegenüberzutreten. In den folgenden Jahrzehnten sind diese Normen jedoch aus der Mode gekommen und das gegenseitige Vertrauen hat so weit abgenommen, dass sich als Folge die Kosten der Geschäftätigkeit stark erhöht haben und Unternehmen allzu oft versuchen, ihre Kunden zu betrügen. Natürlich werden einige der schlimmsten Schurken gefasst und vor Gericht gestellt. Aber das dient kaum als Abschreckung für die meisten Unternehmen, die Vorteile der sich ihnen bietenden Schlupflöcher frei von moralischen Zwängen auszunutzen: Verizon Wireless berechnet seinen Kunden zu hohe Telefongebühren,[41] illegale Zwangsversteigerungen und Banken brechen ohne jeden Skrupel Regeln.[42] Der Libor-Skandal ist nur ein Beispiel für die Epidemie opportunistischen Verhaltens. Barclays erhielt dafür eine Geldstrafe von 450 Millionen Dollar, UBS musste 1,2 Milliarden Dollar Strafe zahlen und die Royal Bank of Scotland wurde zu 610 Millionen Dollar Strafe für die Manipulation des Libor-Zinssatzes verurteilt.[43] Für Geldwäsche mussten die britische Bank Standard Chartered 340 Millionen Dollar,[44] ING 619 Millionen Dollar und Barclays 298 Millionen Dollar Strafe zahlen.[45] „GlaxoSmithKline, der britische Pharmagigant, stimmte einem Vergleich über 750 Millionen Dollar zu, um Straf und Zivilklagen über jahrelangen wissentlichen Verkauf von kontaminierten Kindersalben und unwirksamen Antidepressiva zu entgehen."[46] Auf von seiner Bank verkaufte Hypotheken bezugnehmend, schrieb Angelo Mozilo in einer E-Mail vom 17. April 2006: „In all meinen Jahren in diesem Geschäft habe ich noch

---

[41] Editorial, „Verizon Wireless Says Oops", *The New York Times*, 5. Oktober 2010.

[42] David Streitfeld und Gretchen Morgenson, „Foreclosure Furor Rises; Many Call for a Freeze", *The New York Times*, 5. Oktober 2010.

[43] Simon Johnson, „The Market Has Spoken – and It Is Rigged", *Baseline Scenario*, 12. Juli 2012.

[44] Jessica Silver-Greenberg, „British Bank in $340 Million Settlement for Laundering", *The New York Times*, 14. August 2012.

[45] Ebd.

[46] Gardiner Harris und Duff Wilson, „Glaxo to Pay $750 Million for Sale of Bad Products", *The New York Times*, 26. Oktober 2010.

nie ein so toxisches Produkt gesehen."[47] Dies hielt ihn jedoch nicht davon ab, diese Hypotheken zu vermarkten und von ihnen zu profitieren. Sein Nettovermögen beträgt ungefähr 600 Millionen Dollar.[48] Diese Liste ließe sich endlos fortsetzen. Der wirkliche Schaden, der durch diese Übeltäter verursacht wird, ist unermesslich.

Marktversagen

Marktversagen liegt vor, wenn die Märkte von alleine kein Pareto-Optimum erzielen. Ineffiziente Marktergebnisse können viele Gründe haben: die Nichtexistenz eines Marktes (z.b. für bestimmte Arten von Humankapital oder öffentliche Güter), unvollkommene Information oder Kollusion, Transaktionskosten oder eine unzureichende Rechtsstruktur, nicht klar definierte Besitzstrukturen, die Existenz von Externalitäten oder marktschädigendes Verhalten. Daher sind die meisten Märkte zwar Wettbewerbsmärkte, aber unvollkommene, und so ist die Feststellung angemessen, dass die meisten Märkte in der Tat ineffizient sind.[49] Wenn wir, dank unseres gesunden Menschenverstands, diese Schlussfolgerung akzeptieren, können wir uns auf die Konzeption von Institutionen konzentrieren, die die Marktergebnisse verbessern, indem wir uns dem sozialen Optimum annähern. Das ist die große Aufgabe dieses Jahrhunderts. Denken Sie nur an die kalifornische Energiekrise 2000/01, in der Stromgroßhändler den Markt manipulieren konnten, indem sie künstliche Stromknappheit verursachten, die zu Stromausfällen und einem wirtschaftlichen Verlust von rund 40 Milliarden Dollar führte.[50] Wir müssen aus diesen unseren Fehlern lernen. Enron war eine der Firmen, die riesige Spekulationsgewinne aus der Manipulation des Marktes erzielten. Standard & Poors und Moodys sahen kein Problem darin, heimlich mit Lehman Brothers zu kolludieren und die Bewertungen von Lehman-Brothers-Anleihen zu fixieren.[51] Arthur Anderson hatte keine Probleme damit, dass Enron seine Bücher

[47] Gretchen Morgenson, „How Countrywide Covered the Cracks", *The New York Times*, 16. Oktober 2010.

[48] Wikipedia Autoren, „Angelo Mozilo", *Wikipedia: The Free Encyclopedia.* „In der Liste der schlechtesten amerikanischen Geschäftsführer reihte ihn Portfolio.com an zweiter Stelle ein."

[49] Schon Adam Smith beobachtete die Tendenz zur Kollusion. Adam Smith, „Of Wages and Profit in the Different Employments of Labour and Stock", Book I, Chapter X, Section 82 in *An Inquiry into the Nature and Causes of the Wealth of Nations.*

[50] Wikipedia Autoren, „California Electricity Crisis", *Wikipedia: The Free Encyclopedia.*

[51] Gretchen Morgenson, „Raters Ignored Proof of Unsafe Loans, Panel Is Told", *The New York Times*, 26. September 2010.

manipulierte, um seine Schulden zu verbergen und die Investoren zu täuschen.

Die OPEC ist ein wichtiges Öl-Kartell, das seit Anfang der 1960er Jahre besteht und erfolgreich durch Kollusion den Ölpreis über dem Wettbewerbsniveau hält. Aber auch auf lokaler Ebene gibt es weit verbreitete und allgemein akzeptierte Kollusionen, die Preiswettbewerb zum Beispiel zwischen Immobilienmaklern verhindern. Es gibt Hunderttausende von Immobilienmaklern in den USA, die fast alle die gleiche Provision von genau 6% nehmen. Es ist praktisch unmöglich, jemanden zu finden, der bereit ist, ein Haus für 5,9% Provision zu verkaufen.[52] Solch ein inoffizielles Kartell sollte theoretisch nicht existieren, aber es gibt es doch. Der Grund für diese Diskrepanz ist, dass die Theorie nicht die soziologischen Faktoren in Betracht zieht, die mit Wettbewerb verbunden sind. Wenn ein Makler seine Provision senken würde, würde er von seinen Kollegen ausgegrenzt werden, und dieser soziale Druck ist so groß, dass alle Makler entsprechend einem ungeschriebenen Gesetz nicht durch den Preis, aber durch Qualität konkurrieren. Es ist Kollusion, die die sozialen Normen als Durchsetzungsmechanismus nutzt. Es gibt weitaus mehr Möglichkeiten zu kolludieren, als in Lehrbüchern erwähnt wird.

Preisdiskriminierung ist eine weitere Marktunvollkommenheit. Während sie in einigen Fällen wohlfahrtsfördernd ist, zum Beispiel bei der Gewährung von Rabatten für Jugendliche bei Museums- oder Theaterbesuchen, ist sie doch meistens eine Methode, um zum Schaden der Konsumenten den Gewinn zu erhöhen. Im Allgemeinen bestraft Preisdiskriminierung diejenigen am unteren Ende der Einkommensverteilung, weil sie in der Regel diejenigen straft, die weniger Wissen über die betreffende Ware oder Dienstleistung haben, die es sich nicht leisten können zusätzliche Informationen zu beschaffen oder die die Konsequenzen eines Vertrages nicht so einfach verstehen. Es erfordert erhebliche Anstrengungen, sich der Fülle von Unternehmensstrategien zu entziehen, die nur existieren, um die Kunden zu verführen. Preisdiskriminierung benachteiligt oft Minderheiten, die potenziell weniger Sozialkapital besitzen und es deshalb schwerer haben könnten, die für eine fundierte Entscheidung notwendigen Informationen zu erhalten.

Die Telefongesellschaft, die einem potenziellen Kunden einen niedrigeren Tarif anbietet, nachdem der Kunde den ursprünglich angebotenen ablehnt, gibt ein Beispiel für Preisdiskriminierung. Bei Handy-Verträgen ist Preisdiskriminierung gang und gäbe. Unternehmen gestalten diese Verträge absicht-

---

[52] Wie ich selbst erfahren habe, empfanden es die Immobilienmakler als Beleidigung, über die Provision zu verhandeln. Stattdessen betonten sie alle, dass sie einer dubiosen Qualitätsdimension zufolge die besten Makler der Stadt sind. Ihre Kollusion mag eine stillschweigende sein, aber sie ist trotzdem real und überstand sogar die Rezession 2008/09.

lich so kompliziert, dass man ein Genie sein müsste, um die verschiedenen Verträge zu verstehen und zu vergleichen. Unternehmen versuchen auch, Kunden mit Hilfe von Mondpreisen zu überlisten, indem sie manche Produkte zu völlig überhöhten Preisen anbieten, nur um die eigentlich zum Verkauf gedachten günstig erscheinen zu lassen.[53] Die Experten, die diese Preisstrategien entwickeln, sind im Durchschnitt viel schlauer als der typische Konsument und außerdem auf diese Art von Aktivität spezialisiert und können daher die Konsumenten leicht überlisten. So nutzen Unternehmen ihren komparativen Vorteil, um Angebote in einer Weise zu strukturieren, dass sie ihre Gewinne auf Kosten der Konsumenten steigern. Preisdiskriminierung sollte daher reguliert werden, um sicherzustellen, dass sie ethisch korrekt ist und der Gesellschaft dient.

Darüber hinaus führen fast alle Märkte (außer den wenigen vernachlässigbaren vollkommenen Wettbewerbsmärkten) zu Ineffizienzen. Daher produziert der größte Teil der Wirtschaft, welche vor allem aus Oligopolen und Monopolen besteht, Effizienzverluste. Wir können und sollten es uns zum Ziel machen, diese Ineffizienzen aus unserem Wirtschaftssystem zu verdrängen. Zum Beispiel sollten Oligopole auch ins Kartellrecht einbezogen werden. Es gibt Millionen von Möglichkeiten, um die Effizienz der Wirtschaft zu erhöhen.

Spekulationen mit dem Geld anderer Leute stellen ein systemisches Risiko dar, besonders, wenn es um neue Finanzprodukte geht. Finanzblasen entstehen oft bei neuen Produkten, deren Wert schwierig zu ermitteln ist und mit denen die Menschen nicht genügend Erfahrung haben. Beispiele dafür sind die Dotcom-Blase und Greenspans Blase bei forderungsbesicherten Wertpapieren, strukturierten Kreditprodukten, Kreditausfall-Swaps und durch Hypotheken gesicherten Wertpapieren. Investoren verfügten nicht über ausreichende Erfahrungen mit diesen Finanzinstrumenten, um deren Risikoeigenschaften oder systemischen Effekte genau bestimmen zu können. Daher wurden sowohl die privaten als auch die gesellschaftlichen Kosten des Risikos unterbewertet. Die Regulierungsbehörden müssen feststellen und kontrollieren, in welchem Ausmaß systemische Risiken durch solche Spekulationen von systemrelevanten Institutionen verursacht werden. Wenn die Regulierungsbehörden bei der Arbeit schlafen, wie sie es im Vorfeld der großen Finanzkrise 2008 getan haben, dann können die Spekulationen schnell außer Kontrolle geraten und auch eigentlich unbeteiligte Firmen in den Konkurs treiben. Das ständige Loblied auf die Vorteile der Spekulation in einigen Lehrbüchern ist nach der Finanzkrise von 2008 höchst widerlich.

---

[53] Alexis Madrigal, „Apple's Brilliant Decoy Pricing Game", *Atlantic*, 5. Oktober 2010.

Ausbeutung

Das Konzept der Ausbeutung existiert in der konventionellen Wirtschaftswissenschaft nicht. Ich definiere es so: Eine Geschäftspartei beutet eine andere aus, wenn zwischen den Parteien asymmetrische Informationen oder asymmetrische kognitive Begabungen existieren und eine der Parteien die andere wissentlich täuscht, um von dem Geschäft zu profitieren. Die Partei, die ihren Vorteil in einer solch unfairen Weise ausnutzt, kann man sicherlich als Ausbeuter der schwächeren Gegenpartei bezeichnen. Solche Beziehungen sind die Basis für den Raubtierkapitalismus. Es ist wie das Pokern mit gezinkten Karten – und das noch ohne Skrupel.

Solche Geschäfte waren im Vorfeld der großen Finanzkrise gang und gäbe. Räuberische Kreditvergabe beinhaltete Ballonzahlungen mit unrealistischen Kreditlaufzeiten, überhöhte Gebühren, die nicht durch die Kosten der erbrachten Leistungen und der Kredit- und Zinsrisiken gerechtfertigt waren, Inkassomissbrauch, Wucherzinsen, Betrug, Kreditvergabe ohne Berücksichtigung der Fähigkeit, den Kredit zu bedienen, und Eigenkapital-Stripping.[54] Ameriquest Mortgage, dem größten Subprime-Kreditgeber, wurde vorgeworfen, das Gesetz gebrochen, Kreditnehmer über die Bedingungen ihrer Kredite getäuscht, Urkunden und Gutachten gefälscht zu haben. Des Weiteren fälschten sie Informationen über die Einkommen der Kreditnehmer, um sie für Kredite zu qualifizieren, die sie sich nicht leisten konnten.[55] Ameriquest Mortgage war nicht die einzige Bank ohne Skrupel, sie musste nur 325 Millionen Dollar Strafe zahlen.

Transaktionskosten

Die Transaktionskosten sind wichtige Hindernisse für effiziente Marktergebnisse, denn in den meisten Fällen müssen wir zunächst Zeit und oft auch Geld darauf verwenden, um uns der möglichen Alternative bewusst zu werden. Die Suche wird durch die Tatsache erschwert, dass wir nur über wenig Zeit zur Suche verfügen und oft nicht einmal wissen, wo wir suchen sollen und wie viele Alternativen wir zur Verfügung haben. In solchen Fällen sind ein intuitives Urteil und Erfahrung insofern wichtig, als wir wichtige Entscheidungen auf die Schnelle treffen müssen, ohne alle notwendigen Infor-

---

[54] FDIC, Office of Inspector General, „Challenges and FDIC Efforts Related to Predatory Lending", Report No. 06-11, Juni 2006.
[55] Mike Hudson und E. Scott Reckard, „Workers Say Lender Ran ‚Boiler Rooms,'" *Los Angeles Times*, 4. Februar 2005.

mationen zur Verfügung zu haben und noch bevor wir wissen, welche Auswahlmöglichkeiten wir in der Zukunft haben werden.

Transaktionskosten erhalten nur wenig Aufmerksamkeit, obwohl sie den Handel behindern, daher die Wohlfahrt reduzieren und so das Erreichen effizienter Marktergebnisse verhindern. Es gibt Anbahnungs-, Informationsbeschaffungs-, Vereinbarungs-, Abwicklungs-, Änderungs- und Kontrollkosten: „Die Vertragsparteien müssen zueinander finden, um zu kommunizieren und Informationen auszutauschen. Die Ware muss beschrieben, geprüft, gewogen und gemessen werden. Verträge werden erstellt, Anwälte konsultiert, Titel übertragen und Aufzeichnungen müssen aufbewahrt werden. In einigen Fällen muss die Einhaltung der Vereinbarungen durch Klagen durchgesetzt werden und Vertragsbruch kann zu Rechtsstreitigkeiten führen."[56] Darüber hinaus können die Suchkosten zu Monopolpreisen führen.[57] So verbrauchen Transaktionskosten Ressourcen, ohne die Wohlfahrt zu erhöhen.

Ein Problem mit Transaktionskosten ist, dass sie denen am meisten schaden, die sie sich am wenigsten leisten können. Die Suche nach Informationen ist zeitaufwendig und damit eine kostenintensive Beschäftigung, die Unternehmen – von Krankenkassen bis zu Autohäusern – uns gerne aufbürden, wenn es zu ihrem Vorteil ist.[58] Der Preis eines Autos wird nur selten klar ausgezeichnet, sodass es schwierig ist, das Preis-Leistungsverhältnis zu beurteilen. Viel häufiger werden in der Werbung nur die möglichen Ersparnisse angezeigt. Krankenversicherungen gestalten ihre Verträge derart kompliziert, dass die Suche sehr teuer wird und die Konsumenten aufgeben und die Police abschließen, ohne alle Alternativen zu kennen. Ein weiteres Problem liegt darin, dass man oft nicht einmal weiß, wie teuer es wäre, weitere Informationen zu erhalten. Nur im Suchprozess beginnt man schrittweise zu erkennen, wie hoch die Suchkosten wirklich sind.[59] Diese Kosten machen es für die Verbraucher unmöglich, ein effizientes Konsumniveau zu erreichen und für die Märkte wirksam zu sein.

[56] Jürg Niehans, „Transaction Costs", in *The New Palgrave Dictionary of Economics*, 1. Auflage, Hrsg. John Eatwell, Murray Milgate und Peter Newman (Basingstoke, UK: Palgrave Macmillan, 1987).

[57] Joseph Stiglitz, „Information and the Change in the Paradigm in Economics", *American Economic Review* 92 (2002) 3: S. 460-501, hier S. 477.

[58] Sharon Begley, „Looking for a Good Doctor? Good Luck", *Reuters*, 27. September 2012.

[59] Oliver Williamson, *Markets and Hierarchies: Analysis and Antitrust Implications* (New York: The Free Press, 1975).

Zeit und Raum

Die Bedeutung von Zeit und Raum wird in der Standardlehre meist unterschätzt. Das ist ein schwerwiegendes, konzeptionelles Manko, weil beide Variablen für das Verständnis bedeutsam sind, warum Märkte in der Regel ineffiziente Ergebnisse erzielen. Räumliche Ausbreitung führt zu signifikanten Transaktionskosten und macht es schwieriger und unsicherer, Informationen zu erwerben. Die jüngsten Entwicklungen der Neuen Geographischen Ökonomie, die die Clusterbildung und regionale Disparitäten in der wirtschaftlichen Aktivität betont, bleiben in den Einführungsvorlesungen völlig unberücksichtigt.[60]

Zeit hat sechs wichtige und einzigartige Eigenschaften, die sie von jeder anderen Ressourcenausstattung unterscheidet:

(a) Sie ist die einzige Ressource, die während des gesamten Lebens perfekt demokratisch verteilt ist.

(b) Sie ist die einzige Ressource, die ein wesentliches Element in jeder wirtschaftlichen Handlung oder Entscheidung ist.

(c) Man kann für Zeit keine Substitute in dem Sinne verwenden, wie zum Beispiel Arbeit durch Kapital ersetzt werden kann.

(d) Anders als Geld kann man Zeit nicht leihen, verleihen oder wie Geld akkumulieren.

(e) Man kann Zeit nicht ansparen. Und schließlich:

(f) Sie bewegt sich nur in eine Richtung, das heißt, sie kann nicht umgekehrt werden.

Diese einzigartigen Attribute der Zeit sind unüberwindliche Hindernisse für das reibungslose und effiziente Funktionieren der Märkte, sie führen zu Ineffizienz, Bedauern und Pfadabhängigkeit.

Pfadabhängigkeit oder sequenzielle Entscheidungen, die heute getroffen werden, sind nicht nur durch die heutigen objektiven Bedingungen beeinflusst, sondern auch durch die irreversiblen Entscheidungen, die wir gestern getroffen haben, ohne zu wissen, was heute sein würde. Das bedeutet, dass unsere Investitionen oder Konsumentscheidungen heute, wegen der Einschränkungen durch frühere Entscheidungen, nicht unbedingt effizient sein müssen. Die Einführung neuer Technologien, die Schaffung von Institutionen oder die Akzeptanz neuer sozialer Normen ist in der Regel nicht ein ein-

---

[60] Anthony J. Venables, „New Economic Geography", in *The New Palgrave Dictionary of Economics*, 2. Auflage, Hrsg. Steven N. Durlauf und Lawrence E. Blume (Basingstoke, UK: Palgrave Macmillan, 2008).

zelnes Ereignis. Vielmehr beinhalten sie eine Reihe von Entwicklungen, die in Raum und Zeit entstehen. Das Problem ist, dass Konsumenten und Produzenten vor einer ungewissen Zukunft stehen, da sie keine perfekte Voraussicht besitzen und daher nicht wissen, wie sich Technologien (oder andere Charakteristika der Wirtschaft) im Laufe der Zeit entwickeln werden. Sie stützen sich daher bei ihrer Entscheidungsfindung auf ihre gegenwärtigen Kenntnisse und diese ersten Entscheidungen können sie auf einen Entwicklungspfad fixieren, sodass in Zukunft die optimale Technologie oder die optimale Institution nicht mehr realisierbar ist. Daher kann auch bei freien Märkten vollkommene Konkurrenz nicht zu optimalen Ergebnissen führen, wenn die Entscheidungen sequenziell und ohne vollkommene Voraussicht getroffen werden.

Neben der Unsicherheit über die Zukunft und das Fehlen von vollkommener Voraussicht, können Vorteile eines Pionierunternehmens das Erreichen effizienter Ergebnisse verhindern. Learning-by-doing kann die Produktionskosten für diejenigen, die das Produkt zuerst auf den Markt gebracht haben, in einem solchen Ausmaß senken, dass ein Folgeunternehmen keine Chance hat, jemals zu ähnlichen Kosten zu produzieren. In diesem Fall könnte ein Unternehmen ein kostengünstiger Produzent aus keinem anderen Grund sein, als dass es das Glück hatte, das Produkt als Erster hergestellt zu haben. Dies ist vor allem im Falle von steigenden Skalenerträgen wahr, wenn bei zunehmender Produktionsmenge die Durchschnittskosten fallen.[61] Die meisten Firmen, die mit modernen Technologien arbeiten, können dank steigender Stückzahlen sinkende Durchschnittskosten realisieren. Dies bedeutet, dass der Wettbewerbsvorteil eines Pionierunternehmens zur langfristigen Verwendung einer bestimmten Technologie führt, die vielleicht nicht so effizient wie eine alternative Technologie ist, die später entdeckt wurde. Netzwerk-Externalitäten haben ähnliche Wirkungen. Die Technologie, die vielleicht optimal wäre, aber zu Beginn des Prozesses noch nicht bekannt war, hat jetzt auf dem Markt keine Chance mehr. Ein Zufallsereignis wie IBMs Bestellung eines Betriebssystems von Microsoft kann einen solchen Startvorteil bieten, sodass bessere Technologien auf dem Markt keine Chance mehr haben. Folglich ist es keineswegs garantiert, dass die beste Technologie als Sieger aus dem Wettbewerb hervorgeht, wenn Konsumenten und Produzenten keine perfekte Voraussicht besitzen, wenn steigende Skalenerträge realisierbar sind oder wenn es Netzwerkeffekte gibt. Daher ist ein minderwertiges Ergebnis, also ein

---

[61] W. Brian Arthur, *Increasing Returns and Path Dependence in the Economy* (Ann Arbor: University of Michigan Press, 1994).

sozial ineffizientes, in pfadabhängigen Wirtschaftsprozessen nicht nur möglich, sondern sehr wahrscheinlich.[62]

Pfadabhängigkeit

Der orthodoxe Hype ist, dass der freie Wettbewerb das Entdecken der besten Technologien gewährleistet und daher auch ein optimales Ergebnis. Minderwertige Technologien sollten unrentabel werden und verlieren im marktwirtschaftlichen Wettbewerb. Doch übersieht diese Theorie die komplexe, unsichere und sequenzielle Natur des technischen Wandels in Echtzeit und in Gegenwart von unvollkommenen Informationen und unvollkommener Voraussicht. Der technische Fortschritt ist ein evolutionärer Prozess und zukünftige Möglichkeiten und Auswirkungen der anfänglichen Technologie sind in dem Augenblick, in dem vorläufige, aber wichtige Entscheidungen getroffen werden müssen, noch nicht klar. Zeit bewegt sich nur in eine Richtung und die meisten Prozesse sind irreversibel. Wenn Investitionen in Autobahnen, Eisenbahnnetze oder einen Damm gemacht worden sind, ist es teuer und schwierig, die einmal getroffene Entscheidung zu revidieren. Die konventionelle Weisheit wäre richtig, wenn Investoren vollkommene Voraussicht für die unendliche Zukunft gehabt hätten und wenn alle relevanten Technologien zum Zeitpunkt der ursprünglichen Entscheidung bekannt gewesen wären. Die übliche Annahme ist, dass die Unternehmen sich zu einem Zeitpunkt entscheiden (zum Beispiel T) und eine zukünftige Auszahlung (zum Beispiel zwei Jahre später, also T+2) erwarten (Abb. 8.3). In diesem Beispiel gibt es vier mögliche Technologien zur Auswahl, jede mit einer anderen Auszahlung. Unter solchen Umständen fällt die optimale Wahl leicht: Firmen werden die Technologie mit der höchsten Auszahlung, also A auswählen. Die meisten volkswirtschaftlichen Probleme werden so einfach strukturiert.

Jedoch ist das Ergebnis anders, wenn zum Zeitpunkt T, zu dem die anfängliche Entscheidung getroffen wird, die zukünftigen Technologien in T+2, noch nicht bekannt sind. Nehmen wir an, dass nur die beiden Optionen für T+1 zum Zeitpunkt T bekannt sind und die Firma nur perfekte Voraussicht bis zum Zeitpunkt T+1 besitzt (Abb. 8.4). Also muss die Firma Investitionsentscheidungen treffen, ohne die technologischen „Ableger" (A, B, C und D) der Technologien E und F zu kennen. In diesem Fall ist die optimale Wahl Pfad F.

---

[62] Paul A. David, „Clio and the Economics of QWERTY", *American Economic Review* 75 (1985) 2: S. 332-337.

Abb. 8.3: Investitionsentscheidungen für zwei Perioden
mit perfekter Voraussicht sind einfach

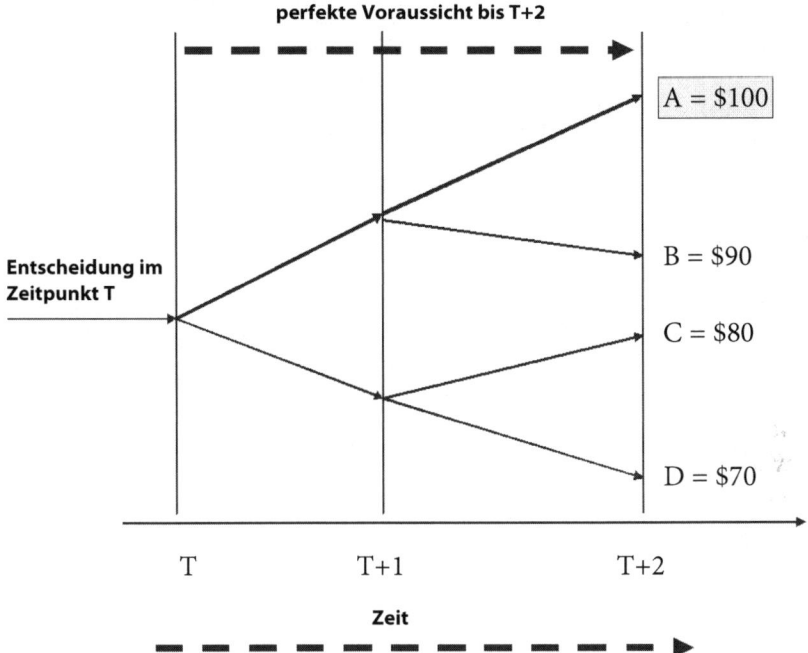

Der Unterschied zwischen diesem Modell und dem mit vollkommener Information wird zum Zeitpunkt T +1 offensichtlich, denn dann werden die Ableger A, B, C und D bekannt. Was passiert jetzt? Nach der Wahl von F ist die Firma nicht mehr in der Lage, die Technologien A oder B auszuwählen, und ist somit auf die Wahl zwischen C und D limitiert. In diesem Fall ist die rationale Wahl C, während die global optimale Technologie A nicht mehr erreicht werden kann (Abb. 8.5). Obwohl man in jeder Periode die zu diesem Zeitpunkt optimale Wahl getroffen hat, resultieren die Entscheidungen letztendlich in der Wahl einer minderwertigen Technologie C, weil die Entscheidungen mit beschränkter Voraussicht getroffen wurden,[63] vorausgesetzt, dass wir nicht in der Lage sind, den Prozess umzukehren und im Zeitpunkt T+2 zu E zurückzuspringen. Das ist ganz anders als die neoklassischen Annahmen, dass

[63] Brian Arthur, „Competing Technologies, Increasing Returns, and Lock-In by Historical Events", *Economic Journal* 99 (1989): S. 116-131; David, „Clio and the Economics of QWERTY".

Abb. 8.4: Investitionsentscheidungen für eine Periode mit
perfekter Voraussicht sind auch einfach

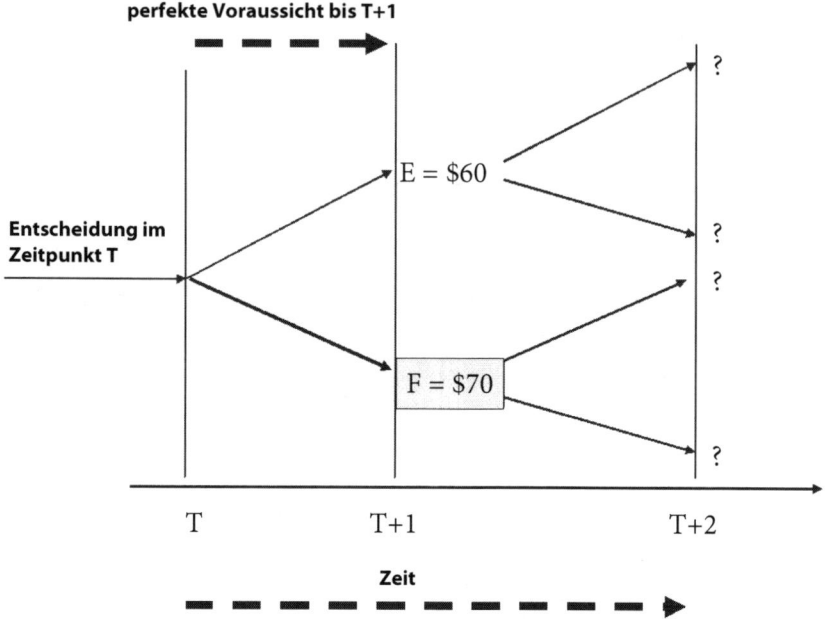

rationale Investoren ein optimales Ergebnis erzielen. Im Rahmen der Pfadabhängigkeit könnte auch der freie Markt zu pareto-inferioren Ergebnissen
führen und das Gleichgewichtsergebnis ineffizient sein. Zum Beispiel ist das
Windows-Betriebssystem wohl nicht das beste der Welt. Es gewann den
Wettbewerb durch Zufall und einen Pioniervorteil.

Netzwerkexternalitäten bedeuten auch, dass die frühe Annahme einer
Technologie ausreichend Vorteile bieten kann – auch wenn sie technologisch
unterlegen ist –, sodass sie den Wettbewerb mit einer Nachfolgetechnologie,
die wegen der geringen Zahl der Anwender höhere Kosten hat, gewinnen
kann.

Natürlich kann es Fälle geben, in denen die Entscheidung für Technologie F
reversibel sein kann, und die Firma könnte in T+2 zu Technologie E wechseln,
aber dies ist nur lohnenswert, wenn die Wechselkosten weniger als 20 betragen (Wert der Differenz zwischen der Verwendung von Technik C und A).
Darüber hinaus könnten mächtige Interessen in der Lage sein, den Wechsel
zum sozialen Optimum bei E zu verhindern.

Abb. 8.5: Mit sequenzieller Entscheidung ist Technologie „A"
nicht mehr erreichbar

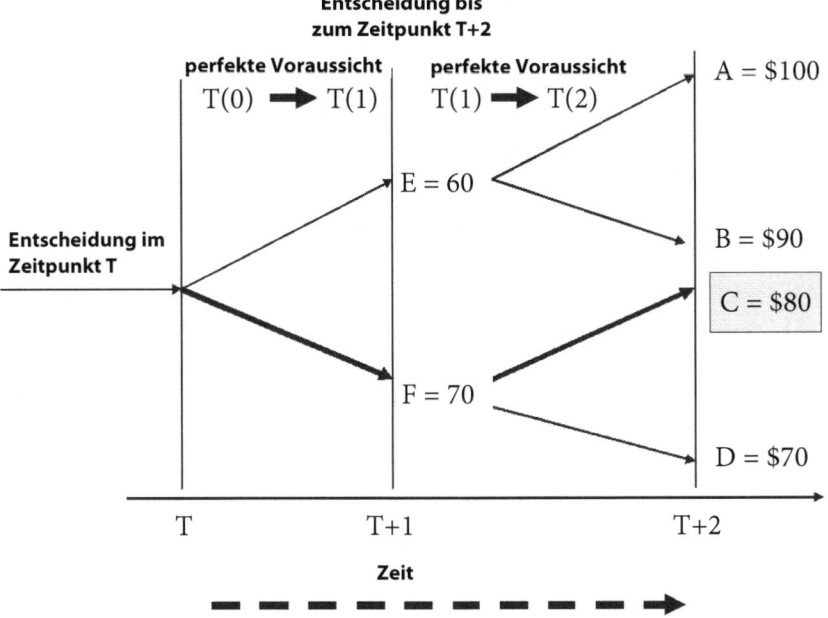

Dieses Modell ist über technologische Innovationen hinaus auf viele andere Probleme mit sequenziellen Entscheidungen anwendbar, einschließlich institutionellen Wandels oder Investitionen in Bildung. Nehmen wir an, dass vor 30 Jahren ein Abiturient beschlossen hat, nicht auf die Universität zu gehen, sondern eine Ausbildung zu machen, weil ausreichend gute Jobs ohne Studienabschluss zur Verfügung standen. Dreißig Jahre später könnte er herausfinden, dass diese Entscheidung suboptimal war, da der technologische Wandel die Arbeitswelt nachhaltig verändert hat. Es gibt einfach keine Garantie, dass Menschen in der Lage sind, optimale Investitionsentscheidungen in einem sequenziellen Rahmen ohne perfekte Voraussicht zu treffen.

Normung ist ein ähnlich kostspieliger pfadabhängiger Prozess. Ein Beispiel ist die Spurbreite von Eisenbahnen. Es war schwierig für den Markt, ohne staatliche Hilfe selbst einen Standard zu schaffen. In den USA hatte in der Mitte des 19. Jahrhunderts etwa ein Viertel der Eisenbahnen Standard-Spurbreiten und der Anteil stieg langsam auf 90% bis Ende des Jahrhunderts.[64] Solche marktgetriebenen Prozesse sind ineffizient, weil sie zusätzliche Wechselkosten verursachen.

Anlageentscheidungen sind komplex und erfordern, dass man sich über Alternativen informiert. Sobald diese bekannt sind, erfordern die Entscheidungen erhebliche Planung über einen längeren Zeitraum hinweg. Mit anderen Worten, ein solches wirtschaftliches Problem ähnelt mehr einem komplizierten Puzzle als den einfachen Entscheidungen, die in der Regel in den Lehrbüchern dargestellt werden. Um solche Probleme zu lösen, müssen wir ein intuitives Urteilsvermögen, erhebliche Ausdauer, Willenskraft, Vorsicht und Selbstbeobachtung kombinieren und im Auge behalten, ob wir uns unserem Ziel nähern. Wir müssen ständig unsere Informationen aktualisieren und flexibel genug sein, unseren Kurs zu ändern, wenn wir herausfinden, dass wir nicht auf dem richtigen Weg sind. Und der Markt hat Schwierigkeiten, langfristige Pläne auszuführen. Deshalb sind wir auch vier Jahrzehnte nach der Gründung der OPEC von ausländischem Öl abhängig, obwohl einem der gesunde Menschenverstand diktiert, selbst erneuerbare Energiequellen zu erschließen und zu entwickeln, statt billige chinesische Konsumgüter zu kaufen. Aber Märkte sind auf sofortige Befriedigung ausgerichtet. Sie haben nicht die Geduld, um Infrastruktur zu bauen, die zukünftigen Generationen stattliche Dividenden zahlen könnte.

Sequenzielles Planen zu lernen, ist ein wichtiger Teil des Erfolgs in der Wirtschaft. Die Wahl einer Karriere, zum Beispiel, beginnt in Wirklichkeit schon viele Jahre früher – in der Schule, bei der Wahl der Kurse, die einen Einfluss auf das Studium und so auch auf mögliche Karriereentscheidungen haben. Man muss ausreichend lernen, damit die Noten den Karriereplänen entsprechen. Die Wahl, ob man Arzt oder Schreiner werden will, wird nicht unbedingt erst mit 19 Jahren getroffen. Die Realisierung eines Berufsziels dauert Jahre und erfordert eine komplexe Planung. Auch Anlagestrategien wie der Kauf eines Hauses erfordern es, Jahre im Voraus für eine Anzahlung zu planen. Die strategische Planung und die Ausdauer, die nötig sind, um diese Ziele zu erreichen, müssen erlernt und eine lange Zeit praktiziert werden. Solche Entscheidungen sind viel komplexer als ein Ein-Perioden-Optimierungsproblem. Die Armen sind teilweise allein deshalb in einer Kultur der Armut gefangen, weil sie nicht über die Mittel verfügen, diese Fähigkeiten schon früh im Leben zu lernen.

---

[64] Douglas Puffert, „Path Dependence in Spatial Networks: The Standardization of Railway Track Gauge", *Explorations in Economic History* 39 (2002): S. 282-314.

Nicht vorhandene Märkte

Nicht vorhandene Märkte stellen eine ernste existenzielle Herausforderung für unseren Wohlstand und den künftiger Generationen dar. Niemand besitzt die Atmosphäre und somit ist ihre Verschmutzung zu unserer größten globalen Bedrohung geworden. Wie viel des Ökosystems sollte oder muss bewahrt werden? Wie schnell wir die verfügbaren Ressourcen verwenden dürfen und wie viel wir für zukünftige Generationen reservieren sollten, sind entscheidende Fragen. Leider sind künftige Generationen aber nicht in der Lage, solche Entscheidungen zu beeinflussen, obwohl sie davon betroffen sein werden. Weil dieser Markt fehlt, gibt es keinen Mechanismus, um dieses Problem zu lösen. In einer Zeit, in der der Klimawandel eine ernsthafte Bedrohung für unsere Zukunft darstellt,[65] sind das keineswegs vernachlässigbare Probleme, wenn die Nachhaltigkeit des Wirtschaftswachstums selbst in Frage gestellt wird[66] und wenn viele Staaten die Staatsverschuldung erhöht und auf die Schultern der teils noch ungeborenen Generationen geladen haben.[67] Noch nicht Geborene können uns nicht beschwören, unseren Lebensstandard nicht auf ihre Kosten zu erhöhen.[68]

Ökologische Probleme können zu großen Spannungen führen. Zweihundertfünfzig Jahre nach dem Beginn der industriellen Revolution hat uns das Wirtschaftswachstum an einen kritischen Punkt gebracht, und es ist nicht sicher, dass wir es schaffen werden, die Herausforderungen der unbeabsichtigten Folge der wirtschaftlichen Entwicklung bewältigen zu können.[69] Das Fehlen dieser wichtigen Märkte bedeutet, dass wir nur durch politischen Druck und moralische Appelle diesen kurzsichtigen Marktimpulsen entgegentreten können.[70] Der freie Markt ist nicht in der Lage, die ökologischen Probleme zu lösen, und unfähig, das Wohlergehen der noch ungeborenen Generationen zu sichern.

Heutzutage gibt es Ansätze, Märkte für Umweltverschmutzung zu schaffen. Umweltverschmutzung ist eine negative Externalität, bei der Handlungen Einzelner Kosten für andere verursachen, ohne deren Einwilligung ein-

[65] Wikipedia Autoren, „Global Warming", *Wikipedia: The Free Encyclopedia*.

[66] Herman Daly, „Economics in a Full World", *Scientific American* 293 (2005) 3: S. 100-107.

[67] Laurence J. Kotlikoff, *Generational Accounting: Knowing Who Pays, and When, for What We Spend* (New York: The Free Press, 1992).

[68] Ebd.

[69] Emilio F. Moran, *People and Nature. An Introduction to Human Ecological Relations* (Oxford, UK: Blackwell, 2006); Herman Daly, *Steady-State Economics: The Economics of Biophysical Equilibrium and Moral Growth* (New York: W.H. Freeman, 1978).

[70] Diane Coyle, *The Economics of Enough: How to Run the Economy as if the Future Matters* (Princeton, NJ: Princeton University Press, 2011).

geholt zu haben. Immer, wenn die Kosten der Umweltverschmutzung nicht im Preissystem der Märkte integriert sind, sind die Marktergebnisse ineffizient. Eine Externalität wie die globale Erwärmung ist ein wichtiges Beispiel. Diejenigen, die für die Verschmutzung letztendlich zahlen müssen, werden nicht ausreichend für ihren Schaden kompensiert. Sich selbst überlassene Märkte produzieren zu viel negative Externalitäten wie Umweltverschmutzung und zu wenig öffentliche Güter wie Grundlagenforschung.[71]

Grenzwerte und Standards

Die Festlegung von Grenzwerten und Standards durch dezentrale Märkte ist extrem schwer. Die Unfähigkeit der Märkte, Grenzen zu setzen, resultiert in zu vielen Geschäften, von denen die Mehrheit die meiste Zeit praktisch leer ist. Die Unterauslastung von so vielen Ressourcen ist aus gesamtwirtschaftlicher Sicht ineffizient. Darüber hinaus ist die gängige Meinung, dass der Markt uns viele Möglichkeiten bietet, die unser Leben verbessern. Allerdings hat der Psychologe Barry Schwartz dokumentiert, dass zu viel von einer guten Sache sie zu einer schlechten machen kann, dass 275 Salatsoßen im Regal eine übertriebene Auswahl ist und tatsächlich unsere Fähigkeit beeinträchtigt, weise Entscheidungen zu treffen, und damit unsere Wohlfahrt senkt.[72] Er schlägt vor, dass „weniger mehr ist", weil das konventionelle Denken nicht die Verwirrung, die durch zu viel Auswahl entsteht, und die Zeit und den Aufwand berücksichtigt, der nötig ist, um Informationen über die angebotenen Produkte zu erlangen. Der Markt findet keine angemessenen Grenzen. Außerdem können uns zu viele Wahlmöglichkeiten lähmen, sodass wir Schwierigkeiten haben zu entscheiden, was wir wollen. Wenn wir schließlich eine Wahl getroffen haben, sind wir auch nicht glücklich, weil wir uns ständig fragen, ob

---

[71] Joseph E. Stiglitz, *Making Globalization Work* (New York: W.W. Norton, 2006).

[72] „Wir nehmen an, dass mehr Auswahl bessere Optionen und mehr Zufriedenheit bedeutet. Aber Vorsicht vor übermäßiger Auswahl: Zu viele Wahlmöglichkeiten können dazu führen, dass Sie Ihre Entscheidungen in Frage stellen, bevor Sie sie überhaupt getroffen haben. Eine solche Auswahl kann Sie zu unrealistisch hohen Erwartungen verleiten und dazu führen, dass Sie sich für jeglichen Fehler verantwortlich machen. Auf lange Sicht kann dies zur Entscheidungslähmung führen und in einer Kultur, die uns sagt, dass es keine Entschuldigung für weniger als Perfektion gibt, kann zu viel Auswahl zu klinischer Depressionen führen, wenn die Möglichkeiten grenzenlos sind." Barry Schwartz, *The Paradox of Choice: Why More Is Less* (New York: Ecco, 2003). Schwartz stellt auch eine Menge großartiger Videos im Internet zur Verfügung: „Barry Schwartz: The Paradox of Choice", YouTube video, 20:23, gepostet von „TEDtalksDirector", 16. Januar 2007; „The Paradox of Choice – Why More Is Less", YouTube video, 1:04:08, gepostet von „GoogleTalksArchive", 27. April 2006.

wir die richtige Wahl getroffen haben. Übermäßige Auswahl lenkt uns deshalb von unserer Fähigkeit ab, effiziente Entscheidungen zu treffen.

Kapitelzusammenfassung

Damit Märkte gut funktionieren, brauchen sie einen geeigneten Ordnungsrahmen, den nur eine staatliche Regulierung schaffen kann. Ansonsten gibt es zu viele Defekte und negative Folgen wie Umweltverschmutzung, Moral Hazard, die Akkumulation von Macht und opportunistisches Verhalten, die die Märkte davon abhalten, effiziente Ergebnisse zu erzielen. Im Gegensatz zu Preisnehmern haben Oligopole die Eigenschaft, dass sie den Preis, zu dem sie ihre Produkte verkaufen, selbst wählen und dass sie Gewinne erzielen. Das bedeutet auch, dass die Märkte im 21. Jahrhundert in der Regel ineffizient sind. Effiziente Märkte sind die Ausnahme. Darüber hinaus sind die Märkte sehr volatil, wie die Finanzkrise 2008 deutlich gezeigt hat.

9   Angewandte Mikroökonomie in der real existierenden Wirtschaft

In diesem Kapitel wenden wir einige der Konzepte, die in den vorhergehenden Kapiteln vorgestellt wurden, auf typische Probleme in der real existierenden Wirtschaft an. Der Unterschied zwischen der Analyse dieser Probleme in den Standardlehrbüchern und in diesem Kapitel ist, dass in Standardlehrbüchern meist nur das in der Realität irrelevante Modell des vollkommenen Marktes verwendet wird, während hier das der Realität viel mehr entsprechende Modell des unvollkommenen Marktes verwendet wird. Die Schlussfolgerungen unterscheiden sich entsprechend.

Mindestlohn

Der Mindestlohn hat in der Regel einen schlechten Ruf unter Ökonomen. Sie argumentieren, dass er zu Arbeitslosigkeit unter Geringverdienern führt und daher ineffizient ist und dass weniger Menschen eine Beschäftigung finden, als wenn die Löhne allein durch die Marktkräfte bestimmt würden. In vollkommenen Wettbewerbsmärkten wäre diese Behauptung in der Tat richtig. Allerdings passt dieses Modell nicht in der heutigen Wirtschaft, die durch oligopolistische, Gewinn machende Unternehmen dominiert wird. In einem solchen Markt wird die Erhöhung des Mindestlohns aus den Gewinnen finanziert und führt nicht zu Arbeitslosigkeit, sondern zu einer Umverteilung zu Gunsten der unteren Gesellschaftsschichten.[1] Kein Wunder, dass es keine empirischen Belege dafür gibt, dass Mindestlöhne Arbeitslosigkeit verursachen. Der Mindestlohn in den USA erreichte seinen Höchststand von etwa 10 Dollar in den späten 1960er Jahren (in US-Dollar von 2009), beträgt jetzt aber real nur noch 7,25 Dollar, was einem Rückgang von rund 27% entspricht. Dies ist so niedrig, dass besonders in größeren Städten, aber auch in vielen Bundesstaaten ein höherer Mindestlohn als auf Bundesebene gilt.[2]

---

[1] John Schmitt, „Why Does the Minimum Wage Have No Discernible Effect on Employment?", *Center for Economic and Policy Research*, Februar 2013.

[2] Der gesetzliche Mindestlohn in San Francisco betrug 2013 10,55 Dollar pro Stunde.

Unvollkommener Wettbewerb ist für die Analyse der Auswirkungen des Mindestlohns wichtig, weil viele Firmen, die in großem Ausmaß Mindestlöhne zahlen, in lokalen Arbeitsmärkten erhebliche Marktmacht besitzen. Zum Beispiel haben viele Jugendliche, Arme und Beschäftigte, die Teilzeitarbeit suchen, keine Möglichkeit, weit aus ihrer Nachbarschaft hinaus zu pendeln. Sie suchen in der Regel Arbeit in der Nähe ihrer Wohnung. Das bedeutet, dass lokale Unternehmen bei der Festlegung der Löhne Marktmacht ausüben können. Dies wird als Nachfragemonopol oder Monopson bezeichnet. Es ist einem Monopol ähnlich, nur ist die Marktmacht auf Seiten des Nachfragers, also hier der Firma, die Arbeit nachfragt. Monopsonisten können Löhne unter dem Marktpreis anbieten, weil sie wissen, dass die Arbeitnehmer nicht in der Lage sind, Arbeit außerhalb ihrer unmittelbaren Nähe zu suchen.

In einem solchen Arbeitsmarkt führt ein Mindestlohn nicht unbedingt zu geringerer Beschäftigung, sondern kann sie sogar erhöhen. Der Grund dafür ist, dass ein Nachfragemonopolist die Vorteile des fehlenden Wettbewerbs in dem lokalen Arbeitsmarkt nutzt und in der Lage ist, niedrige Löhne zu diktieren. Er stellt weniger Arbeiter ein, als es ein im vollkommenen Wettbewerb stehendes Unternehmen tun würde, denn er müsste die Löhne aller Arbeitnehmer erhöhen, einschließlich der Löhne derjenigen, die er bereits beschäftigt, wenn er, um zusätzliche Arbeitskräfte anzuwerben, die Löhne erhöhen müsste.[3] Diese Erhöhung der Lohnsumme, also die Grenzkosten, würden die erhöhten Einnahmen durch die zusätzliche Arbeitskraft, auch Grenzwertprodukt genannt, übersteigen.[4] Somit würde ein Mindestlohn über dem monopsonistischen Lohn Firmen dazu zu bewegen, mehr Arbeitnehmer einzustellen, weil das Grenzwertprodukt den Mindestlohn, der jetzt gleich der Grenzkosten der Arbeit ist, übersteigt.

Es gibt ein weiteres Problem mit der herkömmlichen Analyse. So wird davon ausgegangen, dass die betroffenen Unternehmen im Wettbewerbsgleichgewicht keine Gewinne erzielen. Aber dies gilt nicht für die Oligopole, welche die meisten der 4,4 Millionen Menschen in den USA beschäftigen, die den ge-

---

[3] Unter der Annahme einer ansteigenden Angebotskurve und der Annahme, dass alle Arbeiter den gleichen Lohn erhalten.

[4] Eine monopsonistische Firma zahlt einen Lohn von 1 Dollar pro Stunde und beschäftigt 10 Arbeiter. Wenn die Firma einen weiteren Arbeiter anstellen möchte, muss sie den Lohn erhöhen, zum Beispiel auf 1,10 Dollar pro Stunde. Das bedeutet, dass der zusätzliche Arbeiter 2,10 Dollar kostet – seinen Lohn und den Lohnanstieg für die bereits beschäftigten 10 Arbeiter (wenn Lohndiskriminierung nicht möglich ist). Bei einem angenommenen Grenzprodukt von 2 Dollar, würde die Firma diesen 11. Arbeiter nicht einstellen, weil die Grenzkosten höher sind. Wenn hingegen der gesetzliche Mindestlohn weniger als 2 Dollar betrüge, würde dieser Arbeiter eingestellt werden und trotz Mindestlohns die Beschäftigung zunehmen.

setzlichen Mindestlohn oder sogar noch weniger verdienen. Im Gastronomiegewerbe und für Behinderte und Jugendliche gelten noch geringere Mindestlöhne. McDonald's Filialen konkurrieren sicherlich mit anderen Fast-Food-
Ketten, machen aber immer noch satte Gewinne, weil sie oft quasi eine lokale
Monopolstellung genießen. Das bedeutet, dass der Preis der Hamburger nicht
erhöht werden musste, als der Mindestlohn 2009 um 70 Cent auf 7,25 Dollar
erhöht wurde. McDonald's konnte den Kosteneffekt dieser geringen Lohn-
erhöhung – vielleicht 2 Cent pro Hamburger – ohne Probleme Dank seiner
Gewinne absorbieren (Abb. 9.1). Daher war es nicht notwendig, den Preis der
Hamburger zu erhöhen, und die Nachfrage nach Hamburgern war durch die
Erhöhung der Mindestlöhne nicht betroffen. Deshalb nahm auch die Beschäftigung nicht ab. Außerdem musste die Konkurrenz ihre Löhne ebenfalls
erhöhen und daher hatte McDonald's keine Nachteile gegenüber seinen Konkurrenten. Ein solches realistischeres Arbeitsmarktmodell impliziert, dass der
Mindestlohn nicht nur nicht zu Arbeitslosigkeit führt, sondern vielmehr zu
einer Einkommensumverteilung zugunsten von Geringverdienern. Ein Modell
mit unvollständiger Konkurrenz bietet mehr Einblick in die Funktionsweise
des Niedriglohnsektors als Modelle, die von vollkommener Konkurrenz ausgehen.

Abb. 9.1: Profite eines Quasi-Monopolisten ohne Fixkosten

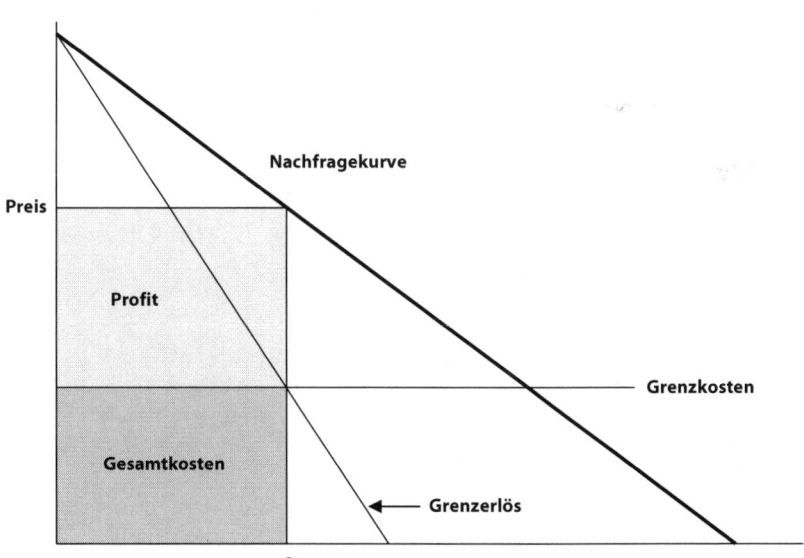

Der Mindestlohn alleine ermöglicht nur ein Leben am Rande des Existenz-minimums.[5] Selbst bei Vollzeitbeschäftigung entspricht das nur einem Jahres-einkommen von rund 15.000 Dollar, was in den USA nahe der Armutsgrenze für einen Haushalt mit einem Erwachsenen und einem Kind ist.[6] In 2010 haben 1,8 Millionen Amerikaner für den Mindestlohn gearbeitet, während weitere 2,5 Millionen Menschen weniger als den Mindestlohn verdienten, viele davon in der Gastronomie, wo hoffentlich, aber nicht sicher, die Trink-gelder das Gehalt auf Mindestlohnniveau erhöhen.[7]

Neben der Erhöhung einiger Einkommen über das Niveau völliger Armut, hat der Mindestlohn andere positive Effekte: a) Langfristig könnte er einige Unternehmen dazu bringen, Arbeit durch Kapital zu ersetzen, was die Kapital-intensität und potenziell die Arbeitsproduktivität steigern würde; b) wenn es weniger Beschäftigungsmöglichkeiten für Jugendliche gäbe, sollte es sie dazu bewegen, länger in der Schule zu bleiben;[8] c) eine Erhöhung der Mindest-löhne könnte ein Anreiz für Arbeitnehmer sein, sich bei der Arbeit mehr an-zustrengen, weil der Arbeitsplatz wertvoller ist; d) eine Erhöhung könnte einen positiven Einfluss auf die Höhe anderer Löhne haben, die an den Mindest-lohn gekoppelt sind. Dies würde natürlich auch die Einkommensverteilung beeinflussen.

Preiskontrollen

Preiskontrollen sind nach herkömmlicher Ansicht ähnlich schädlich wie Min-destlöhne. Das Argument ist, dass solche Kontrollen Angebotslücken ver-ursachen und potenziell die Qualität der betreffenden Produkte leidet. Preis-kontrollen können überflüssig sein und negative Folgen haben, wenn be-stimmte Bedingungen wie eine gerechte Einkommensverteilung in vollkom-menen Wettbewerbsmärkten erfüllt sind und wenn es keine übergeordneten ethischen Überlegungen gibt, wie oft in Märkten für Lebensmittel und Medizin.

---

[5] In den Worten von Franklin Roosevelt „erfordert Freiheit die Möglichkeit, seinen Lebens-unterhalt zu bestreiten – ein Leben, das dem Standard der Zeit entspricht, ein Leben, das einem nicht nur genug zum Leben gibt, sondern etwas, wofür es sich zu leben lohnt". Franklin D. Roosevelt, „Speech before the 1936 Democratic National Convention" (Phila-delphia, PA, 27. Juni 1936).

[6] U.S. Department of Commerce, United States Census Bureau, „Poverty Thresholds 2009".

[7] U.S. Department of Labor, Bureau of Labor Statistics, „Labor Force Statistics from the Current Population Survey: Characteristics of Minimum Wage Workers: 2010", zuletzt geändert am 9. März 2011.

[8] Richard Sutch, „The Unexpected Long-Run Impact of the Minimum Wage: An Educa-tional Cascade", NBER Working Paper No. 16355, September 2010.

Da diese Bedingungen aber nicht immer erfüllt sind, muss man die Auswirkungen von Preiskontrollen außerhalb des Basismodells betrachten. Tatsächlich gibt es Fälle, in denen Preiskontrollen vorteilhaft sind. Im Zweiten Weltkrieg zum Beispiel waren sie eine notwendige Voraussetzung für die Kanalisierung der Produktivkräfte der amerikanischen Wirtschaft auf das gemeinsame Ziel, den Krieg zu gewinnen.[9] Sie waren diesem Ziel angemessen und erreichten die erfolgreiche Kontrolle der Inflation. Dezentrale Märkte haben nicht die Fähigkeit, das von selbst zu tun. Also ist der Kontext wichtig. Das ist ein Grund, ein wachsames Auge auf und eine demokratische Kontrolle über die Märkte zu haben.

Die Erfüllung der Grundbedürfnisse für alle ist ein legitimes soziales und politisches Anliegen, das der Markt selten alleine erreichen kann. Da in einem Land wie den Vereinigten Staaten, in dem es nur in den Ballungszentren öffentlichen Nahverkehr gibt, das Benzin ein Grundbedürfnis ist, wäre es nicht fair gewesen, dass die ärmeren Bevölkerungsschichten während eines Ölembargos wie zum Beispiel in 1973 unter den stark erhöhten Preisen überdurchschnittlich mehr zu leiden hätten als die Reichen. Ein Anstieg der Preise für Grundbedürfnisse des Lebens wie Nahrung oder Benzin würde das Wohl der Armen viel mehr beeinflussen als das der Reichen. Daher ist die Bereitschaft der Politiker legitim, Ungleichgewichte dieser Art zu beseitigen und inakzeptable Marktergebnisse zu beeinflussen. Die ungleichmäßige Verteilung der lebensnotwendigen Grundbedürfnisse könnte sozial destabilisierend wirken. Im Fall der Benzinknappheit wäre der Warteschlangenmechanismus gerechter, da wir alle gleich viel Zeit zur Verfügung haben, während Geld ungleich verteilt ist. Wettbewerb für Benzin würde dann unter faireren Voraussetzungen stattfinden. Obwohl die Reichen sich darüber ärgern würden, dass sie an den Tankstellen in der Warteschlange stehen müssen, würden andernfalls die Geringverdienenden nicht imstande sein zur Arbeit zu kommen. Natürlich könnten die Superreichen auch jemanden bezahlen, der für sie in der Schlange ansteht. Jedoch würde auch die Marktlösung zu Verschwendung, Ineffizienz und Ärger führen, wenn als Folge Menschen ihre Arbeit verlieren würden. Im Falle einer Angebotslücke im Markt für lebensnotwendige Güter ist es unerwünscht, dass der Markt die Allokation alleine regelt. Dies genau ist der Fall im amerikanischen Gesundheitswesen.[10]

---

[9] Hugh Rockoff, *Drastic Measures: A History of Wage and Price Controls in the United States* (Cambridge, UK: Cambridge University Press, 2004).

[10] Ein monopolistischer Pharmaproduzent verlangt 28.000 Dollar für eine Dosis, die 2007 nur 1.650 Dollar kostete und deren Produktionskosten nur 300 Dollar betragen. Andrew Pollock, „Questcor Finds Profits, at $28,000 a Vial", *The New York Times*, 29. Dezember 2012.

Preisobergrenzen können auch ein Anreiz für Monopolisten und Oligopolisten sein, ihre Preise zu senken und ihre Produktion zu erhöhen, was zu Marktergebnissen führen kann, die näher an dem sozialen Optimum liegen (Abb. 9.2).

Abb. 9.2: Höchstpreisverordnung im Fall eines Monopolisten ohne Fixkosten

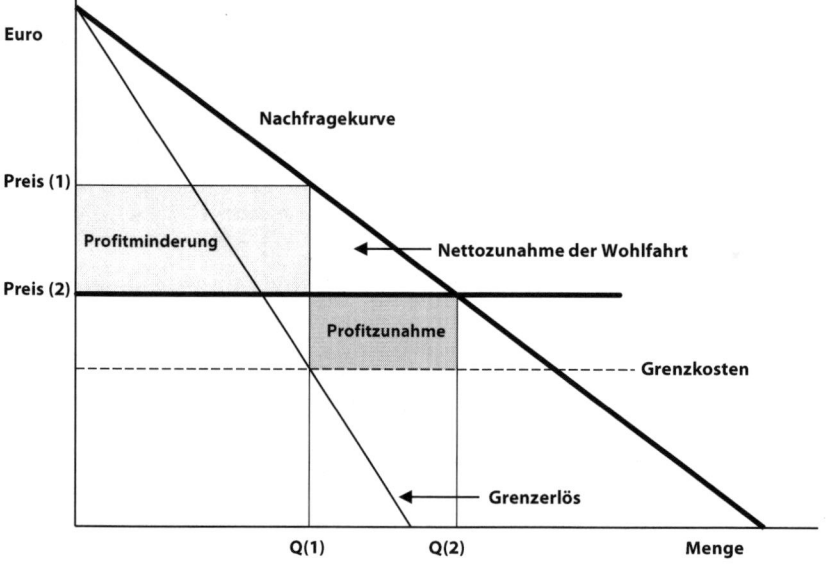

Gewerkschaften

Gewerkschaften werden in der Regel von Ökonomen als Sündenböcke dargestellt, die versuchen, die Löhne ihrer Mitglieder über das Marktniveau zu erhöhen, was zu Ineffizienz und Arbeitslosigkeit führt.[11] Diese Logik trifft aber nur für vollkommene Märkte zu, in denen Gewerkschaften aber nur selten aktiv sind. Vielmehr sind sie in den Sektoren am aktivsten, die von Oligopolen beherrscht werden und wo daher erhebliche Gewinne gemacht werden. Sie sind auch im öffentlichen Sektor erfolgreich, wo die Löhne administrativ und nicht durch den Geldwert der Leistung ermittelt werden, und in einem Umfeld endemischer Arbeitslosigkeit, wenn die Löhne und Gehälter unter Druck stehen.

---

[11] Paul Samuelson und William Nordhaus, *Economics*, 19. Auflage (New York: McGraw-Hill, 2009), S. 260.

Firmen wie Apple oder McDonald's sind Oligopolisten. Der Gewinn eines solchen Oligopolisten ist in Abbildung 9.3 dargestellt. Die Nachfrage nach seinen Produkten ist derart, dass die profitmaximierende Menge von zum Beispiel sieben Arbeitern hergestellt werden kann. Weil die Firma Marktmacht hat, wird sie weniger Waren produzieren als ein Unternehmen, das in vollkommenem Wettbewerb steht, und wird in der Lage sein, einen höheren Preis für diese Ware zu verlangen. Arbeitnehmer erhalten einen Lohn von 8 Dollar pro Stunde, obwohl ihr Grenzprodukt 12 Dollar beträgt, also höher als ihr Lohn ist. In solchen Fällen ist es die Aufgabe der Gewerkschaft, ein wenig des Mehrgewinns (Differenz zwischen 12 Dollar und 8 Dollar) zu extrahieren und höhere Löhne (z.B. 9 Dollar) durchzusetzen. Für diesen Oligopolisten wäre die optimale Produktionsmenge und daher die Zahl der Arbeiter die gleiche wie vorher, denn diese sind nur von der Nachfrage abhängig. Somit würde die Erhöhung des Lohns auf 9 Dollar das Beschäftigungsniveau überhaupt nicht beeinflussen, sie würde nur die von der Firma erzielten Gewinne verringern. Das ist kein so schlechtes Ergebnis. Die Gewerkschaft wird lediglich eine gerechtere Verteilung von Einkommen erreichen und existenzsichernde Löhne für die Arbeitnehmer erstreiten. Somit ist es das Ziel der Gewerkschaften, den Mitarbeitern einen Teil der Gewinne zu sichern.

Abb. 9.3: Profit eines Oligopolisten mit 7 Arbeitern

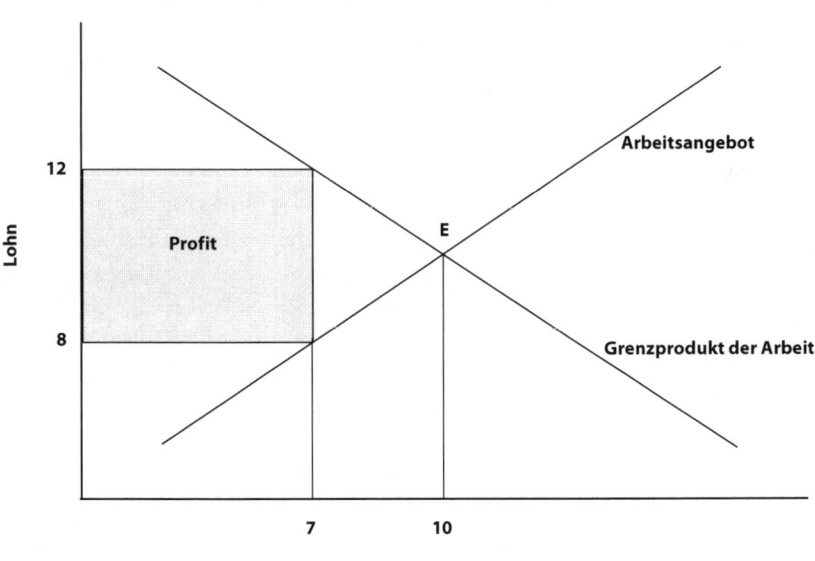

Es gibt keine Beweise, dass Gewerkschaften Arbeitslosigkeit verursachen. Der Niedergang der Gewerkschaften in den letzten Jahrzehnten hat nicht zu einer Verringerung der Arbeitslosenquote geführt, sondern nur die Ungleichverteilung von Macht und Gewinnen zugunsten der Unternehmen verstärkt. Wie in Kapitel 7 diskutiert wurde, ist die Schwächung der Verhandlungsposition der Gewerkschaften die plausibelste Erklärung für a) die Divergenz von Produktivität und Löhnen in den USA seit 1980 (Abb. 7.1), b) die Stagnation der mittleren Einkommen der Männer seit etwa 1973 (Abb. 7.2) und c) den Rückgang der mittleren Haushaltseinkommen seit 1998.

Es gibt Anzeichen dafür, dass die Gewerkschaften im Zenit ihrer Macht in den 1950er und 1960er Jahren in der Lage waren, so zu verhandeln, dass das Wachstum der Löhne mit dem der Arbeitsproduktivität Schritt hielt. Beide stiegen durchschnittlich um 3,2% pro Jahr. Doch mit dem Rückgang der Macht der Gewerkschaften ab 1980 fielen die Lohnsteigerungen hinter dem Produktivitätswachstum zurück. Warum? Weil die Gewerkschaften genug ökonomischen Sachverstand besaßen, um die Produktivitätssteigerung zu kennen und diese Informationen kombiniert mit ihrer ehemaligen Verhandlungsmacht dafür zu nutzen, Löhne und Produktivität in Einklang zu halten. Doch nach dem Niedergang der Gewerkschaften verfügen die einzelnen Arbeitnehmer weder über diese Informationen noch haben sie ausreichend Verhandlungsmacht. Die Arbeiterschaft wurde ohne die Unterstützung der Gewerkschaften im Angesicht der mächtigen Konzerne ohnmächtig.

Der steile Anstieg der wirtschaftlichen Ungleichheit begann in den frühen 1980er Jahren mit der Beschleunigung der Globalisierung, die die Industrie der USA stark unter Druck setzte und von dem Niedergang der Gewerkschaften begleitet wurde. Beginnend mit der Präsidentschaft von Ronald Reagan und seiner bemerkenswerten Unterdrückung der Gewerkschaft der Fluglotsen haben die Regierungen eine eher antagonistische Haltung gegenüber Gewerkschaften eingenommen und die Ideologie der Deregulierung akzeptiert, die es den Unternehmen ermöglicht hat, gegenüber der Arbeiterschaft die Oberhand zu gewinnen. Unternehmen waren außerdem mobil und konnten ihr Kapital auf der ganzen Welt verschieben, während Arbeiter nicht die gleiche Flexibilität hatten. Dies verschaffte dem Kapital einen deutlichen Vorteil und Gewerkschaften waren nicht mehr in der Lage, den Arbeitnehmern schützend zur Seite zu stehen.

In den USA sind gut bezahlte Arbeitsplätze für High-School-Absolventen inzwischen Mangelware und „befristete Niedriglohnstellen sind so weit verbreitet, dass sie drohen, zur Regel zu werden."[12] Dies sollte in einer demokra-

---

[12] Erin Hatton, „The Rise of the Permanent Temp Economy", *The New York Times*, 26. Januar 2013.

tischen Wirtschaft nicht geschehen und konnte nur geschehen, weil eine beachtliche Anzahl von armen Leuten nicht in der Lage war, ihre eigenen Interessen zu erkennen, und für Kandidaten stimmte, die heimliche Befürworter der Interessen der Wohlhabenden waren. Diese lenkten die Aufmerksamkeit der Wähler auf andere Fragen bezüglich der Rechte der Bundesstaaten, der Abtreibungsdebatte, nutzten Pro-Freiheits-, Anti-Staats- und Anti-Steuer-Rhetorik mit rassistischen Untertönen bei gleichzeitiger wesentlich umfangreicherer Senkung der Steuern für die Reichen als für die Armen. Sie zerstörten die Gewerkschaften, die die Löhne der unteren Klasse geschützt hatten, und öffneten das Land für Einfuhren, die dazu führten, dass Fabriken geschlossen wurden. So wurde Politik stark zu Gunsten der Reichen und Superreichen und gegen die Armen und die untere Mittelschicht gestaltet, wurde aber so verpackt und kommuniziert, dass die Armen nicht erkennen konnten, dass die wahren Konsequenzen dieser Politik im Widerspruch zu ihren eigenen Interessen standen.[13]

Im Laufe der Zeit erzeugt Reichtum mehr Reichtum und Macht erzeugt mehr Macht, sowohl wirtschaftliche als auch politische, sodass die wirtschaftliche Ungleichheit politische Ungleichheit erzeugt. Der Gesetzgeber kann daher den Willen der Allgemeinheit meist einfach ignorieren und auf die Wünsche der Wohlhabenden eingehen.[14] Möglicherweise haben wir bereits den Punkt erreicht, über den hinaus diese Tendenz für Generationen nicht mehr umgekehrt werden kann.[15] So kommt das Wirtschaftswachstum einem immer kleineren Anteil an der Bevölkerung zugute (Abb. 7.8 und 7.9, S. 197). Der Anteil des Volkseinkommens für die obersten 5% der Einkommensbezieher stieg von 17% auf 22%, während der der untersten 40% der Einkommensbezieher von 15% auf 12% fiel.

Zum Beispiel hat Tim Cook, der CEO von Apple Inc., ein geschätztes Nettovermögen von rund 400 Millionen Dollar. Er erhielt 2011 ein Gehalt von 900.000 Dollar und über einen Zeitraum von 10 Jahren verteilt ein Aktienpaket im Wert von 500 Millionen Dollar. Das bedeutet, dass sein Jahresverdienst ungefähr 51.000.000 Dollar betrug.[16] Apple hat typischerweise einen

---

[13] Jacob Hacker und Paul Pierson, *Winner-Take-All Politics: How Washington Made the Rich Richer – and Turned Its Back on the Middle Class* (New York: Simon & Schuster, 2010).

[14] Martin Gilens, *Affluence and Influence: Economic Inequality and Political Power in America* (Princeton, NJ: Princeton University Press, 2012).

[15] Demos, „Stacked Deck: How the Dominance of Politics by the Affluent & Business Undermines Economic Mobility in America".

[16] Mehrere Vizepräsidenten von Apple erhalten jährliche Gehälter von 700.000 Dollar und Aktienprämien im Wert von rund 30.000.000 Dollar, ebenfalls über einen Zeitraum

jährlichen Gewinn in der Größenordnung von 6 bis 8 Milliarden Dollar. Vergleichen Sie das mit dem Lohn von Jordan Golson, einem Verkäufer für Apple, der im Quartal Waren im Wert von 750.000 Dollar verkauft und 11,25 Dollar pro Stunde verdient, aber keine Provision, Boni oder Aktienoptionen erhält.[17] Keiner, nicht wir und auch nicht Apple, kann berechnen, ob die Gehälter von Cook oder Golson ihrem Grenzprodukt entsprechen. Beide Gehälter beruhen auf Vermutungen, die sich aus historischen Gehältern bei Apple und ähnlichen Unternehmen ableiten, aber der gesunde Menschenverstand sagt mir, dass sie kaum plausibel sein können. Zum einen ist es ein Gemeinschaftsprodukt: Apple könnte nicht ohne Golson oder Koch existieren. Golsons Gehalt ist gering, da die Arbeitslosigkeit eine Obergrenze für sein Gehalt bewirkte, während Cooks Gehalt nicht im Wettbewerb bestimmt wurde, obwohl viele bereit wären, die Arbeit des CEO auch für viel weniger zu verrichten. Als die Position des CEO zu besetzen war, war sie nicht ausgeschrieben. Es gab keine Suche nach einem wettbewerbsfähigen Angebot für den Job. Darüber hinaus ist keines der beiden Gehälter fair. Golsons Gehalt beträgt nur 0,7% des Wertes der Waren, die er verkauft. Wenn es eine Gewerkschaft bei Apple gäbe, könnte sie in der Lage sein, für ihn ein Gehalt auf dem Niveau vergleichbarer Vertriebspositionen wie bei Tiffanys, wo 15,60 Dollar gezahlt werden, zu verhandeln. Auch das würde seinen Lohn nur auf 1% seiner Verkäufe anheben, was nicht übermäßig viel ist und ihn sicher nicht in die Mittelklasse katapultieren würde, aber immer noch 40% mehr, als er jetzt verdient.

Nehmen wir an, die Gewerkschaft könnte erreichen, dass das Gehalt eines jeden Verkäufers um 4,35 Dollar pro Stunde erhöht wird und dass Apple 30.000 Verkäufer beschäftigt, die alle 2.000 Stunden pro Jahr arbeiten. Das ergäbe einen zusätzlichen Kostenaufwand für Apple von weniger als 300 Millionen Dollar und würde den Gewinn von 6 Milliarden auf 5,7 Milliarden Dollar reduzieren, ca. um 5%, also sicherlich nicht übermäßig viel. Das Fazit ist einfach: Ohne die Hilfe der Gewerkschaft werden Apples Verkäufer auch in Zukunft nur in Erwerbsarmut gehalten. Dies ist kein vernünftiges Ergebnis, und damit meine ich – nach John Rawls –, dass sicher nicht nur ich kein solches System mit so großen Einkommensdivergenzen (von 11,25 Dollar bis 25.000 Dollar Stundenlohn) bevorzugen würde, wenn man dieses System hinter einem Schleier des Nichtwissens entwerfen würde.

Man sollte nicht überrascht sein, dass ohne die Gegenmacht der Gewerkschaften der Anteil des Arbeitseinkommens am Volkseinkommen zurückge-

---

von 10 Jahren verteilt. Simon Gerard, „Apple CEO Tim Cook Made $378 Million in 2011", *Celebrity Networth*, 14. Januar 2012.

[17] David Segal, „Apple's Retail Army, Long on Loyalty But Short on Pay", *The New York Times*, 23. Juni 2012.

gangen ist. Der Anteil der Arbeit betrug zwischen 1947 und 1983 65%, sank seitdem aber auf 58% im Jahr 2010, während der Anteil der Unternehmensgewinne zunahm.[18] Diese Korrelation mit dem Rückgang der Gewerkschaftsmacht kann nicht nur Zufall sein. Paradoxerweise werden das enorme Einkommen der CEOs und ihre Boni genau wie die Löhne der Verkäufer als Arbeitseinkommen gezählt. So wird der Begriff der Arbeit in dieser Statistik nicht im klassischen Sinne der Arbeiter verwendet, sondern schließt auch die Rente mit ein, die dem Top-Management zufällt.

Darüber hinaus ist es bemerkenswert, dass das Pro-Kopf-Einkommen von Männern im letzten Viertel des 20. Jahrhunderts stagnierte, während gleichzeitig die Gewerkschaften deutlich Mitglieder verloren.[19] Wenn, wie oft behauptet wird, die Gewerkschaften den Lohn der Nichtmitglieder gedrückt haben, würde man erwarten, dass sich die durchschnittlichen Gehälter des nichtgewerkschaftlich organisierten Teils der Arbeiterschaft mit dem Machtverlust der Gewerkschaften erhöht hätten. Natürlich könnte nichts weiter von der Wahrheit entfernt sein, denn nur die Löhne der Frauen haben aufgrund ihrer immer besseren Ausbildung zugenommen. Darüber hinaus haben auch die Löhne der Frauen seit 1998 stagniert, woraus ich schließe, dass die Einkommen stagnieren, weil die Schwäche der Gewerkschaften bedeutet, dass Arbeitnehmer in einem Arbeitsmarkt, in dem endemische Arbeitslosigkeit einen ständigen Druck auf die Löhne ausübt, für sich selbst sorgen müssen, was wiederum das Management und die Kapitaleigentümer befähigt, einen immer größeren Teil der Gewinne einzustreichen. Gewerkschaften hatten über 21 Millionen Mitglieder als Ronald Reagan sein Amt antrat, und haben heute nur noch 12,4 Millionen, was gerade einmal 8% der Erwerbsbevölkerung entspricht. Außerdem stehen sie ständig unter dem Druck der Globalisierung.[20] Ohne die Gewerkschaften ist der amerikanische Traum für einen zunehmenden Anteil der Bevölkerung in weite Ferne gerückt.

Der Grund, warum Gewerkschaften von entscheidender Bedeutung sind, ist das asymmetrische Machtverhältnis zwischen Arbeitnehmern und Arbeitgebern.[21] Es gibt zwei Quellen für diesen Mangel an Macht auf Seiten der Arbeit-

---

[18] Susan Fleck, John Glaser und Shawn Sprague, „The Compensation-Productivity Gap: A Visual Essay", *Monthly Labor Review* 134 (2011) 1: S. 57-69.

[19] Richard P. McIntyre, *Are Worker Rights Human Rights?* (Ann Arbor: University of Michigan Press, 2008).

[20] U.S. Department of Labor, Bureau of Labor Statistics, „Labor Force Statistics from the Current Population Survey: Access to Historical Data for the Tables of the Union Membership News Release", zuletzt geändert am 21. Juni 2007.

[21] „Starke, verantwortungsbewusste Gewerkschaften sind ein essentieller Bestandteil gerechter Tarifverhandlungen. Ohne sie wären die Verhandlungen einseitig. Beide Parteien am Verhandlungstisch müssen ungefähr gleich stark sein, wenn man gerechte Ergebnisse

nehmer, die nicht über weit überdurchschnittliche Bildung verfügen: a) Die endemische Arbeitslosigkeit bedeutet, dass sie sich in einem ständigen Wettbewerb um ihre Arbeitsplätze befinden und daher keine Macht haben, höhere Löhne durchzusetzen. b) Die Arbeitnehmer brauchen eine konstante Einnahmequelle, um zu überleben. Ihnen fehlen die Einsparnisse, länger ohne ein regelmäßiges Einkommen auszukommen.[22] Im Gegensatz dazu hat das Management ausreichend Ersparnisse und genügend Macht, um sein eigenes Schicksal zu kontrollieren. Darüber hinaus hat der Kapitalstock keine lebensnotwendigen Grundbedürfnisse und kann als Folge ohne Verminderung seines Wertes für eine lange Zeit ungenutzt bleiben. Diese Unterschiede bedeuten, dass das Management in Verhandlungen am längeren Hebel sitzt. Gewerkschaften waren in der Lage, eine Machtbalance herzustellen. Daher waren die Gewerkschaften ein integraler Bestandteil des Erfolgs der amerikanischen Mittelklasse in der Mitte des 20. Jahrhunderts. Damals war es möglich, mit einem High-School-Abschluss ein menschenwürdiges Leben zu führen. Diese Möglichkeit ist heute größtenteils nicht mehr gegeben. Durch die Nichtbetrachtung der Machtverhältnisse kommt die herkömmliche ökonomische Analyse bei der Bewertung des Nutzens der Gewerkschaften für die einfachen Arbeiter zu den falschen Schlussfolgerungen.

Diskriminierung

Diskriminierung ist letztlich aus Sicht vieler Ökonomen nichts Schlimmes, weil sie durch die unsichtbare Hand des Wettbewerbs selbst korrigiert wird. Nach der neoklassischen Annahme sind diejenigen, die Opfer von Diskriminierung sind, bereit, für weniger zu arbeiten, und werden daher von nicht diskriminierenden Unternehmen zu geringfügig niedrigeren Löhnen angestellt. Diese Unternehmen sind damit in der Lage, ihre Produkte zu einem niedrigeren Preis anzubieten, und drängen so die diskriminierenden Firmen aus dem Markt.[23] Man könnte mit der Frage beginnen, ob es fair ist, dass die

---

anstrebt. Das heißt, dass die Arbeitnehmerschaft organisiert sein muss und dass ihre Organisation von den Arbeitgebern als eine Vorbedingung für den Arbeitsfrieden anerkannt werden." Zitiert in Osmond Kessler Fraenkel und Clarence Martin Lewis, Hrsg., *The Curse of Bigness: Miscellaneous Papers of Louis D. Brandeis* (Port Washington, NY: Kennikat Press, 1965), S. 43.

[22] Naomi Mannino, „Survey: Nearly Half Have No Emergency Savings", *Always Easy Finance*, 9. Oktober 2012.

[23] „Nicht-diskriminierende Firmen könnten in den Markt eintreten und die diskriminierenden Firmen dadurch unterbieten, dass sie vor allem durch die Einstellung von braunäugigen Arbeitern geringere Kosten haben. Dies würde langfristig dazu führen, dass die

Opfer von Diskriminierung für weniger Gehalt arbeiten sollten. Beachten Sie außerdem, dass es in dieser Wunderwirtschaft keine Arbeitslosigkeit, keinen unvollkommenen Wettbewerb, keine unvollkommene Information und vor allem keinen Gruppenzwang gibt, also keinen Ku-Klux-Klan, der eine gemeinsame Front gegen ihm unliebsame Gruppierungen wie die afro-amerikanische Gemeinschaft aufrechterhält, die seit Jahrhunderten Opfer nicht so gutartiger Diskriminierung ist.

Es kann sein, dass der soziale Druck zur Diskriminierung so stark ist, dass es möglicherweise kein nicht-diskriminierendes Unternehmen gibt, das mit diskriminierenden Firmen konkurrieren könnte. Schließlich gab es kein Busunternehmen in Montgomery, das Schwarzen erlaubte, vorne zu sitzen. Darüber hinaus wird im obigen Szenario angenommen, dass die Produktivität leicht zu ermitteln ist und dass nicht-diskriminierende Firmen dem Druck widerstehen können, die Gesellschaftsnorm zu akzeptieren. Nehmen wir einmal an, dass Opfer von Diskriminierung bereit sind, für einen geringeren Lohn zu arbeiten, als ihrer Produktivität entsprechen würde. Wenn es jetzt Unsicherheit bezüglich ihrer Produktivität gäbe, was eher die Regel als die Ausnahme sein wird, dann könnten nicht-diskriminierende Unternehmen auch annehmen, dass diese Personen bereit sind, den niedrigeren Lohn nur wegen ihrer geringeren Produktivität in Kauf zu nehmen, und diese Firmen wären dann nicht bereit, die Diskriminierungsopfer einzustellen, auch wenn es keinen Gruppendruck geben würde. In der Tat hat die Geschichte gezeigt, dass der Wettbewerb nicht in der Lage war, Diskriminierung zu beseitigen. Es waren nicht die Märkte, sondern die Sozialbewegungen und politischen Aktionen, die Diskriminierung letztendlich abgeschafft haben.

1960 wurde Joseph McNeil, Franklin McCain, Ezell Blair, Jr., und David Richmond im Woolworth in Greensboro, NC, wegen ihrer Hautfarbe kein Kaffee serviert. Es ist schon seltsam, dass freie Märkte in einer Weise operieren, dass die Möglichkeit eines Menschen, sich zum Kaffeetrinken hinzusetzen, von seiner Hautfarbe abhängt. Erst das Bürgerrechtsgesetz von 1964 gab ihnen und anderen Afro-Amerikanern das Recht, Kaffee dort zu trinken, wo sie wollen.[24] Dieses Recht wurde ihnen nicht durch den Wettbewerb von nicht-diskriminierenden Unternehmen gewährt, die von der Diskriminierung anderer profitieren wollten.

---

diskriminierenden Firmen aus dem Markt gedrängt würden." Samuelson und Nordhaus, *Economics*, S. 262. Es ist bemerkenswert, dass die Autoren „könnten in den Markt eintreten" sagen, was heißt, dass der Markteintritt nicht unbedingt geschieht und die Ungerechtigkeit auch nicht unbedingt beseitigt und bestraft wird.

[24] Wikipedia Autoren, „Greensboro Sit-Ins", *Wikipedia: The Free Encyclopedia*.

Umverteilung

Armut kann entweder eine absolute oder eine relative physische und psychische Entbehrung sein. Sie ist absolut, wenn jemand nicht in der Lage ist, seine Grundbedürfnisse zu befriedigen und wenn sein Überleben auf dem Spiel steht. Diese Armut als Gesellschaft nicht zu beachten wäre moralisch verwerflich.[25] Darüber hinaus kann man sich im Vergleich mit dem Konsum einer Referenzgruppe benachteiligt fühlen, selbst wenn man seine Grundbedürfnisse befriedigen kann. In beiden Fällen kann die soziale Ordnung durch Entbehrung bedroht werden, wie viele Gesellschaften in der Vergangenheit herausfinden mussten. Darüber hinaus kann die Verteilung der Früchte, die in der Volkswirtschaft produziert werden, zugunsten einer Gruppe ausfallen und in keinem Verhältnis zu ihrem Beitrag zur sozialen Wohlfahrt stehen und daher als ungerecht betrachtet werden.[26]

Eine Politik der Umverteilung könnte aus einem Gefühl der moralischen Verpflichtung, einem Sinn für Gerechtigkeit, Empathie für das Schicksal der Benachteiligten oder wegen der Sorge um den sozialen Frieden unterstützt werden. Wenn das Leiden eines Teils der Gesellschaft bei einem anderen, nicht direkt von der Armut betroffenen Teil ein Gefühl von Unbehagen hervorruft, dann liegt sogar eine negative Externalität vor. Daher kann der Wunsch, Ungleichheit zu mildern, auch in dem Bedürfnis begründet sein, eine negative Externalität zu überwinden. Das Ziel ist nicht, perfekte Gleichheit anzustreben, sondern eine gerechtere Verteilung des Wohlstands zu erreichen, die sicherstellt, dass zumindest alle Zugang zu den Grundbedürfnissen haben, einschließlich Gesundheitsvorsorge und Bildung – vor allem Kinder, die nicht für das sozio-ökonomische Umfeld, in dem sie aufwachsen, verantwortlich sind. Es macht wenig Sinn, dass 45% der alleinerziehenden Mütter in den USA arm sind,[27] während die 50 bestverdienenden Hedgefond-Manager ein kombiniertes Einkommen von 29 Milliarden US-Dollar oder rund 600 Millionen Dollar pro Person hatten.[28] Solche astronomischen Gehälter sind in Wirk-

---

[25] Hungersnöte sind ein Sonderfall, die Amartya Sen im Detail diskutiert hat in: *Classic Poverty and Famines: An Essay on Entitlement and Deprivation* (Oxford: Oxford University Press, 1981).

[26] „Die obersten 5% der Einkommensbezieher (mit einem Haushaltseinkommen von mehr als 210.000 Dollar) verursachen ein Drittel der Konsumausgaben." Motoko Rich, „Wealthy Reduce Buying in a Blow to the Recovery", *The New York Times*, 16. Juli 2010.

[27] Karen Christopher, „Welfare State Regimes and Mothers' Poverty", *Social Politics* 9 (2002): S. 60-86.

[28] Jenny Anderson, „Wall Street Winners Get Billion-Dollar Paydays", *The New York Times*, 16. April 2008.

lichkeit Renten, was heißt, dass sie nicht verdient sind. Diese Manager hätten ihren Job auch für einen Bruchteil dieser Gehälter gemacht.

Rawls argumentiert, dass die derzeitige Einkommensverteilung ungerecht ist, da „niemand seinen Platz in der Verteilung der Talente oder seinen Startplatz in der Gesellschaft verdient". Die Belohnung von Talenten honoriert unsere zufällige genetische Konfiguration. Er führt fort: „Nach welchem Prinzip können es freie und gleiche moralische Personen erlauben, dass ihre Verhältnisse zueinander durch soziales Glück und das Ergebnis der Lotterie der Natur beeinflusst werden?"[29] Mit der „natürlichen Lotterie" meint er, dass wir unsere genetische Ausstattung nicht selbst verdient haben, diese aber für unser Leben von sehr großer Bedeutung ist. Es ist der reine Zufall, der bestimmt, mit welchem genetischen Code wir in eine bestimmte familiäre Situation geboren wurden. Die Vorteile oder Nachteile sind nicht Resultat unserer eigenen Anstrengung und sind daher nicht verdient.[30] Wir verdienen es nicht, in eine reiche oder in eine armen Familie hinein- oder mit bestimmten Talenten oder dem Fehlen derselbigen geboren zu werden, klüger oder besser als der Durchschnitt zu sein, eine bestimmte Hautfarbe oder Volkszugehörigkeit zu haben. Wir haben überhaupt nichts für diese Attribute getan und somit ist jedwede wirtschaftliche Belohnung für sie eine Rente. Es gibt keinen Grund, warum wir für diese Attribute oder Fähigkeiten belohnt werden sollten, da ihre Verteilung einfach zufällig ist. Daher sind die Privilegien der Geldelite gar nicht so verschieden von denen der Aristokratie des feudalen Zeitalters. Keine der beiden Eliten verdient bzw. verdiente ihre Reichtümer, da bei beiden die Geburt und nicht der eigene Verdienst der Grund ihres Status ist. Es gibt keinen guten Grund, warum manchen Neugeborenen gewisse Vorteile nicht zur Verfügung stehen sollten, nur weil sie die „falschen" Eltern haben. So hat der größte Teil der wirtschaftlichen Ungleichheit keine moralische Grundlage, da für die meisten Menschen ihre „Lebensperspektiven maßgeblich durch ihre Familie und Klassenherkunft bestimmt sind, ohne dass sie selbst einen Einfluss darauf gehabt haben".

In ähnlicher Weise stellte Malcolm Gladwell fest, dass „das größte Missverständnis bezüglich des individuellen Erfolgs ist, dass wir ihn allein unserer Intelligenz, unserem Ehrgeiz und Streben und unserer harten Arbeit zu verdanken haben."[31] Erfolg wird von vielen externen Faktoren beeinflusst, unser Erfolg hängt auch von dem sozialen Umfeld ab. Gladwell stellt fest, dass Erfolg

---

[29] Mit „sozialem Glück" meint er die Familie, in die man geboren wird, und mit der „Lotterie der Natur" die Talente, mit denen man geboren wird. John Rawls, „Some Reasons for the Maximin Criterion", *American Economic Review* 64 (1974) 2: S. 141-146.

[30] John Rawls, *A Theory of Justice* (Cambridge, MA: Harvard University Press, 1971).

[31] Malcolm Gladwell, *Outliers: The Story of Success* (New York: Little, Brown, 2008).

„von einem Netz von Vorteilen und Ererbtem abhängt, wovon einiges verdient, anderes nicht verdient ist, einiges erarbeitet und manches nur durch Glück erhalten ist."

Wegen des abnehmenden Grenznutzens von Einkommen könnte der Gesamtnutzen der Gesellschaft erhöht werden, wenn wir Einkommen von den wohlhabenden zu den Armen transferierten (Abb. 9.4). Das Argument gegen die Umverteilung ist jedoch, dass wir nicht imstande sind, Nutzenniveaus zwischen Individuen zu vergleichen. Es ist zwar richtig, dass manche frische Orangen lieben, während andere sie nicht mögen, es ist aber ziemlich sicher, dass die Menschen in ihren Grundbedürfnissen kaum voneinander abweichen. Die Qualen des Hungers können sich unmöglich von Mensch zu Mensch stark unterscheiden. Ein Knochenbruch ist für jeden ähnlich schmerzhaft. Doch schrecken wir vor solchen Annahmen zurück, auch wenn wir kein Problem mit der Annahme haben, dass ein einzelner Agent repräsentativ für uns alle sein kann, wie es bei makroökonomischen Modellierungen geschieht, die eine homogene Gesellschaft implizieren. Die Angewohnheit, mit diesen beiden Annahmen zu argumentieren, ist inkonsistent.

Abb. 9.4: Umverteilung erhöht Nutzen und Wohlfahrt

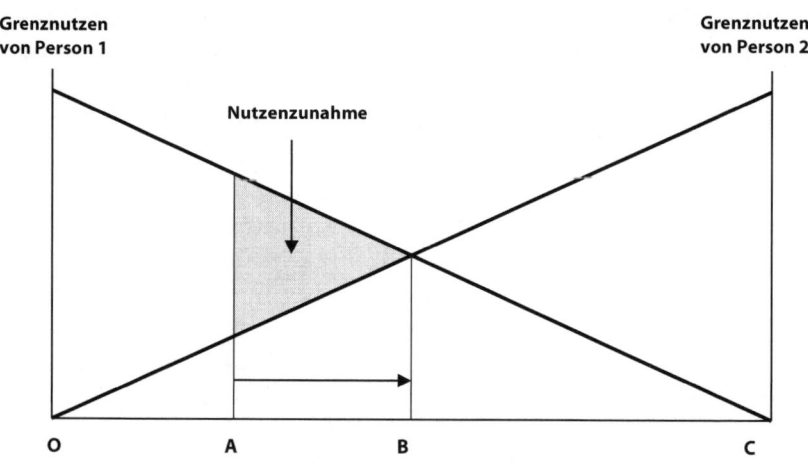

Gesamteinkommen = OC; Anfängliches Einkommen des Armen ist OA und des Reichen ist AC; Nach der Umverteilung haben beide OB=BC

Grenznutzen von 2 identischen Individuen mit ungleichem Einkommen. Umverteilung des Einkommens von A zu B würde den Gesamtnutzen um das Dreieck steigen lassen.

Die konventionelle Lehre argumentiert, dass durch Steuern bedingte Einkommensumverteilung zu Ineffizienzen führt. Dieser Effizienz-Fairness-Konflikt existiert angeblich, weil höhere Steuern für die Besserverdienenden einen negativen Arbeitsanreiz bedeuten und daher das Gesamteinkommen reduzieren. Diese Schlussfolgerung beruht jedoch auf unangemessen vereinfachenden Annahmen. Es wird davon ausgegangen, ohne dass empirische Belege dafür existieren, dass die Menschen tatsächlich weniger arbeiten, wenn sich ihr Grenzsteuersatz erhöht. Die Folgerung daraus wäre, dass jemand weniger arbeiten würde, wenn sein Nachsteuergehalt von 1200 Dollar auf 1000 Dollar pro Stunde fallen würde. Doch der Milliardär Warren Buffett denkt da ganz anders[32] und es gibt keine tatsächlichen Beweise für eine solche Behauptung.[33] Würden die 403 amerikanischen Milliardäre weniger arbeiten, wenn sich ihre Steuerlast verdoppeln würde?[34] Würde Beyoncé weniger Songs singen? Ich bezweifle das. Ich vermute, dass die einzige Wirkung wäre, dass die Intensität des Geltungskonsums und der damit zusammenhängenden negativen Externalitäten zurückgehen würde.

Darüber hinaus reduzieren Steuern die Effizienz nicht, da die Regierung das Geld nicht verschwendet. Vielmehr investiert sie eine Teil davon für Bildung, Infrastruktur, Gesundheitsversorgung und Grundlagenforschung, was alles das zukünftige Wirtschaftswachstum steigert. Genau dies ist der Grund, dass es den West- und Nordeuropäischen Volkswirtschaften „trotz" aller Umverteilung eigentlich ganz gut geht. Es gibt zahlreiche Beweise, die in herkömmlichen Modellen außer Acht gelassen werden, dass die Sozialausgaben tatsächlich die wirtschaftliche Entwicklung fördern und nicht hemmen.[35] Der Grund dafür ist, dass zusätzliches Nettoeinkommen, wie oft angenommen, kein entscheidender Anreiz für die Superreichen ist, mehr zu arbeiten, während Staatsausgaben für Sozialleistungen und das soziale Sicherheitsnetz, Bildung und Gesundheitsversorgung zu höherer Produktivität in den unteren Einkommensgruppen führen. Hungrige Kinder, die schlechte Schulen besuchen und in zerrütteten Familien in unsicheren Stadtvierteln aufwachsen, können kaum zu produktiven Mitgliedern der Gesellschaft heranwachsen.

---

[32] Warren Buffett, „Stop Coddling the Super-Rich", *The New York Times*, 14. August 2011.

[33] „Die Datenlage ... legt nahe, dass der Einfluss von Steuern auf den Arbeitseinsatz nur gering ist ... für Bezieher mittlerer und hoher Einkommen." Samuelson und Nordhaus, *Economics*, S. 333.

[34] Zusammen betrug ihr Reichtum 1,3 Milliarden Dollar. „In Pictures: Richest 25 American Billionaires", *Forbes*, 3. Oktober 2010.

[35] Peter Lindert, *Growing Public, vol. 1, Social Spending and Economic Growth Since the Eighteenth Century* (Cambridge, UK: Cambridge University Press, 2004).

Daher denke ich, dass die so oft beschworenen Ineffizienzen der Umverteilung im Wesentlichen illusorisch sind.

Es gibt direkte positive Auswirkungen eines Sicherheitsnetzes auf die durchschnittliche Wohlfahrt. Es bietet ein Gefühl der Sicherheit im Falle einer unerwarteten Katastrophe. Darüber hinaus sind Menschen, die keine andere Einkommensquelle haben, anfälliger dafür, Verbrechen zu begehen. Länder mit einem dichteren sozialen Sicherheitsnetz erfahren weniger zufällige Gewalttaten. So können die Leute sorgenfrei nachts aus dem Haus gehen. Sie müssen sich weniger um die Sicherheit ihrer Kinder sorgen und sind seltener Opfer von Einbrüchen, Autodiebstählen, Morden, Überfällen und Gewalttaten. Also genießen sie alles in allem ein weniger stressiges Leben und daher eine höhere Lebensqualität. So führt eine höhere Besteuerung bei den oberen Einkommensklassen zu einer ausgewogeneren Gesellschaft, was wiederum zu einer höheren durchschnittlichen Wohlfahrt führt.

Lebensstandard

Es ist kaum zu glauben, dass der Lebensstandard in Standardlehrbüchern in der Regel nicht diskutiert wird, obwohl er eines der wichtigsten Konzepte in der Volkswirtschaftslehre ist. Stattdessen liegt der Schwerpunkt auf individuellem Nutzen, Einkommen und – auf der aggregierten Ebene – auf dem BIP. Dennoch wird normalerweise weder die Verteilung der Einkommen noch das Problem der Aggregation von Einkommen oder Nutzen diskutiert. Wenn Nutzenniveaus zwischen verschiedenen Personen, wie meist behauptet, nicht vergleichbar sind, dann ist die Aggregation individueller Einkommen ebenso kein gutes Maß für den allgemeinen Gesamtlebensstandard. Wie sollte man zum Beispiel den Fall der USA bewerten, wo das BIP gewachsen ist, aber die Löhne der unteren 20% der Bevölkerung seit 1969 nicht zugenommen haben und das mittlere Haushaltseinkommen niedriger ist, als es das in 1999 war (Abb. 9.5)?[36] Die 5 Dollar pro Tag, die Ford Motor Co. im Jahr 1914 gezahlt hat, entsprechen heute etwa 15 Dollar pro Stunde (oder 120 Dollar pro Tag). Die 75 Millionen Amerikaner, die heute für einen Stundenlohn arbeiten, verdienen real nur 40% mehr als die Ford-Arbeiter im Jahre 1914. Plötzlich sieht der sogenannte Anstieg des Lebensstandards schon ganz anders aus.

[36] Wikipedia Autoren, „Household Income in the United States", *Wikipedia: The Free Encyclopedia*; Erik Eckholm, „Recession Raises Poverty Rate to a 15-Year High", *The New York Times*, 16. September 2010. Siehe auch James Kenneth Galbraith, *Created Unequal: The Crisis in American Pay* (Chicago: University of Chicago Press, 2000).

Abb. 9.5: Mittleres Haushaltseinkommen nach Ethnizität (in Dollar von 2009)

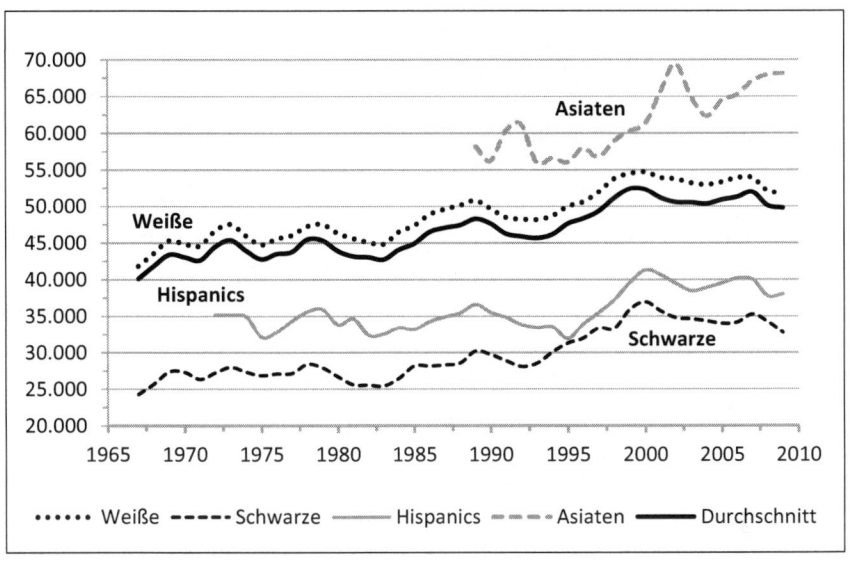

Abb. 9.6: Verteilung der Löhne (USA 2012)

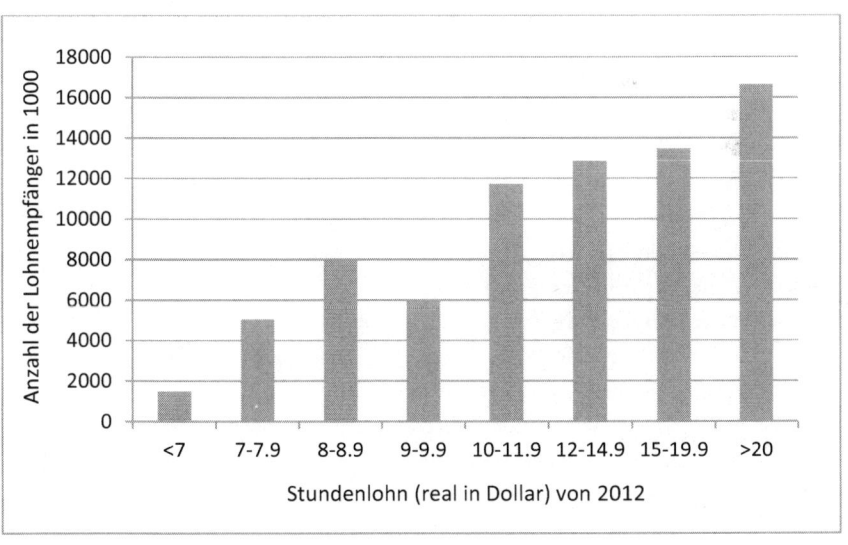

Da Nutzen nicht messbar ist, kann er nicht aufaddiert werden, und deshalb verwenden wir Einkommen oder BIP als Proxy-Maß des Lebensstandards, weil sie in Dollar bemessen werden und daher aggregiert werden können. Wenn allerdings Nutzen zwischen verschiedenen Personen nicht vergleichbar ist, dann sollte man Einkommen auch nicht aggregieren, da sie verschiedene Nutzen bei verschiedenen Individuen generieren. Ein zusätzlicher Dollar für Donald Trump bedeutet ihm ziemlich sicher absolut nichts, aber für den Obdachlosen an der nächsten Straßenecke kann er die Welt bedeuten. So ist die herkömmliche Behandlung von Nutzen inkohärent, weil es uns manchmal nicht erlaubt ist, den Nutzen von Individuen zu vergleichen, aber einige Seiten später wird es dennoch gemacht, diesmal nur durch Einkommen als Maß für den Nutzen. Wir können das durchschnittliche Volkseinkommen nicht als Maß des Lebensstandards verwenden, es sei denn, dass alle Einzelnutzen vergleichbar wären.

Angesichts dieser Beschränkungen legen wir viel zu viel Wert auf monetäre Maße. Sie haben weitere Mängel: Sie messen nur Marktaktivitäten und missachten viele Faktoren, die ebenso wichtig für die Bestimmung von Wohlergehen und Lebensqualität sind wie die Zerstörung der Umwelt als Folge von Umweltverschmutzung. Sie berücksichtigen nicht die tatsächliche Arbeitszeit oder die psychischen Kosten der Unsicherheit, die fester Bestandteil der freien Marktwirtschaft sind. Viele Risiken, die in den Bereichen der Bildung, Beschäftigung, Krankenversicherung und Rentenfürsorge auftreten, induzieren ein Gefühl der Unsicherheit, das für viele von uns eine Belastung bedeutet und eine hohe Lebensqualität verhindert.[37] Die Realität des Konjunkturzyklus ist kein positives Attribut der Wirtschaft. Sie ist eine Bedrohung, die tatsächliche psychische und monetäre Kosten verursacht, die nicht vom BIP abgezogen werden. Dies impliziert, dass wir den Daten, die das Wohlergehen der Bevölkerung direkt beeinflussen, viel mehr Aufmerksamkeit schenken müssen – zum Beispiel der Kinderarmut, den Schulleistungen und Absolventenquoten, der Lebenserwartung und der Morbidität, genauso wie der psychischen Gesundheit und der Kriminalität wie auch den subjektiven Bewertungen des Wohlbefindens. Monetäre Maßstäbe sind keine präzisen Indikatoren für das Wohlbefinden, wie uns lange glaubhaft gemacht wurde.

Relative Entbehrung ist ein weiteres wichtiges Thema in diesem Zusammenhang. Laut herkömmlicher Lehrmeinung ist unser Einkommensniveau bei der Bestimmung unseres Nutzens von entscheidender Bedeutung. Dies wird allerdings durch die Tatsache widerlegt, dass unsere Lebenszufrieden-

---

[37] Im Extremfall kann Frustration zu Amokläufen führen, die in den letzten Jahrzehnten zugenommen haben. Christine Haughney und Nate Schweber, „A Bumpy Life Ends in a Fatal Rampage", *The New York Times*, 30. August 2010.

heit seit dem Zweiten Weltkrieg stagniert hat oder sogar zurückgegangen ist, obwohl das Pro-Kopf-Einkommen stark zugenommen hat. Die alternative Betrachtungsweise, dass unser Nutzen nicht von der absoluten Höhe unserer Einkommen, sondern von unserem Platz in der sozialen Hackordnung bestimmt wird, scheint zutreffender zu sein. Wenn das absolute Einkommen unsere Lebenszufriedenheit bestimmen würde, wären wir sicherlich mit unserem Leben viel zufriedener, als wir es tatsächlich sind. Obwohl wir reicher sind, als unsere Großeltern es waren, sind wir keineswegs glücklicher und wahrscheinlich sogar unzufriedener. Wir sind neidisch auf andere, die einen größeren Anteil vom Kuchen als wir erhalten haben, und machen uns mehr Sorgen über die Zukunft als unsere Vorfahren vor ein paar Generationen. Der durchschnittliche Vollzeitarbeitnehmer arbeitet trotz der höheren Einkommen immer noch 40 Stunden pro Woche, um seinen Platz in der sozialen Hackordnung zu halten.[38] Der Hauptgrund, warum wir nicht mehr Freizeit genießen, ist der Druck, im Konsum mit den Nachbarn mithalten zu wollen, wofür es im Amerikanischen ein eigenes Idiom gibt: „to keep up with the Joneses".[39]

Wir könnten auch erwägen, die Entwicklungen durch einen Blick zurück zu beurteilen. Dies ist kaum eine unparteiische Sichtweise, da wir uns an unsere Umwelt, den aktuellen Stand des materiellen Komforts, die Konkurrenz, die Angst und den Stress mehr oder minder gewöhnt haben. Es gibt aber auch eine andere Art und Weise, Entwicklungen zu beurteilen, nämlich durch einen Blick nach vorne: Was würden die Menschen, die um 1900 lebten, über unsere Welt von heute denken? Würden sie durch unseren materiellen Komfort, unsere längere Lebenserwartung und den technologischen Fortschritt geblendet werden oder würden sie durch die damit verbundenen sozialen, kulturellen und spirituellen Veränderungen verwirrt oder sogar abgestoßen werden? Ich denke, dass das Urteil einer solchen Person eher negativ ausfallen würde, denn ich bezweifle, dass die Menschheit des frühen 20. Jahrhunderts trotz unserer Reichtümer mit uns tauschen wollte. Während wir uns an unser stressiges und chaotisches Leben voller Angst und Unsicherheit und mit dysfunktionalen Familien und gefährlichen Nachbarschaften gewöhnt haben, würden sie wahrscheinlich erschrocken abwinken, wenn sie nicht im Voraus wüssten, wo sie in der Gesellschaftsordnung enden würden.[40] Sie würden sich

---

[38] U.S. Department of Labor, Bureau of Labor Statistics, „Current Employment Statistics-CES (National): Technical Notes to Establishment Survey Data", zuletzt geändert am 8. Mai 2012

[39] Robert H. Frank, *Luxury Fever: Why Money Fails to Satisfy in an Era of Excess* (New York: The Free Press, 1999).

[40] Die Unsicherheit der Märkte verursacht Angst bezüglich des sozialen Status.

wahrscheinlich in unserer Zivilisation sehr unwohl fühlen und den Preis für unsere materiellen Annehmlichkeiten, die Aufgabe ihrer eigenen Werte, als zu hoch empfinden.

Daher sind wir nicht in der Lage zu behaupten, dass in allen Dimensionen der menschlichen Existenz positive Fortschritte gemacht wurden, da technologischer Fortschritt soziale Kosten verursacht, die in eine unvoreingenommene Berechnung der wirtschaftlichen Entwicklung mit einfließen müssen. Man kann nicht behaupten, dass der Lebensstandard gestiegen ist, es sei denn es gibt eine unzweideutige Art und Weise, dies zu beurteilen. Das ist jedoch nicht möglich. Alles, was wir behaupten können, ist, dass er aus unserer Sicht im Durchschnitt gestiegen ist, aber für einen großen Teil der Bevölkerung sind die Einkommen seit einiger Zeit rückläufig. In der Tat verdienen 90% aller Beschäftigten in der Gastronomie und 70% aller beschäftigten Arbeitnehmer in unterstützenden Gesundheitsberufen weniger, als die Ford-Arbeiter im Jahr 1914 verdient haben.[41] Daher sollten wir nicht nur die Durchschnittseinkommen in Betracht ziehen, sondern auch ihre Verteilung, auf die es stark ankommt. Die Veränderungen in der Verteilung des Wohlstandes haben bewirkt, dass für viele Amerikaner der „American Dream" außer Reichweite geraten ist.[42]

Eine Studie fand heraus, dass, „als die Reallöhne der Mehrheit der amerikanischen Beschäftigten in den 1970er, 1980er und der ersten Hälfte der 1990er Jahre fielen, das Arbeitsangebot der Haushalte stieg. Folglich stieg das reale Familieneinkommen der unteren achtzig Prozent in der Einkommensverteilung. ... Haushalte kämpften nicht nur, um ihren Lebensstandard zu halten ..., sie versuchten sogar ... ihren Lebensstandard zu erhöhen. Genau zu dem Zeitpunkt, als das Arbeitsangebot der Haushalte in der zweiten Hälfte der 1990er Jahre sein Limit erreichte, explodierte die Verschuldung der privaten Haushalte. Die zunehmende Verschuldung der privaten Haushalte von den späten 1990er Jahren bis zum Jahr 2007 – vor allem durch Hypothekenschulden verursacht – legt nahe, dass der kulturell mächtige ,American Dream' Arbeitnehmerhaushalte dazu brachte, einen kontinuierlich steigenden Lebensstandard durch Wohneigentum auch im Angesicht von Rekordarbeitszeiten und historisch niedrigen Reallöhnen zu erwarten und anzustreben."[43] Peter Whybrow beschreibt die Situation der amerikanischen Familien wie folgt: „Länger arbeiten, weniger schlafen, Abstriche beim Urlaub machen und unsere Fami-

[41] Bureau of Labor Statistics, „Occupational Employment Statistics".

[42] Barbara Ehrenreich, *Bait and Switch: The (Futile) Pursuit of the American Dream* (New York: Metropolitan Books, 2005).

[43] Zachary A. Saltis, „The Economic Consequences of Declining Real Wages in the United States, 1970-2010", unveröffentlichte Ph.D. Dissertation, University of Manitoba (2011).

lien vernachlässigen und Schulden machen – massive Schulden machen. Vor 1985 sparten die amerikanischen Konsumenten im Durchschnitt ca. 9% ihres verfügbaren Einkommens, aber im Jahr 2005 war die vergleichbare Sparquote auf null gesunken, während Hypothekenschulden, Kreditkartenschulden und andere Verschuldung auf 127% des verfügbaren Einkommens stiegen."[44]

Das Streben nach Status führt dazu, dass wir nicht imstande sind, unsere Zeit sinnvoll zwischen Arbeit und Freizeit aufzuteilen,[45] da wir erwarten, dass zusätzliches Einkommen unsere Lebensqualität erhöht, und daher auf Kosten der Freizeit mehr arbeiten. Aber das Problem mit Einkommen und dem daraus resultierenden Konsum ist, dass der Nutzen, den wir daraus ziehen, auch von dem Konsumniveau der Gesellschaft abhängt. Wenn unsere relative Stellung in der Gesellschaft konstant bleibt, hat zusätzliches Einkommen nicht so viel Nutzen, wie wir erwarten. Also arbeiten wir noch mehr. Aber unser zusätzliches Einkommen hat auch negative externe Effekte, weil es andere Menschen dazu bringt, sich schlechter zu fühlen, wenn sie nicht in der Lage sind, mit unserem Konsum mitzuhalten. Wie jede negative Externalität sollte auch diese besteuert werden, damit wir anderen weniger Schaden zufügen. Als Folge kann eine höhere Einkommensteuer die Lebensqualität verbessern, da sie zum Genuss von mehr Freizeit führt und andere weniger arbeiten müssten, um mit unserem Konsumniveau konkurrieren zu können. Das Streben nach Konsumstatus ist zwecklos, da es ein Nullsummenspiel ist.

Daraus ist zu folgern, dass das Wirtschaftssystem, so wie es jetzt konstruiert ist, für die Mehrheit der Bevölkerung einfach nicht zu einem befriedigenden und erfüllten Leben führt. Vielmehr führt es eher zu dem vergeblichen Versuch, sich der sozialen Norm zu fügen und im Konsumwettbewerb mitzuhalten. Unternehmen verwenden unglaubliche Summen darauf, uns davon zu überzeugen, dass die Dinge, die wir bereits haben, veraltet, nicht gut genug und aus der Mode sind. Als Folge verursachen sie in uns ein Gefühl des Unbehagens und bieten uns gleichzeitig die „richtige" Medizin an: neue Produkte. Während das ein Wachstum des BIP bedeutet, wird dieses Wachstum als Maßstab für den Anstieg unseres Wohlstandes überschätzt, weil die durch die Werbung verursachte Wertminderung der Waren, die wir schon haben, nicht gleichzeitig vom BIP subtrahiert wird. Schumpeters schöpferische Zerstörung betrifft nicht nur Technologien, sondern auch Konsumgüter. Dieser nie endende Prozess führt nicht zu Zufriedenheit. Stattdessen wird Konsum zu einem Teufelskreis der Erfüllung neu induzierter Wünsche, die wir ursprüng-

---

[44] Peter C. Whybrow, „Dangerously Addictive: Why We Are Biologically Ill-Suited to the Riches of Modern America", *The Chronicle of Higher Education*, 13. März 2009.

[45] Juliet B. Schor, *The Overworked American: The Unexpected Decline of Leisure* (New York: Basic Books, 1993).

lich nicht haben, die wir auch nicht haben wollten und die aus Geschäftsinteressen durch äußere Reize induziert werden. Es ist uns nicht erlaubt, erfüllt und zufrieden zu bleiben. Unternehmen sind stets darauf bedacht, uns aus unserem Gleichgewicht zu bringen und ein Gefühl der Unzufriedenheit in uns zu wecken, was dazu führt, dass wir niemals das Gefühl haben, genug zu haben.

Glück und Wachstum

Wir neigen zu dem Fehler, Wirtschaftswachstum automatisch mit den Verbesserungen des Lebensstandards gleichzusetzen. Umfragen widersprechen jedoch dieser Sichtweise.[46] Trotz all des Wachstums seit dem Zweiten Weltkrieg entzieht sich uns die Zufriedenheit, weil das Wachstum mit hohen sozialen und psychologischen Kosten verbunden ist, die nicht Teil unserer Berechnung sind. Langfristige Untersuchungen haben tatsächlich gezeigt, dass sich die Lebenszufriedenheit (oder das Glück) seit 1946, dem Beginn der Aufzeichnungen, nicht großartig verändert hat.[47] Dieses Ergebnis wurde durch Richard Easterlins bahnbrechenden Aufsatz von 1974 weit verbreitet.[48]

Forschung, basierend auf Umfragen zur subjektiven Lebenszufriedenheit, zeigt eindeutig, dass sich Einkommenssteigerungen langfristig nur minimal auf die Lebenszufriedenheit auswirken, so lange zwei Bedingungen erfüllt sind: a) Das Einkommen übersteigt ein für die Befriedigung der Grundbedürfnisse nötiges Mindestniveau und b) das Durchschnittseinkommen steigt ebenfalls. Einkommenssteigerungen steigern die Lebenszufriedenheit jedoch deutlich, wenn das Einkommen unterhalb des für die Befriedigung der Grundbedürfnisse nötigen Mindestniveaus liegt oder wenn das Einkommen relativ zur sozialen Norm oder zu einer Referenzgruppe steigt. Da in den letzten 60 Jahren keine wirklichen Fortschritte bei der Bekämpfung der Armut erzielt wurden und da der relative Gewinn des einen immer ein Verlust des anderen ist, ist es

[46] Frank, *Luxury Fever*; Bruno Frey und Alois Stutzer, *Happiness and Economics* (Princeton, NJ: Princeton University Press, 2002); Michael Marmot, *The Status Syndrome: How Social Standing Affects Our Health and Longevity* (London: Bloomsbury Press, 2004); Richard Layard, *Happiness: Lessons from a New Science* (New York: Penguin Press, 2005).

[47] Robert H. Frank, „How Not to Buy Happiness", Dædalus 133 (2004) 2: S. 69-79.

[48] Richard Easterlin, „Does Economic Growth Improve the Human Lot?", in *Nations and Households in Economic Growth: Essays in Honor of Moses Abramovitz*, Hrsg. Paul David und Melvin Reder (New York: Academic Press, 1974); Tibor Scitovsky argumentierte ähnlich in *The Joyless Economy: An Inquiry into Human Satisfaction and Consumer Dissatisfaction* (Oxford: Oxford University Press, 1976). Siehe ebenso Bruno S. Frey und Alois Stutzer, „What Can Economists Learn from Happiness Research?", *Journal of Economic Literature* 40 (2002) 2: S. 402-435.

klar, warum die durchschnittliche Lebenszufriedenheit in dieser Zeitspanne nicht gestiegen ist. Allerdings fühlen wir uns besser, wenn sich unser sozialer Status erhöht. Darum sind reichere Menschen im Durchschnitt glücklicher als ärmere. Ihr Einkommen ist höher als das Durchschnittseinkommen. Wenn allerdings das ökonomische Standardmodell wahr wäre und der Nutzen vom absoluten Einkommensniveau abhinge, müssten wir heute viel glücklicher sein als die Menschen unserer Eltern- oder Großelterngeneration, da wir viel wohlhabender sind. Wenn einmal die Grundbedürfnisse befriedigt sind, ist höheres Einkommen aber nicht der wichtigste Faktor des Glücks (Tab. 9.1). Die USA sind auf dem sechzehnten Platz in der Weltrangliste der Lebenszufriedenheit, was nicht schlecht ist, wenn man bedenkt, dass es über 200 Länder gibt. Aber da nur Norwegen ein höheres Pro-Kopf-Einkommen als die USA hat, würde man die USA weiter oben auf dieser Liste erwarten. Der skandinavische Wohlfahrtsstaat, der Menschen in Not unterstützt, scheint das beste Modell für eine blühende Gesellschaft zu sein.

Tab. 9.1: Anteil der Bevölkerung, dem es gut geht (2011)

Dänemark	82%	Israel	62%
Finnland	75%	Australien	62%
Norwegen	69%	Kanada	62%
Niederlande	68%	Österreich	57%
Schweden	68%	Brasilien	58%
Venezuela	64%	USA	57%
Neuseeland	63%	Belgien	56%
Costa Rica	63%	Großbritannien	54%
Schweiz	62%	Deutschland	43%

Quelle: *Gallup Global Wellbeing. The Behavioral Economics of GDP Growth* (Washington, D.C.: Gallup Inc., 2010), http://www.wikiprogress.org/images//GlobalWellbeing_Rpt_POLL_0310 _lowres.pdf (Stand 23. September 2012).

Daher sollte klar sein, dass absolutes Einkommen nicht die wichtigste Determinante der Lebenszufriedenheit ist, wenn man nicht gerade an Unterernährung leidet: Allerdings haben relative Einkommen einen großen Einfluss. Zum Beispiel berichtet der „World Happiness Report, 2012", dass „die weltweit wirtschaftliche Supermacht, die Vereinigten Staaten von Amerika, im letzten halben Jahrhundert markante wirtschaftliche und technologische Fortschritte gemacht hat, ohne dass es zu einer Zunahme des selbstberichteten Glücksempfinden der Bürger geführt hat. Stattdessen sind Verunsicherung und Ängste auf hohem Niveau und soziale und wirtschaftliche Ungleichheiten haben erheblich zugenommen, soziales Vertrauen befindet sich im Niedergang und das Vertrauen in den Staat ist auf einem Tiefpunkt. Vielleicht ist aus diesen Gründen die Lebenszufriedenheit während Jahrzehnten mit steigendem Pro-Kopf-BIP nahezu konstant geblieben."[49] „Es ist das Paradox der Moderne, dass als Konsummöglichkeiten und materieller Wohlstand zunahmen ... das persönliche Glücksgefühl zurück ging ... und doch gibt es kaum Amerikaner, die es schaffen, aus der hedonischen Tretmühle lange genug auszusteigen, um ihr Glück zu genießen."[50]

Wir sollten betonen, dass die Lebensqualität ein mehrdimensionales Konzept ist, das nicht am Geld alleine gemessen werden sollte.[51] Wie zufrieden die Menschen mit ihrem Leben sind, hängt von Faktoren wie geleisteter Arbeitszeit, Arbeitsbedingungen, Einkommensschwankungen, arbeitsbedingtem Stressniveau und Unsicherheit, dem sozialen Sicherheitsnetz und der Verteilung des Volkseinkommens ab.[52] Das sind nur diejenigen Faktoren, die direkt mit dem Wirtschaftsleben verknüpft sind. Des Weiteren beeinflussen der Freundeskreis, das Familienleben, Liebe, Freundschaft und Beziehungen die Lebenszufriedenheit in erheblichem Maß. Zusammenfassend ist das Durchschnittseinkommen ein irreführendes Maß für das Wohlbefinden und wir sollten nicht davon ausgehen, dass weiteres Wirtschaftswachstum zu einer Verbesserung unseres Lebens führen wird, da es das bisher auch nicht getan hat. Es gibt viel mehr im Leben als das, was man mit Geld kaufen kann.

Eine Stelle mit höherem Gehalt, die aber mit einer längeren Anfahrt verbunden ist, kann auch zu Frustration führen. Nach herkömmlicher ökonomischer Sichtweise würde man argumentieren, dass jemand die Stelle nicht annehmen würde, wenn dies der Fall wäre. Diese Sichtweise übersieht jedoch die Tatsache, dass sich die Aufmerksamkeit auf die sofortige Gehaltssteigerung konzentriert und die undurchsichtigen zukünftigen Belastungen des Pendelns, wie die verpassten Theatervorführungen der Kinder, außer Acht

---

[49] John Helliwell, Richard Layard und Jeffrey Sachs, „World Happiness Report, 2012", S. 3.

[50] Whybrow, „Dangerously Addictive".

[51] Charles Jones und Peter Klenow, „Beyond GDP? Welfare Across Countries and Time", NBER Working Paper No. 16352, September 2010; „Robert F. Kennedy Challenges Gross Domestic Product", YouTube video, gepostet von „colinatpyramid", 11. September 2008.

[52] Ein hervorragendes Beispiel für die Schwierigkeiten und Herausforderungen des modernen Lebens kann man in Elizabeth Warrens Video finden. Elizabeth Warren, „The Coming Collapse of the Middle Class: Higher Risks, Lower Rewards, and a Shrinking Safety Net", YouTube video, gepostet von „UCtelevision", 31. Januar 2008. Elizabeth Warren, „The Vanishing Middle Class", in *Ending Poverty in America: How to Restore the American Dream*, Hrsg. John Edwards, Marion Crain und Arne L. Kalleberg (New York: The New Press, 2007).

gelassen werden. Daher ist die Versuchung groß, mehr Gehalt auf Kosten immaterieller zukünftiger Verluste zu wählen und die langfristige Senkung der Lebensqualität in Kauf zu nehmen.[53]

Darüber hinaus ist die Lebenszufriedenheit von Frauen im Verhältnis zu der von Männern in den USA seit den 1970er Jahren rückläufig, und das trotz zunehmender Emanzipation und im Verhältnis zu Männern steigender Einkommen.[54] Warum sind Frauen heutzutage nicht glücklicher als ihre Mütter und Großmütter, wenn absolutes Einkommen in ihren Nutzenfunktionen so wichtig ist? Warum sind die Menschen in Lateinamerika genauso zufrieden mit ihrem Leben wie Menschen in Deutschland, Frankreich oder in den USA, obwohl ihr Pro-Kopf-Einkommen nur ein Viertel von dem der westlichen Industrienationen beträgt? Mit anderen Worten, es muss etwas falsch damit sein, Einkommen mit Lebensstandard gleichzusetzen, einer Gewohnheit, die tief im konventionellen wirtschaftswissenschaftlichen Denken verankert ist.[55] Stiglitz bezeichnet diesen Trugschluss als BIP-Fetischismus.[56]

Unsere Vorlieben und Wünsche werden von der vorherrschenden Kultur manipuliert und von denen beeinflusst, die dazu die Macht haben. So erkannte Christopher Lasch schon vor einer Generation, dass wir eine kollektive narzisstische Persönlichkeitsstörung entwickelt haben, die „eng mit Ichbezogenheit verbunden ist."[57] Eine narzisstische Person ist jemand, der sich „übermäßig mit Fragen der persönlichen Eignung, Macht, Prestige und Eitelkeit beschäftigt".[58] Lasch behauptet, dass „… die Kultur des Individualismus-Wettbewerbs … in seiner Dekadenz die Logik des Individualismus als eines Krieges von allen gegen alle auf die Spitze und das Streben nach Glück in die Sackgasse einer narzisstischen Beschäftigung mit dem Selbst getrieben hat."[59]

[53] „Menschen sind glücklicher, wenn sie mehr Geld für Erlebnisse und weniger für materielle Dinge ausgeben, wenn sie sich schon bei der Planung des Kaufs daran erfreuen und wenn sie aufhören am Konsumwettbewerb teilzunehmen." Stephanie Rosenbloom, „But Will It Make You Happy?", *The New York Times*, 7. August 2010.

[54] Betsey Stevenson und Justin Wolfers, „The Paradox of Declining Female Happiness", *American Economic Journal: Economic Policy* 1 (2009) 2: S. 190-225.

[55] Rosenbloom, „But Will It Make You Happy"; Amartya Sen, „Mortality as an Indicator of Economic Success and Failure", *Economic Journal* 108 (1998) 446: S. 1-25.

[56] Ich bin nicht der Einzige: Siehe Joseph Stiglitz, „GDP Fetishism", Project Syndicate, 7. September 2009, URL: www.project-syndicate.org/commentary/gdp-fetishism.

[57] Christopher Lasch, *The Culture of Narcissism: American Life in an Age of Diminishing Expectations* (New York: W.W. Norton, 1979), S. xv.

[58] Wikipedia Autoren, „Narcissistic Personality Disorder", *Wikipedia: The Free Encyclopedia*.

[59] Christopher Lasch, *The Culture of Narcissism: American Life in an Age of Diminishing Expectations* (New York: W.W. Norton, 1979), S. xv.

Wir sind nicht in der Lage, das gute Leben zu führen, weil Unternehmen ein gutes Leben ständig neu definieren und kreieren, sodass wir es nie erreichen können. Unternehmen können nicht davon profitieren, wenn wir mit dem, was wir haben, zufrieden sind. Daher ist die Begrenzung der Macht der Konzerne die einzige Möglichkeit, eine höhere Lebensqualität zu entwickeln.[60]

Das Verständnis, dass die Menschen oft empfindlicher auf Veränderungen als auf Niveaus reagieren, bedeutet, dass wir Faktoren wie gewöhnliche Konsumniveaus in unsere Nutzenanalyse integrieren sollten. Anstatt den Nutzen zum Zeitpunkt t nur als Funktion von gegenwärtigem Konsum c(t) zu definieren, sollten wir anerkennen, dass er auch von einem Referenzniveau r_t abhängt, das wiederum von Faktoren wie vergangenem Konsum c_{t-1}, Erwartungen über den zukünftigen Konsum $E[c_{t+1}]$, dem Konsum von Vergleichsgruppen oder dem durchschnittlichen Konsumniveau in der Gesellschaft abhängt.[61] Wir gewöhnen uns an vergangenen Konsum. Also sollte die Nutzenfunktion statt der Form $u_t(c_t)$ eine allgemeine Form $U_t(r_t, c_t)$ annehmen. Diese Theorie zeigt, warum Menschen in die Schuldenfalle gerieten, als sie versuchten, mit dem Konsum der Reichen mitzuhalten, deren Einkommen sich tatsächlich erhöhte, während ihr eigenes Einkommen stagnierte oder sogar rückläufig war. Dieses Verhalten lässt sich nicht einfach durch die herkömmliche Theorie erklären, wenn man keine Nutzenfunktion mit einem Referenzniveau verwendet.

Es ist wichtig zu erkennen, dass das Wachstum nicht die Antwort auf die Probleme unserer Zeit ist. Wachstum hat in der Vergangenheit nicht zur Verbesserung unserer Lebenszufriedenheit geführt. So sollte auch nicht Wachstum, sondern eine gerechtere Verteilung von Einkommen und der Aufbau einer solidarischen Gesellschaft nach dem skandinavischen Modell unser Ziel sein, damit ein zunehmender Teil der Bevölkerung mit seinem Leben zufrieden ist und sich keine Sorgen um die Zukunft machen muss. Der Anteil der Bevölkerung in Dänemark, der mit dem Leben zufrieden ist, ist um 44% höher als in den USA (Tab. 9.1). Um den Rückstand zu den skandinavischen Gesellschaften aufzuholen, müssen wir realisieren, dass zusätzlicher Konsum nur einen schnell abnehmenden Nutzen hat. Vielmehr müssen wir mit uns selbst und unserem Platz in der Gesellschaft zufrieden sein, was wir nur erreichen können, wenn wir körperlich und geistig gesund sind, finanzielle Sicherheit haben und gute persönliche Beziehungen pflegen.

---

[60] Julie Ray, „High Wellbeing Eludes the Masses in Most Countries Worldwide", *Gallup*, 19. April 2011.

[61] Oder von der vergangenen Erwartung bezüglich unseres gegenwärtigen Konsums $E_{t-1}(c_t)$.

Armut

Nach Amartya Sen ist Armut der Mangel, der verhindert, dass man „ein minimal akzeptables Leben" führen kann. Unsere Fähigkeit zu überleben hängt nicht nur vom Einkommen, sondern auch von der Existenz von Sozialprogrammen, dem Zugang zu medizinischer Versorgung und im Extremfall der Katastrophenhilfe ab. Armut ist der Entzug von Möglichkeiten als Folge eines Mangels an Ressourcen oder Privilegien.[62]

Menschen in Armut sind die Verlierer im Wettbewerb um Arbeitsplätze und Einkommen. Es ist wahrscheinlich, dass ihre Familien schon seit mehreren Generationen arm sind, dass sie in dysfunktionalen Familien in schlechten Gegenden mit hoher Kriminalität aufgewachsen sind und dass sie in Problemschulen gegangen sind.[63] Die Persistenz der Armut in den USA ist größer als in europäischen Ländern. Über 42% der Söhne von Vätern mit niedrigem Einkommen blieben in den USA selber arm, während es in Dänemark nur 25% waren. Zur gleichen Zeit kamen nur 8% der Söhne armer Väter in den USA zu Wohlstand, während es in Dänemark 14% waren.[64] So ist der Mythos der außergewöhnlichen sozialen Mobilität in den USA Vergangenheit. Die IT-Revolution sorgte dafür, dass Menschen mit wenig Bildung auf dem Arbeitsmarkt weitestgehend redundant wurden. Daher sind diejenigen, die nicht in der Lage waren, eine anständige Bildung zu genießen, nicht fähig, der Armut zu entkommen.

Armut hat sich im Laufe der Zeit in verschiedenen Ländern unterschiedlich entwickelt. Mit rund 15% haben die USA die höchste Armutsrate unter den Industrieländern. Unter alleinerziehenden Müttern ist die Diskrepanz noch größer: Die Armutsrate in den USA beträgt 45% im Vergleich zu 4-5% in Schweden und Finnland, 13% in Frankreich und 20% in den Niederlanden.[65] Darüber hinaus waren in 2011 in den USA 46 Millionen Menschen von Armut betroffen, was 50% mehr waren als vor der großen Rezession 2006 (30 Millionen).[66] Die Rezession führte auch dazu, dass der Anteil der Haushalte ohne

---

[62] Amartya Sen, „The Possibility of Social Choice", *American Economic Review* 89 (1999): S. 178-215, hier S. 194-195.

[63] Barbara Ehrenreich, *Nickel and Dimed: On (Not) Getting By in America* (New York: Metropolitan Books, 2001).

[64] Markus Jäntti, Bernt Bratsberg, Knut Røed, Oddbjørn Raaum, Robin Naylor, Eva Österbacka, Anders Björklund und Tor Eriksson, „American Exceptionalism in a New Light: A Comparison of Intergen-erational Earnings Mobility in the Nordic Countries, the United Kingdom and the United States", IZA Discussion Paper No. 1938, Januar 2006, S. 33.

[65] Christopher, „Welfare State Regimes".

[66] U.S. Department of Commerce, United States Census Bureau, Table 3, People in Poverty by Selected Characteristics: 2010 and 2011.

oder mit negativem Nettovermögen von 19% auf 24% stieg.[67] Also hat ein Viertel der Haushalte nichts als Schulden.[68] Gleichzeitig sind 22% aller Kinder in den USA arm, die höchste Rate unter den Industrieländern, und unter schwarzen Kindern beträgt die Armutsrate beunruhigende 38% (Abb. 9.7).[69]

Abb. 9.7: Armutsrate der Kinder nach Ethnizität (in Prozent)

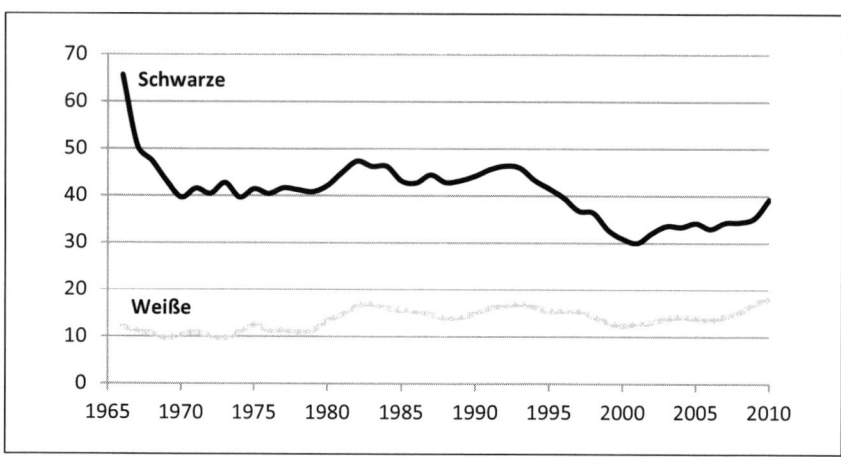

[67] Edward N. Wolff, „Recent Trends in Household Wealth in the United States: Rising Debt and the Middle-Class Squeeze – an Update to 2007", Levy Economics Institute of Bard College Working Paper No. 589, März 2010.

[68] 2010 mussten 6,8 Millionen Amerikaner (5% des Erwerbspersonenpotenzials) einen zweiten Job annehmen um über die Runden zu kommen. U.S. Department of Labor, Bureau of Labor Statistics, Data Retrieval: Labor Force Statistics (CPS), Table A-16.

[69] Bei hispanischen Kindern beträgt sie 32%. Suzanne Macartney, „Child Poverty in the United States 2009 and 2010: Selected Race Groups and Hispanic Origin", American Community Survey Briefs, U.S. Census Bureau, November 2011.

Verschuldung und die Adipositas-Epidemie

Die Ausbreitung von Überschuldung und Fettleibigkeit korreliert in ihrem Zeitverlauf stark. Beide haben epidemische Ausmaße im Laufe der letzten Generation erreicht.[70] Über zwei Drittel der US-Bevölkerung ist übergewichtig oder fettleibig.[71] Dies ist eine prekäre Entwicklung für die Zukunft unserer Gesundheit und auch ein weiteres klares Zeichen, dass wir, als Gesellschaft, die Fähigkeit verloren haben, für uns selbst zu sorgen. Dies ist eine ähnliche Entwicklung wie der gewaltige Anstieg der Haushaltsverschuldung.[72]

Die Konsumentenschulden betrugen 1950 nur 10% der Haushaltsausgaben, nahmen aber auf 20% der Haushaltsausgaben im Jahr 1975 und 25% in den 1990er Jahren zu.[73] Gleichzeitig erhöhten sich die Hypothekenschulden von 40% des verfügbaren Einkommens auf über 100%. Daher erhöhte sich die Gesamtverschuldung der Haushalte von ungefähr der Hälfte des persönlichen Einkommens auf etwa 130%. Dies ist eine moderne Form der Leibeigenschaft. Aus meiner Sicht ist die erhöhte Prävalenz der Verschuldung ähnlich der von Übergewicht, weil beide das Attribut verbindet, dass langfristiges Wohlbefinden für kurzfristigen Genuss geopfert wurde. Dies kann nur passieren, wenn die Zeitpräferenz stark auf die Gegenwart ausgerichtet ist, das heißt, dass die negativen zukünftigen Effekte stark diskontiert oder ganz außer Acht gelassen werden. Diese Trends bedeuten, dass die Willenskraft der Bevölkerung stark nachgelassen hat und die sofortige Befriedigung unserer Begierden unser Handeln dominiert.[74]

Es ist zweifelhaft, ob wir von allein so geworden sind. Kommerzielle Interessen haben Billionen von Dollar darauf verwendet, uns davon zu überzeu-

---

[70] Eric Schlosser, *Fast Food Nation: The Dark Side of the All-American Meal* (New York: Harper Perennial, 2002).

[71] John Komlos und Marek Brabec, „The Trend of BMI Values of US Adults by Deciles, Birth Cohorts 1882-1986 Stratified by Gender and Ethnicity", *Economics and Human Biology* 9 (2011) 3: S. 234-250.

[72] Juliet B. Schor, *The Overspent American: Why We Want What We Don't Need* (New York: Harper Perennial, 1999).

[73] „Consumer Spending", Muhlenkamp & Company, Inc.

[74] „Ein Hirnsystem, das auf sofortige Befriedigung ausgerichtet ist, war vor Jahrtausenden notwendig zum Überleben, als ein Baum voller Früchte ein seltenes Vergnügen war und das Abendessen die Angewohnheit hatte, davonzurennen oder -zufliegen. Aber heutzutage leben wir im relativen Überfluss und wenn die ganze Welt ein riesiges Einkaufszentrum ist und unser Appetit nicht länger durch die Verfügbarkeit von Ressourcen limitiert ist, wird unsere Begierde nach Belohnung, sei es Geld, Fett, Zucker, Fastfood oder die neuesten technologischen Spielereien, zu einer Belastung und einem Hunger, der keine Grenzen kennt. Die Natur hat uns mit keiner Bremse versehen. Mehr ist nie genug." Whybrow, „Dangerously Addictive".

gen, sofort zu konsumieren und eine sorglose Haltung gegenüber der Zukunft anzunehmen. Was die Sache noch schlimmer machte, ist natürlich, dass die Regierung die Interessen der Wirtschaft über die der Bevölkerung stellte. Daher gab es keine ausreichende Gegenmacht, die sich der psychologischen Offensive der Wirtschaftsinteressen entgegenstellte. Das bedeutet, dass es nur begrenzten oder gar keinen Schutz der Verbraucher gab.[75] Unter dem Einfluss der Lebensmittelindustrie aßen wir immer häufiger außer Haus und wenn wir daheim aßen, griffen wir viel zu oft auf ungesunde Fertiggerichte zurück, die beim Fernsehen verzehrt wurden, was bedeutete, dass wir nicht darauf achteten, wie viel wir aßen.[76] Es gibt keine Anzeigen, in denen uns jemand bittet, umsichtig zu sein, an die Zukunft zu denken, gesunde Mahlzeiten zu essen, uns um die gesunde Ernährung unserer Kinder zu kümmern und zu sparen und keine Kredite aufzunehmen.[77] Hauswirtschaftslehre wird an öffentlichen Schulen nicht gelehrt. Das gegenwärtige Niveau von Fettleibigkeit und Haushaltsverschuldung sollte uns bewusst machen, wie dringend wir Verbraucherschutz brauchen, um das Individuum vor den mächtigen Wirtschaftsinteressen zu verteidigen. Laissez-faire und Gewährleistungsausschluss sind nicht immer gut für das Gemeinwohl. Wie Stiglitz sagt, ist „die unsichtbare Hand oft unsichtbar, weil sie oft nicht da ist."[78]

Kapitelzusammenfassung

In Kapitel 9 haben wir Beispiele aufgezeigt, wie die Anwendung der konventionellen wirtschaftswissenschaftlichen Theorie auf reale Probleme zu falschen politischen Schlüssen führt. In vollkommenen Wettbewerbsmärkten, in denen

---

[75] Gary Ruskin und Juliet Schor, „The Junk Food Nation", *The Nation*, 29. August 2005.

[76] „Die Dichte der Fastfood-Restaurants hat sich von 1972 bis 1997 verdoppelt" und die angebotene Kalorienmenge nahm in den späten 1980er und 1990er Jahren um 20% zu. Shin-Yi Chou, Inas Rashad und Michael Grossman, „Fast-Food Restaurant Advertising on Television and Its Influence on Childhood Obesity", *Journal of Law and Economics* 51 (2008): S. 599-618, hier S. 568.

[77] Der Anteil der Ausgaben für Essen außer Haus an den gesamten Nahrungsausgaben hat von 24% 1950 auf 45% 1995 zugenommen. Avner Offer, *The Challenge of Affluence: Self-Control and Well-Being in the USA and Britain Since 1950* (Oxford: Oxford University Press, 2001).

[78] Joseph Stiglitz, „Doctor of Honoris Causa Ceremony Speech", Universität Baskenland, Bilbao, Spain, 23. Mai 2006 (Stand 7. Mai 2012). Siehe auch seine Nobelpreisvorlesung: Joseph Stiglitz, „Information and the Change in the Paradigm in Economics", Universität von Stockholm, Aula Magna, 8. Dezember 2001. Joseph Stiglitz, *Making Globalization Work* (New York: W.W. Norton, 2006); Joseph Stiglitz, *The Roaring Nineties* (New York: W.W. Norton, 2003).

sich der Arbeitsmarkt im Gleichgewicht befindet, sind Gewerkschaften überflüssig oder sogar kontraproduktiv. Allerdings gilt dies nicht in einer Wirtschaft, die durch oligopolistische Firmen dominiert wird und in der die Arbeitslosigkeit endemisch ist. In einem solchen Markt ist es nützlich, John K.
Galbraiths Konzept von der Gegenmacht der Gewerkschaften zu berücksichtigen. Sobald wir das realistische Konzept der Macht in unser Modell einbauen,
können wir besser verstehen, warum die Lohnsteigerungen in den letzten
Jahrzehnten hinter den Produktivitätssteigerungen der Arbeit hinterherhink-
ten. Im unvollkommenen Wettbewerb und unter der Bedrohung durch Arbeitslosigkeit führen starke Gewerkschaften nicht zu einem Anstieg der Arbeitslosigkeit, sondern schützen die Gehälter der Arbeitnehmer auf Kosten der
Unternehmensgewinne. Der Mindestlohn führt in einem solchen Modell
nicht dazu, dass die Arbeitslosigkeit zunimmt, sondern zur Erhöhung des
Lebensstandards der arbeitenden Armen.

Außerdem sollten wir nicht vergessen, dass die Wirtschaftspolitik auch
ethische Facetten hat. Ohne die richtigen kulturellen und moralischen Werte
gelangen Märkte nicht zu akzeptablen Preisen oder zu einer akzeptablen Verteilung der Einkommen. Die Erfüllung der Grundbedürfnisse sollte demonstrativen Konsum in unserer Wertestruktur ersetzen und eine ausgezeichnete
Schulbildung für alle Kinder sollte oberste Priorität haben. Schließlich sind
Kinder nicht in der Lage, für sich selbst zu sorgen. Märkte werden sich nicht
um sie kümmern, da sie Märkten nichts zu bieten haben. Es gibt keinen ver-
nünftigen Grund für das starke Qualitätsgefälle in den Schulen in den USA.
So ist ein Umverteilungsstaat mit der Weisheit, für das langfristige Wohlbefinden seiner Bürger und für das der zukünftigen Generationen zu sorgen,
ein absolutes Muss für eine anständige Gesellschaft.

Teil IV
„Real-World"-Makroökonomie

10 Was ist Makroökonomie?

In den bisherigen Kapiteln haben wir uns mit mikroökonomischen Themen beschäftigt, sozusagen Teile der Wirtschaft, wie Konsumenten oder Firmen, unter dem Mikroskop betrachtet. Wir drehen jetzt das Mikroskop um und betrachten die Wirtschaft aus der Vogelperspektive, beschäftigen uns mit der aggregierten Seite der wirtschaftlichen Tätigkeit wie Bruttoinlandsprodukt (BIP), Arbeitslosigkeit oder Geldmenge. Anstatt die Nachfrage in einem einzelnen Markt oder die Produktion eines einzelnen Unternehmens zu analysieren, betrachten wir jetzt die wirtschaftlichen Aggregate wie die kombinierte Gesamtnachfrage aller Einzelmärkte oder die Gesamtleistung einer ganzen Volkswirtschaft.

Keynes, der Retter

John Maynard Keynes ist der Vater der modernen Makroökonomie. Die Revolution, die er in den 1930er Jahren auslöste, rettete die intellektuellen Grundlagen des Kapitalismus vor den konkurrierenden Ideologien des Faschismus und Marxismus, indem sie sich gerade gegen ihre neo-klassischen Vorgänger stellte. Sein Geniestreich war es, revolutionäre Gedanken zu haben und gleichzeitig die Grundstruktur des demokratischen Kapitalismus beizubehalten. So bestätigte er die beiden grundlegenden Säulen der bestehenden Ordnung: Privateigentum und den freien Markt mit seinem Preissystem. Im Angesicht der langwierigen Massenarbeitslosigkeit der 1930er Jahre in den Industrieländern war seine fundamentale Erkenntnis, dass der freie Markt nicht selbstregulierend ist und dass es lächerlich wäre, sich – wie die klassischen Ökonomen – weiterhin auf das Wunschdenken zu verlassen, dass die Wirtschaft sich selbst korrigieren würde. Es gab zu viele Hindernisse, als dass die einfachen Rückkopplungsprozesse, die die Wirtschaft angeblich wieder ins Gleichgewicht bringen sollten, das globale Überangebot beseitigen konnten.

Einer der Gründe, der das Erreichen eines neuen gesamtwirtschaftlichen Gleichgewichts verhinderte, war die Verbreitung von langfristigen Verträgen, wie zum Beispiel Kredit-, Hypotheken- und Pachtverträgen, die Einzelpersonen und Unternehmen dauerhaft zu nominalen Zahlungen verpflichteten. Als die Preise sanken und den realen Wert dieser Zahlungen in die Höhe trieben, waren die Kreditnehmer nicht in der Lage, sich diesen Verpflichtungen zu entziehen. Deflation, ein Rückgang des allgemeinen Preisniveaus, bedeutete, dass eine historische Verschuldung zu einer immer größeren realen Belastung für die betroffenen Haushalte und Firmen wurde und die Wirtschaft dadurch enorm belastet wurde. Die Schuldner hatten weniger Kaufkraft für langlebige Gebrauchsgüter, was den Abschwung noch weiter verschärfte. Diese Verminderung der gesamtwirtschaftlichen Nachfrage führte dazu, dass die Preise weiter sanken, was einen Teufelskreis auslöste, der die Dynamik des Wirtschaftswachstums endgültig abwürgte.

Darüber hinaus hat Keynes grundsätzlich die Ansicht abgelehnt, dass die Marktteilnehmer rationale Nutzenmaximierer sind. Vielmehr partizipierten Investoren und Konsumenten in Herdenverhalten, oft auch animal spirits genannt. Das heißt, dass sie anfällig für psychologische Schwankungen zwischen Optimismus und Pessimismus waren und dass sie oft das Verhalten anderer kopierten, was dazu führte, dass der wirtschaftliche Einfluss dieser Stimmungsschwankungen extrem verstärkt wurde.[1] Keynes dachte daher, dass es trügerisch wäre, die gesamtwirtschaftliche Nachfrage als eine stabile Funktion der Preise darzustellen. Vielmehr war die effektive Nachfrage alles andere als stabil, wie die Große Rezession ab 2008 deutlich gezeigt hat. Konsumentenvertrauen und -erwartungen haben einen großen Einfluss auf den Konsum, der den größten Teil der gesamtwirtschaftlichen Nachfrage ausmacht, und können sehr volatil sein. Während der großen Rezession war der Index des amerikanischen Konsumentenvertrauens in der Nähe seines historischen Tiefstandes (Abb. 10.1).[2]

Natürlich schwankt die Nachfrage nach notwendigen Gütern (wie Milch) nicht wegen der animal spirits, aber die Nachfrage nach Unternehmensinvestitionen und teuren und langlebigen Gütern wie Möbeln, Autos und Häusern schwankt in der Tat (Abb. 10.2).

---

[1] In Keynes eigenen Worten: „Abgesehen von der Instabilität, die aufgrund von Spekulation entsteht, ergibt sich Instabilität auch aus der menschlichen Natur, aufgrund der ein großer Teil unserer positiven Aktivitäten, seien sie moralischer oder hedonistischer oder wirtschaftlicher Art, eher von spontanem Optimismus als von mathematischen Kalkulationen abhängt. Wahrscheinlich können die meisten Entschlüsse, etwas Positives zu tun, dessen volle Wirkungen sich über viele zukünftige Tage ausdehnen werden, nur auf Lebensgeister zurückgeführt werden – auf einen plötzlichen Anstoß zur Tätigkeit statt Untätigkeit und nicht auf den gewogenen Durchschnitt quantitativer Vorteile, multipliziert mit quantitativen Wahrscheinlichkeiten." John Maynard Keynes, *The General Theory of Employment, Interest and Money* (London: Macmillan, 1936), S. 161-162.

[2] Fragen sie nur Richard Wagoner, CEO von General Motors in der Zeit, als die Regierung seine vor dem Bankrott stehende Firma retten musste.

Abb. 10.1: U.S. Consumer Confidence Index

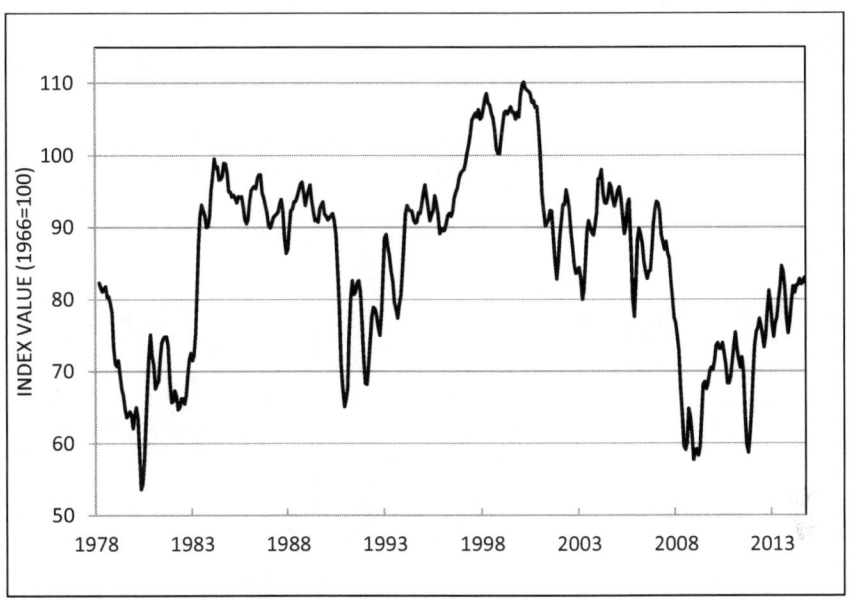

Quelle: Thomson Reuters, University of Michigan, „Surveys of Consumers", www.sca.isr.umi ch.edu/ (Stand 1. September 2014).

Abb. 10.2: Index der Ausgaben für ausgewählte Güter während der Wirtschaftskrise

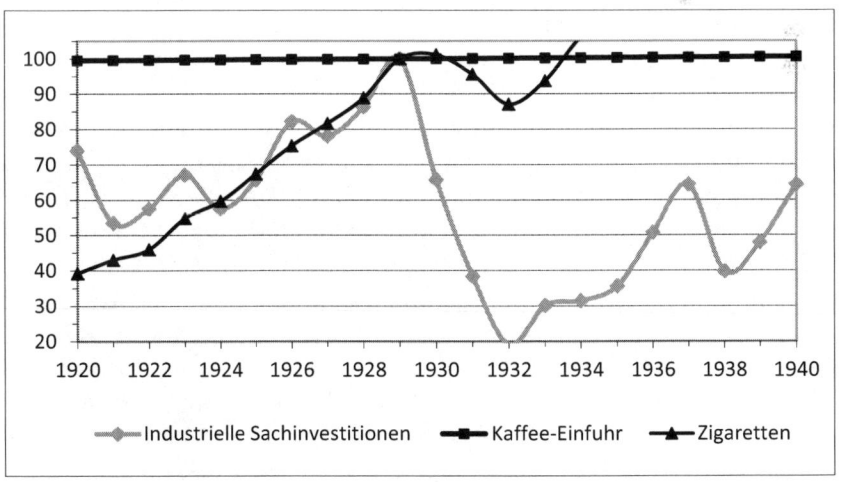

Die Nachfrage nach Autos sank im Jahr 1932 in den USA zum Beispiel von 4,5 Millionen auf 1,1 Millionen, aber auch in „normalen" Zeiten kann die Nachfrage sehr volatil sein: Von 7,9 Millionen Autos im Jahr 1955 sank sie auf 4,5 Millionen im Jahr 1958 (Abb. 10.3).

Abb. 10.3: Automobilproduktion in den USA (in Tausend), 1900 bis 1970

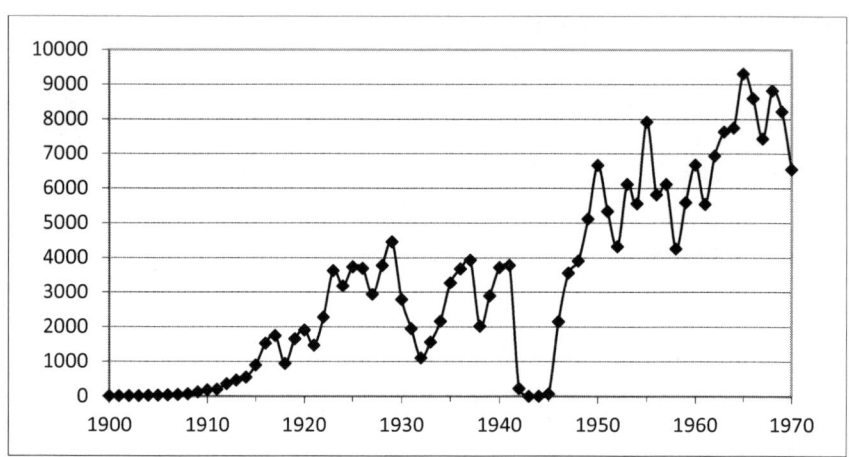

Auch die Erwartungen der Marktteilnehmer beeinflussen die gesamtwirtschaftliche Nachfrage: Solange die Haushalte sinkende Preise erwarten, werden sie sich beim Kauf teurer Güter zurückhalten und auf die gesunkenen Preise warten. Darüber hinaus sind Löhne und Gehälter aus psychologischen Gründen nach unten weitestgehend starr. Arbeitnehmer sind an ihr Nominaleinkommen gewöhnt und würden sinkenden Löhnen vehement widersprechen. Da sie viele Verträge, einschließlich Miet- und Hypothekenverträge, in nominalen Beträgen abgeschlossen haben, würde ein Rückgang der Nominallöhne bedeuten, dass sie nicht mehr in der Lage wären, diese Verpflichtungen zu erfüllen. Doch konstante Nominallöhne und ein Rückgang des Preisniveaus bedeuten, dass die Reallöhne sich – potenziell stark – erhöhen, was in Zeiten hoher Arbeitslosigkeit zur Verstärkung der Krise beitragen kann. Aus all diesen Gründen war das Wirtschaftssystem nicht so flexibel, wie von neoklassischen Ökonomen angenommen, und ein neues Gleichgewicht bei einem niedrigeren Preisniveau war nicht leicht realisierbar. So konnte die gesamtwirtschaftliche Nachfrage auf unbestimmte Zeit unter dem Vollbeschäftigungsniveau verbleiben. Darüber hinaus beschränkten sich diese Probleme nicht auf den wirtschaftlichen Bereich. Menschen sind mehr als eine Statistik und wenn sie hungrig und mittellos sind, bedroht dies die Stabilität des politischen Systems und kann sogar zu Umstürzen wie in Russland, Deutschland oder Italien führen. Die Gesellschaftsordnung kann schneller zerstört werden, als sich das Wirtschaftsystem selbst wieder einrenkt.[3] Politik und Wirtschaft sind einfach zu eng miteinander verflochten.

Keynes war einer der wenigen, die scharfsinnig genug waren, zu erkennen, dass eine solche Situation die Grundfesten der Demokratie bedrohen kann, es sei denn, man führt dramatische demokratische Reformen in den wirtschaftlichen Bereich ein. Seine Lösung war verblüffend einfach: Anstatt sich auf das Wunschdenken zu verlassen und die Wirtschaft in die Brüche gehen zu lassen, bis sich vielleicht ein neues Gleichgewicht findet, müsste der Staat nur die Staatsausgaben erhöhen und nach kurzer Zeit wäre ein neues stabiles Gleichgewicht gefunden. Wenn der private Sektor nicht genug nachfragt und es eine zu große Lücke zwischen der tatsächlichen und der potenziellen Produktion gibt, sollte der öffentliche Sektor diese Lücke durch Ausgabendefizite füllen. Die öffentlichen Ausgaben, besonders die für dringend benötigte Infrastruktur, hätten wegen des Multiplikatoreffekts eine große Wirkung: Die ersten Nutznießer der Staatsausgaben würden einen Großteil dieses Einkommens ausgeben, was folglich das Einkommen von anderen erhöhen würde. Diese würden wiederum einen großen Teil davon ausgeben usw. Das war eine einfache, aber geniale und neue Erkenntnis: Die Multiplikatoreffekte waren entscheidend, um die Abwärtsspirale von steigender Arbeitslosigkeit und Deflation zu beenden, wodurch die Wiederherstellung eines neuen Vollbeschäftigungsgleichgewichts ermöglicht wurde. Keynes war so mutig, die klassische Orthodoxie vollkommen zu hinterfragen und sich nicht darauf zu verlassen, dass der private Sektor durch Preis- und Lohnanpassungen die Wirtschaftkrise beenden würde. Das System war in einem Maß aus dem Gleichgewicht geraten, dass die sich selbst überlassenen Märkte sich nicht oder zumindest nicht schnell genug korrigieren konnten, um das Leiden der meisten Menschen in den Wirren der Depression zu beenden.

So können die Märkte mit der Hilfe dessen, was später als Fiskalpolitik bezeichnet wurde, zu einem neuen Vollbeschäftigungsgleichgewicht finden. Dieses wird nicht durch flexible Preise und Löhne, sondern durch die Erhöhung der effektiven Nachfrage in Form von Staatsausgaben (in Kombination mit der heilsamen Wirkung des Multiplikatoreffekts) erreicht. Durch diese neue Form der aktivistischen Wirtschaftspolitik wurde das Wirtschaftssystem eine humanere Form des Kapitalismus, die, im Gegensatz zum Marxismus,

---

[3] Es gibt heutzutage im Schnitt in den USA zwei Morde pro Tag am Arbeitsplatz. Siehe Dan Fastenberg, „Workplace Violence: Is the Recession Inspiring Worker Rage?", *AOL Jobs*, 3. August 2012. Reuters, „Workplace Shooting Leaves 5 Dead in Minnesota", *AOL Jobs*, 28. September 2012.

private Eigentumsrechte sowie die soziale Hackordnung beibehielt, aber die Probleme der Arbeitslosigkeit und des daraus folgenden Elends und der politischen Instabilität entscheidend lindern würde. Diese einfachen, aber genialen Einsichten haben Keynes zu einem der größten Ökonomen aller Zeiten gemacht.

Eine weitere wichtige keynesianische Neuerung war das Konzept der Liquiditätsfalle. Die Geldpolitik beeinflusst die Realwirtschaft vor allem durch den Zinssatz, was wiederum große und unmittelbare Auswirkungen auf die Investitionsentscheidungen hat. Allerdings kann der nominale Zinssatz nicht unter Null fallen, sodass die Geldpolitik an diesem Punkt unwirksam wird. Diese Diskontinuität ist insofern entscheidend, als in einer solchen Situation nur noch die Fiskalpolitik die gesamtwirtschaftliche Nachfrage beeinflussen kann. Das genau war die missliche Situation in der Großen Depression der 1930er Jahre. Sie wiederholte sich nach langer Abwesenheit während Japans verlorenem Jahrzehnt in den 1990er Jahren und jetzt wieder während der Großen Rezession von 2008, in der sich die Geldpolitik als unwirksam erwiesen hat, obwohl Fed-Chef Ben Bernanke die monetäre Basis um den Faktor vier erhöht hat. Bernankes Kampf gegen die keynesianische Liquiditätsfalle entsprang reinem Wunschdenken und war vergeudete Liebesmüh.

Natürlich ist eine der Hauptfunktionen der Zentralbanken in Zeiten der Panik, der lender of last resort zu sein und solventen Banken Liquidität bereitzustellen. Aber während der letzten Finanzkrise waren die meisten der von der Federal Reserve unterstützten Banken zahlungsunfähig. Sie wurden gerettet, weil sie als systemrelevant betrachtet wurden und ihr Ausfall zu viele negative Auswirkungen auf die Realwirtschaft gehabt hätte. Lehman Brothers war die einzige Großbank, die in den Konkurs gezwungen wurde. Die Rettungsaktion für den Rest der großen Banken, die alle im Prinzip bankrott waren, hat dazu geführt, dass die Regierung das gesamte Finanzsystem durch das Drucken von Billionen von Dollar finanziert hat. Bernanke führte ein Experiment mit der Wirtschaft durch, indem er ein fragiles System mit einer beispiellosen Geldschöpfungsaktion stützte. Es bleibt fraglich, ob die Stabilität dieses Systems unter solchen Umständen auf Dauer aufrechterhalten werden kann. Auf jeden Fall ist offensichtlich, dass der Schumpeter'schen kreativen Zerstörung nicht erlaubt wurde, ihren Lauf zu nehmen. Das bedeutet, dass ineffiziente Unternehmen künstlich beatmet und vor dem Bankrott gerettet wurden. Die negativen Folgen der Paulson/Bernanke/Geitner-Rettungsaktion werden uns höchstwahrscheinlich noch eine Weile verfolgen.

Neoklassische Synthese

Nach dem Zweiten Weltkrieg wurde der Keynesianismus die dominante Denkschule, nicht zuletzt dank der neo-klassischen Synthese von Paul Samuelson. Diese war die Grundlage der dominanten ökonomischen Denkweise zwischen ungefähr 1950 und 1980. Sie kombinierte die keynesianischen makroökonomischen Rahmenbedingungen mit den neoklassischen mikroökonomischen Konzepten durch die Annahme der Existenz des homo oeconomicus auf mikroökonomischer Ebene, aber nicht auf der aggregierten makroökonomischen Ebene. Laut der neoklassischen Synthese sind individuelle Personen daher rationale Nutzenmaximierer, aber auf der aggregierten Ebene passen sich Märkte nicht so reibungslos an, wie das neoklassische Modell annahm.[4] Zum Beispiel ist der Preis der Arbeit, also das Gehalt, nicht so flexibel wie die Preise in den Produktmärkten. Die Folge der Lohnstarrheit kann in der keynesianischen Modellwelt unfreiwillige Arbeitslosigkeit sein.

Eine der wichtigsten Ideen der keynesianischen Makroökonomie war die Phillips-Kurve. Sie postuliert, dass es einen Trade-off zwischen Arbeitslosigkeit und Inflation gibt:[5] Je höher die Inflation, desto niedriger die Arbeitslosigkeit und umgekehrt. Nach dieser Theorie verursachen steigende Preise fallende Reallöhne der Arbeitnehmer. Da die Arbeitnehmer vor allem auf die Nominallöhne achten und den Preisindex weitestgehend ignorieren, sind sie bereit, weiterhin für den gleichen Nominallohn zu arbeiten. Von dieser Geldillusion profitieren Firmen, weil sie höhere Preise für ihre Produkte erzielen, aber ihre Lohnkosten unverändert bleiben. So steigen ihre Gewinne und ihre Profitabilität, was sie dazu bringt, mehr Arbeitnehmer einzustellen. Es wurde angenommen, dass Löhne in Form von Geldzahlungen in der Gegenwart ein größeres Gewicht im Entscheidungsprozess der Arbeitnehmer hätten als ein Preisindex auf Basis von Tausenden von Produkten, der noch nicht einmal berechnet wurde. Es hätte jedoch klar sein müssen, dass dies so nur kurzfristig funktioniert, und wie Milton Friedman richtig argumentierte, kann die Geldillusion nicht ewig und vor allem nicht in gewerkschaftlich organisierten Sektoren aufrechterhalten werden. Früher oder später würden die Arbeitnehmer erkennen, dass ihre Reallöhne erodieren und würden daher höhere Nominallöhne fordern, was die Gewinne der Unternehmen mindert. Inflation kann von sich aus dauerhaft keine Arbeitsplätze schaffen.

---

[4] Bruce C. Greenwald und Joseph Stiglitz, „Externalities in Economies with Imperfect Information and Incomplete Markets", *Quarterly Journal of Economics* 101 (1986): S. 229-264.

[5] Irving Fisher, „A Statistical Relation Between Unemployment and Price Changes", *International Labour Review* 13 (1926) 6: S. 785-792; Nachdruck in *Journal of Political Economy* 81 (1973) 2: S. 496-502.

Genau dies passierte in den 1970er Jahren, als große Teile der Weltwirtschaft unter einer langen Periode mit hoher Inflation und hoher Arbeitslosigkeit litten, die von Stagflation begleitet wurde. Dieser überraschende Widerspruch ließ keynesianische Politik in Ungnade fallen und die Dominanz der neoklassischen Makroökonomie begann.

Die monetaristische Gegenrevolution

Es gab fünf Elemente in Keynes' Theorie, die neoklassischen Ökonomen ein Gräuel waren und eine monetaristische Gegenreaktion provozierten, die in den 1970er Jahren mit Milton Friedman als Speerspitze begann. Die wichtigsten Einwände waren, dass a) Keynes' Theorie nicht (von unten nach oben) auf der klassischen Mikrofundierung konzipiert wurde, das heißt, dass sie nicht auf dem Standardmodell des rationalen nutzenmaximierenden Agenten und gewinnmaximierenden Unternehmen basierte; b) sie dem Staat eine zu große Rolle zuschrieb und dabei die individuelle Freiheit zu sehr begrenzte; c) sie suggerierte, die wirtschaftliche Produktion hänge von der Geldmenge ab, während die klassische Schule behauptete, dass das Geld nur eine passive Rolle durch die Bestimmung des Preisniveaus spiele; d) sie davon ausging, dass die Menschen nicht immer rational seien, das heißt, dass Konsum und Investition durch ihre optimistische oder pessimistische Stimmung beeinflusst werden konnte; und e) sie kein Gleichgewichtsmodell des vollkommenen Wettbewerbs war: Märkte, einschließlich des Arbeitsmarkts, reagierten nicht ausreichend auf die Nachfragebedingungen.

Während die Keynesianer das gesamtwirtschaftliche Verhalten beginnend mit wirtschaftlichen Größen wie Bruttoinlandsprodukt, Arbeitslosenquote und der gesamtwirtschaftlichen Nachfrage analysieren, beginnen ihre Kritiker ihre Analyse durch die Aggregation dieser Variablen vom Mikroniveau aus, also von unten nach oben. Diese Gruppe, die Vertreter der Real-Business-Cycle-Schule, beginnt ihre Untersuchung durch Spezifizierung der standardmikroökonomischen Grundlagen des aggregierten Verhaltens. Um dies zu erreichen, verwenden sie einen individuellen, rationalen, nutzenmaximierenden Agenten, der dann aufmultipliziert wird, um die gewünschten aggregierten Variablen zu erhalten und dadurch makroökonomische Phänomene erklären zu können. Dies bedeutet auch, dass sie davon ausgehen, dass jeder in der Gesellschaft durch einen einzigen Agenten repräsentiert werden kann, was eine seltsame Annahme ist, da dieselben Ökonomen auch behaupten, dass Nutzenfunktionen nicht verglichen werden können, weil jeder Mensch anders ist und nur insoweit, wie die Makroökonomie betroffen ist, seien wir alle gleich.

In den Jahrzehnten vor der großen Finanzkrise von 2008 wurde die Makro-ökonomie von dieser Schule dominiert. Allerdings hat sich die völlige geistige Leere der Theorien dieser Denkschule dadurch gezeigt, dass sie absolut nichts Relevantes über die aktuelle Krise zu sagen hat. Ihre Vertreter haben uns weder vor dem Kommen der Krise gewarnt, noch sind sie nun in der Lage, Lösungen vorzuschlagen, weil solche Krisen in ihren Denkmodellen nicht stattfinden.

Nach ihren Modellen sind die Wirtschaft und alle ihre Komponenten immer und überall in perfektem Gleichgewicht, außer wenn technologischer Wandel die Menschen überrascht. Ansonsten entspricht die aggregierte Nachfrage dem aggregierten Angebot und Preise bringen die beiden in Einklang. Es gibt per definitionem keine Arbeitslosigkeit oder genauer gesagt, keine unfreiwillige Arbeitslosigkeit, nur zufällige Schocks in einigen realen Variablen wie der Technologie, die manchmal das einfache System stören. Nach ihrer Logik können es einige Menschen vorziehen, nicht zu arbeiten, weil sie lieber fernsehen als zu arbeiten, aber das ist ihre persönliche Entscheidung.

Dies ist nur ein Hinweis darauf, dass die Makroökonomie durch Radikale dominiert wird, die die Gesamtwirtschaft aus der Sicht eines „repräsentativen Agenten" konzipieren wollen, einer stilisierten stereotypen Abstraktion. Sie sind davon überzeugt, dass der methodologische Individualismus der richtige Weg ist, um die Gesamtwirtschaft zu analysieren, und behaupten, dass der repräsentative Agent, der homo oeconomicus, die wesentliche Einheit der Analyse sein sollte – und nicht etwa die als ein höheres Aggregationslevel zu verstehende Gesellschaft als Ganze.[6]

Doch solche Modelle trotzen dem gesunden Menschenverstand, da jeder Mensch einzigartig ist und niemand allein die Millionen von Menschen in einem Wirtschaftssystem repräsentieren kann.[7] Es gibt in diesen Modellen keine Diskussion darüber, was unter einer durchschnittlichen Person zu verstehen ist. Es wird einfach davon ausgegangen, dass sie existiert. Man fragt sich vergeblich, was das Geschlecht, das Alter, die ethnische Zugehörigkeit, die Persönlichkeit, die soziale Klasse, der Beruf, die Bildung, die Herkunft, der Wohlstand und der IQ dieses Vertreters von uns allen ist. Die Anhänger der Real-Business-Cycle-Schule lehnen es ab, die Komplexität und Heterogenität der modernen Wirtschaft zu berücksichtigen. Stattdessen behaupten sie

---

[6] George Akerlof, „Behavioral Macroeconomics and Macroeconomic Behavior", *American Economic Review* 92 (2002) 3: S. 411-433.

[7] Christopher Carroll schreibt, dass „Larry Summers Kommentar (zitiert von Robert Waldmann), dass der Tag, an dem Ökonomen anfingen zu glauben, dass Vermögenspreise durch die Charakteristika der Indifferenzkurve eines repräsentativen Agenten erklärt werden sollten, kein besonders guter Tag für die volkswirtschaftliche Disziplin war." Christopher D. Carroll, „Punter of Last Resort", *VoxEu*, 13. März 2009.

mit übermäßigem Selbstvertrauen, dass „Ökonomen und die Agenten, die sie modellieren, auf gleicher Augenhöhe stehen sollten: Die Agenten im Modell sollten genauso gut in der Lage sein, [die Zukunft] zu prognostizieren und Gewinn- und Nutzenmaximierung zu betreiben, wie der Wirtschaftswissenschaftler, ... der das Modell entwickelt hat."[8] Also hat der Schulabbrecher mit einem IQ von 85, der aus einer dysfunktionalen Familie stammt, die gleichen Prognosefähigkeiten wie der Wirtschaftswissenschaftler mit einem IQ von 130 und mit einem leistungsstarken Computer. Es braucht eine Menge Mut, einen axiomatischen Rahmen um solche Behauptungen zu konzipieren.

Ein weiterer großer Nachteil dieser Modelle ist, dass sie Interaktionseffekte zwischen den Menschen nicht berücksichtigen. Diese Effekte sind jedoch nach Ansicht der Keynesianer der Schlüssel zum Verständnis der Makroökonomie. Jeder, der jemals in einer Menschenmenge war und das Verhalten der Gruppe beobachtet hat, weiß, dass wir anders handeln, wenn wir allein sind, als wenn wir Teil einer Gruppe sind. Also schließen solche Modelle zum Beispiel die animal spirits aus, diese ansteckenden und dominanten Gefühle von Optimismus oder Pessimismus, die so viele von unseren Investitionen und Konsumentscheidungen beeinflussen.[9] Eine Analyse der gesamtwirtschaftlichen Phänomene, die die Gesellschaft nur als eine Ansammlung identischer Individuen betrachtet, leidet unter dem Trugschluss der Komposition und unter dem Aggregationsproblem. Was für einen Teil gilt, stimmt nicht unbedingt für das Ganze. Selbst wenn alle Individuen rational handeln, kann man daraus nicht folgern, dass ihr kollektives Verhalten auch rational ist. Daher ist es potenziell ein Rohrkrepierer, die Makroökonomie aus der Sicht des Individuums zu betrachten. Man kann hier eine Analogie zur Physik sehen: Die klassische Mechanik ist gültig, solange sie sich auf große Objekte beschränkt, deren Geschwindigkeit sich nicht der des Lichts nähert. Aber auf der subatomaren Ebene, wo Teilchen sich der Lichtgeschwindigkeit nähern, gelten diese Gesetze nicht mehr. Es ist ein Regimewechsel, sodass neue Gesetze in Kraft treten. Ebenso gibt es in der Wirtschaft Gesetze, die auf der Mikroebene gelten, aber nicht auf makroökonomischer Ebene angewendet werden dürfen.

[8] Thomas J. Sargent, *Bounded Rationality in Macroeconomics* (Oxford: Oxford University Press, 2010), S. 21.

[9] George A. Akerlof und Robert J. Shiller, *Animal Spirits: How Human Psychology Drives the Economy, and Why It Matters for Global Capitalism* (Princeton, NJ: Princeton University Press, 2009).

Die makroökonomische Politiklücke

Als Folge der oben beschriebenen Schismen ist die Makroökonomie in einer tiefen intellektuellen Krise. Dieser Zustand ist nicht neu, aber die Finanzkrise von 2008 zeigte die ideologische Kluft zwischen den konkurrierenden Denkschulen höchst anschaulich und es wird deutlich, dass keine der beiden Seiten effektive Politikinstrumente hat, um die tiefe Angst in der Bevölkerung zu zerstreuen.

Die völlige Unzulänglichkeit dieser Theorien wurde während einer Pressekonferenz an der Princeton University deutlich, bei der Christopher Sims und Thomas Sargent geehrt wurden, die gerade den Nobelpreis 2011 für ihre makroökonomische Forschung erhalten hatten.[10] Ein Reporter fragte sie über ihre Meinung zu dem, „was die Regierung in den Vereinigten Staaten bisher zur Unterstützung der Wirtschaft getan hatte. Ob Sie denken, dass es angemessen war. Wie können wir tatsächlich die Wirtschaft stützen und Arbeitsplätze schaffen? Wissen Sie … diese Fragen, die sich jeder stellt." Die Reaktion der beiden – nach einem längeren nervösen Lachen, während sie, scheinbar amüsiert, einander anschauten, zeigte nur allzu deutlich, dass die Makroökonomen nicht so recht wussten, wie ihre Modelle in der realen Wirtschaftspolitik außerhalb des Hörsaals anzuwenden waren. Sims meinte endlich zögernd: „Ich denke, dass der [Nobel]Preis und der Bereich, in dem wir arbeiten, teilweise damit zu tun haben, dass Antworten auf Fragen wie diese gründliches Nachdenken und eine Menge an Datenanalyse erfordern, und dass die Antworten dazu tendieren, nicht einfach zu sein. Dass Sie Tom und mich nach Antworten für diese Fragen aus dem hohlen Bauch heraus fragen, ist hm … Sie sollten nicht zu viel von uns erwarten [Gelächter]."[11] Sargent fügte kühn hinzu: „Ich habe nicht viel hinzuzufügen … kann sein … ich hatte gehofft, dass Sie mich über Europa fragen würden [Gelächter]."

Was für ein Spaß! Vier Jahre nach Beginn der schwersten Wirtschaftskrise seit 80 Jahren hatten zwei mit dem Nobelpreis ausgezeichnete Makroökonomen noch nicht genug Zeit, um über Lösungen für die Probleme, vor denen die Nation stand, nachzudenken, und sind völlig unfähig, eine zu erwartende

---

[10] „Princeton News Conference with Nobel Prize in Economics Winners", YouTube video, 53:25, gepostet von „princetonuniversity", 10. Oktober 2011.

[11] Er fügte die Binsenweisheit hinzu: „Meine eigene Ansicht ist, dass wir das tun sollten, was [Zentralbank]Präsident Ben Bernanke die Regierung zu tun drängt: gute langfristige Pläne zu entwickeln, die unsere Budgetprobleme lösen, ohne kurzfristig eine zu stringente Fiskalpolitik zu verfolgen, und eine dem angepasste Geldpolitik wären eine gute Idee. Aber dies sind keine sonderlich originellen Ideen." „Princeton News Conference with Nobel Prize in Economics Winners", YouTube video, 53:25, gepostet von „princetonuniversity", 10. Oktober 2011.

Frage überzeugend und schlüssig „aus dem hohlen Bauch heraus" zu beant-
worten. Sie hatten nichts Wesentliches zu sagen. Sie waren außerhalb des
akademischen Elfenbeinturms verloren. Stattdessen verharmlosen sie eine
wichtige und sehr ernste Frage. Ich denke, dies ist bezeichnend für den Zustand
der Verwirrung der Makroökonomie zu Beginn des 21. Jahrhunderts, einer
Zeit, in der Europa und die Vereinigten Staaten unter wachsender Staatsverschuldung, sehr hoher Arbeitslosigkeit (Abb. 10.4) und einer launischen
Wirtschaft leiden, ohne dass eine der beiden Seiten der wirtschaftswissenschaftlichen Debatte überzeugende und konstruktive Politikvorschläge hätte.[12]
Während die keynesianische Politik ein kurzes Comeback in der frühen Phase
der Krise hatte, erwiesen sich ihre Rezepte als politisch nicht tragfähig und sie
fiel wieder in Ungnade. Die Real-Business-Cycle-Schule bleibt still. Was bleibt,
ist die Notenpresse von Ben Bernanke und viel Wunschdenken, was Paul
Krugman oft „Voodoo Economics" nennt.[13]

Die tiefe Krise der Makroökonomie spiegelt sich in der Hilflosigkeit der gewählten Repräsentanten wieder. Nur eine Handvoll von Ländern mit vorsichtiger Führung ist in der Lage, dem Sturm ohne übermäßige Probleme zu trotzen. Die Verschuldung der Zentralregierung in Prozent des Bruttoinlandsprodukts betrug 2010 in Australien 11%, in der Schweiz 20%, in Norwegen
26%, in Neuseeland 31%, in Südkorea 32%, in Schweden 34%, in Kanada 36%
und in Deutschland 44%.[14] Im Gegensatz dazu betrug die US-Staatsverschul-
dung 61% des BIP, das ist der höchste Stand seit Ende des Zweiten Welt-
kriegs, und die Prognose für die zukünftige Entwicklung ist nicht erfreulich.[15]
Es ist sehr wahrscheinlich, dass wir ein „verlorenes Jahrzehnt" nach japani-
schem Beispiel mit einem hohen Durchschnittseinkommen begonnen haben.

Also müssen wir über neue makroökonomische Perspektiven nachdenken.
Das deutsche oder schweizerische Modell des Kapitalismus könnte gute Ideen
für eine neue Form des Keynesianismus liefern, da sich ihre Volkswirtschaften durch die Tugenden der Disziplin, Sparsamkeit und Präzision mit einer
Prise protestantischer Arbeitsethik auszeichnen.[16] Die Arbeitslosigkeit dort

---

[12] Die Arbeitslosenquote der 16- bis 24-Jährigen beträgt in den USA 16%, in Großbritannien 20% und in der EU (außerhalb Deutschlands) 31%. Floyd Norris, „Recovery in
Germany Is Faster than Elsewhere" The New York Times, 10. Mai 2013.

[13] Paul Krugman, „Ludicrous and Cruel", The New York Times, 7. April 2011.

[14] Organization for Economic Cooperation and Development (OECD), „OECD Statistical
Extracts".

[15] Congressional Budget Office, „An Update to the Budget and Economic Outlook: Fiscal
Years 2012 to 2022", 22. August 2012.

[16] In Deutschland finden nur 7,4% aller Bezahlvorgänge mit Kreditkarte statt und zwei
Drittel aller Deutschen haben nicht einmal eine Kreditkarte. Tom Fairless, „Germans
Warm to Credit Cards – Slowly", The Wall Street Journal, 17. Oktober 2012.

beträgt nur ungefähr 5%. Sofortige Bedürfnisbefriedigung, Gier, Schulden und Keynesianismus im Stil der 1930er Jahre sind nicht die richtigen Mittel, um die sozioökonomische und politische Stabilität, die wir uns erhoffen, zu erreichen.

Abb. 10.4: Arbeitslosenrate (2011)

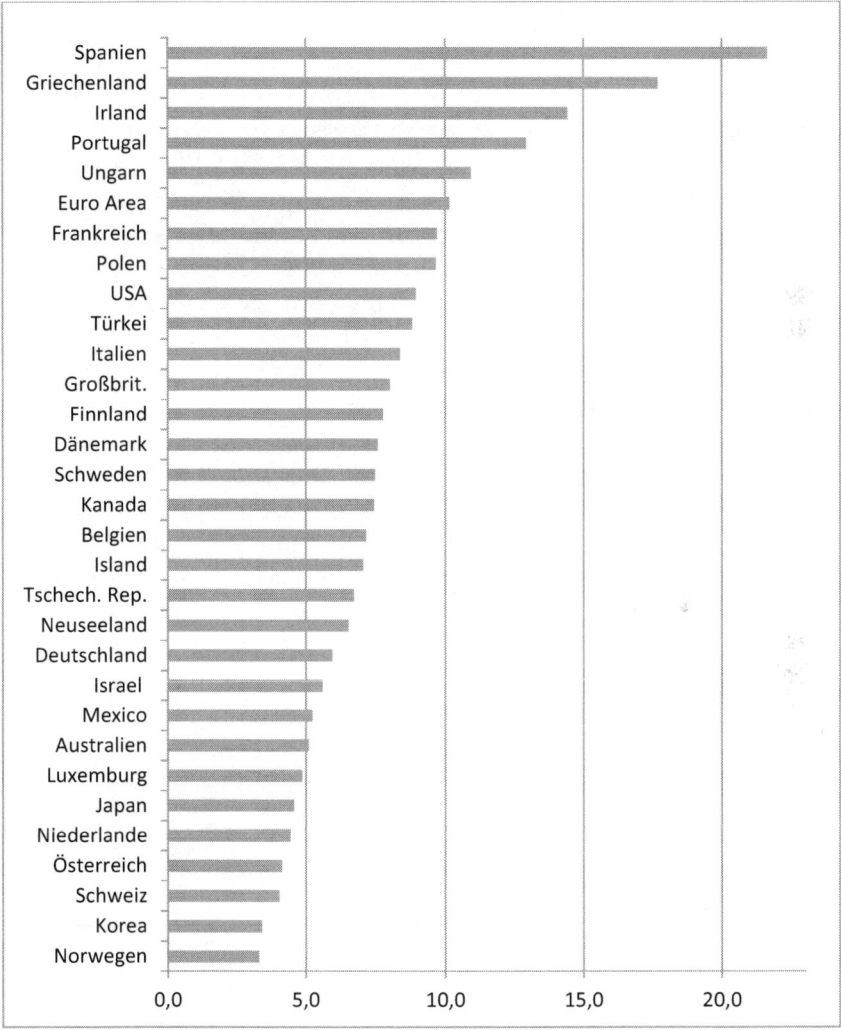

Kapitelzusammenfassung

Die keynesianische Makroökonomie entstand als Mittel gegen das Elend der Weltwirtschaftskrise. Ihr Rezept war einfach: Wenn die gesamtwirtschaftliche Nachfrage nicht ausreicht, um Arbeit für alle zu schaffen, weil der private Konsum zu gering und die Investitionen zu niedrig sind, dann ist die Regierung die einzige Institution, die die Wirtschaft noch retten kann. Die Regierung kann durch höhere Schulden die Staatsausgaben erhöhen und dadurch die gesamtwirtschaftliche Nachfrage ankurbeln und Menschen aus der Arbeitslosigkeit befreien. Aber dieses Politikinstrument wird von denen abgelehnt, die den Staat in ihrem Unterbewusstsein aufgrund ihrer Angst vor Nationalsozialismus, Faschismus, Kommunismus oder Sozialismus fürchten. Die rationale Seite ihres Verstands bevorzugt uneingeschränkten Kapitalismus, weil sie unempfindlich gegenüber den Beweisen sind, die ihrer Intuition widersprechen: Sie sind nicht bereit zuzugeben, dass der freie Arbeitsmarkt nicht in der Lage ist, Arbeitsplätze für alle zu schaffen, und wir deshalb unter chronischer Arbeitslosigkeit leiden. Darüber hinaus weigern sie sich, über den Tellerrand hinauszuschauen und die sehr demokratischen Beispiele wie in Dänemark, Norwegen, Schweden, den Niederlanden, Finnland und der Schweiz, die alle sicher nicht auf totalitären Grundsätzen erschaffene Institutionen besitzen, die die Märkte beeinflussen und so die Lebensqualität ihrer Bürger erhöhen, ernst zu nehmen. Die akademische Makroökonomie ist im Grunde im Stadium geistiger Verwirrung. Sie ist inkohärent mit zu vielen konkurrierenden Denkschulen und bietet als politisches Instrument keine effektive Führung.[17] Als Folge sind wir durch unsere starke Ideologisierung und unsere unbewussten Vorurteile nicht in der Lage, die erheblichen Herausforderungen zu lösen, vor die uns die große Rezession gestellt hat.

---

[17] Steven Keen, *Debunking Economics: The Naked Emperor Dethroned* (Revised Edition, London: Zed Books, 2011).

11 Makroökonomische Aggregate und Variablen

In diesem Kapitel werden einige der Variablen vorgestellt und diskutiert, die für die Analyse und das Verständnis der Gesamtwirtschaft wichtig sind. Dazu gehört vor allem der für unser Leben so einflussreiche Arbeitsmarkt. Meiner Meinung nach ist die Art und Weise, in der der Arbeitsmarkt strukturiert ist, im Wesentlichen ungerecht, da die verfügbare Arbeit sehr ungleichmäßig verteilt ist: Viele Menschen arbeiten 70 Stunden pro Woche, während andere keine Arbeit finden.

Bruttoinlandsprodukt

Das Bruttoinlandsprodukt (BIP), bis 1999 auch Bruttosozialprodukt oder kurz BSP genannt, ist der Wert aller Waren und Dienstleistungen, die innerhalb einer bestimmten Zeitperiode in einer Volkswirtschaft produziert werden. Während dies in mancherlei Hinsicht ein nützlicher Indikator für die Produktivität einer Volkswirtschaft ist, zum Beispiel um die Wirtschaftstätigkeit von Entwicklungsländern mit der der entwickelten Welt zu vergleichen, ist die übermäßige Fokussierung auf das BIP in den entwickelten Volkswirtschaften äußerst irreführend. Es gibt viele Gründe, warum das BIP der falsche Maßstab für den Wohlstand und die Produktivität einer Gesellschaft ist, wobei der wichtigste Grund die fehlerhafte Bestimmung des BIP ist. Viele Probleme in unserer Gesellschaft, wie zum Beispiel Umweltverschmutzung, können zum Anstieg des BIP führen. Zum Beispiel wird die Kohlendioxidemissionen nicht verrechnet. In der korrekten Berechnung des BIP sollte der Wert der Umweltzerstörung vom BIP abgezogen werden. Aus der Tatsache, dass wir die CO_2-Emissionen nicht sauber verrechnen, folgt, dass Produkte, die die Atmosphäre verschmutzen, falsch bewertet werden, woraus wiederum folgt, dass alle Produkte falsch bewertet werden und daher das BIP insgesamt eine irreführende Fehlrechnung ist.

Es gibt viele andere Faktoren, die zu Berechnungsfehlern führen. Zum Beispiel ist der Gesundheitssektor, der in den USA im Jahr 2012 ungefähr 17% des BIP ausmachte, im Vergleich zu dem Westeuropas sehr ineffizient, weil sein Verwaltungsapparat extrem aufgebläht ist. So fallen erheblich höhere

Transaktionskosten an, die letztendlich von den Konsumenten geschultert werden müssen. Daher werden immense Ressourcen verschwendet, die aber dennoch das BIP positiv beeinflussen. Ein weiteres Beispiel sind Frühgeburten, die das Zehnfache einer normalen Geburt kosten. In den USA tragen diese Kosten mit 26 Milliarden Dollar zum BIP bei. So erwecken Phänomene, die mit Leiden und dem Fehlen von Vorsorgemaßnahmen verbunden sind, den Anschein, dass Wohlstand und Produktivität zunehmen würden.[1] Offiziell erhöht auch jede Ölpest das BIP, anstatt es zu verringern, da die Aufräumarbeiten das BIP positiv beeinflussen. Diese Behandlung von negativen Externalitäten führt dazu, dass das BIP ein Wohlfahrtsmaßstab von höchst zweifelhaftem Wert ist.

Doch die Fokussierung auf das BIP-Wachstum ist ein zentraler Grundsatz unserer Kultur, auch wenn wir seit Jahren wachsen, ohne genügend Arbeitsplätze für alle Menschen zu schaffen. Die Faktoren, die zu einem Aufschwung ohne Arbeitsplätze führten, werden weiter unten diskutiert, hier genügt es zu sagen, dass das BIP-Wachstum nicht unser zentralstes Anliegen sein sollte.

Darüber hinaus verbergen durchschnittliche Wachstumsraten einen sehr wichtigen Aspekt des Anstiegs der Ungleichheit. Von dem BIP-Wachstum hat vor allem das oberste 1% der US-Haushalte profitiert, dessen Einkommen zwischen 1979 und 2004 um mehr als 500.000 Dollar anstieg (Tab. 11.1). Im Gegensatz dazu stieg das Einkommen der untersten 20% der Haushalte lediglich um 800 Dollar. Trotz all des Hypes um das Wirtschaftswachstum hat die große Mehrheit der US-Bevölkerung nicht sonderlich vom Wachstum seit den 1970er Jahren profitiert.[2] Daher sind durchschnittliche Wachstumsraten ein irreführendes Maß für Wohlfahrt der Gesamtbevölkerung. Außerdem verursacht Geltungskonsum Neid. Dies bedeutet, dass es töricht ist zu glauben, dass das Wohlbefinden derjenigen konstant bleibt, deren Einkommen stagnieren, wenn das Einkommen des obersten 1% um 176% steigt. Ganz im Gegenteil führt diese relative Deprivation wahrscheinlich zu einer Abnahme des Wohlbefindens der unteren Einkommensklassen.

---

[1] Christopher P. Howson, Mary V. Kinney und Joy E. Lawn, Hrsg., *Born Too Soon: The Global Action Report on Preterm Birth* (Geneva: World Health Organization, 2012). Frühgeburten sind in den USA um ungefähr 70% stärker verbreitet als in Europa. Stacy Beck, Daniel Wojdyla, Lale Say, Ana Pilar Betran, Mario Merialdi, Jennifer Harris Requejo, Craig Rubens, Ramkumar Meno und Paul F.A. Van Look, „The Worldwide Incidence of Preterm Birth: A Systematic Review of Maternal Mortality and Morbidity", *Bulletin of the World Health Organization* 88 (2010) 1: S. 31-38.

[2] Obwohl 2004 ein höherer Anteil der Erwerbsbevölkerung gearbeitet hat (66%) als 1979 (64%) bleibt diese Aussage wahr. U.S. Department of Labor, Bureau of Labor Statistics, „Labor Force Statistics from the Current Population Survey", Series ID: LNS11300000.

Tab. 11.1: Wachstum der amerikanischen Haushaltseinkommen nach Quintil zwischen 1979 und 2004 (reale Dollar von 2004)

Quintil	Wachstum	
	(%)	Dollar
0-20%	6	800
20-40%	17	4.700
40-60%	21	8.500
60-80%	29	15.300
80-100%	69	63.100
höchste 1%	176	553.800

Quelle: Aviva Aron-Dine und Arloc Sherman, „New CBO Data Show Income Inequality Continues to Widen", Center on Budget and Policy Priorities, January 23, 2007, http://www.cbp p.org/cms/?fa=view&id=957 (Stand 11. Januar 2013).

Arbeitslosigkeit und Unterbeschäftigung

Arbeitslosigkeit und Unterbeschäftigung von Arbeit und Kapital sind ineffizient, da die Wirtschaft nicht so viel produziert, wie sie angesichts der zur Verfügung stehenden Ressourcen produzieren könnte (Abb. 11.1). Ungenutzte Ressourcen bedeuten, dass die Wirtschaft innerhalb ihrer Produktionsmöglichkeitenkurve produziert, wodurch die Optimalitätsbedingungen der Produktion verletzt werden. Im Jahr 2012 waren rund 22% des Kapitalstocks ungenutzt (Abb. 11.2). Die Arbeitslosenrate in den letzten fünf Jahren war sehr hoch und beträgt jetzt rund 6%, was bedeutet, dass die Wirtschaft verschwenderisch mit Humanressourcen umgeht (Tab. 11.2). Viel schlimmer ist, dass ein Ende der Unterbeschäftigung nicht abzusehen ist.

Ein weiteres Indiz für die Probleme auf dem Arbeitsmarkt ist, dass nur 58% der erwachsenen Bevölkerung arbeiten, was einen Rückgang von 5 Prozentpunkten im Verlauf der großen Rezession bedeutet.[3] Darüber hinaus hat die Langzeitarbeitslosigkeit in den USA stark zugenommen. Seit 2010 sind mehr als 40% der Arbeitslosen länger als ein halbes Jahr ohne Arbeit. Im Oktober 2012 waren ungefähr 5 Millionen Menschen seit mehr als einem halben Jahr arbeitslos.[4] Es ist nicht einfach, sich unter solchen Bedingungen über Wasser zu halten.

[3] U.S. Department of Labor, Bureau of Labor Statistics, „Labor Force Statistics from the Current Population Survey".
[4] U.S. Department of Labor, Bureau of Labor Statistics, „Table A-12. Unemployed Persons by Duration of Unemployment".

Abb. 11.1: Ineffiziente Nutzung der Arbeit, USA (%)

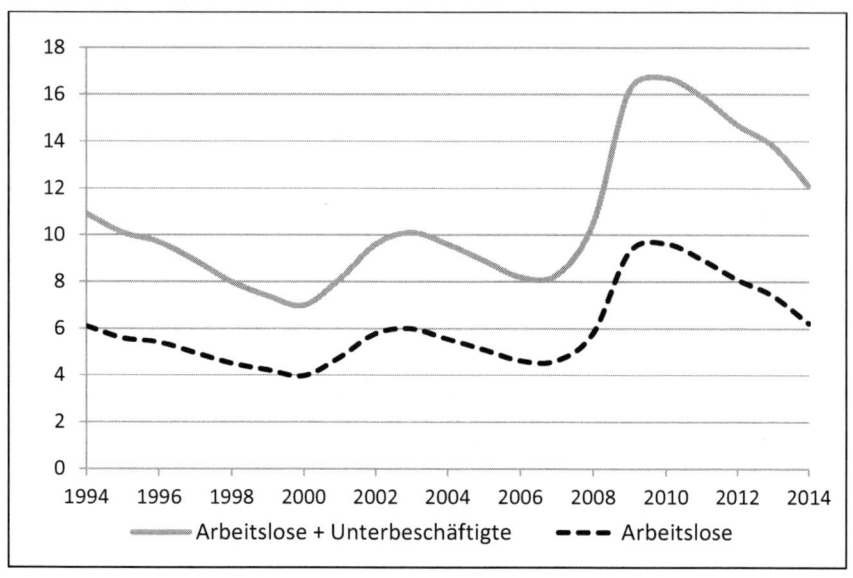

Abb. 11.2: Kapazitätsauslastung der U.S.-Industrie (%)

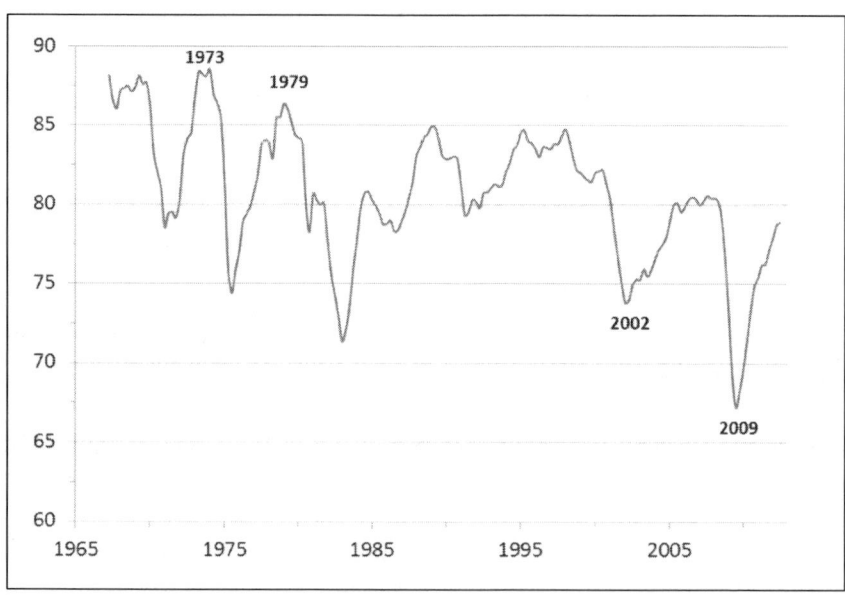

Tab. 11. 2: U.S. Erwerbspersonenpotenzial (Oktober 2012)

	Millionen
Erwachsene Zivilbevölkerung	244,0
Erwerbspersonenpotenzial	155,6
Beschäftigte	143,4
Vollzeit	115,2
Teilzeit	28,2
Arbeitslose	1,3
Langzeitarbeitslose	5,0
Stille Reserve	0,8
Unfreiwillig Teilzeitbeschäftigte	8,3
Unterbeschäftigte	9,1
Arbeitslose + Unterbeschäftigte	21,4

	Prozent des Erwerbspersonenpotenzials
Arbeitslose	7,9
Schwarze	14,3
Teenager	23,7
Schwarze Teenager	40,3
Arbeitslose + Unterbeschäftigte	13,8

Quelle: Bureau of Labor Statistics, „The Employment Situation – October 2012", http://www.bls.gov/news.release/pdf/empsit.pdf (Stand 15. November 2012).

Daher ist die Unterbeschäftigungsquote, die Ende 2012 13,8% betrug, eigentlich ein besseres Maß für die ungenutzten Ressourcen in der Wirtschaft, da sie auch jene Menschen einschließt, die Teilzeit arbeiten, obwohl sie lieber Vollzeit arbeiten würden, und auch diejenigen, die entmutigt die Suche nach Beschäftigung aufgegeben haben, oft nachdem sie Dutzende oder gar Hunderte von erfolglosen Bewerbungen verschickt haben. Die offizielle Arbeitslosenrate wird so berechnet, dass sie das Problem der ungenutzten und daher verschwendeten Ressourcen im bestmöglichen Licht erscheinen lässt. Die Unterbeschäftigungsquote bietet eine viel bessere Einsicht in die wirklichen Schmerzen der Gesellschaft. Sie beinhaltet ungefähr 8 Millionen Menschen, die nur Teilzeit arbeiten, weil sie keine Vollzeitbeschäftigung finden. Obwohl sie als beschäftigt betrachtet werden, sind sie in der Tat unterbeschäftigt und

arbeiten im Schnitt nur rund 20 Stunden pro Woche.[5] Die Zahl dieser ver-
deckten Arbeitslosen hat sich seit Beginn der Großen Rezession verdoppelt
(Abb. 11.3). Der Rest der 19,9 Millionen Teilzeitbeschäftigten will lieber nicht
Vollzeit arbeiten, weil er zur Schule geht oder andere Verpflichtungen wie
zum Beispiel Kinderbetreuung hat.

Abb. 11.3: Anzahl der Teilzeitbeschäftigten in den USA,
die Vollzeit arbeiten möchten

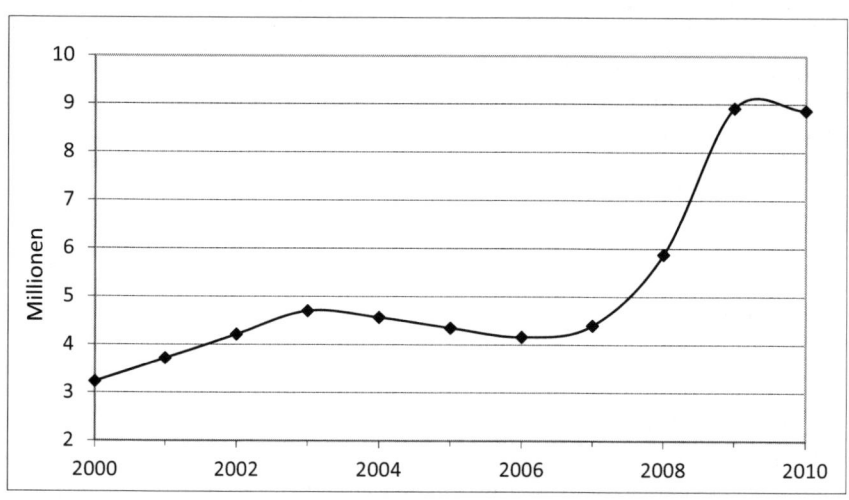

Des Weiteren gibt es rund 800.000 Menschen, die entmutigt die Suche nach
Arbeit aufgegeben haben. Sie nicht als arbeitslos zu zählen, ist einfach falsch.
Daher zeigt die offizielle Arbeitslosenrate tatsächlich nur eine unterste Grenze
der wirklichen Arbeitslosigkeit und des wirklichen Leidens, das durch den
Mangel an Arbeitsplätzen verursacht wird. Die tatsächliche Zahl der Menschen in Not beträgt in Wirklichkeit etwa 21 Millionen. Diese Zahl beinhaltet
noch nicht einmal die beträchtliche Zahl der arbeitenden Armen, also derjenigen, die zwar beschäftigt sind, aber finanziell kaum über die Runden kommen,
oder der Angehörigen der Unterbeschäftigten und offiziell Arbeitslosen.

Ein weiteres Problem der Umwälzungen des Arbeitsmarktes in Folge der
Finanzkrise ist außer dem Mangel an Arbeitsplätzen der Mangel an gut bezahlten Jobs. Die Jobs, die verfügbar sind, sind überwiegend schlecht bezahlt

---

[5] U.S. Department of Labor, Bureau of Labor Statistics, „Table 20. Persons at Work 1 to 34
hours in All and in Nonagricultural Industries by Reason for Working Less than 35 hours
and Usual Full- or Part-Time Status".

(unter 10 Dollar pro Stunde), während neu geschaffene Stellen für die Mittelklasse (über 19 Dollar pro Stunde) rar sind.[6]

Doch diejenigen, die Vollzeitstellen haben, arbeiten durchschnittlich 40 Stunden pro Woche und fast die Hälfte von ihnen arbeitet noch mehr. Im krassen
Gegensatz zu den Arbeitslosen gibt es Millionen, die Überstunden schieben
oder einen Zweitjob haben. Die durchschnittliche Arbeitszeit der männlichen
Fach- und Führungskräfte stieg in den 1980er und 1990er Jahren von 44,0 auf
45,1 Stunden pro Woche, und der Anteil derjenigen, die mehr als 49 Wochen-
stunden arbeiteten, erhöhte sich von 31% auf 38%, was bedeutet, dass sie mit
ziemlicher Sicherheit ein gestresstes Leben führten.[7] Darüber hinaus hat die
kombinierte Arbeitszeit von doppelverdienenden Haushalten innerhalb einer
Generation Ende des 20. Jahrhunderts um 10 Stunden von 81 auf 91 Stunden
pro Woche zugenommen.[8] Auch arbeiten Amerikaner im Durchschnitt 400
Stunden mehr pro Jahr als die Beschäftigten in den meisten westeuropäischen
Ländern, auch wenn die Einkommen in den USA höher sind und man daher
annehmen könnte, dass Amerikaner es sich leisten könnten, weniger zu arbeiten.[9] So ist es schon ironisch, dass in Zeiten endemischer und umfangreicher
Unterbeschäftigung eine große Zahl von US-Arbeitnehmern arbeitsmäßig
stark überlastet ist.[10]

Es scheint daher, dass die Arbeit, genau wie Vermögen und Einkommen,
ziemlich ungleich verteilt ist.[11] Das Problem liegt in der Organisation des Arbeitsmarktes: Normalerweise führt die Anpassung an Nachfrageschwankungen im Arbeitsmarkt zu Entlassungen von Arbeitnehmern, sodass die Arbeitszeit der Betroffenen schlagartig von 40 auf null Stunden fällt. Wir könnten
diese Institution einen binären Arbeitsmarkt nennen: Entweder man hat einen
Job oder man hat keinen Job. Würde jemand, der bei klarem Verstand ist, ein
starres System mit solchen Extremen entwerfen, mit Arbeitszeiten, die von
0 bis 70 Stunden pro Woche reichen? Wenn wir „hinter einem Schleier des
Nichtwissens" den Rahmen für den Arbeitsmarkt neu gestalten würden, das
heißt, ohne zu wissen, ob wir am Ende zu den überlasteten Beschäftigten oder

---

[6] Jeff Madrick, „Our Crisis of Bad Jobs", *The New York Review of Books*, 2. Oktober 2012.

[7] U.S. Department of Labor, Bureau of Labor Statistics, „Are Managers and Professionals Really Working More?", *Issues in Labor Statistics*, 12. Mai 2000.

[8] Sloan Network, „Questions and Answers About Overwork: A Sloan Work and Family Research Network Fact Sheet" (Chestnut Hill, MA: Boston College, 2008).

[9] Organization for Economic Cooperation and Development (OECD), „OECD Statistical Extracts".

[10] Juliet Schor, *The Overworked American: The Unexpected Decline of Leisure* (New York: Basic Books, 1993).

[11] John Maynard Keynes, *The General Theory of Employment, Interest and Money* (London: Macmillan, 1936), Chapter 24, S. 372.

zu den Arbeitslosen gehören würden, gäbe es sicher eine gleichmäßigere Verteilung der Arbeit. Risikoaverse Menschen wären zu besorgt, arbeitslos zu werden. Es wäre viel gerechter und vernünftiger, die Anzahl der zu arbeitenden Stunden der gesunkenen Nachfrage anzupassen und nicht sofort Mitarbeiter zu entlassen. So ein Work-Sharing-Programm wäre ungleich flexibler und eine gerechtere Methode, um Nachfrageschwankungen abzufedern.[12] So könnte Arbeitslosigkeit ein Phänomen der Vergangenheit werden. Deutschland ist da ein bisschen fortschrittlicher. Die Möglichkeit der Kurzarbeit erlaubt es Firmen im Fall eines plötzlichen Arbeitsausfalls, alle oder einen Teil der Beschäftigten weniger arbeiten zu lassen, anstatt einen Teil zu entlassen. Die Sozialkassen übernehmen einen Teil des Lohnausfalls, sodass die Einkommen nicht proportional zur Arbeitszeit zurückgehen.[13]

Im Frühjahr 2012 arbeiteten die Vollzeitbeschäftigten zum Beispiel durchschnittlich 41,9 Stunden pro Woche und die Teilzeitbeschäftigten durchschnittlich 20,6 Stunden pro Woche. Die Gesamtarbeitszeit der Vollzeitbeschäftigten (114,5 Millionen) und die der Teilzeitbeschäftigten (7,9 Millionen) betrug rund 5 Milliarden Stunden pro Woche.[14] Wenn diese Arbeitszeit gleichmäßig auf alle 135,9 Millionen Menschen, die arbeiten oder gerne Vollzeit arbeiten würden, verteilt würde, würden auf jeden etwa 36,5 Arbeitsstunden entfallen.[15] Durch die Reduzierung der Arbeitszeit um rund eine Stunde pro Tag könnte Arbeitslosigkeit komplett beseitigt werden. Zwar würde das Einkommen der bisherigen Vollzeitbeschäftigten proportional zur verkürzten Arbeitszeit abnehmen, aber die Regierung könnte einen Teil des Einkommensverlustes durch einen Zuschuss ausgleichen, da sie kein Arbeitslosengeld mehr zahlen müsste, und jeder der bisherigen Vollzeitbeschäftigten hätte mehr Freizeit. Ein solches System würde die Lebensqualität erhöhen, weil sie die psychische Belastung der Gefahr der Arbeitslosigkeit beseitigen würde. Auch gäbe es weniger Neid als Folge von Geltungskonsum. Darüber hinaus wäre es eine viel gerechtere Methode, die Leiden einer Rezession zu verteilen als das vorherrschende binäre „entweder-oder"-System. Wenn man den Arbeitsmarkt von

---

[12] Dean Baker, *Work Sharing: The Quick Route Back to Full Employment* (Washington, DC: Center for Economic and Policy Research, Juni 2011).

[13] Einige zaghafte Schritte in diese Richtung wurden in dem „Job Creation Act" 2012 unternommen. In Deutschland, wo die Gesamtbeschäftigung während der Finanzkrise nicht abgenommen hat, hat ein solches Programm funktioniert. Paul Krugman, „Kurzarbeit", *The New York Times*, 2. September 2010.

[14] Zusätzliche 500 Millionen Stunden werden jede Woche von Teilzeitbeschäftigten geleistet, die entweder nicht Vollzeit arbeiten wollen oder mehrere Jobs haben. Sie sind von dieser kontrafaktischen Analyse ausgenommen, da sie keine Vollzeitstelle anstreben.

[15] Vollbeschäftigung = Vollzeitbeschäftigte + offiziell Arbeitslose + unfreiwillig nur Teilzeit-Beschäftigte + versteckte Arbeitslose (stille Reserve).

Grund auf neu gestalten würde, wäre der Entwurf sicherlich ähnlich dem oben skizzierten, weil er die Unsicherheit bezüglich potenzieller Arbeitslosigkeit senken würde und weil er die Belastung, sowohl der Arbeit als auch des Mangels an Arbeit, gerechter verteilt, anstatt sie zu konzentrieren.

Gewinnbeteiligung bei Gehältern wurde auch als eine Möglichkeit der Linderung konjunktureller Arbeitslosigkeit vorgeschlagen.[16] Löhne würden in guten Zeiten steigen und in schlechten Zeiten sinken, sodass Arbeiter nicht entlassen werden müssten, da der Anteil der Lohnsumme an den Einnahmen unverändert bliebe.[17] Darüber hinaus könnten die Regierungen während einer Rezession auch als Arbeitgeber der letzten Instanz fungieren. So könnte man verschiedene Mechanismen in den Arbeitsmarkt einbauen, die dämpfend wirken und nicht solche Schockwirkung haben wie das gegenwärtige binäre System. Es wäre viel vernünftiger, die Belastung der zyklischen Wirtschaftskrisen gerechter zu verteilen, als sie auf 14% der Erwerbsbevölkerung zu konzentrieren. Offensichtlich ist der Markt keine gute Einrichtung, um Einkommen, Vermögen oder Arbeit gerecht oder gleichmäßig zu verteilen.

Eine gerechtere Verteilung der Arbeit ist nicht nur aus finanziellen Gründen wichtig, sondern auch, weil die Arbeitslosigkeit negative Nebenwirkungen hat. Sie hat eine politisch und sozial destabilisierende Wirkung auf die Gesellschaft. Arbeitslosigkeit produziert negative Externalitäten wie die Zunahme der Kriminalität oder Stress und Angst, den Arbeitsplatz zu verlieren. Natürlich haben die Europäer nicht vergessen, dass die Nazis nie an die Macht gekommen wären, wenn nicht ein Viertel der Erwerbstätigen arbeitslos gewesen wäre.

Arbeit ist auch aus psychologischer Sicht wichtig: Arbeitslosigkeit ist entwürdigend und schafft ein Gefühl, unerwünscht zu sein. Arbeitslose betrachten sich nicht als nützliche Mitglieder der Gesellschaft und verlieren ihr Selbstwertgefühl. Ihre Fähigkeiten nehmen während längerer Phasen der Arbeitslosigkeit ab, sodass es für sie immer schwieriger wird, eine Beschäftigung zu finden. So nimmt das Elend in der Gesellschaft mit steigender Arbeitslosigkeit zu. Die Unterbeschäftigten sind doppelt so häufig traurig oder depressiv wie die Beschäftigten und 50% sogar eher wütend. Sie haben auch eher finanzielle Probleme (54%) als die arbeitende Bevölkerung (38%).[18]

---

[16] Kooperativen passen eher das Gehalt als die Beschäftigung an Nachfragefluktuationen an. Ben Craig und John Pencavel, „The Behavior of Worker Cooperatives: The Plywood Companies of the Pacific Northwest", *American Economic Review* 82 (1992) 5: S. 1083-1105.

[17] Martin Weitzman, *The Share Economy* (Cambridge, MA: Harvard University Press, 1984).

[18] Jenny Marlar, „The Emotional Cost of Underemployment", *Gallup*, 9. März 2010; Anna Manchin, „Depression Hits Jobless in UK, U.S. More than in Germany", *Gallup*, 21. November 2012.

Die natürliche Arbeitslosenquote

Ökonomen bezeichnen das Mindestniveau der Arbeitslosigkeit, das ohne Inflation, bei gegebener Struktur und institutionellen Aspekten des Arbeitsmarktes erreichbar ist, als die natürliche Arbeitslosenquote. Diese Strukturmerkmale sind die Kosten für die Arbeitsplatzsuche oder die benötigte Zeit, die Arbeitgeber und Arbeitnehmer brauchen, um zusammenzufinden. Theoretisch würde eine niedrigere Arbeitslosenrate vorübergehend möglich sein, aber der Preis wäre eine höhere Inflation und langfristig würde die Arbeitslosigkeit trotz höherer Inflationsrate auf ihr natürliches Niveau zurückkehren. Daher wäre es wegen der Friktionen und Unvollkommenheiten auf dem Arbeitsmarkt nach herkömmlicher Sichtweise sinnlos, zu versuchen, Geld- oder Fiskalpolitik zu nutzen, um die Arbeitslosenquote unter ihre natürliche Rate zu zwingen. Es würde nur zu Inflation führen. Die natürliche Arbeitslosenquote ist die inflationsfreie Gleichgewichtsquote auf dem Arbeitsmarkt. Daher bezeichnen einige Ökonomen (wie Ben Bernanke) irreführend, aber nachdrücklich, eine Arbeitslosenquote von 5% als „Vollbeschäftigung".

In Wirklichkeit ist die natürliche Arbeitslosenquote ein unaufrichtiges Konzept. Sie verdeutlicht lediglich die Unfähigkeit des Arbeitsmarktes, eine ausreichende Anzahl von Arbeitsplätzen für alle Arbeitnehmer zu schaffen. Die Möglichkeit, dass die Unvollkommenheiten des Marktes reduziert oder durch die Schaffung neuer Institutionen oder einer neuen Arbeitsmarktpolitik ganz beseitigt werden könnten, wird nicht in Betracht gezogen. Darüber hinaus erscheint so ein bestimmtes Niveau der Arbeitslosigkeit als unvermeidlich, wie ein inhärentes, gottgeschaffenes Phänomen des Wirtschaftssystems. Nach dieser Sichtweise wäre die natürliche Arbeitslosenquote ein akzeptabler Gleichgewichtswert und müsste insofern toleriert werden, da nichts dagegen getan werden kann und die Wirtschaft einfach in dieser Art und Weise funktioniert.

Es ist klar, dass die Arbeitslosigkeit mit der herkömmlichen Geld- und Fiskalpolitik nicht vollständig eliminiert oder auch nur dauerhaft verringert werden kann. Allerdings sollte es unser Ziel sein, neue Arbeitsmarktinstitutionen zu schaffen, die bei der vollständigen Beseitigung der Arbeitslosigkeit dauerhaft wirksam sind. Im Zeitalter der IT-Revolution sollte es möglich sein, freie Stellen und Arbeitsuchende schneller in Kontakt zu bringen und daher friktionelle Arbeitslosigkeit zu beseitigen. Die Regierung könnte die Kosten für Umsiedlung und Umschulung subventionieren. Außerdem wären wir in der Lage, Arbeitslosigkeit komplett zu beseitigen, wenn die oben erwähnten Strategien der Arbeitsteilung und Gewinnbeteiligung mit der Rolle des Staates als Arbeitgeber der letzten Instanz verknüpft würden. Es ist nicht wahr, dass wir 5% Arbeitslosigkeit als natürlich akzeptieren müssen. Schließlich heißt es in der Allgemeinen Erklärung der Menschenrechte der Vereinten Nationen:

„Jeder hat das Recht auf Arbeit … und auf Schutz vor Arbeitslosigkeit."[19] Es gibt keinen Grund, warum dieses Recht nicht realisiert wird.

Wirtschaftswachstum

Wirtschaftswachstum war schon immer ein wichtiges Ziel der makroökonomischen Wirtschaftspolitik und steht ständig im Blickpunkt der Öffentlichkeit und der Medien. Da das BIP in den westlichen Ländern seit der industriellen Revolution, mit Ausnahme der Großen Depression, mehr oder weniger kontinuierlich gestiegen ist, wird praktisch davon ausgegangen, dass dies auf unbestimmte Zeit als fester Bestandteil der kapitalistischen Entwicklung so weitergehen würde. Wir haben uns an das Wachstum gewöhnt, ohne den Wohlstand, den es uns ermöglicht hat, ausreichend zu würdigen.

Allerdings ist unendliches Wachstum kein aus der Wirtschaftstheorie ableitbares Gesetz. Ob eine Wirtschaft weiter wachsen wird, ist davon abhängig, wie sich die Faktoren entwickeln, die das Wachstum bestimmen. Neben Kapital, Land, Arbeit, Ressourcen, Institutionen und dem Bildungsniveau der Beschäftigten wird die Produktionskapazität einer Volkswirtschaft durch den technischen Fortschritt bestimmt, der wiederum von Kreativität, Kultur, Unternehmergeist und der Bereitschaft, das Risiko der Innovation zu tragen, abhängt. Der Staat spielt insofern eine wesentliche Rolle in diesem Prozess, als er den größten Teil der von der Wirtschaft genutzten Infrastruktur zur Verfügung stellt, erheblich zur Ausbildung der Arbeitskräfte beiträgt und den größten Teil der Grundlagenforschung finanziert. Innovation und neue Wissensbildung sind insofern wichtig, als sie viele positive Spillover-Effekte haben, aus denen auch viele, die nicht die Kosten für die Schaffung dieses Wissens tragen mussten, Nutzen ziehen.

Allerdings haben wir, wie schon in den vorherigen Kapiteln gezeigt, zu viel Wert auf Wachstum gelegt, ohne anzuerkennen, dass uns all das bisherige Wachstum nicht die Art des Nirwanas gebracht hat, die wir von ihm erwartet haben. In der Tat hat sich unser Gefühl von Wohlbefinden überhaupt nicht erhöht. Wir müssen uns ernsthaft die Frage stellen, wie viel Wachstum wir in den entwickelten Ländern brauchen und wie man so viel Glück wie möglich mit dem aktuellen materiellen Wohlstand erzielen kann. Anstatt Wachstum um seiner selbst willen zu verfolgen, müssen wir damit beginnen, mehr Wert auf Nachhaltigkeit zu legen, unseren ökologischen Fußabdruck zu minimieren, die Verbesserung der Lebensqualität anzustreben und sozial integratives Wachstum zu betonen.

---

[19] Vereinte Nationen, „Allgemeine Erklärung der Menschenrechte".

Dies ist insbesondere deshalb der Fall, da sich BIP und Arbeitslosigkeit durch den technologischen Wandel und die Globalisierung nicht mehr parallel entwickeln. Wir befürworten immer noch Wachstum mit der Illusion, dass es die Arbeitslosigkeit beseitigt. Die Tatsache, dass dies bisher nicht geschehen ist, ist ein deutlicher Hinweis darauf, dass es in der Zukunft auch nicht geschehen wird. Weil sich das Wachstum auf die wissensintensive High-Tech-Branche konzentriert hat, zu der die Mehrheit der gering qualifizierten Arbeitslosen keinen Zugang hat, beeinflusst das Wirtschaftswachstum die Arbeitslosigkeit nur geringfügig. Außerdem waren wir so erfolgreich in der Entwicklung neuer Produktionstechnologien, dass wir viel weniger Arbeiter brauchen. Stattdessen lassen wir Roboter die Arbeit machen. Das ist ein Grund dafür, warum wir nach der großen Finanzkrise eine Phase der wirtschaftlichen Erholung ohne nennenswerte Schaffung von Arbeitsplätzen erlebt haben. Dies macht es umso notwendiger, die vorhandene Arbeit gerechter zu verteilen.

Kapitelzusammenfassung

Das BIP ist ein irreführender Indikator für den Lebensstandard der Bevölkerung, da es zu ungenau gemessen wird. Wenn die Schäden durch Umweltverschmutzung vom BIP abgezogen würden, lägen seine Wachstumsraten mindestens ein Prozentpunkt unter den offiziellen Schätzungen. Die offizielle Arbeitslosenrate ist ebenso irreführend, weil sie nicht diejenigen beinhaltet, die entmutigt die Suche nach Arbeit aufgegeben haben. Ebenso werden die Millionen von Menschen vernachlässigt, die unfreiwillig nur in Teilzeit arbeiten. Daher ist die offizielle Arbeitslosenrate ein irreführender Indikator für das wahre Leiden auf dem Arbeitsmarkt. Die endemische Unterbeschäftigung bedeutet, dass die Wirtschaft weit unter ihrer Kapazität und daher extrem ineffizient produziert.

Der Mangel an Arbeitsplätzen wird dadurch verschärft, dass einige Menschen übermäßig viele Stunden arbeiten, sodass es weniger Arbeit für andere gibt. Genau wie Einkommen und Vermögen wird auch die verfügbare Menge an Arbeit ungleichmäßig und ungerecht verteilt. Eine gerechtere Verteilung der Arbeit könnte erreicht werden, wenn die Arbeitsmarktanpassung an Nachfrageeinbrüche durch eine Senkung der Arbeitszeit und nicht durch Entlassung eines Teils der Arbeitnehmer geschähe. Darüber hinaus sind wir süchtig nach Wirtschaftswachstum, obwohl es unsere Lebenszufriedenheit nicht erhöht. Bei der Weiterentwicklung der reichen Industrieländer sollten wir uns mehr um steigende Lebenszufriedenheit durch die Schaffung einer integrativen und gerechten Gesellschaft kümmern.

12 Aspekte der Wirtschaftspolitik

In diesem Kapitel untersuchen wir die Rolle des Staates in der Wirtschaft und argumentieren, dass er ein wesentlicher Bestandteil der Wirtschaft ist, weil er öffentliche Güter zur Verfügung stellt und Grundlagenforschung finanziert, wozu der private Sektor allein wenig Anreiz hat. Des Weiteren beeinflusst der Staat durch Fiskal- und Geldpolitik die Gesamtnachfrage, um so die Volatilität des Konjunkturzyklus zu glätten.

Die Rolle des Staates

Der Staat oder die Regierung werden häufig als Feinde der Effizienz oder sogar als Krebsgeschwür der Wirtschaft dargestellt. Sie sind jedoch nicht der Feind der Geldbeutel oder des Wohlbefindens der normalen Menschen. Sie sind ein wichtiger und wesentlicher Bestandteil der Wirtschaft. Die Wirtschaft könnte nicht ohne einen effektiven Staat funktionieren. Staatsausgaben sind ein wichtiger Teil der Wirtschaft. In den USA tragen sie etwa 24% und in vielen europäischen Industrieländern sogar 40 bis 50% zum BIP bei.[1] Der Staat transferiert nicht nur Geld an die Bedürftigen, er investiert auch. Im Jahr 2010 betrugen lokale, bundesstaatliche und föderale Regierungsinvestitionen in den USA rund 510 Milliarden Dollar, was 22% aller Investitionen ausmachte.

Im Grunde sind wir der Staat, und in einem demokratischen Gemeinwesen haben die Menschen und nicht die Märkte die ultimative legitime Macht. Der Staat hat viele legitime Funktionen, die nicht den Märkten übertragen werden können: Verbraucherschutz, Landesverteidigung, Rückstellung für künftige Generationen, die Regulierung der Wirtschaftätigkeit, Schutz der Umwelt, Glättung des Konjunkturzyklus und das Erlassen von Gesetzen für die Durchsetzung von Verträgen, die Bereitstellung von Geld für die Wirtschaft und der lender of last resort zu sein. Er ist zuständig dafür, die innerstaatliche Ordnung aufrechtzuerhalten, die demokratischen Institutionen durch die Verhinderung von wirtschaftlicher Machtkonzentration zu schützen und seine Bürger vor Marktkräften wie Diskriminierung zu bewahren, die moralisch inakzeptabel sind.

---

[1] Congressional Budget Office, „Historical Budget Data – January 2012 Baseline".

In der Regel sollte der Staat seine Bürger vor Schaden bewahren, um ihre Wohlfahrt zu steigern. Ein Beispiel ist die Verpflichtung zu graphischen Warnungen auf Zigarettenpackungen, die die schädlichen Folgen des Rauchens verdeutlichen. Ein weiteres Beispiel ist die Verpflichtung zum Opt-in oder zum Opt-out bei der Erstellung von Formularen, was, wenn richtig genutzt, den Konsumenten dazu bringt, die sozial (und möglicherweise für ihn persönlich) bessere Wahl mit größerer Wahrscheinlichkeit zu treffen, beispielsweise bei freiwilligen Rentenbeiträgen oder der Organspende. So gibt es zahlreiche berechtigte Gründe für staatliche Regulierung der privaten Märkte einschließlich der Verringerung der Schäden, die durch Suchtverhalten entstehen.

Die Subventionierung von privaten Ersparnissen (wie in Deutschland) ist für das Gemeinwohl förderlich, da der Planungshorizont vieler Menschen zu kurzfristig ist und sie deshalb ihre zukünftigen Bedürfnisse im Ruhestand nicht ausreichend berücksichtigen und sie ihre Selbstkontrolle durch den universellen Konsumhype verloren haben. Eine solche Selbstkontrolle ist die Voraussetzung zum Sparen. Unsere Probleme mit der Selbstkontrolle rechtfertigen legale Höchstgrenzen für Kreditkartenzinsen. Das Ziel der Regierungspolitik sollte es sein, die Lebensqualität derjenigen zu erhöhen, die Hilfe bei der Entscheidungsfindung benötigen, ohne übermäßig diejenigen zu drangsalieren, die eine solche Hilfe nicht brauchen.

Die unpraktischen Aspekte der keynesianischen Fiskalpolitik

Keynesianische Fiskalpolitik ist das „Steuerrad" der Wirtschaft.[2] Allerdings ist es wichtig zu erkennen, dass die Steuerung gegen den Wind und nicht mit ihm erfolgen sollte. Das heißt, dass die Fiskalpolitik nach Keynes antizyklisch sein sollte: Expansiv in Zeiten des Abschwungs und restriktiv in Zeiten des Aufschwungs. So sollte der Staatshaushalt über den gesamten Konjunkturzyklus hinweg ausgeglichen bleiben und folglich würden die Staatsausgaben nicht zu Lasten der privaten Ausgaben gehen. Während einer Rezession, wenn Ressourcen ungenutzt bleiben, besteht wenig Gefahr, dass Staatsausgaben private Investitionen verdrängen.

Keynes hat nie vorgeschlagen, dass der Staat sich langfristig verschulden sollte. Statt dessen er hat argumentiert, dass die Regierung in Zeiten des wirtschaftlichen Abschwungs Kredite aufnehmen und die Staatsausgaben erhöhen und in Zeiten des Aufschwungs durch Steuererhöhungen oder Ausgabenkürzungen Überschüsse erwirtschaften und diese Schulden zurückzahlen

---

[2] Abba Lerner hat es so bezeichnet.

sollte. Leider hat sich das keynesianische Rezept von antizyklischer Fiskalpolitik zur Glättung der Konjunktur und zur Betreibung wirtschaftlicher Feinsteuerung in der Praxis als impraktikabel herausgestellt. Der Grund dafür ist, dass in einer Demokratie die gewählten Politiker, die eine Politik der konjunkturellen Abkühlung verfolgen, an Popularität und daher Stimmen und Geldspenden verlieren würden. Deswegen ist es politisch fast unmöglich, in guten Zeiten die Ausgaben zu reduzieren oder die Steuer zu erhöhen. Defizitausgaben oder Steuersenkungen in der Rezession hingegen sind leicht als gute Politik zu verkaufen. Dies führt in fast allen westlichen Ländern in wirtschaftlichen Krisenzeiten zu starker Verschuldung, in Zeiten des wirtschaftlichen Aufschwungs aber nicht zum Abbau dieser Verschuldung. Die Schweiz ist vielleicht das einzige Land, das ein Haushaltsrecht im Geist der keynesianischen antizyklischen Politik verabschiedet hat, das temporäre Defizite zwar erlaubt, aber über einen gesamten Konjunkturzyklus hinweg einen ausgeglichenen Staatshaushalt fordert.[3]

Ein weiterer Grund für die Schwierigkeiten bei staatlich induzierter Konjunkturabkühlung sind die mächtigen Interessenvertretungen, die ihre Klientelinteressen mit aller Macht verteidigen und so Steuererhöhungen oder Ausgabenkürzungen zu verhindern wissen. Das keynesianische Rezept der Glättung des Wirtschaftszyklus war in der Theorie zwar brillant, stellte sich aber in der Praxis langfristig als unpraktisch heraus. Politikern und ihren Beratern fehlen sowohl die Vision als auch die Kraft dazu, die Party zu beenden, wenn sie gerade ihren Höhepunkt erreicht.

Das war teilweise der Grund, warum Friedrich Hayek und Milton Friedman der keynesianischen Makroökonomie von Anfang an kritisch gegenüberstanden. Ein weiteres Problem war, dass die keynesianische Theorie oft als ein Rezept für Wirtschaftswachstum missverstanden wurde. Sie war nie dazu gedacht, diesem Zweck zu dienen. Keynes wusste auch, dass Defizite nicht auf unbestimmte Zeit akkumulierbar sind. Sein Ziel war es, die Wirtschaft aus der Depression zu führen, die ärgste Armut zu lindern und so die schlimmsten Mängel des Kapitalismus zu mildern. Seine Wirtschaftpolitik war ganz auf die Wirtschaftskrise der 1930er Jahre ausgerichtet. Seine Rezeptur sollte der Wirtschaft wieder auf die Sprünge helfen, aber das langfristige Wachstum musste anschließend aus den üblichen Quellen kommen: Innovation, Bildung, technischer Wandel und Kapitalakkumulation. Das langfristige Wachstum war aber nicht sein Hauptanliegen. Sein Schwerpunkt lag auf dem Hier und Jetzt, wie seine berühmten Worte klar machen: „Auf lange Sicht sind wir alle tot."

---

[3] Der Haushalt muss nicht jedes Jahr ausgeglichen sein, aber in der Summe über den gesamten Konjunkturzyklus hinweg. Wikipedia Autoren, „Balanced Budget Amendment", *Wikipedia: The Free Encyclopedia.*

Geldpolitik

Die Geldpolitik ist einer der wichtigen Kanäle, durch die der Staat über die Zentralbank Einfluss auf die Wirtschaft nehmen kann. Die Zentralbank beeinflusst die Realwirtschaft durch die Festlegung des Diskontsatzes (Zinssatz, zu dem sich Banken kurzfristig bei der Zentralbank Liquidität verschaffen können), durch die Schaffung von Geld, indem sie zum Beispiel Geld durch den Kauf von Staatsanleihen in Umlauf bringt, durch die Festlegung der Mindestreserven der Banken oder durch den Kauf von Fremdwährungen. Laut der monetaristischen Denkschule gilt, dass die Menge des Geldes im Umlauf zum nominalen BIP proportional ist. Diese Aussage stimmt nur, wenn die Umlaufgeschwindigkeit des Geldes konstant ist. Wie man in den Abbildungen 12.1 und 12.2 sehen kann, war dies aber weder für M1 (Bargeldumlauf und Sichteinlagen) noch für M2 (M1 und kurzfristige Termineinlagen) der Fall. Einer der Gründe dafür ist, dass Menschen Waren und Dienstleistungen durch die Nutzung von Kreditkarten erwerben können und daher nicht durch die Geldmenge beschränkt sind. Darüber hinaus hängt es von den Unsicherheiten in der Wirtschaft ab, z.B. der Sicherheit des Arbeitsplatzes oder wie viel Geld Privatpersonen und Banken auf ihren Konten oder in Reserve halten. Somit war die Umlaufgeschwindigkeit von M1 – also wie oft das Geld im Laufe eines Jahres im Schnitt den Besitzer wechselt – während der großen Rezession gleich 10. Aber die Umlaufgeschwindigkeit sank auf 7,5 im Jahr 2011, was bedeutet, dass Bernankes Beharren, Geld in die Wirtschaft zu pumpen, grundsätzlich ein Misserfolg war. Es hatte kaum Auswirkungen auf die Realwirtschaft. Stattdessen senkte es im Großen und Ganzen die Umlaufgeschwindigkeit des Geldes. Die Umlaufgeschwindigkeit für M1 wie auch für M2 nahm zwischen 2007 und 2011 um etwa 25% ab. Darüber hinaus wird es extrem schwierig für die amerikanische Geldpolitik werden, eine Strategie zu entwickeln, die helfen kann, die Subventionierung des Finanzsektors mit Null-Zinssatz zu beenden und zum normalen Tagesgeschäft zurückzukehren.[4] Wie die Federal Reserve zu Normalzinsen von 4% oder 5% zurückkehren kann, ohne dass dies einen Crash an der Börse auslöst, ist eine offene Frage.

Die Zentralbank kontrolliert die monetäre Basis direkt, also die Summe des physischen Geldes im Umlauf und der Bargeldreserven der Banken. Mit dem Ankauf von Geldmarktpapieren (Offenmarktgeschäfte) bringt die Zentralbank mehr Geld in Umlauf, während sie die Geldmenge verringert, wenn sie Geldmarktpapiere verkauft. Darüber hinaus kann die Federal Reserve die Geldmenge indirekt beeinflussen, indem sie die Anforderungen an die Reserven verändert: Je niedriger sie sind, desto mehr Geld können die Banken verleihen.

---

[4] Wikipedia Autoren, „James G. Rickards", *Wikipedia: The Free Encyclopedia.*

Abb. 12.1: Umlaufgeschwindigkeit von M1 in den USA

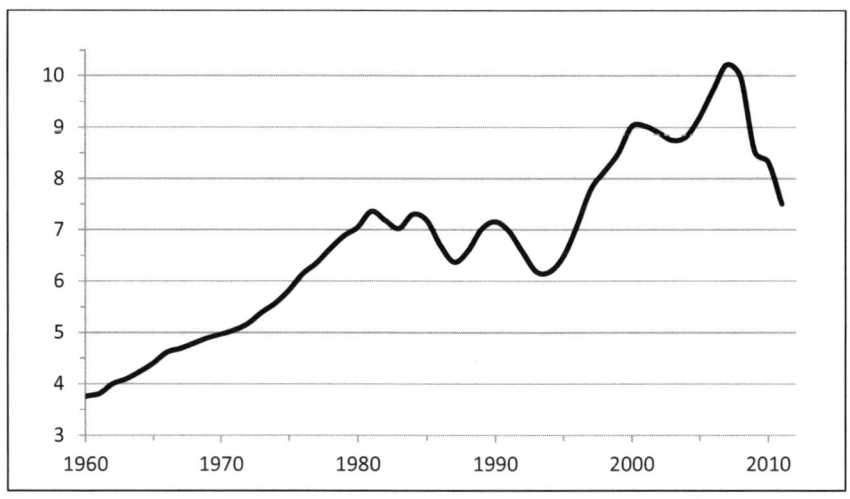

Abb. 12.2: Umlaufgeschwindigkeit von M2 in den USA

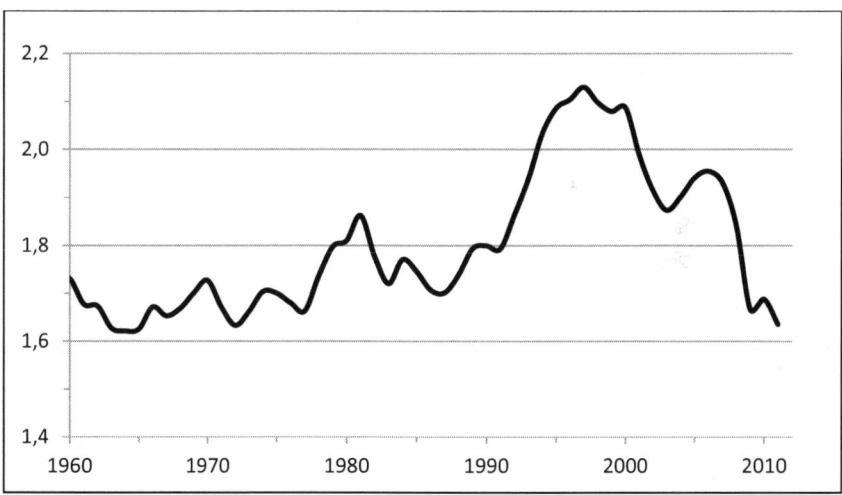

Allerdings haben auch die Geschäftsbanken Einfluss auf die Geldmenge, da sie entscheiden, ob sie so viele Kredite vergeben, wie es ihre Reserven erlauben, oder ob sie ihre Kreditvergabe strikter handhaben. Daher wird ein Großteil der Geldschöpfung durch das Finanzsystem bestimmt, obwohl die Zentralbank unbestreitbar eine wichtige Rolle dabei spielt, sowohl direkt als auch indirekt. Je niedriger ihr Zinssatz für kurzfristige Kredite ist, desto mehr Geld leihen sich die Geschäftsbanken. Aber das setzt natürlich voraus, dass die Unternehmen und Haushalte bereit sind, sich dieses Geld von den Geschäftsbanken zu leihen. Wenn sie zu viele Schulden im Verhältnis zu ihrem Einkommen haben, wie es im Jahr 2008 der Fall war, werden sie versuchen, ihre Schulden abzubauen und ihre Schuldenlast zu senken. In einer solchen Situation ist die Senkung des Zinssatzes nicht wirksam.

Darüber hinaus ist die Zentralbank in ihrer Fähigkeit, Geldpolitik zu betreiben, stark eingeschränkt, weil sie den Zinssatz nicht unter 0% senken kann, wenn die Nominalzinsen – wie jetzt – 0% erreichen, was auch als Liquiditätsfalle bekannt ist. Um diese Beschränkung zu überwinden und weiterhin zu versuchen, die Wirtschaft durch Geldpolitik zu stimulieren, startete die Federal Reserve 2008 ein neues Programm namens „quantitative easing" (quantitative Lockerung). Durch diese expansive Geldpolitik pumpte die Federal Reserve durch den Kauf von langfristigen Vermögenswerten einschließlich Anleihen kommerzieller Unternehmen und durch hypothekengesicherte Wertpapiere unerhörte Summen von Billionen Dollar in die Wirtschaft, in der Hoffnung, dass dies die Banken dazu bewegen würde, aggressiver in die Wirtschaft zu investieren und weniger restriktiv Kredite zu vergeben. Doch dieses Programm der Geldinjektion in die Wirtschaft führte vor allem zu einer Inflation der Vermögenspreise und nicht zu Investitionen in die Realwirtschaft, da die Banken die zusätzlich verfügbaren Gelder vor allem in den Aktienmarkt investierten, während Investitionen in die Realwirtschaft weiterhin wegen der Schwäche der aggregierten Nachfrage wenig attraktiv waren.

Ein weiteres Problem ist, dass sinkende Zinsen normalerweise dazu führen, dass ausländische Investoren ihr Geld aus den USA abziehen und in die Währung eines anderen Landes, das einen höheren Zinssatz bietet, konvertieren. Das ist jedoch in letzter Zeit nicht passiert, weil der Rest der Weltwirtschaft ebenfalls große Probleme hat und der Dollar immer noch als die sicherste Währung gilt. Daher wertete sich der Dollar gegenüber den ausländischen Währungen nicht ab – trotz der Tatsache, dass die Federal Reserve zwischen 2008 und 2014 3,7 Billionen Dollar in die Wirtschaft gepumpt hat. Weiterhin fließt Geld aus dem Ausland in die USA, obwohl der Realzins (Nominalzins abzüglich der Inflationsrate) in den USA effektiv fast null ist. Schatzpapiere der US-Regierung gelten als sicherer Hafen, sodass Investoren bereit sind, solche Anlagen trotz niedriger Zinsen zu halten, weil sie Angst haben, dass andere Regierungen ihre Schulden nicht bedienen, wie es in Griechenland vor kurzem geschehen ist.

Im Allgemeinen gilt, dass sich, je mehr Kredite die Banken gewähren, umso mehr Geld durch die mit diesen Krediten kreierten Einlagen im Umlauf befindet. Doch wird die aktuelle Finanzkrise vor allem von einem massiven

Schuldenabbau begleitet, was bedeutet, dass die Kreditvergabe der Banken nicht so locker wie früher gehandhabt wird. Stattdessen akkumulieren sie billiges Kapital, um die Verluste auszugleichen, die durch die Wertverluste ihrer Portfolios entstanden sind. Dies ist nur einer der Gründe, warum so viele Ökonomen der Großen Rezession ratlos gegenüberstehen. Der Gedanke des Schuldenabbaus ist der Makroökonomie im Allgemeinen fremd.

Der Verdrängungseffekt

Neoklassische Ökonomen glauben, dass die öffentlichen Ausgaben private Ausgaben verdrängen und daher sowohl kontraproduktiv als auch ineffizient sind. Diese Position ist jedoch offensichtlich nicht haltbar, wenn die Arbeitslosigkeit endemisch ist oder wenn die Regierung in öffentliche Güter investiert, die das Wirtschaftswachstum auf lange Sicht hin erhöhen, wie z.B. beim Eisenhower Interstate Highway System in den USA, das nach allgemeiner Ansicht eine solche positive Wirkung gehabt hat.[5] Investitionen in Bildung, öffentliche Gesundheit, in die Grundlagenforschung und in erneuerbare Energien sind eine ähnliche entscheidende Voraussetzung für dauerhaftes wirtschaftliches Wachstum und ermöglichen kurz- und mittelfristige Multiplikator-Effekte.

Inflation

Inflation ist schädlich für die Menschen, weil sie Ersparnisse abwertet und daher wie eine unsichtbare Steuer wirkt. Inflation reduziert den Anreiz zu sparen, was die Sparquote senkt, und dadurch steht weniger Geld für Investitionen zur Verfügung. Ein weiterer Nachteil ist, dass Inflation es schwieriger macht, die Veränderungen der relativen Preise im Blick zu behalten, weil sich nicht alle Preise gleich stark ändern.

Deflation ist das Gegenteil von Inflation. Sie ist ebenfalls schlecht für die Wirtschaft, weil sie sich negativ auf Investitionen und Produktion auswirkt. Produzenten gehen langfristige Verträge mit Arbeitnehmern und Lieferanten ein, und wenn die Preise ihrer Produkte fallen, erwarten sie, dass ihre Gewinne abnehmen, und reduzieren deshalb ihre Produktion. Darüber hinaus erhöht Deflation den realen Wert der nominalen Schulden (z.B. Hypotheken), was deren Ausfallwahrscheinlichkeit erhöht. Selbst wenn die Schuldner nicht in

---

[5] Es hat 425 Milliarden Dollar (in 2006 Dollar) gekostet und das Gesamtsystem ist 76.000 Kilometer lang. Wikipedia Autoren, „Interstate Highway System", *Wikipedia: The Free Encyclopedia*.

Zahlungsverzug geraten, machen Hypothekenzahlungen einen großen Anteil des Einkommens aus und dadurch steht weniger Geld für Konsumausgaben zur Verfügung, was wiederum die gesamtwirtschaftliche Nachfrage reduziert. Daher sind Inflation als auch Deflation schädlich für die Wirtschaft und ihre Vermeidung ist eines der beiden Ziele der Geldpolitik des Federal Reserve Systems. Die anderen Ziele sind die Gewährleistung moderater langfristiger Zinsen und eines hohen Beschäftigungstandes.

Nominallöhne und Reallöhne

Die Bedeutung der Nominallöhne im Vergleich zu den Reallöhnen ist ein umstrittenes Thema zwischen den beiden Hauptströmungen der wirtschafts-theoretischen Debatte. In den Modellen der Real-Business-Cycle-Theorie bestimmen Reallöhne das Beschäftigungsniveau, während aus keynesianischer Sicht Nominallöhne die wichtigste Determinante der Beschäftigung sind, da Arbeitnehmer zu Nominallöhnen eingestellt werden und die Entwicklung des Preisniveaus in den Folgeperioden vor allem für die Arbeitnehmer ein großes Ratespiel ist. Dies ist ein Problem der asymmetrischen Information. In der Hauptsache sorgen sich Unternehmen um den Preis für ihre Produkte und um die Preise ihrer Inputs und können sich Spezialisten leisten, die die not-wendigen Berechnungen durchführen, während Arbeitnehmer Hunderte oder sogar Tausende von Preisen verfolgen müssten, um ihre individuelle Inflationsrate zu ermitteln und um damit die Veränderung ihrer Reallöhne zu berechnen. Das ist offensichtlich jenseits ihrer Fähigkeiten und einer der Gründe, warum die Gewerkschaften für den Schutz der Reallöhne der Arbeit-nehmer wichtig sind. Sie sind in einer viel besseren Position, um dieses ge-waltige Informationsproblem zu überwinden und die Inflationsrate und das Produktivitätswachstum zu verfolgen.

Darüber hinaus sind die Nominallöhne wegen psychologischer Effekte wie dem Sinn für Fairness und dem Endowment-Effekt nach unten nicht flexibel. Arbeitnehmer sind nicht bereit, einen Nominallohn, den sie bereits erreicht haben und den sie zu verdienen glauben, wieder aufzugeben. Dies war der Grund für die sozialen Unruhen und Auseinandersetzungen mit der Polizei in Spanien und Griechenland im Rahmen der Eurokrise. Arbeitnehmer fin-den es unfair, dass sie diejenigen sind, die in der Krise Opfer bringen müssen, während die Banker, die in erster Linie für die Krise verantwortlich sind, dem Geltungskonsum frönen.

Ersparnisse

Ersparnisse sind wichtig für die zukünftige wirtschaftliche Entwicklung und bieten für Einzelpersonen, Unternehmen und Regierungen ein wichtiges Polster für unerwartete Ausgaben. Doch meist wird die Bedeutung von Ersparnissen nicht ausreichend gewürdigt, da es nicht im Interesse der Konzerne ist, dass Menschen sparen. Im Gegenteil, es ist in ihrem Interesse, wenn nicht gespart wird, weil dann mehr ausgegeben wird, wodurch die Nachfrage nach den Produkten der Konzerne steigt. Kein Wunder also, dass es keine Werbung gibt, die auf die Vorteile des Sparens hinweist, die Menschen veranlassen würde, vorsichtiger mit ihrem Geld umzugehen.

Aber solche Ungleichgewichte beim Sparverhalten – wenige sparen den größten Teil ihres enormen Einkommens und die meisten müssen Kredite aufnehmen, um zu überleben – bedeuteten auch, dass es übermäßige Kreditaufnahme und zunehmende Fragilität des Finanzsystems gibt. Der Anstieg der Verschuldung spielte eine wesentliche Rolle im Vorfeld der Finanzkrise von 2008. Ein anderer Aspekt der Verschuldung war, dass die Sparquote seit Mitte der 1980er Jahre rückläufig war. Bis zum Jahr 2008 näherte sie sich dem Nullpunkt, um dann nach der Finanzkrise wieder leicht anzusteigen (Abb. 12.3). Ideologisch verpflichtete Wissenschaftler argumentieren, dass die Einführung von Social Security (staatliches Rentensystem) im Jahr 1935 und von Medicare (staatliche Krankenversicherung für Rentner) im Jahr 1965 den Rückgang der Sparquote verursacht habe, da diese Sozialsysteme eine gewisse finanzielle Sicherheit im Alter garantierten und daher ein Anreiz waren, weniger zu sparen. Allerdings unterstützen die historischen Sparquoten in den USA diese Behauptung nicht, da die Sparquote sich in den Jahrzehnten nach dem Zweiten Weltkrieg erhöhte und erst seit den 1980er Jahren stark zurückging, also lange nach Einführung der Sozialsysteme.[6]

Ist es ein Zufall, dass der Rückgang der Sparquote mit der Zunahme der Ungleichheit und dem Auseinanderdriften von Löhnen und Produktivität zeitlich zusammenfiel? Ich glaube nicht, dass es ein Zufall war. Es scheint plausibel, dass die Mittelklasse nicht hinter den von den Spitzenverdienern definierten Konsumnormen zurückfallen wollte, als die Einkommensungleichheit zunahm, weil die Löhne hinter den Produktivitätssteigerungen zurückblieben. Um dies zu erreichen war eine Reduzierung der Ersparnisse oder zunehmende Verschuldung nötig, da in den meisten Familien bereits beide Ehepartner arbeiteten. Darüber hinaus war dies die erste Generation, die das Erwachsenenalter nach einer Kindheit unter Einfluss der konsumverherr-

---

[6] U.S. Department of Commerce, U.S. Census Bureau, The 2012 Statistical Abstract. Income, Expenditures, Poverty, & Wealth.

lichenden TV-Werbung erreicht hatte, während niemand die Bedeutung des Sparens befürwortet hatte. Dies alles bereitete den Boden für den Siegeszug einer Kultur der sofortigen Befriedigung von Konsumwünschen.

Abb. 12.3: Private Sparquote in den USA (%)

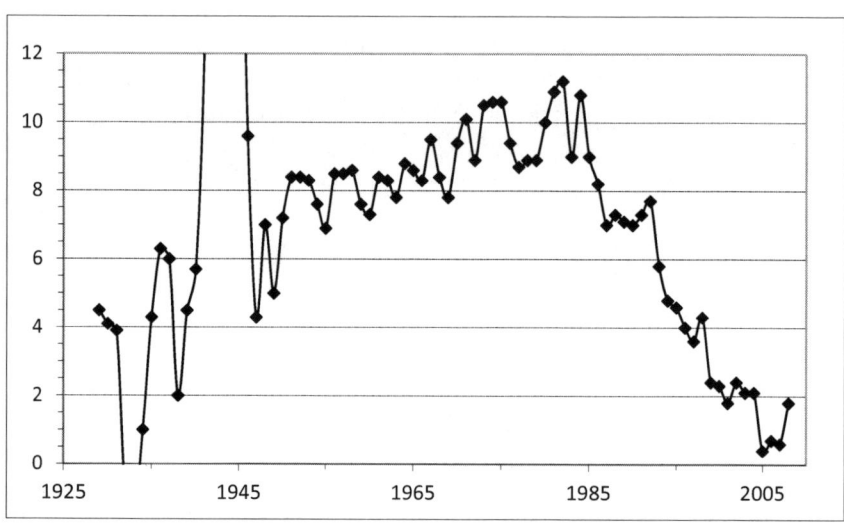

Kein Wunder, dass amerikanische Familien so wenig sparen – sie müssen sich durchkämpfen. Die Hälfte hat gar keine Ersparnisse und zwei Drittel leben von Gehaltsscheck zu Gehaltsscheck, ohne ein finanzielles Sicherheitspolster zu haben.[7] Doch Doppelverdiener-Haushalte mit Kindern arbeiten heute 10 Stunden mehr pro Woche, als sie es vor 25 Jahren getan haben.[8] So hat die Werbeindustrie gewonnen: Sofortige Befriedigung wurde das dominierende kulturelle Merkmal des „American Way of Life". Die fehlenden Ersparnisse führen zu einem erhöhten Risiko sowohl für die Individuen als auch für die Gesellschaft, da die Haushalte über kein Sicherheitspolster verfügen, um Einkommensschocks zu verkraften.

[7] Jim Forsyth, „More than Two-Thirds in U.S. Live Paycheck to Paycheck: Survey", *Reuters*, 19. September 2012. Harry Bradford, „Nearly Half of Americans Have Less than $500 in Savings: Survey", *Huffington Post*, 23. Oktober 2012.

[8] James T. Bond, Cindy Thompson, Ellen Galinsky und David Prottas, *The 2002 National Study of the Changing Workforce: Executive Summary* (New York: Families and Work Institute, 2002).

Wegen des Sparparadoxons hat Sparen auch von der Politik und den Medien keine Unterstützung erhalten. In dem kurzfristigen keynesianischen Standardmodell führt eine Erhöhung der Sparquote dazu, dass die Konsumausgaben sinken, wodurch Wirtschaftswachstum und BIP sinken. Deshalb sind Politiker vor einem Anstieg der Sparquote auf der Hut, da dieser den Konsum und somit die volkswirtschaftliche Gesamtnachfrage reduzieren würde, was zu erhöhter Arbeitslosigkeit und niedrigerem Wirtschaftswachstum führen würde. Natürlich setzt dies voraus, dass eine Erhöhung der Ersparnisse nicht zu einem Anstieg der Investitionen führen würde, was aber vor allem von der Verfügbarkeit von Krediten aus dem Ausland abhängt.

Unter normalen Bedingungen würden steigende Ersparnisse zu mehr und billigeren Krediten für Investitionen sorgen und langfristiges Wachstum fördern. Investitionen in einer geschlossenen Volkswirtschaft sind nur in dem Maße möglich, in dem es Ersparnisse gibt. Daher sind unter solchen Umständen die Ersparnisse eine wichtige Determinante des langfristigen Wirtschaftswachstums. Dies ist in den meisten Entwicklungsländern der Fall. Doch in der Realität der heutigen Finanzmärkte mit immensen Ersparnissen in China und Japan, für die ständig Investitionsmöglichkeiten gesucht werden und die der US-Wirtschaft mit einer an Null grenzenden realen Rendite zur Verfügung gestellt werden, ist es für die amerikanischen Haushalte kaum lohnenswert selbst zu sparen. Doch bedeutet dies auch, dass mittelfristig in zunehmendem Maße die Profite dieser Investitionen Ausländern zufallen, was das Wachstum der Einkommen zukünftiger Generationen von Amerikanern reduziert. Daher wird ihr Lebensstandard negativ durch den Mangel an gegenwärtigem Sparen beeinflusst, was bedeutet, dass der American Dream für die Mehrheit der Bevölkerung sehr viel schwieriger zu erreichen sein wird.

Steuern

Die amerikanische Ideologie beeinflusst nicht nur das Sparverhalten negativ, sie wehrt sich auch seit der Gründung der Vereinigten Staaten hartnäckig und aggressiv gegen die Pflicht, Steuern zu zahlen. Kaum jemand zahlt gerne Steuern, aber in den USA ist diese Ablehnung wahrscheinlich stärker ausgeprägt als in jedem anderen Land der Erde. Lehrbücher laben sich an diesem Stereotyp und verstärken es mit den Behauptungen, dass „Steuern Einkommen und Konsum reduzieren und sich auf die privaten Ersparnisse auswirken. Darüber hinaus beeinflussen sie Investitionen und das Produktionspotenzial."[9] Dies ist jedoch eine extrem voreingenommene Perspektive, weil sie nicht er-

---

[9] Paul Samuelson und William Nordhaus, *Economics*, 19. Auflage. (New York: McGraw-Hill/Irwin, 2009), S. 376.

wähnt, dass Regierungen in erster Linie Steuern erheben, um das Wohl der Bevölkerung zu verbessern.

Hobbes, Locke und Rousseau argumentierten, dass Regierungen bestehen, um das Chaos des Naturzustands zu verhindern. Sie sind wichtig für das Wohlbefinden der Bevölkerung. Ohne Steuern kann es keinen Staat geben und ohne Staat wäre das Leben schlechter. Mit anderen Worten, ohne Steuern wäre das Leben chaotisch und die Einführung der Besteuerung ist eigentlich paretooptimal. Alle Mitglieder der Gesellschaft profitieren davon.

Wenn Steuern erst einmal existieren, gibt es mindestens vier erhebliche Probleme zu lösen, was keine leichte Aufgabe ist, wie Louis XVI. bezeugen konnte:

(1) Wie viele Leistungen der Staat erbringen soll, ist ein Stein des Anstoßes.

(2) Trittbrettfahren wird eine äußerst attraktive Alternative und Menschen verwenden Ressourcen, um die Vorteile, die sie Dank staatlicher Leistungen genießen, zu rechtfertigen und zu verteidigen, ohne tatsächlich ihren fairen Anteil dafür zu zahlen.

(3) Daher wird es attraktiv, für staatliche Leistungen durch Kreditaufnahme auf Kosten der noch ungeborenen Generationen zu zahlen. Da diese nicht in der Lage sind, für sich selbst einzutreten, besteht die Tendenz, dass die Staatsverschuldung immer weiter steigt. Es gibt kein triftiges wirtschaftliches Argument, einer solchen Tendenz entgegenzuwirken, und man muss auf moralische Argumente zurückgreifen wie zum Beispiel, dass Last auf künftige Generationen zu übertragen nicht fair ist, da die künftigen Generationen nicht in der Lage sind, sich dagegen zu wehren. Leider haben solche Argumente nicht viel Einfluss.

(4) Die Verteilung der Steuerzahlungen ist ein umstrittenes Thema. Solange Einkommen gleich verteilt sind, ist es kein Problem: Die Steuerlast wäre dann wahrscheinlich auch gleich verteilt. In unserer Welt sind Einkommen aber nicht gleich verteilt und das kompliziert die Definition, was „faire" Steuerzahlungen sind. Meiner Meinung nach sollten in einem solchen Fall Steuern in der Weise erhoben werden, dass der Nutzen des Einkommens nach Steuern für alle Haushalte gleich ist. Als Folge des sinkenden Grenznutzens des Einkommens bedeutet dies, dass die Reichen viel mehr Steuern als die Armen zahlen sollten. Da diese Themen von Natur aus strittig sind, ist die Festlegung, wie Lasten und Nutzen der Steuern verteilt werden sollen, ein ideologisch unüberwindbares Problem.

Doch sollte man anerkennen, dass der Staat nicht einfach nur Geld ausgibt. Die Bürger erhalten im Gegenzug wichtige Güter und Dienstleistungen und

sehr häufig ist der Staat in der Lage, diese wegen der Skaleneffekte zu geringeren Kosten zur Verfügung zu stellen, als wenn der Einzelne für diese auf dem
privaten Markt selbst bezahlen müsste. Die Steuern werden nicht vom Staat
für sich selbst verbraucht, nur ein winziger Bruchteil des Gesamtsteuerauf-
kommens wird für die Aufrechterhaltung der Institutionen der Regierung
ausgegeben. Mit Steuern werden wichtige Dienste bezahlt wie die von Polizei,
Feuerwehr, Lehrern und Richtern. Sie unterstützen die Kranken- und Arbeits-
losenversicherung, finanzieren Renten und die Pflege von Behinderten. Steuern
erlauben Hilfe für Arbeitslose und Nahrung für Bedürftige, Hilfe, ohne die es
schwierig oder sogar unmöglich wäre, die soziale Ordnung aufrechtzuerhalten. Steuern erlauben auch die Finanzierung von Investitionen in die Infrastruktur, wie zum Beispiel Häfen, Straßen, Flughäfen, Brücken, Satelliten
oder Dämme, ohne die die Wirtschaft nicht leistungsfähig wäre, und nicht
zuletzt wird mit den Steuern die Grundlagenforschung gestützt.

Es war die Regierung, die für die Grundlagenforschung zahlte, die zum Internet führte, zur Raumfahrttechnik, die die Satellitenkommunikation ermöglichte, und zur Biotechnologie, die die Medizin revolutionierte. Wir neigen
dazu, diese Beiträge der Steuern für die Wirtschaft als selbstverständlich hin-
zunehmen. Es gibt heutzutage fast drei Milliarden Internetnutzer weltweit.
Also führen Steuern nicht nur zu einer Einkommensreduzierung, sondern
erlauben auch die Schaffung großer, wenn auch nicht unbedingt sofort sicht-
barer wirtschaftlicher Werte, die umfangreiche wissenschaftliche und kommerzielle Auswirkungen haben und die Grundlage für zukünftiges Wirtschaftswachstum bilden. Die heutige technologische Revolution wäre ohne erhebliche
staatliche Förderung in den letzten Jahrzehnten völlig unmöglich und es wäre
eine völlig einseitige und irreführende Analyse, wollte man diese sehr wichtigen Beiträge des Staates für Innovation und Wirtschaftswachstum nicht beachten oder gar verneinen.

Selbst der zweitreichste Mann Amerikas, der Milliardär Warren Buffett,
der 2010 rund 63 Millionen Dollar verdient hat, glaubt niemanden zu kennen, der Investitionsentscheidungen auf Grundlage des Steuersatzes macht.[10]
„Meiner Meinung nach sollen Menschen am oberen Ende [der Einkommens-
verteilung], also Menschen wie ich, wesentlich mehr Steuern zahlen. Uns geht
es besser als je zuvor …", sagte er in einem Interview. Als der Interviewer auf
Kritiker hinwies, die behaupten, dass die sehr Wohlhabenden Steuersenkungen brauchen, um Unternehmertum und Kapitalismus voranzutreiben, antwortete Buffett: „Die Reichen werden immer sagen, … ‚wenn sie uns mehr
Geld geben, werden wir mehr ausgeben, und dann wird es sich langsam aber

---

[10] Laura Saunders und Siobhan Hughes, „Buffett Builds His Tax-the-Rich Case", *The
Wall Street Journal*, 13. Oktober 2011.

sicher auf alle Schichten der Bevölkerung verteilen'. Aber das hat in den letzten 10 Jahren nicht funktioniert, und ich hoffe, dass die amerikanische Öffentlichkeit das langsam versteht."[11]

Die Behauptung, dass niedrige Steuersätze für Top-Verdiener Wirtschaftswachstum induzieren und davon der Rest der Bevölkerung ebenfalls profitiert, wird auch als Trickle-Down-Theorie oder angebotsorientierte Wirtschaftspolitik bezeichnet. Paul Krugman nennt dies die „Voodoo-Ökonomie – der Glaube, der durch eine Studie nach der anderen widerlegt wird, dass Steuersenkungen sich selbst finanzieren."[12] Diese Behauptungen beruhen weder auf ökonomischer Theorie noch auf empirischer Evidenz. Stattdessen basieren sie auf reinem Wunschdenken. Was Investitionsentscheidungen beeinflusst, wie alle Erstsemester schon wissen sollten, ist der Anreiz, mögliche Gewinne zu machen, und der Grad der Unsicherheit dieser zukünftigen Gewinne. In der realen Welt spielt der Steuersatz eine untergeordnete Rolle bei Investitionsentscheidungen. Tatsächlich unterzeichneten ungefähr 130 Millionäre eine Petition an den amerikanischen Kongress, in der sie eine Erhöhung des Steuersatzes forderten.[13]

Der Ökonom Arthur Laffer hat argumentiert, dass die Senkung der Steuersätze zu erhöhten Steuereinnahmen führt. Aber die Beweise unterstützen seine Behauptung überhaupt nicht.[14] Die Steuerquote könnte 70% betragen, ohne einen negativen Effekt auf Steueraufkommen oder Produktion zu haben. Darüberhinaus hat die Konsumsteuer-Steueraufkommenskurve kein Maximum,[15] was bedeutet, dass die Konsumsteuer ohne einen negativen Effekt auf

---

[11] Warum zahlt Warren Buffet, der zweitreichste Amerikaner, einen geringeren Grenzsteuersatz als seine Angestellten? „Buffet ist nicht der einzige Milliardär, der höhere Steuern unterstützt. Sowohl der Mitbegründer von Microsoft, Bill Gates, als auch sein Vater, Bill Gates Sr., haben kürzlich die Einführung einer Einkommensteuer von 5% in Washington State für jährliche Einkommen über 200.000 Dollar für Einzelpersonen und 400.000 Dollar für Ehepaare und 9% für jährliche Einkommen von 500.000 Dollar für Einzelpersonen und 1.000.000 Dollar für Ehepaare gefordert." Amanda Terkel, „Warren Buffet: I ,Should Be Paying A Lot More in Taxes'", *Huffington Post*, 21. November 2010. „Executives Who Support Tax Increases to Fix the Deficit", *The Wall Street Journal*, 25. Oktober 2012. Ryan Grim und Sabrina Siddiqui, „Top Two Percent to GOP: Tax Us", *Huffington Post*, 5. Dezember 2012.

[12] Paul Krugman, „The New Voodoo", *The New York Times*, 30. Dezember 2010.

[13] Darunter auch der bekannte Ökonom Nouriel Roubini. „Patriotic Millionaires for Fiscal Strength".

[14] Don Fullerton, „Laffer Curve", in *The New Palgrave Dictionary of Economics*, 2. Auflage, Hrsg. Steven N. Durlauf und Lawrence E. Blume (Basingstoke, UK: Palgrave Macmillan, 2008), S. 839.

[15] Mathias Trabandt und Harald Uhlig, „The Laffer Curve Revisited", *Journal of Monetary Economics* 58 (2011) 4: S. 305-327, hier S. 314.

das Steueraufkommen erhöht werden könnte. Darüber hinaus wuchs die amerikanische Wirtschaft ohne Probleme, als die Spitzensteuersätze mehr als doppelt so hoch waren wie heute. Es gibt einfach keine Beziehung zwischen Spitzensteuersätzen und dem Wirtschaftswachstum: „Die Senkung der Spitzensteuersätze hat wenig mit Sparverhalten, Investitionen oder Produktivitätswachstum zu tun. Allerdings scheinen die Spitzensteuersatzsenkungen mit der zunehmenden Konzentration von Einkommen an der Spitze der Einkommensverteilung zusammenzuhängen. Der Anteil der Einkommen, der dem obersten 0,1% der US-Familien zufloss, erhöhte sich von 4,2% im Jahr 1945 auf 12,3% im Jahr 2007, bevor er aufgrund der Rezession von 2007 bis 2009 auf 9,2% zurückging"[16] (Tab. 12.1). Der Grund für den fehlenden Zusammenhang von Spitzensteuersätzen und Wirtschaftsleistung ist, dass das Arbeitsangebot weitestgehend unelastisch ist und Investitionen stärker von Gewinnchancen als von Steuersätzen abhängen. Darüber hinaus senken höhere Steuersätze für Millionäre den Anreiz zum rent-seeking und verbessern dadurch die wirtschaftliche Effizienz.[17]

Tab. 12.1: Es gibt keinen Zusammenhang zwischen Wirtschaftswachstum und dem höchsten Grenzsteuersatz

	Höchster Grenz-steuersatz	Höchster Kapital-ertragssteuersatz	BIP pro Kopf Wachstumsrate
1950er	90%	25%	2,40%
Heute	35%	15%	1,00%

Quelle: Thomas L. Hungerford, „Taxes and the Economy: An Economic Analysis of the Top Tax Rates Since 1945", Congressional Research Service, September 14, 2012 7-5700. http://graphics8.nytimes.com/news/business/0915taxesandeconomy.pdf (Stand 14. November 2012).

Krugman hat sich 2007 zu den obersten 0,1% der Steuerzahler geäußert, was etwa 150.000 Menschen waren, die mehr als zwei Millionen Dollar pro Jahr verdienten und „ein Gesamteinkommen von mehr als einer Billion Dollar hatten ... Es wäre nicht schwer, ein Steuersystem zu entwerfen, um ein erhebliches Steueraufkommen von diesen superhohen Einkommensbeziehern zu

---

[16] Thomas L. Hungerford, „Taxes and the Economy: An Economic Analysis of the Top Tax Rates Since 1945", Congressional Research Service, CRS Report for Congress, 7-5700, 14. September 2012.

[17] „A Conversation on the State of the Economy with Paul Krugman and Joseph E. Stiglitz", Institute for New Economic Thinking (INET), 23. Oktober 2012.

erzielen."[18] Darüber hinaus verdienten die Top 12% der amerikanischen Steuerzahler, in etwa 17,4 Millionen Haushalte, 2009 zusammen 3,8 Billionen Dollar.[19] Die Regierung könnte eine zusätzliche halbe Billion Dollar an Einkommensteuer von dieser privilegierten Gruppe erheben, ohne ihren Geltungskonsum übermäßig zu beschränken. Darüber hinaus betrugen die Unternehmensgewinne nach Steuern 1,5 Billionen Dollar und man könnte leicht eine ähnliche Summe an Steuern aus dieser Quelle gewinnen.[20] Dies würde fast das gesamte Haushaltsdefizit beseitigen und der Rest könnte mit einer Transaktionssteuer auf Finanzdienstleistungen, einer Internetsteuer und geringeren Militärausgaben gegenfinanziert werden. Während dies politisch nicht durchsetzbar ist, bleibt der Punkt dennoch, dass wir die Steuereinnahmen ohne einen wesentlichen Einfluss auf die Lebensqualität der Bevölkerung genügend erhöhen könnten, um den Staatshaushalt auszugleichen.

Allerdings passt ein ausgeglichener Haushalt nicht gut in den Zeitgeist. Aus ideologischen Gründen senkte Präsident Reagan den Spitzensteuersatz deutlich und stieß damit eine lange Periode der Bundeshaushaltsdefizite an, deren Hauptziel es war, „die Bestie auszuhungern", das heißt, die Größe des Staates durch die Reduzierung der Staatseinnahmen zu minimieren und zu hoffen, dass die Staatsausgaben folgen würden. Diese Politik war sowohl fehlerhaft als auch unethisch. Sie war fehlerhaft, weil sie nicht berücksichtigte, dass sich Eigeninteressen (wie die des militärisch-industriellen Komplexes) der Ausgabenreduzierung widersetzen würden und dass das Ergebnis des politischen Prozesses den Weg des geringsten Widerstandes nehmen würde – die Defizitfinanzierung. Sie war auch unethisch, weil die Finanzierungslast der Regierung sich auf zukünftige Generationen verlagerte.

Die Anhäufung von Defiziten wurde kurzfristig von Präsident Clintons Haushaltsüberschüssen unterbrochen, wurde aber durch die unverantwortlichen Steuersenkungen der Bush-Regierung fortgesetzt. Das amerikanische Haushaltsdefizit von 2009-2011 betrug etwa 1,3-1,5 Billionen Dollar pro Jahr, was ungefähr 8-10% des BIP entspricht und sicher nicht nachhaltig zu nennen ist. So wurden etwa 40% der amerikanischen Bundesausgaben durch Kredite, vor allem aus dem Ausland, finanziert.[21] Darüber hinaus haben sich die Militärausgaben wesentlich erhöht und erreichten 646 Milliarden Dollar im Jahr 2011. Das entsprach in etwa der Hälfte des Defizits und einem Viertel

---

[18] Paul Krugman, „Things to Tax", *The New York Times*, 27. November 2011.

[19] U.S. Internal Revenue Service, Individual Statistical Tables by Size of Adjusted Gross Income.

[20] U.S. Department of Commerce, Bureau of Economic Analysis, National Income and Product Accounts.

[21] Congressional Budget Office, „Historical Budget Data – January 2012 Baseline".

aller Staatseinnahmen.[22] Zur gleichen Zeit hat sich der effektive Unternehmenssteuersatz von etwa 40% in den 1950er Jahren auf weniger als 20% heutzutage halbiert. Die Ertragsteuern betrugen 2011 lediglich 1,2% des BIP und nur 16% der individuellen Einkommensteuern. Niedrigere Steuern führen zu Ineffizienzen, die mit höheren Kriminalitätsraten assoziiert sind. Viele Unternehmen, einschließlich des McDonald's in der Nähe meines Hauses, beschäftigen private Sicherheitsfirmen, um abends und nachts die Sicherheit zu garantieren. Dies ist eine zusätzliche Ausgabe, die in einem System mit höheren öffentlichen Ausgaben in Form ausreichender Finanzierung des öffentlichen Bildungssystems und einer daraus resultierenden niedrigeren Kriminalitätsrate überflüssig sein würde. So führt die Strategie der Rückführung der Rolle des Staates wie bei der öffentlichen Bildung zu einer Vielzahl von kleinen und versteckten Ineffizienzen in der Wirtschaft, die sich insgesamt zu einem erheblichen Betrag aufsummieren. Höhere Steuern führen zu weniger Einkommensumverteilung durch Raubüberfälle und Einbrüche (und zu niedrigeren Versicherungskosten), wenn sie soziale Ungleichheit reduzieren. So senken Steuern die Kriminalitätsrate, fördern die Bildung von Sozialkapital, vermehren sozialen Zusammenhalt, Vertrauen und Kooperation, was alles zu niedrigeren Transaktionskosten und zu einer höheren Lebensqualität führt. Die Nettobelastung der Gesellschaft durch Kriminalität wird in den USA auf eine Billion Dollar geschätzt, und diese Zahl beinhaltet nicht einmal die 600 Milliarden Dollar, um die die Unternehmen und Einzelpersonen durch illegale Aktivitäten von Verbrechern direkt erleichtert werden.[23] Dies entspricht einer Nettobelastung von rund 4000 Dollar pro Einwohner. Wenn das nicht ineffizient ist, dann ist nichts ineffizient.

Es gibt viele laissez-faire-kapitalistische Volkswirtschaften in West- und Nordeuropa, in denen Erbschaften viel höher als in den USA besteuert werden und in denen als Folge die Einkommensverteilung viel gleicher ist. Die ungleiche Einkommensverteilung in den USA führt zu verschiedenen Formen des Geltungskonsums. Die Töchter des Formel-1-Managers Bernie Ecclestone, Petra (23 Jahre alt) und Tamara (27 Jahre alt), bezahlten für ihre Häu-

---

[22] Ebd. Es ist schon seltsam, so eine große Armee in Zeiten zu unterhalten, in denen der erklärte Feind ungefähr 500 Al-Qaida-Kämpfer und vielleicht 30.000 Taliban zählt. Greg, „Intel Officials Estimate Al Qaeda Numbers Fewer than 500 Operatives", Defensetech.com, 1. Juli 2010. Gareth Porter, „U.S. Military Low-Balling Size of Taliban Forces? Deferring to Petraeus, NIE Failed to Register Taliban Growth", *Common Dreams*, 14. Februar 2011.

[23] Diese Transfers sind kein Nettoverlust für die Wirtschaft in dem gleichen Sinne wie es das Wachpersonal bei McDonald's ist. David A. Anderson, „The Aggregate Burden of Crime", *Journal of Law and Economics* 42 (1999) 2: S. 611-642.

ser zusammen 150 Millionen Dollar,[24] während bedürftige Studenten verzweifelt versuchen, ihre Rechnungen durch den Verkauf von Sex an Millionäre im Ruhestand zu bezahlen.[25] Solche Diskrepanzen erzeugen eine Gesellschaft mit einer niedrigeren Lebensqualität, da es mehr Neid gibt, mehr Druck im Konsumwettlauf mitzuhalten, mehr Angst vor der Zukunft und vor Arbeitslosigkeit, krank oder etwa ausgeraubt zu werden. Die Menschen in einer egalitären Gesellschaft sind viel entspannter und weniger gestresst und gehetzt.

Länder mit hohem Steuersatz findet man daher in der Regel an der Spitze der Umfragen über Lebensqualität. Schweden und die Niederlande hatten im September 2010 eine Arbeitslosenquote von 7,8% bzw. 4,4% im Vergleich zu 9,6% in den USA.[26] Auch war die gesamte Bevölkerung krankenversichert und ihre Lebenserwartung ist ein bis zwei Jahre höher als in den USA. Die Gesundheitsausgaben pro Einwohner betragen trotzdem nur die Hälfte der amerikanischen, und die Bevölkerung lebt sicherer, mit weniger Kriminalität, weniger Depressionen[27] und einer Kinderarmutsrate von 5-7% gegenüber 22% in den USA.[28] Darüber hinaus werden die Kosten der Hochschulausbildung in diesen beiden Ländern durch die Gesellschaft als Ganzer getragen, sodass die Absolventen die Universität ohne Schulden verlassen. Im Vergleich dazu haben die 37 Millionen amerikanischen Universitätsabsolventen durchschnittlich 23.300 Dollar bildungsbedingte Schulden, also insgesamt fast eine Billion Dollar.[29] Kein Wunder, dass die Menschen in Skandinavien am glücklichsten sind.

Somit erhöhen Steuern die Effizienz durch die Verbesserung der Bildungsqualität als Resultat der Angleichung der verfügbaren Einkommen. Plötzlich erscheinen höhere Steuern gar nicht so schlimm. Laut James Kwak „brauchen wir eine [in der Gesellschaft verwurzelte positive] Lehre … über die Bedeutung der Regierung in unserem wirtschaftlichen und politischen Leben", die beinhaltet, dass „Steuern ein Mittel zur Beschaffung von Ressourcen für not-

---

[24] Eines der Häuser hat 5.700 Quadratmeter. „Sisters Spend $150 Million for Two Houses", The Wall Street Journal Live video, 17. Mai 2012.

[25] Amanda M. Fairbanks, „Seeking Arrangements: College Students Using ‚Sugar Daddies' to Pay Off Loan Debt", *Huffington Post*, 30. April 2012.

[26] Organization for Economic Cooperation and Development (OECD), Stat Extracts.

[27] Anna Manchin, „Depression Hits Jobless in UK, U.S. More than in Germany", *Gallup*, 21. November 2012.

[28] UNICEF Innocenti Research Centre, *Child Poverty in Perspective: An Overview of Child Well-Being in Rich Countries* (Italy: The United Nations Children's Fund, 2007), Report Card 7.

[29] Ungefähr 14,4% der Schuldner sind mit ihren Zahlungen in Verzug. Meta Brown, Andrew Haughwout, Donghoon Lee, Maricar Mabutas und Wilbert van der Klaauw, „Grading Student Loans", *Federal Reserve Bank of New York*, 5. März 2012.

wendige kollektive Bemühungen sind, dass Regulierung genauso gut Freiheit fördern wie unterdrücken kann (wie die Freiheit, keinen toxischen Medikamenten und unsicheren Lebensmitteln ausgesetzt zu sein) und dass die Regierung, wie schon die Gründerväter erkannt haben, der allgemeinen Wohlfahrt förderlich sein kann."[30] Vielleicht sind die höheren Steuern in Europa gar keine so schlechte Idee, wie oft behauptet wird, da die Menschen glücklicher und zufriedener und mit weniger Stress leben. Sie leben länger und haben mehr Urlaub. Sie sind weniger Risiken und Kriminalität ausgesetzt, haben weniger Armenviertel und weniger schlechte Schulen, was u.a. die Notwendigkeit für eine hohe Verschuldung unter den Jugendlichen beseitigt, die in den USA auf den privaten Bildungssektor ausweichen.

Ursache und Wirkung der Finanzpolitik zu Beginn der Obama-Administration

Was war die wirtschaftliche Wirkung von Präsident Obamas Konjunkturpaket vom Februar 2009? Die Analyse und Beantwortung einer solchen Frage ist sicher eine Herausforderung und bleibt somit umstritten, weil es nicht ausreicht, die Wirtschaft nach dem Konjunkturpaket zu beurteilen, sondern auch die Beantwortung der kontrafaktischen Frage erforderlich ist, was passiert wäre, wenn es das öffentliche Konjunkturpaket mit Ausgaben von fast 800 Milliarden Dollar nicht gegeben hätte. Das, was 2009 tatsächlich passiert ist, reicht allein auch nicht aus, um die Auswirkungen dieser fiskalpolitischen Maßnahme zu verstehen, da noch andere Einflüsse am Werk waren. Das Ziel der Analyse ist es, die anderen Einflüsse von denen der wirtschaftspolitischen Maßnahmen zu isolieren. Eine solche Analyse wird weiter durch das Problem erschwert, dass umstritten ist, wie sich ein solches Konjunkturpaket auf die Wirtschaft auswirkt.

Die Arbeitslosenrate nahm in den drei Monaten vor der Annahme des Konjunkturpakets durch den Kongress um 0,5 Prozentpunkte pro Monat zu. Das bedeutet, dass auf dem Höhepunkt der Großen Rezession die Zahl der Arbeitslosen monatlich um ungefähr 800.000 stieg. Nach der Verabschiedung des Konjunkturpakets nahm der Anstieg auf 220.000 pro Monat ab. Aus Sicht derjenigen, die keynesianische Politik aus ideologischen Gründen ablehnen, war der deutliche Rückgang kein überzeugender Beweis für die Wirksamkeit des Konjunkturpakets, weil sie argumentieren, dass die Steigerungsrate der Arbeitslosenzahl in jedem Fall abnehmen musste. Schließlich können nicht

[30] James Kwak, „The Government Does Have Something to Do with It", *Baseline Scenario*, 6. Oktober 2010.

auf unbestimmte Zeit 800.000 Menschen pro Monat ihre Arbeit verlieren. Meiner Meinung nach ist dieser Einwand kaum berechtigt, weil die Zahl der Arbeitslosen genauso gut weiter steigen könnte. Dass im November und Dezember des Jahres die Zahl der Beschäftigten tatsächlich zu steigen begann und sich dieser Trend auch in den folgenden Jahren fortsetzte, konnte die Skeptiker ebenfalls nicht überzeugen. Aber diese Tatsachen sind unbestreitbar vorhanden, auch wenn manche argumentieren, dass wir auch die Unterbeschäftigungsquote berücksichtigen sollten.

Dennoch helfen uns diese Zahlen nicht, die Wirkung des Konjunkturpakets zweifelsfrei zu ermitteln. Was nach seiner Verabschiedung und Implementierung geschah, hatte möglicherweise nichts mit ihm zu tun. Also müssen wir zunächst eine Theorie dazu entwickeln, wie die Wirtschaft funktioniert und wie verschiedene Variablen in der Wirtschaft zusammenwirken. So sollte man sich dem Problem im Sinne einer kontrafaktischen Frage nähern: Was wäre in Abwesenheit des Stimulus passiert? So ist die wahre Wirkung der fast 800 Milliarden Dollar an Steuersenkungen und Staatsausgaben nicht endgültig klar, da die Art und Weise, wie wir uns diesem Problem annähern, und die Annahmen, die wir treffen, um es zu lösen, zu einem großen Teil von unserem a-priori-ideologischen Glaubenssystem abhängen. So unterstützten liberale Ökonomen, nicht überraschend, das Konjunkturpaket, während konservative Ökonomen lautstark dagegen argumentierten. Das Congressional Budget Office schätzte in seinem Modell mit keynesianischen Komponenten, dass das BIP im Jahr 2009 mindestens 1,4% und maximal 3,8% höher war, als es ohne den Stimulus gewesen wäre.[31] Moodys Analytics, eine unabhängige Prognosefirma, schätzt, dass durch das Paket etwa 2,5 Millionen Arbeitsplätze gerettet wurden.[32] Dennoch sind die Konservativen nicht bereit, diese Zahlen zu glauben. Die Wirtschaftswissenschaft ist keine Naturwissenschaft. Vorgefasste Ideologien spielen eine wichtige Rolle bei unserer Wahrnehmung der wirtschaftlichen Realität und rationale Argumente reichen oft nicht, um diese intuitiven Vorstellungen zu überwinden.

[31] Congressional Budget Office, „Estimated Macroeconomic Impacts of HR 1 as Passed by the House and by the Senate".
[32] David Leonhardt, „Economic Scene: Judging Stimulus by Job Data Reveals Success", *The New York Times*, 16. Februar 2010.

Kapitelzusammenfassung

Ex-Präsident Ronald Reagan war schlecht informiert, als er behauptete, dass „die Regierung nicht die Lösung für unsere Probleme hat. Die Regierung ist das eigentliche Problem." Milton Friedman lag ähnlich falsch mit seiner Kritik des Staates in seiner einflussreichen Fernsehsendung „Free to Choose" (1980), die einen wesentlichen Einfluss auf die amerikanische Alltagskultur hatte. In der Tat ist die Regierung ein wichtiger Partner in der Wirtschaft. Der Markt ist nicht in der Lage, eine angemessene Aufsicht auszuführen, die alle Fallstricke der freien Märkte, wie zum Beispiel unvollständige Informationen, opportunistisches Verhalten und Machtungleichgewichte vermeidet – die Wirtschaft braucht die Regierung als Partner, um die Wirtschaft erfolgreich steuern zu können. Schließlich kann nur die Regierung die öffentlichen Güter, die wesentlich für das effiziente Funktionieren der Märkte sind, in ausreichender Menge zur Verfügung stellen und sie alleine finanziert die Grundlagenforschung in Wissenschaft und Technologie, die notwendig für zukünftiges Wirtschaftswachstum ist. Sie allein kann eine Gegenmacht zu der Hegemonie der Großkonzerne sein. Darüber hinaus vergessen wir oft, dass die Staatsausgaben auch Investitionen von entscheidender Bedeutung für das effiziente Funktionieren der Wirtschaft in der Zukunft beinhalten.

Daher sollten die Regulierer nicht als Belastung für Unternehmen, sondern als Voraussetzung für das reibungslose Funktionieren der Märkte gesehen werden. Natürlich kann es zu viel Regulierung geben, aber es ist klar, dass im Vorfeld der Wirtschaftskrise von 2008 Deregulierung das Motto war und Regulierer im Amt waren, die ihre Verantwortung nicht ernst nahmen.

Seit Keynes' bahnbrechenden Beobachtungen haben die Regierungen Fiskal- und Geldpolitik genutzt, um den gesamtwirtschaftlichen Nachfragezyklus zu glätten. Leider erwies sich eine solche Politik für viele Regierungen als politisch unmöglich durchzuführen, denn sie verlangt eine restriktive Fiskalpolitik in Zeiten des Aufschwungs, was unbeliebt und daher politisch oft nicht durchsetzbar ist. So führte keynesianische Politik in vielen Ländern zu endemischen Haushaltsdefiziten und einer Anhäufung von Staatsschulden, die nach der Finanzkrise viele Staaten zwang, die Staatsausgaben in dem Augenblick zu reduzieren, als sie unbedingt zunehmen sollten. Das bedeutete einen inneren Widerspruch von Theorie und Praxis des Keynesianismus und war eine riesige Herausforderung für die Wirtschaftspolitik.

Sparen ist wichtig für Investitionen und verschafft ein Polster für schlechte Zeiten. Leider haben sich Lebensstil und allgemeine Anschauung gegen das Sparen gewendet. Doch wird die Bedeutung der inländischen Ersparnisse unterschätzt und unterdrückt, zum einen, weil Investoren in internationalen Finanzmärkten große Mengen an Liquidität zur Verfügung stehen und zum anderen, weil die Werbeindustrie eine Kultur der sofortigen Befriedigung geschaffen hat. Als ob es morgen zu spät sein könnte, wird uns Konsumenten vermittelt, dass es besser ist, unser Geld heute auszugeben. Die Konzerne können nicht von Menschen profitieren, die sparen und nicht konsumieren. Der Mangel an privaten Ersparnissen führte zu einer übermäßigen Schuldenlast, die im Vorfeld der Finanzkrise von 2008 erheblich zur Instabilität der Wirtschaft beitrug.

13 Offene Volkswirtschaften und Makroökonomie

Außenhandel ist offensichtlich ein wichtiger Teil der Volkswirtschaft. In diesem Kapitel untersuchen wir seinen Einfluss auf die Volkswirtschaft, besonders bei gleichzeitiger Arbeitslosigkeit und hartnäckigen Handelsdefiziten, wie sie in vielen Ländern, insbesondere in den USA existieren.

Außenhandel

Kaum eine andere Theorie ist so tief im Denken der traditionellen Ökonomie verwurzelt wie die des komparativen Kostenvorteils. Sie ist eine der unbestrittenen Säulen der Ideologie des freien Marktes. Sie besagt, dass alle Länder vom Handel profitieren, wenn sie sich auf die Produktion und Ausfuhr der Waren spezialisieren, bei denen sie einen komparativen Kostenvorteil haben.

Allerdings ist diese Theorie aus sechs Gründen irreführend:[1] (1) Sie gilt eigentlich nur in Bezug auf Tauschhandel und nicht für Handel im modernen Sinne, in dem Geld als Rechnungseinheit verwendet wird. Wenn Geld verwendet wird, ergibt sich die Möglichkeit, Handelsbilanzdefizite oder -überschüsse zu erzielen, und Schwankungen oder Manipulation der Wechselkurse erschweren den Handel. Auch können Handelsbilanzdefizite zu Arbeitslosigkeit führen, wenn sich Wechselkurse nicht anpassen können, um die Außenhandelsbilanz wieder ins Gleichgewicht zu bringen. (2) Die Theorie beinhaltet nicht die Möglichkeit, dass es Arbeitslosigkeit geben könnte. Es wird davon ausgegangen, dass diejenigen, die ihren Arbeitsplatz infolge des Handels verlieren, sofort in einer anderen Branche Arbeit finden. Wenn diese Annahme allerdings nicht zutrifft und Handel zu Arbeitslosigkeit führt, ergeben sich zu viele Kosten und keine Nettovorteile durch Außenhandel. (3) Es ist bekannt, dass

---

[1] Samuelson und Nordhaus bezeichnen es sogar ohne Einschränkungen als wahr: „Trotz seiner Limitationen ist die Theorie des komparativen Kostenvorteils eine der grundlegenden Wahrheiten der Ökonomie. Nationen, die den komparativen Kostenvorteil missachten, zahlen einen hohen Preis dafür in Form eines niedrigeren Lebensstandards und geringeren Wirtschaftswachstums." Paul Samuelson und William Nordhaus, *Economics*, 19. Auflage (New York: McGraw-Hill/Irwin, 2009), S. 349.

nur wenige Menschen vom Außenhandel profitieren, während die anderen durch ihn verlieren. Zum Beispiel entsteht Druck auf die Löhne durch den Rückgang der relativen Preise von arbeitsintensiven Waren. Allerdings wird die ethische Natur der Umverteilung gerne übersehen. Außenhandel wird nur in Bezug auf seine Auswirkung auf die Gesamtwohlfahrt bewertet und die Tatsache, dass der Handel nicht pareto-optimal ist, wird überhaupt nicht thematisiert. Dies ist durchaus inkonsistent: Einige wohlfahrtssteigernde wirtschaftspolitische Maßnahmen sind verboten, weil sie nicht pareto-optimal sind, während andere gleichzeitig verteidigt werden, obwohl sie nicht pareto-optimal sind. (4) Die Theorie wurde aus der Betrachtung zweier Länder und dem Handel mit zwei Gütern, die von zwei Faktoren erzeugt werden, abgeleitet. Aber die Theorie verliert ihre Gültigkeit, wenn man den Handel vieler Länder mit vielen Gütern betrachtet, die mit Hilfe vieler Faktoren produziert werden. (5) Die Theorie geht davon aus, dass die gehandelten Waren unter vollkommenen Wettbewerbsbedingungen hergestellt werden, und zieht nicht in Betracht, dass die heutzutage am meisten gehandelten Waren von oligopolistischen Unternehmen produziert werden. (6) Der Freihandel ist kein Rezept für Wirtschaftswachstum.

Diese Theorie des komparativen Kostenvorteils bezieht sich nur auf das Wohlergehen im statischen Sinne unter ganz besonderen Bedingungen und schon gar nicht auf die wirtschaftliche Entwicklung. Es ist diesbezüglich wichtig zu beachten, dass kein unterentwickeltes Land, nicht Deutschland oder die USA im 19. Jahrhundert, nicht Japan, Korea oder China in den letzten Jahrzehnten, in der Lage war, zu den stärker entwickelten Ländern aufzuholen, ohne seine Wirtschaft vor der Konkurrenz der weiter entwickelten Länder zunächst zu schützen.[2] So ist diese Theorie nur sehr begrenzt anwendbar. Doch wird sie meist ohne Weiteres als universales Gesetz auf die reale Welt angewendet, in der diese Annahmen einfach nicht zutreffen.

Zölle und Wohlfahrt

Nach der Theorie des komparativen Kostenvorteils beeinträchtigen Zölle die Wohlfahrt. Samuelson und Nordhaus präsentieren beispielsweise das folgende einfache Beispiel für die Folgen eines Zolls: Angenommen, der ursprüngliche Preis für Kleidung beträgt 4 Dollar pro Einheit und die Inlandsproduktion 100 Einheiten. Der inländische Konsum beträgt 300 Einheiten, sodass 200 Ein-

---

[2] Ha-Joon Chang, *Kicking Away the Ladder: Development Strategy in Historical Perspective* (London: Anthem Press, 2002); Ha-Joon Chang, *Bad Samaritans: The Myth of Free Trade and the Secret History of Capitalism* (New York: Bloomsbury Press, 2008).

heiten eingeführt werden (Abb. 13.1). Nach der Einführung von einem Zoll von 2 Dollar pro Einheit, steigt der Preis im Inland auf 6 Dollar, was dazu führt, dass der inländische Konsum auf 250 Einheiten fällt und die inländische Produktion auf 150 Einheiten steigt, sodass die Importe auf 100 Einheiten zurückgehen. Sie schließen daraus, dass „die gesamte Wohlfahrtsauswirkung [des Zolls] … ein Gewinn für die Erzeuger von 250 Dollar [Fläche A], ein Gewinn für die Regierung von 200 Dollar [Fläche C] und ein Verlust für die Konsumenten von 550 Dollar [Flächen A+B+C+D], ist. Die Nettowohlfahrtskosten (wenn jeder dieser Dollar die gleiche Gewichtung erhält) betragen daher 100 Dollar [Fläche B+D]."[3]

Abb. 13.1: Der Effekt von Zöllen auf Produktion und Verbrauch im Inland

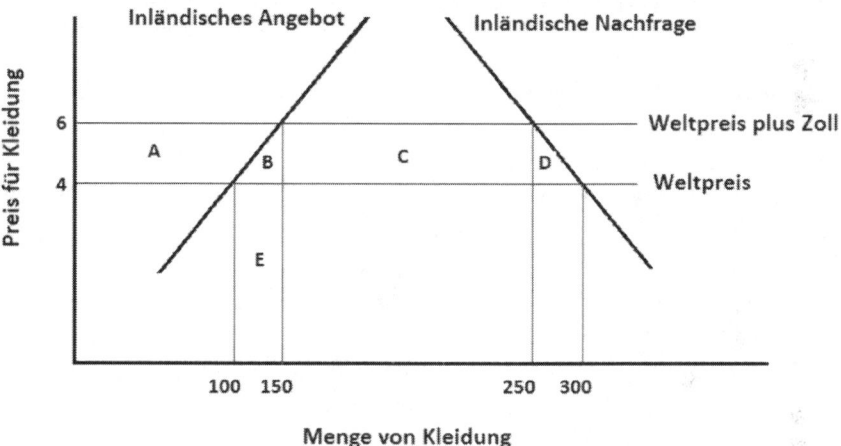

Diese Beträge werden wie folgt berechnet: Die Fläche A entspricht dem Gewinn, der an die Erzeuger geht (2 $*100)+ 0,5*(2 $*50) = 250 $, aber auf Kosten der Konsumenten. Daher ist dies kein Verlust, sondern eine Umverteilung von den Konsumenten an die Erzeuger. Der erste Term (2 $*100) ist der Anstieg des Preises (also der Zoll) multipliziert mit der ursprünglich erzeugten Menge, während der zweite Term 0,5*(2 $*50) die Fläche des Dreiecks ist, das die Erhöhung der Produktionsmenge multipliziert mit dem Zoll geteilt durch 2 darstellt. C sind die Zolleinnahmen des Staates, die er an die Konsumenten weitergeben kann, sodass sie keinen Verlust bedeuten. Die Flächen B und D

---

[3] Samuelson und Nordhaus, *Economics*, S. 353.

sind jeweils 0,5*(2 $*50), also 100 Dollar insgesamt. Das ist der Wohlfahrts-verlust der Volkswirtschaft. Fläche B ist die Prämie für den Wert der Arbeit und anderer Produktionsfaktoren, um sie dazu zu bewegen, Kleidung anstelle von etwas anderem zu produzieren, und die Fläche D ist der Nutzenverlust durch den geringeren Konsum von Kleidung.

Dieses Standardmodell beinhaltet jedoch viele versteckte Annahmen und Probleme. Zum Beispiel wird im mikroökonomischen Teil der Standardlehr-bücher argumentiert, dass der Nutzen eines Menschen nicht mit dem eines anderen verglichen werden kann. Doch im makroökonomischen Teil wird stillschweigend genau das getan. Man verrechnet das zusätzliche Einkommen der Erzeuger mit den Verlusten der Konsumenten. Aber die Einkommen sind nicht die relevante Einheit, die zu vergleichen ist, da ein zusätzlicher Dollar für eine Person einen anderen Nutzen bedeutet als für eine andere Person. Doch hier finden Ökonomen es passend, jeden Dollar gleich zu gewichten, wie es, wie oben dargestellt, durch Samuelson und Nordhaus unauffällig salon-fähig gemacht wurde. Daher gibt es einen eklatanten Widerspruch zwischen dem mikroökonomischen und dem makroökonomischen Teil der gängigsten Lehrbücher, der von den Studenten sicherlich nicht bemerkt wird. Man müsste erfassen, wie viel Nutzen von diesen verschiedenen Dollar produziert wird, aber das ist keine einfache Aufgabe. Man muss den gesunden Menschen-verstand nutzen und argumentieren, dass aufgrund des abnehmenden Grenz-nutzens des Einkommens ein Dollar für eine Person, die von Arbeitslosen-geld lebt, einen größeren Grenznutzen hat als für einen Millionär, der viel-leicht nicht einmal weiß, wie viel Geld er hat.

Die Annahme der Vollbeschäftigung ist in diesem Modell nicht explizit erwähnt und bleibt den Studenten meist vollständig verborgen. Das ist selt-sam, wenn man bedenkt, dass die Arbeitslosigkeit eine Konstante des Wirt-schaftssystems ist. Wenn man die Arbeitslosigkeit berücksichtigen würde, wären die 50 Dollar der Fläche B kein Verlust, sondern ein Gewinn für die Arbeiter, die jetzt einen Job hätten. Darüber hinaus wäre auch die Fläche E ein Gewinn für die jetzt beschäftigten ehemals Arbeitslosen, weil sie zusätz-lich Beschäftigte wären und nicht Arbeiter, die sonst eine andere Anstellung hätten. Das wäre ein zusätzlicher Gewinn von 4 $*50 = 200 $, der von auslän-dischen Arbeitnehmern auf inländische Arbeitnehmer transferiert würde. Daher beträgt der Gesamtgewinn für inländische Arbeitnehmer 250 Dollar und die Berücksichtigung der Arbeitslosigkeit stellt die ganze Berechnung auf den Kopf: Sie verwandelt einen angeblichen Wohlfahrtsverlust von 100 Dollar [Fläche B + D] in einen tatsächlichen Gewinn von 250 $ – 100 $ =

150 $.[4] Dieser Gewinn für die heimische Wirtschaft hat in der Gegenwart von Arbeitslosigkeit einen Multiplikatoreffekt, sodass der tatsächliche Gewinn viel größer ist.[5]

Ein weiteres Thema, das in der konventionellen Analyse unerwähnt bleibt, ist die Tatsache, dass die Verluste auf viele Konsumenten verteilt werden, sich die Gewinne aber nur auf ein paar Arbeitnehmer konzentrieren. Wenn sich die 100 Dollar Verlust auf z.B. 10.000 Konsumenten verteilen, wären das 0,01 Dollar pro Person, die nur triviale Auswirkungen auf ihr Nutzenniveau hätten und wahrscheinlich nicht einmal bemerkt würden. Wenn aber im Gegensatz dazu der Gewinn für die Arbeitnehmer von 250 Dollar auf nur fünf Arbeiter verteilt würde, dann wären das 50 Dollar pro Arbeiter, was eine wesentliche Verbesserung ihrer Lebensgrundlage bedeuten würde und zu einer erheblichen Steigerung ihres Nutzenniveaus führen würde. So werden die Wohlfahrtsverluste auf viele Schultern verteilt, während die Gewinne bei nur wenigen anfallen, was in Bezug auf den Nutzen bedeutet, dass Zölle noch vorteilhafter erscheinen. Man sieht, dass die Arbeitslosigkeit als ein wichtiges Thema in der Wirtschaftspolitik zu betrachten ist. Die allgemeine Regel sollte sein, dass die Zölle so gesenkt und veraltete Industrien in dem Maße aufgegeben werden sollten, in dem die betroffenen Arbeitnehmer in neuen Wachstumsbranchen absorbiert werden können, oder dass die Arbeitslosen voll für ihre Verluste durch die Gewinner kompensiert werden, sodass die Wirtschafts- und Sozialpolitik pareto-optimal ist.

Die Liebhaber des Freihandels lassen auch die Frage der Pareto-Optimalität außer Acht, die in dem mikroökonomischen Teil ihrer Lehrbücher so sehr betont wird. Nehmen wir an, dass wir die Analyse zu dem Zeitpunkt beginnen, in dem der Zoll von 2 Dollar bereits in Kraft ist. Nach konventioneller Analyse würde die Beseitigung des Zolls die Wohlfahrt, wie oben diskutiert, um 100 Dollar erhöhen. Allerdings verbirgt diese Analyse die unbequeme Tatsache, dass die Beseitigung des Tarifs nicht pareto-optimal ist, da die inländischen Produzenten und Arbeiter verlieren würden. Allerdings wird oft argumentiert, dass eine solche Politik dennoch implementiert werden sollte, da die Gewinner mehr gewinnen, als die Verlierer verlieren und diese kompensiert werden könnten. Doch ist dies nur ein schwacher Trost für die Verlierer und in den mikroökonomischen Kapiteln wird argumentiert, dass es keine

---

[4] Man kann es auch so betrachten: Der Verlust für die Konsumenten beträgt 550 Dollar, während der Gewinn für Produzenten, Arbeiter und die Regierung 700 Dollar beträgt (250 $ + 200 $ + 250 $). Die Differenz ergibt ebenfalls 150 Dollar.

[5] Es gab nur wenige Beobachter, die vor den negativen Konsequenzen des Handels gewarnt haben. John M. Culbertson, „The Folly of Free Trade", *Harvard Business Review* 64 (1986) 5: S. 122-128.

moralische Rechtfertigung für den Erlass einer Regel gibt, die eine Gruppe auf Kosten anderer profitieren lässt. Mit anderen Worten, das Pareto-Effizienz-Prinzip wird in der Diskussion der Einkommensumverteilung lautstark betont – wir sind angeblich nicht berechtigt, Einkommen umzuverteilen, denn das würde jemandem schaden und würde daher dem Prinzip der Pareto-Effizienz widersprechen. Doch im Falle von Zöllen verursacht eine Umverteilung keine solchen ethischen Probleme. Dies ist ein gravierender Widerspruch zwischen Mikro- und Makroökonomie.

Die Theorie geht lediglich davon aus, dass Arbeitnehmer, die ihren Arbeitsplatz wegen der Beseitigung von Zöllen verlieren, anderswo in der Wirtschaft Arbeit finden. Dies mag in den 1950er Jahren so gewesen sein, als es genug Arbeit für alle gab, heute ist es aber nicht mehr so. Wie sollen Arbeitnehmer ohne Berufsausbildung nach dem Verlust ihres Arbeitsplatzes in der IT-Branche unterkommen? Das Beste, was sie tun können, ist, ihr Untere-Mittelklasse-Einkommen gegen Hilfsarbeiterlöhne einzutauschen. In den USA gab es 2009 2,3 Millionen Menschen, die länger als ein Jahr arbeitslos waren, und sogar Anfang 2015 sind noch 2,8 Millionen Menschen länger als 27 Wochen arbeitslos.[6] Sollten nicht die Verluste ihrer Löhne von den Gewinnen durch Außenhandel abgezogen werden? Ist es überhaupt moralisch, eine Politik zu betreiben, die Menschen schadet? Die Vereinfachungen durch die Standardanalyse des Außenhandels vernachlässigen die wichtigsten sozialen, politischen und ethischen Probleme der Folgen von Arbeitsplatzverlusten infolge der Handelsliberalisierung. Eine humanistische Wirtschaftspolitik würde nicht nur dafür sorgen, dass ein Land als Ganzes durch sie profitiert, sondern auch dafür, dass niemand als Folge des internationalen Handels zu Schaden kommt. Das heißt, die Verlierer sollten von den Gewinnern vollständig kompensiert werden. Dann wäre Handel pareto-optimal.

Außenhandel und Wachstum

Freihandel ist kein Rezept für Wachstum in weniger entwickelten Volkswirtschaften. Auch wenn Außenhandel die Wohlfahrt steigern und keine Arbeitslosigkeit verursachen würde und wenn Verlierer vollständig von den Gewinnern für ihre Verluste kompensiert würden, sagt die Theorie des komparativen Kostenvorteils keineswegs vorher, dass die Wirtschaft wegen des Handels oder durch ihn wachsen würde. In der Tat war noch nie ein Land in der Lage, das am weitesten fortgeschrittene Land seiner Zeit durch Freihandel einzu-

---

[6] Bureau of Labor Statistics, Labor Force Statistics from the Current Population Survey, Characteristics of the Unemployed, 2012, Table 30, „Unemployed Total and Full-Time Workers by Duration of Unemployment".

holen, nicht einmal England. England erzielte seinen Wettbewerbsvorteil gegenüber den Holländern im 17. Jahrhundert nicht durch Freihandel, sondern durch den merkantilistischen Schutz seiner Navigationsakten, die den Einsatz ausländischer Schiffe für den Handel zwischen dem Mutterland und seinen Kolonien, bei denen es hohe Gewinne zu verdienen gab, verboten. So können Entwicklungsländer nur zu den entwickelten Volkswirtschaften aufschließen, wenn sie Teile ihrer Wirtschaft vor den Produkten der technologisch fortgeschrittenen Länder schützen. Diese Sektoren wären sonst gegenüber der ausländischen Konkurrenz nicht wettbewerbsfähig und die Importe von ausländischen Waren würden zu Arbeitslosigkeit und sozialen Unruhen führen.

China hat in den letzten vier Jahrzehnten genau solch eine protektionistische Politik geschickt und erfolgreich verfolgt und außergewöhnliche Wachstumsraten erzielt. Deutschland und die USA haben dies im 19. Jahrhundert und die asiatischen Tiger das Gleiche nach dem Zweiten Weltkrieg getan. So ist Freihandel kaum ein Rezept für Wirtschaftswachstum, wenn man sich technologisch nicht an der Weltspitze befindet, und selbst dann muss man überprüfen, inwieweit Freihandel zu Arbeitslosigkeit führt. Ohne erheblichen Schutz der einheimischen Industrien wären die asiatischen Tigerstaaten nie in der Lage gewesen, mit den technologisch fortgeschritteneren Nationen zu konkurrieren, und ihr Wirtschaftswachstum wäre wesentlich geringer ausgefallen.

Junge Wirtschaftszweige

Junge und unterentwickelte Wirtschaftszweige können durch Protektionismus gefördert werden. Lassen Sie uns als Beispiel annehmen, dass in Land A Computer erfunden wurden und ein Unternehmen sie für 100 Dollar im Jahr 0 produzieren kann. Im Laufe der Produktion lernt diese Firma, wie sie die Computer besser und billiger bauen kann, und nach einem Jahr ist sie in der Lage, einen Computer für 95 Dollar zu bauen. Wenn jetzt ein Unternehmen in Land B die Möglichkeit sieht, in diesen Markt einzutreten, aber noch nicht über das spezielle Wissen verfügt, das die Firma in Land A durch ihre Erfahrung bereits erworben hat, so müsste es zu den höheren Kosten von 100 Dollar starten. Folglich wäre es nur in der Lage zu konkurrieren, wenn die Regierung ihm eine Subvention von 5 Dollar pro Computer gewähren oder einen Zoll von 5 Dollar auf Computer erheben würde. Der Lern- und Kostenvorteil des Pionierunternehmens bedeutet, dass Folgeunternehmen in den meisten Fällen in anderen Ländern ständig aufholen müssen und von Freihandel nicht profitieren können. Nur selten hat das Folgeunternehmen den Vorteil, von den Fehlern des Pionierunternehmens lernen zu können und kostspielige Fehler selbst zu vermeiden.

Unausgeglichene Handelsbilanzen

In der realen Geldwirtschaft gibt es kein automatisches Gleichgewicht zwischen Exporten und Importen. Seit den 1990er Jahren war die US-Handelsbilanz stark defizitär. Im Jahr 2011 betrug das Außenhandelsdefizit 560 Milliarden Dollar (Abb. 13.2). Das bedeutet, dass die Vereinigten Staaten mehr als eine halbe Billion Dollar mehr im Ausland ausgegeben haben als Ausländer in den USA. Ein Handelsbilanzdefizit ist ein enormer Jobzerstörer, da Arbeitsplätze ins Ausland exportiert werden, während Millionen von inländischen Arbeitnehmern auf der Straße sitzen, weil das Land Produkte importiert, die es sonst selbst produziert hätte.[7] Während der letzten zwei Jahrzehnte betrug das kumulierte amerikanische Handelsbilanzdefizit 10 Billionen Dollar, was nichts anderes als ein riesiger Stimulus für die Weltwirtschaft außerhalb der USA war und eine ungeheure Menge an Kaufkraft aus der US-Wirtschaft abgezogen hat (Abb. 13.3).[8] Kein Wunder, dass die chinesische Wirtschaft dank eines solchen Stimulus boomt. Es ist durchaus fraglich, ob die Vorteile der niedrigeren Preise der eingeführten Waren die immensen Kosten überwiegen.

Laut herkömmlicher ökonomischer Theorie sollten Märkte dieses Problem selbst durch eine Abwertung des Dollar lösen. Aber dies ist nicht möglich, weil der Dollar die wichtigste Reservewährung der Welt ist. Dies bedeutet, dass ausländische Regierungen, Einzelpersonen und Unternehmen auf Dollar lautende Vermögenswerte besitzen, um sie untereinander zu handeln oder als Investition zu halten. Deshalb sind die USA nicht in der Lage, ihre Währung abzuwerten und damit ihr Leistungsbilanzdefizit zu beseitigen. Dieses Ungleichgewicht hat zu einem massiven Export von Staatsanleihen geführt, auf die in der Zukunft Zinsen gezahlt werden müssen.[9] Während dies zwar den aktuellen Lebensstandard erhöht, geschieht es gleichzeitig auf Kosten der noch ungeborenen Generationen.

---

[7] Senator Byron L. Dorgan, *How Corporate Greed and Brain-Dead Politics Are Selling Out America* (New York: Thomas Dunne Books/St. Martin's Press, 2006).

[8] Board of Governors of the Federal Reserve System, „Industrial Production and Capacity Utilization – G.17", zuletzt aktualisiert am 16. Januar 2013.

[9] U.S. Department of Commerce, Bureau of Economic Analysis, „U.S. International Transactions Accounts Data, Table 1, 2012".

Abb. 13.2: U.S.-Handelsdefizit in Gütern und Dienstleistungen

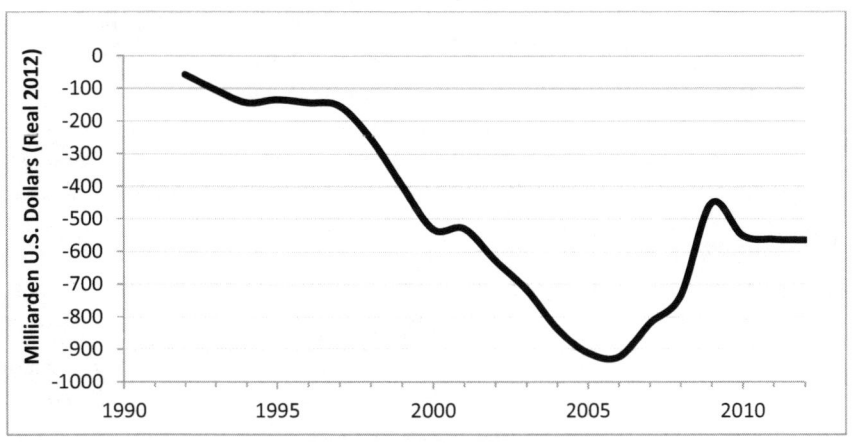

Abb. 13.3: Kumulatives Außenhandelsdefizit der USA seit 1992

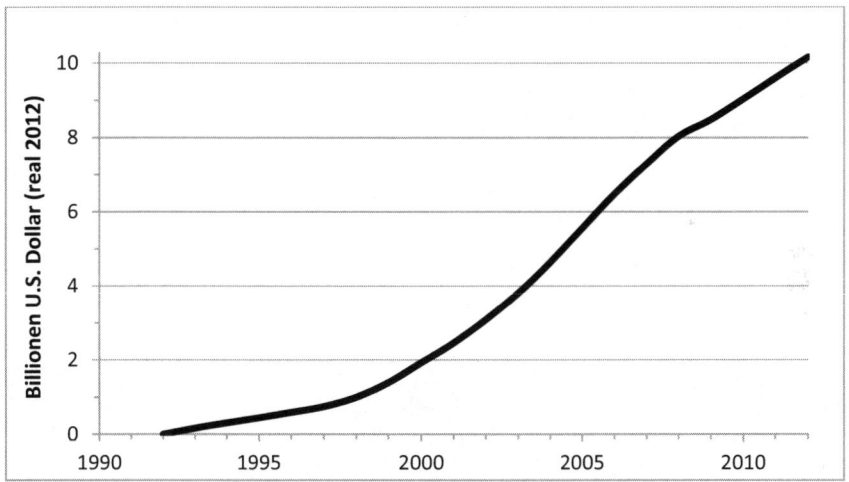

Importzertifikate

Warren Buffett, der berühmte Investor und zweitreichste Amerikaner, hat uns schon vor Jahren aufgefordert, „dieses Handeln von Vermögenswerten für Konsumgüter" mit Importzertifikaten zu beenden.[10] Er hat eine geniale Idee, wie das Problem des Handelsdefizits zu lösen ist, ohne andere Nationen gezielt zu benachteiligen und ohne Anhebung der Zölle auf einzelne Güter. Er warnte davor, dass „das US-Handelsdefizit eine größere Bedrohung für die heimische Wirtschaft darstellt als das Defizit der öffentlichen Hand oder die Verschuldung der Privathaushalte und dass dies zu politischen Unruhen führen könnte ... Heute besitzt der Rest der Welt 3 Billionen Dollar mehr von uns, als wir von ihr besitzen." Seit er diese Zeilen geschrieben hat, ist die Verschuldung auf 5 Billionen Dollar gestiegen und der größte Teil dieses Betrags – 4,5 Billionen Dollar – waren amerikanische Staatsanleihen, was Forderungen an die USA in Höhe von 15.000 Dollar pro Einwohner entspricht. Japan allein besitzt amerikanische Staatsanleihen im Wert von 1,8 Billionen Dollar, während China fast die gleiche Menge hält (1,6 Billionen Dollar). Die Zinsen dafür müssen noch lange bezahlt werden. Auch ermöglichen es diese großen Finanzreserven chinesischen Firmen, US-Unternehmen aufzukaufen. Zum Beispiel zahlten sie kürzlich 2 Milliarden für das Waldorf Astoria Hotel in New York City und 7 Milliarden für Smithfield Foods. Das bedeutet, dass wir die Eigentumsrechte an Unternehmen für chinesische Konsumgüter eintauschen, und natürlich kommen die Gewinne solcher Firmen nicht mehr US-Bürgern zugute.

Buffetts Vorschlag war, dass die US-Regierung für alle Exporteure Importzertifikate ausstellen solle, die dem Wert der ausgeführten Waren entsprechen. Im Gegenzug brauchen Importeure diese Zertifikate, um ausländische Waren einzuführen. So würde ein Markt für diese Zertifikate entstehen, der bald zu einer ausgeglichenen Handelsbilanz führen würde.[11] Wichtig ist, dass die Handelspartner der USA nicht die Mittel haben, sich zu rächen. Der Preis für US-Exporte würde fallen, was es Unternehmen ermöglichen würde, neue Märkte im Ausland zu erschließen. Implizit wäre dies eine Art Exportsubvention, die von Importeuren bezahlt würde. US-Unternehmen hätten es viel einfacher, ihre Produkte zu exportieren, und durch diese Ausweitung der Produktion würde die Arbeitslosigkeit fallen. So könnten mindestens 2 Millionen Arbeitsplätze in den USA geschaffen werden, was auch zu erhöhten Steuereinnah-

---

[10] Warren Buffett, „America's Growing Trade Deficit Is Selling the Nation Out from Under Us. Here's a Way to Fix the Problem – and We Need to Do It Now", *Fortune*, 10. November 2003.

[11] Robert E. Scott, „Re-balancing U.S. Trade and Capital Accounts: An Analysis of Warren Buffett's Import Certificate Plan", EPI Working Paper No. 286, Dezember 2009.

men und einem geringeren Haushaltsdefizit führen würde. Zugegebenermaßen würden die Preise für Einfuhrgüter steigen, aber das würde die Wettbewerbsfähigkeit der heimischen Industrie stärken. Die Gewinner der Einführung dieses Zertifikatesystems wären vor allem die Arbeitslosen, die wieder Arbeit fänden, während die Nachteile auf den Rest der Bevölkerung verteilt werden und lediglich geringfügig gespürt würden.[12]

Im Jahr 2011 waren die US-Importe um 2,66 Billionen Dollar oder 27% höher als die 2,10 Billionen Dollar, die exportiert wurden. Wenn wir diese Importzertifikate langsam in die Handelspolitik einführen würden, könnten wir zum Beispiel zunächst einmal Einfuhrbescheinigungen im Wert von 1,20 Dollar für jeden exportierten Dollar ausstellen. Das würde das Außenhandelsdefizit um 6,6% des Wertes der Exporte oder um 140 Milliarden Dollar reduzieren. Das wäre ein Viertel des Handelsbilanzdefizits, was eine halbe Millionen Arbeitsplätze schaffen würde – ein Stimulus, der die Regierung nicht einen Cent kosten würde und kein schlechter Anfang wäre. Und wir könnten darauf aufbauen und das Defizit innerhalb von wenigen Jahren mit einem großen Schub für die Wirtschaft völlig abbauen.

Neue Außenhandelstheorie

Die alte Handelstheorie von Ricardo und ihre Modifikationen wurden von Paul Krugman widerlegt. Leider ignorieren die meisten Lehrbücher diese unbequeme Wahrheit, auch wenn Krugman für seine Leistung den Nobelpreis erhalten hat. Die Motivation für die Widerlegung der alten Theorie war, dass sie nicht der Realität, also den modernen Handelsstrukturen zwischen den Nationen entspricht. Statt, wie in Ricardos Beispiel, portugiesischen Wein für britische Textilien auf Basis unterschiedlicher Faktorausstattungen zu handeln, exportieren und importieren moderne Industrieländer heutzutage im Grunde gleichzeitig die gleichen Produkte: Volkswagen verkauft Autos in Frankreich, während Citroen Autos in Deutschland verkauft. Die Motivation für diesen Handel sind nicht die komparativen Kostenvorteile, sondern die Existenz von Skaleneffekten, die wahrgenommene Qualität der Produkte, Branding, Patentrechte, Vielfalt in Konsum oder Zufall. Wenn die beiden Autos nahe Substitute sind, was bedeutet, dass es kaum einen Unterschied macht, welches Auto man fährt, dann ist die Wahl zwischen ihnen zufällig, was bedeutet, dass beide

---

[12] Man könnte sich auch Variationen dieser Politik vorstellen, wie zum Beispiel Ausnahmeregelungen für strategische Importe wie Öl oder für Kleinimporteure. Die Einführung könnte über mehrere Jahre hinweg geschehen, sodass die Marktteilnehmer sich an sie gewöhnen könnten.

Autos in beiden Ländern zu finden sind. Darüber hinaus werden diese Waren nicht in Märkten mit vollkommenem Wettbewerb produziert, wie von Ricardo postuliert, sondern von Oligopolisten oder durch monopolistische Konkurrenten. Die Volkswagen AG hat ein Monopol auf VWs und diese Rechte sind gesetzlich geschützt. Niemand sonst darf die Autos mit dem VW-Logo produzieren. Also gelten die Modelle und Theorien des vollkommenen Wettbewerbs nicht für die Produkte von Volkswagen. Dies impliziert, dass man Gewinne berücksichtigen muss, die nicht Teil der alten Handelstheorie, aber entscheidend als Finanzquellen für zukünftige Innovationen und Wachstum sind.

Darüber hinaus gilt es, Skaleneffekte in der Produktion und First-Mover-Vorteile zu berücksichtigen. Sobald Marken etabliert sind, werden sie meist Monopole, und die Gewinne, die sie erzeugen, verschwinden nicht so leicht durch Wettbewerb. So hat Belgien keinen besonderen komparativen Vorteil in der Herstellung von Godiva-Pralinen, aber nachdem sie einmal durch einen historischen Zufall dort produziert wurden, konnten sie eine Reputation für hohe Qualität etablieren, was bis heute als Exportquelle dient. Folglich können Unternehmen durch den Pioniervorteil von Skaleneffekten und durch Learning by Doing profitieren. Das ermöglicht ihnen, zu niedrigeren Stückkosten zu produzieren als Folgeunternehmen, was sehr effektive Markteintrittsbarrieren darstellen kann, wie in dem Beispiel der jungen Wirtschaftszweige oben gezeigt wurde.

Neben dem Pioniervorteil spielt auch die Größe des heimischen Marktes eine entscheidende Rolle. Je größer der Heimatmarkt ist, desto mehr kann ein Unternehmen auch ohne Exporte produzieren und von Skaleneffekten profitieren. So begründet sich sein Wettbewerbsvorteil der niedrigeren Stückkosten nicht durch Faktor- oder Ressourcenausstattung, sondern durch Skaleneffekte in der Produktion. Der große Binnenmarkt für hochwertige Automobile in Deutschland bietet BMW, Mercedes, Porsche und Audi komparative Vorteile, um in dieser Nische des internationalen Marktes zu konkurrieren.

Durch neue Technologien, die zunehmende Skalenerträge erlauben, verändert sich auch die statische Analyse der Zölle. Im Beispiel der Abbildung 13.1 erhöhen die Unternehmen die inländische Produktion von Kleidung durch die Erhöhung der Zölle, was aus konventioneller Sicht die Wohlfahrt verringert. Das war das Ende der Analyse. Wenn es allerdings steigende Skalenerträge gibt, könnte die größere inländische Produktion mit sinkenden Grenzkosten einhergehen, was je nach Kostenrückgang zu völlig anderen Ergebnissen führen kann. Kurz gesagt, die neue Handelstheorie modifiziert die auf Ricardo basierenden Theorien des freien Handels und zeigt, dass es gute Argumente für eine Handelspolitik mit Subventionen, Zöllen oder Importzertifikaten gibt.

Industriepolitik und staatliche Investitionen, die einheimischen Unternehmen helfen, Skalenerträge zu erzielen, haben ebenso ihre Berechtigung. Natürlich gibt es gute Gründe, die Fähigkeit von Regierungsbehörden, korrekte Politikentscheidungen zu treffen und effizient umzusetzen, in Frage zu stellen. Dennoch ist das theoretische Fundament für Freihandel nicht mehr absolut, sondern beginnt, je nach Kontext, zu bröckeln.[13] Es bleibt die Frage, ob wir es schaffen, Institutionen zu gestalten, die Vollbeschäftigung als Hauptziel anstreben. Dazu müsste man eine Handelspolitik verfolgen, die viel geschickter ist als die aktuelle Version. Diese Fragen gehören sowohl auf die akademische als auch auf die politische Tagesordnung, wenn wir einen ausgewogeneren Ansatz schaffen wollen, um unsere wirtschaftlichen Probleme zu lösen.

Kapitelzusammenfassung

Internationaler Handel wird normalerweise als ein Motor für die Wirtschaft und somit für Wohlstand gesehen, während die negativen Folgen wie Arbeitsplatzverluste und der Niedergang ganzer Industriezweige übersehen werden. Seine Auswirkungen werden oft missverstanden, weil Ökonomen die Auswirkungen des Handels unter der Annahme der Vollbeschäftigung analysieren. In Anwesenheit von unfreiwilliger Arbeitslosigkeit stimmt die Behauptung, dass Handel die Wohlfahrt erhöht, so nicht. Darüber hinaus schließt die traditionelle Handelstheorie dauerhafte Handelsdefizite wie die U.S.-amerikanischen aus. Diese lange Periode von amerikanischen Außenhandelsdefiziten bedeutet, dass die Vereinigten Staaten sich gegenüber anderen Nationen immer mehr verschulden, und impliziert, dass zukünftige Generationen die Last dieser Schulden tragen müssen. Darüber hinaus werden die Gewinne des internationalen Handels ungleich verteilt: Es gibt immer Gewinner und Verlierer. Es ist nicht ethisch, dass die einen auf Kosten der anderen profitieren, selbst wenn der Nettonutzen positiv ist. Daher ist der internationale Handel nicht immer so wohlfahrtssteigernd, wie allgemein behauptet wird, und ist nicht das Wundermittel, das wirtschaftliche Entwicklung garantiert. Das amerikanische Außenhandelsdefizit zwischen 1990 und 2012 betrug ungefähr 10 Billionen Dollar, was einen immensen Stimulus für die Weltwirtschaft auf Kosten der inländischen Produzenten bedeutete und Millionen von Arbeitsplätzen in den USA zerstört hat.

---

[13] Paul Krugman, „Scale Economies, Product Differentiation and the Pattern of Trade", *American Economic Review* 70 (1980) 5: S. 950-959. Elhanan Helpman und Paul Krugman, *Market Structure and Foreign Trade* (Cambridge, MA: MIT Press, 1989)

14 Makroökonomische Externalitäten

In diesem Kapitel diskutieren wir die drängenden makroökonomischen Fragen bezüglich der Umwelt und eines nachhaltigen Wirtschaftswachstums.

Umwelt

Die Erde, die Ozeane und die Atmosphäre sind öffentliche Güter. Es wäre wünschenswert, sie zu erhalten, damit auch zukünftige Generationen sie genießen und nutzen können. Wir haben nicht das Recht, die Umwelt weiter zu zerstören. Schließlich sind wir die Verwalter der Natur und nicht ihre Besitzer. Ich glaube, dass dies eine schwierige Aufgabe ist, gerade auch weil weniger Menschen in der entwickelten Welt Kinder haben. Der Grund für die Schwierigkeit liegt darin, dass wir uns mangels Nachwuchs wenig um das Schicksal zukünftiger Generationen sorgen, obwohl die entwickelte Welt es sich leisten könnte, die Umwelt zu sanieren. Des Weiteren ist der Anreiz für den Einzelnen minimal, den Schaden, den er der Umwelt zufügt, zu reduzieren. Einer der unüberwindlichen Mängel der freien Märkte ist, dass künftige Generationen nicht im heutigen Markt für Ressourcen mitbieten können. Daher sind sie nicht in der Lage, unsere Entscheidungen über den Umgang mit der Umwelt zu beeinflussen. Dies ist eine unlösbare Externalität, da wir nicht einmal wissen, wer diejenigen sind, die von unseren heutigen Aktionen betroffen sein werden. Wir haben nur eine nebulöse Vorstellung davon, dass wir Dritte, die noch ungeboren sind, durch unsere heutigen Aktionen beeinflussen.[1] Es ist schwierig, unter solchen Umständen strikte Richtlinien zur Konsumreduzierung durchzusetzen.

Unregulierte Märkte sind in der Regel nicht in der Lage, Externalitäten wie CO_2-Emissionen zu beschränken. Allerdings ist das Problem, dass die Regierungen nicht sonderlich auf Implementierung und Durchsetzung von Verordnungen drängen, weil diese als Wachstumsbremse und im Wettbewerb mit ausländischen Produzenten als nachteiliger Kostenfaktor für die inländi-

---

[1] Natural Resources Defense Council, „The Cost of Climate Change", letzte Revision 21. Mai 2008.

sche Industrie gesehen werden. Diese Verordnungen hätten auch Auswirkungen auf den militärisch-industriellen Komplex, da langsameres Wirtschaftswachstum sich auch auf die militärische Macht eines Landes auswirkt. Daher
verlieren zukünftige Generationen gegen diese mächtigen gegenwärtigen Interessen.

Eine effiziente Nutzung von natürlichen Ressourcen zu erreichen, ist in
Gegenwart von Externalitäten schwierig, wenn nicht sogar unmöglich. Allerdings könnten wir zumindest einen Ombudsmann etablieren, der die um-
weltpolitischen (und finanziellen) Interessen zukünftiger Generationen ver-
tritt und sich für eine nachhaltige Entwicklung und gegen die Diskontierung
der Zukunft einsetzt.[2] Er würde zum Beispiel bei der Preisfestsetzung für
Kohlendioxidemissionen oder beim Bieten für Ressourcen Mitspracherecht
haben. Natürlich würden die so ermittelten Preise immer noch grobe Annähe-
rungen sein, würden aber zumindest die Umwelt wie eine Stiftung behandeln
und damit ein Mindestmaß an intergenerativer Gerechtigkeit beinhalten.[3]
Außerdem sollten wir bedenken, dass die volkswirtschaftliche Gesamtrech-
nung immer unvollkommen gewesen ist, aber die Schaffung einer Stimme für
zukünftige Generationen würde zumindest eine Verbesserung des Status quo
darstellen.

Eine Folge dieses Machtungleichgewichts zwischen der heutigen und zukünftigen Generationen ist die Bedrohung durch die globale Erwärmung und
ihre Folgen, wie beispielsweise 2012 der Supersturm Sandy demonstrierte, der
größte atlantische Hurrikan aller Zeiten.[4] Wir hören regelmäßig von Umweltkatastrophen wie z.B. der BP-Ölkatastrophe, bei der 2010 im Golf von Mexiko
180.000 Quadratkilometer durch 800.000.000 Liter Öl verschmutzt wurden.
Der Schaden war nicht auf die Umwelt beschränkt. Elf Menschen starben und
der Anteil der betroffenen Küstenbewohner mit einer klinisch diagnostizier-
ten Depression stieg von 5,6% auf 20,4%.[5] Das BIP stieg jedoch als Folge der
Ölkatastrophe, weil die Kosten der Aufräumarbeiten positiv verbucht werden.

Es ist offensichtlich, dass die industrielle Revolution, die vor 250 Jahren
begann, unsere Umwelt in einem solchen Maß verändert hat, dass sich die
Wahrscheinlichkeit einer katastrophalen ökologischen Veränderung im Leben

[2] Natural Resources Defense Council, „The Cost of Climate Change".

[3] James Tobin, „What Is Permanent Endowment Income?", *American Economic Review*
64 (1974) 2: S. 427-432.

[4] Er hatte einen Durchmesser von ungefähr 1700 km und verwüstete die Mittelatlantik-
staaten im Oktober 2012, verursachte 50 Milliarden Dollar Schaden und tötete 209 Menschen. Hurrikan Katrina verursachte 2005 81 Milliarden Dollar Schaden und tötete 1833
Menschen, als er New Orleans und die Golfküste heimsuchte.

[5] Dan Witters, „Gulf Coast Residents Remain Worse Off Emotionally Post-Spill", *Gallup*,
7. Mai 2012.

zukünftiger Generationen wesentlich erhöht hat.[6] Wir müssen lernen, mit Veränderungen der Ökosysteme, der Wasserressourcen, der Verfügbarkeit von Nahrungsmitteln und mit großen Klimaereignissen zu leben. Küstenregionen, Flussdeltas und kleine Inseln werden wahrscheinlich überschwemmt werden. Bis zu 30% der noch vorhandenen Arten sind vom Aussterben bedroht. Der Meeresspiegel ist in Norfolk, Virginia, um bedrohliche 37 Zentimeter gestiegen, was zu Gezeitenhochwasser führte. Die nötigen Ausgaben, um die Bewohner zu schützen, sind beträchtlich.[7] Sie müssen die Kosten für etwas tragen, was nicht durch sie verursacht wurde. Das ist die Realität einer negativen Externalität, der heutigen Umweltzerstörung. Weltweit machen die Umweltschäden ungefähr 11% des globalen BIP aus und manche Schäden, wie die globale Erwärmung, können irreversibel sein.[8] Es wäre schade, diese schöne Erde zu zerstören, nur um zusätzliches Wirtschaftswachstum zu erzielen, das ohnehin am ehesten denjenigen zugute kommt, die es nicht wirklich brauchen.

Nachhaltigkeit

Werden zukünftige Generationen zumindest den gleichen Lebensstandard haben wie wir heute? Sollte dieses überhaupt unser Anliegen sein? Haben wir das moralische Recht, die Perspektiven der noch ungeborenen Menschen zu opfern, um unseren Lebensstandard zu erhalten? Wie viel natürliche Ressourcen sollten wir zukünftigen Generationen hinterlassen? Dies sind alles tief philosophische Fragen, für die es keine offensichtlichen Antworten gibt. Für diejenigen, die glauben, dass dies wichtige ethische Bedenken sind, ist es absolut notwendig, dass diese Fragen in der Volkswirtschaftslehre in ihren Theorien und Modellen nicht als bloßes Epiphänomen, sondern als zentrales Anliegen integriert werden. Es ist nicht hinnehmbar, dass beispielsweise das Standarddiagramm des Wirtschaftskreislaufs dem Beitrag der Umwelt für die Wirtschaft keine Aufmerksamkeit schenkt.[9] Diese Unterlassung ist töricht, da

---

[6] Intergovernmental Panel on Climate Change, „IPCC Fourth Assessment Report: Climate Change 2007".

[7] Leslie Kaufman, „Front-Line City in Virginia Tackles Rise in Sea", *The New York Times*, 25. November 2010.

[8] United Nations Environment Programme (UNEP) Finance Initiative, „Universal Ownership: Why Environmental Externalities Matter to Institutional Investors", Oktober 2010. Siehe auch die Blogs auf der Webseite TRUCOSST.

[9] Herman E. Daly und Joshua Farley, *Ecological Economics: Principles and Applications* (Washington, DC: Island Press, 2004). Herman E. Daly, *Ecological Economics and Sustainable Development* (Northampton, MA: Edward Elgar, 2007).

der Beitrag des Ökosystems für die Wirtschaft sowohl erheblich als auch wesentlich ist.[10]

Die wirtschaftliche Entwicklung ist nachhaltig, wenn der gegenwärtige Lebensstandard nicht auf Kosten künftiger Generationen erzielt wird. Die Herausforderung ist nicht nur der gegenwärtige Grad der Verschmutzung, sondern auch die Tatsache, dass die Entwicklungsländer ein Konsumniveau ähnlich dem der entwickelten Volkswirtschaften anstreben, und wenn sie dies erreichen oder sich ihm auch nur annähern würden, wäre das Überleben der Erde, wie wir sie kennen, kaum noch möglich. Das ökologische Defizit der USA ist fünfmal so groß wie das Chinas. Aus dieser Differenz kann man leicht folgern, dass ein erhöhter Lebensstandard der Entwicklungsländer eine große Gefahr für die Nachhaltigkeit darstellt. Unsere Abhängigkeit vom Wirtschaftswachstum ist gefährlich und wird zur Erschöpfung der natürlichen Ressourcen führen und unsere Umwelt belasten. Wir sollten uns um die Abfälle kümmern, die wir produzieren (zum Beispiel Atommüll), aber atomistische Märkte sind aufgrund des Fehlens kollektiven Handelns nicht in der Lage, die richtigen Obergrenzen für Umweltverschmutzung zu definieren.

Wir ignorieren diese Bedrohung auf eigene Gefahr. Dennoch gibt es keine wirksamen Pläne, dieser unbequemen Wahrheit die Stirn zu bieten. Wachstum und Gier sind nicht die Antworten. Sparsamer Umgang mit unseren Ressourcen, Konservierung, Recycling, Abfallreduzierung, Vorsorge und erneuerbare Energien wären ein vernünftiger Ansatz.[11] Wir sollten auch vorsichtiger bei der Adaption von Innovationen sein und vor ihrer Verbreitung erst ihre ökologische Sicherheit ermitteln.

Dies ist auch die Botschaft der Degrowth-Bewegung.[12] Nicholas Georgescu-Roegen forderte schon vor einer Generation, dass Ökonomen die Endlichkeit von Ressourcen akzeptieren sollten, wie es auch im zweiten Hauptsatz der Thermodynamik ausgedrückt wird: Prozesse, die Energie verbrauchen, sind irreversibel. Wird Energie im Wirtschaftsprozess verwendet, kann sie nicht regeneriert werden, wenn sie einmal verbraucht ist.[13] Daher kann das Wachs-

---

[10] Laut einiger Schätzungen beträgt dieser Beitrag bis zu 50 Billionen Dollar pro Jahr. Das entspricht ungefähr der gesamten Wirtschaftsleistung der Welt zu Beginn des 21. Jahrhunderts. Paul C. Sutton, Sharolyn J. Anderson, Benjamin T. Tuttle und Lauren Morse, „The Real Wealth of Nations: Mapping and Monetizing the Human Ecological Footprint", *Ecological Indicators* 16 (2012): S. 11-22.

[11] Herman E. Daly, *Beyond Growth* (Boston: Beacon Press, 1997).

[12] Yuval Rosenberg, „Forget GDP: The Radical Plans to Go Beyond Growth", *Fiscal Times*, 5. April 2012. Dies ist auch die Botschaft der „steady-state-economy"-Bewegung. Center for the Advancement of the Steady State Economy. Research & Degrowth.

[13] Nicholas Georgescu-Roegen, *The Entropy Law and the Economic Process* (Cambridge, MA: Harvard University Press, 1971).

tum nicht ewig weitergehen, vor allem, da wir viele der natürlichen Ressourcen in einem alarmierenden Tempo verbrauchen.[14] Um die verfügbare Energie sparsamer zu nutzen, sollten wir entmilitarisieren, das Bevölkerungswachstum reduzieren, Solar- und Windenergie nutzen, „uns von dem krankhaften Verlangen nach extravaganten Spielereien heilen", „von der Mode befreien", Waren sollten haltbarer gemacht werden und „wir müssen zu der Erkenntnis gelangen, dass eine wichtige Voraussetzung für ein gutes Leben eine erhebliche Menge an Freizeit ist, die auf intelligente Art und Weise verbracht wird".[15]

Natürlich gibt es die Optimisten, die glauben, dass der technologische Wandel in der Zukunft Wege findet, um diese Übel zu heilen. Obwohl diese Möglichkeit nicht ausgeschlossen werden kann, ist es viel zu riskant, auf noch unentdeckte Innovationen zu setzen. Stattdessen sollten wir Pläne haben, die auf jeden Fall funktionieren. Es wäre bedauerlich, wenn diese Technologien nicht zustande kämen und wir nicht auf die Folgen vorbereitet wären. Im Gegensatz zum Wachstumsfetischismus[16] sollte dies das Ziel einer humanistischen Wirtschaftsordnung sein, um „nachhaltig die Lebensqualität zu optimieren". Dies ist angesichts der Komplexität des Ökosystems, seines wertvollen Beitrags für die Wirtschaft und der Tatsache, dass die Umwelt – von der Ozonschicht bis zu den tropischen Regenwäldern – unersetzlich ist, eine schwierige Aufgabe. Also müssen wir eine ausfallsichere Politik entwickeln.[17] Diese sollte eine Steuer auf CO_2-Emissionen beinhalten, um Treibhausgase in der Atmosphäre zu verringern. Die sozialen Kosten der Kohlenstoffemissionen liegen wahrscheinlich irgendwo zwischen 50 Dollar und 100 Dollar pro Tonne, aber es kostet nichts, CO_2 in die Atmosphäre zu emittieren. Das kann nur zu unwirtschaftlichem Wachstum führen.[18]

---

[14] Barry Commoner war ein früher Advokat für eine ökologische Ökonomie, die eine Reduzierung der Umweltverschmutzung, Nachhaltigkeit, Respekt und Erhaltung der Umwelt und eine Energiepolitik, die sich auf erneuerbare Energien konzentrierte, beinhaltete. Barry Commoner, *The Closing Circle: Nature, Man, and Technology* (New York: Knopf, 1971). Barry Commoner, *Making Peace with the Planet* (New York: Pantheon, 1990).

[15] Nicholas Georgescu-Roegen, „Energy and Economic Myths", *Southern Economic Journal* 41 (1975) 3: S. 347-381.

[16] Ein Fetisch ist eine irrationale Ehrfurcht oder zwanghafte Hingabe – eine Fixierung – ein fast abergläubisches Vertrauen in etwas wie einen Totempfahl oder, in diesem Fall, den freien Markt.

[17] Thomas Princen, *The Logic of Sufficiency* (Cambridge, MA: MIT Press, 2005). Thomas Princen, „Consumption and Its Externalities: Where Economy Meets Ecology", *Global Environmental Politics* 3 (2001) 1: S. 11-30.

[18] Martin Weitzman, „On Modeling and Interpreting the Economics of Catastrophic Climate Change", *Review of Economics and Statistics* 91 (2009) 1: S. 1-19.

Umweltgesamtrechnung

Die Umweltgesamtrechnung subtrahiert die Umweltschäden und den Ressourcenverbrauch, die im Prozess der Produktion oder des Konsums anfallen, vom BIP und ist ein besserer Indikator für die Wohlfahrt als herkömmliche Indikatoren. Im Gegensatz zu herkömmlichen BIP-Konten berücksichtigt die Umweltgesamtrechnung die Tatsache, dass die Luftverschmutzung durch CO_2-Abgase Umweltschäden verursacht und unsere Wohlfahrt als auch die der zukünftigen Generationen beeinträchtigt. Die „World Development Indicators"-Serie der Weltbank diskutiert „grüne" volkswirtschaftliche Gesamtrechnungen, in denen Ressourcenverbrauch und Umweltschäden geschätzt und vom BIP abgezogen werden. Dies reduziert das BIP-Wachstum um 1-2% pro Jahr, was für die meisten entwickelten Nationen effektives Nullwachstum bedeuten würde.

Naturkapital ist der Bestand an Ressourcen und Ökosystemen, die in der Umwelt vorgefunden werden. Diese sind nicht von Menschen geschaffen und sind deshalb nicht von Menschen reproduzierbar, obwohl einige (Korallenriffe) sich von selbst vermehren, wenn sie ungestört bleiben. Die Umweltkostenrechnung plädiert dafür, dass der Wert der geförderten nicht erneuerbaren Ressourcen wie Öl nicht in die Berechnung des BIP aufgenommen werden sollte, da seine Erschöpfung bedeutet, dass wir einen Vorrat an Ressourcen verbrauchen, die wir nicht erschaffen haben.[19]

Kapitelzusammenfassung

Umweltzerstörung ist eine der „Achillesfersen" der Märkte. Leider zerstören wir die Umwelt in einem solchen Maß, dass die Wirtschaft, wie wir sie kennen, durch die globale Erwärmung und andere Umweltkatastrophen bedroht wird. Die Natur schlägt mit aller Gewalt zurück.

Die Zerstörung oder zumindest nachhaltige Schädigung öffentlicher Güter wie der Atmosphäre und der Ozeane sowie der Abbau der natürlichen Ressourcen ist ein immenses Problem, das wir scheinbar nicht in der Lage sind zu kontrollieren. Kollektives Handeln ist dringend erforderlich, um eine Wirtschaftsordnung zu schaffen, die weniger Ressourcen verschwendet, die die Umwelt respektiert, die vor allem auf erneuerbare Energien setzt und weniger auf Wachstum fokussiert ist.

---

[19] Die Grünen in Deutschland (und anderen Ländern) sind eine der wenigen bedeutenden politischen Bewegungen, die sich dafür einsetzen, einige dieser Ideen umzusetzen. Siehe Bündnis90/Die Grünen Bundestagsfraktion, „We Look at the Big Picture. Review 2005-2009", 2009.

15 Die Finanzkrise und die Große Rezession

In diesem Kapitel untersuchen wir die Ursachen und Folgen der Finanzkrise von 2008, die Alan Greenspan den „größten Tsunami" seit dem Börsencrash von 1929 nannte.

Konjunktur

Makroökonomische Instabilität ist seit Urzeiten ein integraler Bestandteil unseres Wirtschaftssystems. Allerdings ist der Finanzsektor wegen des Mindestreserve-Bankenwesens und wegen der Laufzeitinkongruenz besonders gefährdet. Die durch Vermögenswerte erzielten Einzahlungsströme sind den durch Verbindlichkeiten bedingten Auszahlungsströmen zeitlich nicht genau angepasst. Die Instabilität zeigt sich in der zyklischen Natur der wirtschaftlichen Aktivität, sodass das BIP, alle seine Komponenten, Einkommen und Beschäftigung im Zeitverlauf stark schwanken. Diese Volatilität ist mit erheblichen Wohlfahrtsverlusten verbunden, da die Marktteilnehmer der Gefahr abnehmender Ertragsströme, Arbeitslosigkeit und dem Rückgang der Vermögenswerte ausgesetzt sind. Diese Bedrohungen führen zu dem Risiko sinkender Einkommen und rückgängigen Konsums.

Allerdings begann das Ausmaß der Konjunkturschwankungen in der Mitte der 1980er Jahre aufgrund der Fortschritte in Nachfragemanagement und Geldpolitik zurückzugehen.[1] Die Ruhe vor dem großen Sturm ließ Ökonomen glauben, dass Konjunkturzyklen keine wesentliche Bedrohung mehr darstellten für Beschäftigung und Wohlfahrt.[2] Robert Lucas erklärte in seiner übertrieben selbstbewussten Festrede auf der Konferenz der American Economic Association 2003, dass „praktisch gesehen, die zentralen Probleme der Prä-

---

[1] Die Standardabweichung des realen BIP in den USA nahm von 2,7 zwischen 1960 und 1983 auf 1,6 in den folgenden 30 Jahren ab. James Stock und Mark Watson, „Has the Business Cycle Changed and Why?", in *NBER Macroeconomic Annual* 2002, Vol. 17, Hrsg. Mark Gertler und Kenneth Rogoff (Cambridge, MA: MIT Press, 2003), S. 159-230.

[2] Anya Schiffrin, *Bad News: How America's Business Press Missed the Story of the Century* (New York: The New Press, 2011).

vention von Depressionen gelöst worden sind".[3] Ein Jahr später erklärte Ben Bernanke voreilig und mit erheblicher Hybris, dass die neue Ära der „Great Moderation" begonnen habe, dass also die Konjunkturzyklen weniger volatil geworden seien. Beide lagen daneben: Der Tsunami war schon am Horizont zu sehen.[4]

Und es gab schon vorher viele Warnzeichen wie die Insolvenz des wichtigen Hedge-Fonds Long Term Capital Management im Jahr 1998. Dies sollte Finanziers und Regulierungsbehörden gezeigt haben, dass die Geldmanager vielleicht doch nicht so gewandt und erfahren waren und dass das Black-Scholes-Modell zur Bewertung von Finanzoptionen nicht immer gut funktionierte. Doch wurde weiterhin behauptet, dass der Finanzsektor so fortschrittlich wäre, dass die Regulierungsbehörden sich überhaupt nicht um den Finanzsektor sorgen und regulierend einschreiten müssten.

Nur Brooksley Born, damals Leiter der Commodity Futures Trading Commission, versuchte schon 1998 vergeblich, Derivate zu regulieren, noch bevor Warren Buffett sie als „Massenvernichtungswaffen der Finanzbranche" bezeichnete. Buffett hatte den gesunden Menschenverstand, die Welt vor den verborgenen Gefahren dieser Finanzinstrumente zu warnen, aber sein Aufruf zur Vorsicht wurde ignoriert und bald vergessen.[5] Steve Keen warnte 2001 vor der Gefahr der explodierenden Verschuldung.[6] Dean Baker verstand als einer der Ersten schon im Jahr 2002, dass eine Immobilienblase im Entstehen war, und warnte vor den Gefahren der Vermögensverluste, wenn diese Blase platzen würde.[7]

Auch Raghuram Rajan warnte davor, dass die Natur der Finanzinnovationen täuschen würde. Er sprach von perversen Entwicklungen, dass Manager „den Anreiz haben, Risiken einzugehen, die den Investoren nicht bekannt sind, da Risiko und Rendite korrelieren. Der Manager scheint dann bei gegebenem [bekanntem] Risiko seine Konkurrenten zu übertreffen. Typischerweise sind die Arten von Risiken, die meist leicht verborgen werden können, … Risiken, die mit geringer Wahrscheinlichkeit enorme Verluste erzeugen, aber im Gegenzug meistens großzügige Gewinne bieten. Solche Risiken sind als Tail-Risks

---

[3] Robert E. Lucas, Jr., „Macroeconomic Priorities", *American Economic Review* 93 (2003) 1: S. 1-14.

[4] Ben Bernanke, „The Great Moderation", Vortrag auf der Konferenz der Eastern Economic Association (Washington, DC, 20. Februar 2004).

[5] PBS, Frontline, „The Warning", 20. Oktober 2009. Warren Buffett, „Berkshire Hathaway Inc. 2002 Annual Report".

[6] Steve Keen, *Debunking Economics: The Naked Emperor of the Social Sciences* (London: Pluto Press and Zed Books, 2001).

[7] Dean Baker, „The Run-up in Home Prices: A Bubble", *Challenge* 45 (2002) 6: S. 93-119.

bekannt. Eine zweite Form des perversen Verhaltens ist der Anreiz zum Herdenverhalten bei Investitionen, weil dies eine Versicherung dagegen bietet, schlechter als seine Konkurrenten dazustehen. Durch Herdenverhalten können Vermögenspreise stark von ihrem inneren Wert abweichen."[8] Das ist das, was Charles Prince, der CEO von Citigroup, meinte, als er im Juli 2007 witzelte, dass „... solange die Musik spielt, man aufstehen und mittanzen muss."[9]

„In der Tat", so Rajan weiter „deuten die Daten darauf hin, dass trotz aller Innovationen in der Finanzbranche, Banken nicht sicherer sind als in der Vergangenheit. Vielmehr ist das Risiko, das sie jetzt tragen, nur die kleine ... Spitze eines Eisbergs von Risiko, den sie geschaffen haben ... Sie [die Banken] können auch eine größere (wenn auch noch kleine) Wahrscheinlichkeit einer katastrophalen Finanzkrise geschaffen haben." Darüber hinaus hat Nouriel Roubini schon 2006 davor gewarnt, dass eine „hässliche" Rezession im Entstehen war. So gab es viele Warnungen, aber in einer Wirtschaft, in der Aufsichtsbehörden das Regulieren nicht ernst nahmen und glaubten, dass der Finanzsektor sich selbst regulieren könne, hörte niemand auf diese Warnungen, die die gute Feierlaune zu verderben drohten.

Interviews, die Ben Bernanke zu der Zeit gab, sind bezeichnend für die Geisteshaltung, die bei der Federal Reserve vorherrschte, als die Immobilienkrise sich zusammenbraute. Als er 2005 von einem Reporter zu einer möglichen Immobilienmarkt-Blase befragt wurde, räumte Bernanke ein, dass „die Immobilienpreise zweifellos *ziemlich viel* gestiegen sind ..." Nicht nur führte er die Öffentlichkeit über das Ausmaß der Preiserhöhungen in die Irre – sie hatten sich seit 1998 immerhin verdoppelt –, sondern er fuhr auch noch fort, sie wegzudiskutieren: „Ich glaube, dass es wichtig ist, zu beachten, dass die Grundlagen [der Wirtschaft] sehr solide sind: Wir haben eine wachsende Wirtschaft, Jobs und Einkommen. Wir haben sehr niedrige Hypothekenzinsen. Wir haben eine demografische Entwicklung, die Wachstum im Immobiliensektor unterstützt; wir haben in einigen Orten ein beschränktes Angebot. So ist es sicherlich verständlich, dass die Preise etwas steigen. Ich weiß nicht, ob die Preise genau dort sind, wo sie sein sollten, aber ich denke, es ist fair zu sagen, dass das, was passiert ist, von der Stärke der Wirtschaft unterstützt

---

[8] Raghuram Rajan, „Has Financial Development Made the World Riskier?", NBER Working Paper No. 11728, November 2005.

[9] Nach Aussage des legendären Investors George Soros in dem 2010 Film *Inside Job* hatte die Musik bereits aufgehört zu spielen, als Prince diese Aussagen machte. Aber diese Fehleinschätzung hinderte Prince nicht daran, mit einer Sonderabfindung von 38 Millionen Dollar im November des Jahres abzutreten. Dies ist nur ein Beispiel für die verantwortungslose Art und Weise, wie Großinvestoren für Entscheidungen aus dem hohlen Bauch heraus belohnt werden.

wird."[10] Diese Aussagen sind praktisch vorsätzlicher Betrug, aber beachten Sie, dass in Bernankes Ideologie Blasen nicht vorkommen.[11] Bernanke trug ideologische Scheuklappen, obwohl es reichlich Warnungen gab.[12]

Als ein anderer Reporter Bernanke nach dem schlimmstmöglichen Szenario bezüglich des landesweiten Rückgangs der Immobilienpreise fragte, antwortete er unaufrichtig: „Ich glaube, ich kaufe Ihnen Ihre Prämisse nicht ab, sie ist ziemlich unwahrscheinlich. Wir hatten noch nie einen landesweiten Rückgang der Immobilienpreise." Hatte er nicht von der Weltwirtschaftskrise gehört? „Also, was ich für wahrscheinlicher halte, ist, dass sich der Anstieg der Immobilienpreise verlangsamen wird, vielleicht bleiben sie konstant und das könnte [den Anstieg der] ... Konsumausgaben etwas verlangsamen. Ich glaube nicht, dass sich die Wirtschaft zu weit von ihrem Vollbeschäftigungspfad entfernen wird."[13] Nicht nur, dass er die wirtschaftliche Situation völlig falsch einschätzte, es ist auch seltsam, dass er zu einer Zeit von Vollbeschäftigung sprach, als ungefähr 7,6 Millionen Menschen offiziell arbeitslos und weitere 9 Millionen unterbeschäftigt waren, von denen 5 Millionen Arbeit wollten, aber zu entmutigt waren zu suchen, und weitere 4 Millionen nur in Teilzeit arbeiteten, obwohl sie lieber in Vollzeit gearbeitet hätten.[14] Ungeachtet der Schäden, die seine falsche Prognose in der Wirtschaft verursachte, und der Schmerzen, die er vielen Menschen zugefügt hatte, die ihm glaubend in Immobilien investiert hatten, wurde seine Berufung als Chairman der Federal Reserve im Jahr 2010 erneuert.

Erwartungen

Erwartungen spielen eine wichtige Rolle in wirtschaftlichen Entscheidungen. Sie sind eine große Herausforderung für die makroökonomische Theorie und Politik, weil die meisten unserer heutigen Aktionen auf Erwartungen zukünftiger Ereignisse basieren. Das ist die Basis von Keynes' Begriff der „animal

---

[10] „Ben Bernanke Was Wrong", YouTube video, geposted von „Marcus C. Macellus", 22. Juli 2009.

[11] Im Gegensatz dazu schrieb Baker: „Der Kollaps der Immobilienblase wird zu einem Vermögensverlust von 1,3 bis 2,3 Billionen Dollar führen." Baker, „Run-up in Home Prices".

[12] Eine andere Warnung kam von John Cassidy, „Blowing Bubbles", *The New Yorker*, 12. Juli 2004.

[13] „Ben Bernanke Was Wrong", YouTube video.

[14] Bureau of Labor Statistics, Labor Force Statistics from the Current Population Survey. „Characteristics of the Unemployed" Tabellen 1, 20 und 35. URL: ftp://ftp.bls.gov/pub/special.requests/lf/aa2005/pdf/cpsaat1.pdf, ftp://ftp.bls.gov/pub/special.requests/lf/aa2005/pdf/cpsaat20.pdf, ftp://ftp.bls.gov/pub/special.requests/lf/aa2005/pdf/cpsaat35.pdf.

spirits".[15] Sparen, Investitionen, Konsum und Produktion und damit gegenwärtige Preise hängen alle von unseren Erwartungen bezüglich zukünftiger
Preise, Zinsen und Geschäftsbedingungen ab. Doch wenn das durchschnittliche Gehirn mit komplexen Problemen konfrontiert wird, die mit Unsicherheit verbunden sind, tut es sich eher schwer bei der Berechnung von Wahrscheinlichkeiten sowie der Verarbeitung von Informationen. Die Subprime-
Krise hat das enorme Ausmaß des Schadens gezeigt, wenn die Markterwar-
tungen weitab der Realität sind und Risiken völlig falsch bewertet werden.
Kahneman und Tversky haben schon vor Jahren bewiesen, dass die Menschen
Risiken gegenüber völlig naiv und voreingenommen sind, grundlegende
Prinzipien der Wahrscheinlichkeit überhaupt nicht verstehen und manchmal
dazu tendieren, unangemessene Risiken einzugehen, die zu riesigen Verlusten
führen können.[16] Diese Erkenntnisse sind noch nicht in das Bewusstsein der
Politiker vorgedrungen.

Unsicherheit war nicht nur für unerfahrene Kreditnehmer, die variable
Hypothekenverträge akzeptiert haben, ein großes Problem, sondern auch für
erfahrene und angeblich anspruchsvolle Anleger, deren Modelle auf ungetes-
teten Formeln zur Bewertung von Risiko und auf einer unzureichenden empirischen Datenbasis beruhten.[17] Ihre Daten reichten nicht bis zu der Großen
Depression der 1930er Jahre zurück. Wie dem auch sei, Greenspan und sein
Gefolge waren davon überzeugt, dass die Situation dieses Mal eine ganz andere
war.[18] Dieses Mal würde es keinen „schwarzen Schwan" geben[19], ein extrem
seltenes, unerwartetes Ereignis, das zu erheblichen Verwerfungen auf den Märkten führen könnte. Der Rückgang der Immobilienpreise in den USA war jedoch genau solch ein unerwartetes Ereignis, das zeigte, dass die Erwartungen
nicht korrekt waren. Solche seltenen Ereignisse – die Immobilienpreise in
den USA sind seit den 1930er Jahren nicht zurückgegangen – machen die
Preisfindung für Risiken selbst für Spezialisten sehr schwierig.

---

[15] Wikipedia: „ Als animal spirits werden irrationale Elemente im Wirtschaftsgeschehen
wie unreflektierte Instinkte, Emotionen und Herdenverhalten bezeichnet", *Wikipedia:
The Free Encyclopedia.*

[16] Daniel Kahneman, „Maps of Bounded Rationality: Psychology for Behavioral Economics", *American Economic Review* 93 (2003) 5: S. 1449-1475.

[17] Nassim Taleb, *Fooled by Randomness: The Hidden Role of Chance in Life and in the
Markets* (New York: Random House, 2001).

[18] Carmen M. Reinhart und Kenneth S. Rogoff, *This Time Is Different: Eight Centuries of
Financial Folly* (Princeton, NJ: Princeton University Press, 2009).

[19] Nassim Taleb, *The Black Swan: The Impact of the Highly Improbable* (New York: Random House, 2007).

Minsky-Modell und die Finanzkrise in 2008

Die Finanzkrise 2008 war wie von Hyman Minsky entnommen.[20] Seit Mitte der 1960er Jahre warnte Minsky vergeblich vor der inhärenten Instabilität des Finanzsystems, den Gefahren der Schuldenakkumulation sowie der endogenen Natur der Finanzkrise.[21] Er stand besonders dem Finanzkapitalismus, in dem die Finanzmärkte einen wachsenden Einfluss auf die Realökonomie ausüben, skeptisch gegenüber.[22] Tatsächlich erwirtschaftete die Finanzindustrie in 1980 nur 4% des BIP, Anfang des 21. Jahrhunderts aber schon 8%.[23] Zur Zeit der Finanzkrise entfielen 40% aller Unternehmensgewinne in den USA auf die Finanzbranche und nicht auf den Handel oder das produzierende Gewerbe.

Schulden spielen in Minskys Modell des Konjunkturzyklus eine entscheidende Rolle, während in der herkömmlichen Makroökonomie der Finanzsektor oft vollständig ausgelassen wird und damit Konzepte wie Hebelwirkung, Schulden und Verzug als Epiphänomen betrachtet werden. Sein Modellrahmen enthält jedoch Darlehensverträge, die die Unternehmen dazu verpflichten, über einen längeren Zeitraum hinweg periodisch Zahlungen aus den erwarteten künftigen Gewinnen zu leisten. Es stellt sich natürlich die Frage, inwiefern diese künftigen Gewinne korrekt antizipiert werden und was passiert, wenn sich diese Erwartungen nicht realisieren.[24] Minsky hat dazu vorausschauend Folgendes zu sagen: „Je höher die Gewichtung der spekulativen und dem Ponzi-Schema ähnlichen Finanzmodelle ist, desto größer ist die Wahrscheinlichkeit, dass die Wirtschaft einen positiven Rückkopplungsprozess durchläuft, der in einer Spekulationsblase endet. Der erste Satz der finanziellen Instabilitätshypothese besagt, dass es in der Wirtschaft Finanzierungssysteme gibt, unter denen sie stabil ist, und Finanzierungssysteme, unter denen sie instabil ist. Der zweite Satz der finanziellen Instabilitätshypothese besagt, dass

---

[20] Steve Keen, „Finance and Economic Breakdown: Modeling Minsky's Financial Instability Hypothesis", *Journal of Post Keynesian Economics* 17 (1995) 4: S. 607-635.

[21] Siehe auch Charles P. Kindleberger, *Manias, Panics, and Crashes: A History of Financial Crisis*, 1. Auflage (New York: Basic Books, 1978). Hyman Minsky, „The Financial Instability Hypothesis: Capitalistic Processes and the Behavior of the Economy", in *Financial Crises: Theory, History und Policy*, Hrsg. Charles P. Kindleberger und Jean-Paul Laffargue (Cambridge, UK: Cambridge University Press, 1982), S. 12-29.

[22] Seiner Ansicht nach war dies eine neue Form des Kapitalismus, ein „vermögensverwalter Kapitalismus", in dem der Verschuldungsgrad von höchster Bedeutung war. Anstatt mit seinem eigenen Kapital zu arbeiten, lieh man sich ungehemmt und investierte das geliehene Geld zu einer höheren Rendite.

[23] Thomas Philippon, „The Evolution of the US Financial Industry from 1869 to 2007: Theory and Evidence", unveröffentlichtes Arbeitspapier (2008).

[24] Hyman Minsky, „The Financial Instability Hypothesis", The Jerome Levy Economics Institute of Bard College, Working Paper No. 74, Mai 1992.

die Wirtschaft in einer längeren Wohlstandsperiode von einer Wirtschaft mit einem Finanzsystem, das zu einem stabilen System führt, zu einem Finanzsystem übergeht, das zu einem instabilen System führt." Nach dem Platzen einer Finanzblase werden die Vermögenspreise fallen und der Nettowert von Unternehmen „wird sich schnell verflüchtigen. Dementsprechend sind Firmen mit Liquiditätsproblemen gezwungen, durch den Verkauf von Aktivposten an Bargeld zu kommen, was zu einem Zusammenbruch der Preise dieser Aktivposten führen kann."[25] Systemisches Risiko impliziert, dass der Konkurs eines Unternehmens zur Insolvenz von anderen Unternehmen führt. Dies kann eine Kettenreaktion auslösen und die gesamte Wirtschaft außer Kontrolle geraten lassen. Das genau ist das Szenario der Finanzkrise von 2008.

Somit bestimmt das Preisniveau der produzierten Waren den Gewinn der Unternehmen und indirekt die Fähigkeit, ihre Schulden zurückzuzahlen. Ein Rückgang dieser Preise lässt den realen Wert der Schulden ansteigen und führt zu Schwierigkeiten bei ihrer Rückzahlung und zu privaten Insolvenzen und Firmenzusammenbrüchen. Darüber hinaus geht der private Konsum wie auch die Investitionstätigkeit der Unternehmen zurück, was die Arbeitslosigkeit ansteigen lässt. Im Gegensatz dazu würde in einer Wirtschaft ohne Schulden ein Rückgang der Preise zu mehr Konsum und damit zu einem Rückgang der Arbeitslosigkeit führen. Instabilität entsteht auch, weil „Marktprozesse nicht garantieren, dass die effektive Nachfrage immer ausreicht, dass Banken und andere Firmen ausreichend Profite erzielen, um ihren Schuldverpflichtungen nachzukommen."[26] Mit anderen Worten, in der realen Welt können die Gewinnerwartungen die Realität weit verfehlen. Als Ergebnis ist Instabilität in freien Märkten mit Schulden inhärent, weil die Rückkopplungsmechanismen die Instabilität verstärken, anstatt die Wirtschaft wieder ins Gleichgewicht zu bringen.

In Minskys Modellrahmen führt Stabilität auf frappierende Weise zu Instabilität. Der Grund dafür ist, dass lange Perioden der Stabilität es Unternehmen ermöglichen zu lernen, wie sie die regulatorischen Beschränkungen durch Schaffung neuer Geschäftsmodelle außerhalb der Zuständigkeit der Regulierungsbehörden umgehen können. Darüber hinaus wird diese Entwicklung dadurch verstärkt, dass die Stabilität Regulatoren in Sicherheit wiegt und nachlässig werden lässt. Dies ermöglicht den Finanzjongleuren unter den Geldmanagern, genau diese Institutionen zu unterwandern, die für die Stabilität in erster Linie verantwortlich waren. Sie bekommen dabei die Gelegenheit, auf großer Basis finanziell riskante Geschäftsmodelle zu realisieren. Das ist genau das, was in den Jahrzehnten vor der Großen Rezession passierte.

---

[25] Hyman Minsky, „The Financial Instability Hypothesis".

[26] Hyman Minsky, *Stabilizing an Unstable Economy* (New York: McGraw-Hill, 1986), S. 26.

Das Schattenbankensystem blühte, weil es die Vorschriften geschickt (und meistens legal) umging, die nach der Weltwirtschaftskrise der 1930er Jahre erlassen worden waren, und den Regulierungsbehörden war im Angesicht der rosigen wirtschaftlichen Lage und ihrer ideologischen Geisteshaltung nicht danach, diesen Auswüchsen regulierend gegenzusteuern. Alles schien reibungslos zu funktionieren und kritische Stimmen, wie die von Brooksley Born, wurden völlig ignoriert oder unterdrückt.

Minsky betonte auch, dass „euphorische" Hochkonjunkturphasen die Hauptursache für die finanzielle Instabilität sind.[27] Euphorische Kreditvergabe bedeutet, dass Kreditgeber wie Kreditnehmer systematische Fehler in ihrer Beurteilung der vergebenen Kredite machen, indem sie die Ausfallwahrscheinlichkeit unterschätzen. Dieser Modellrahmen, der aus historischen Daten und nicht aus idealisierten A-priori-Theorien über Märkte abgeleitet wurde, passt nicht in das beliebte Rational-Agent-Modell.

Folglich wurden Minskys Ideen von Mainstream-Ökonomen und Politikern vollständig ignoriert.[28] Doch sein Modell hat genau vorhergesagt, was passierte. Die Regulierungen, die im Zuge der Weltwirtschaftskrise erlassen wurden, dienten der gesamten Wirtschaft und förderten ein halbes Jahrhundert des Wirtschaftswachstums mit dem, was Paul Krugman „langweiliges Banking" nannte. Zum Beispiel verbot der Glass-Steagall Act von 1933 den Geschäftsbanken, sowohl mit ihrem eigenen als auch mit dem Geld anderer Leute im Aktienmarkt zu spekulieren. Das war sinnvoll, da Bankeinlagen durch die Regierung gesichert waren. Es wäre unklug gewesen, den Banken zu erlauben, hohe Risiken durch Spekulationen mit durch Dritte gegebenen Einlagen einzugehen.

Allerdings entwickelte der Finanzsektor, genau wie Minsky es vorausgesagt hatte, Methoden, um die Regulierungen zu umgehen. Das so entstandene Schattenbankensystem unterlag nicht den gleichen Regeln wie die Geschäftsbanken, die Einlagen von Privatkunden akzeptierten. Darüber hinaus haben

---

[27] Hyman Minsky, „Financial Instability Revisited: The Economics of Disaster", unveröffentlichtes Manuskript (1966).

[28] Ben Bernanke bezog sich nur am Rande und sehr ablehnend auf Minsky: „Hyman Minsky (1977) und Charles Kindleberger (1978) haben argumentiert …, dass das Finanzsystem inhärent instabil ist, und dabei die Annahme des rationalen ökonomischen Verhaltens aufgegeben." „Nonmonetary Effects of the Financial Crisis in the Propagation of the Great Depression", *American Economic Review* (1983), 3: S. 257-276. Bernanke fügt in einer Fußnote hinzu: „Ich verleugne nicht die Bedeutung der Irrationalität in der ökonomischen Realität. Es scheint jedoch die beste Forschungsstrategie zu sein, das Postulat der Rationalität so lange wie möglich aufrechtzuerhalten." Ich weiß nicht, wie man feststellen kann, was die beste Strategie ist. Bernanke hielt es für die beste Strategie, Minsky zu missachten.

die Schattenbanken keinen Zugang zu Krediten der US-Notenbank. In der Tat waren diese Investmentbanken kaum reguliert, sodass sie neue Finanzprodukte erschaffen konnten. Allerdings wurden diese innovativen Finanzprodukte nicht entwickelt, um die Produktivität der Realwirtschaft zu erhöhen, das heißt, um die Effizienz der Investitionen und damit das BIP zu erhöhen. Stattdessen waren sie ein Instrument des rent-seeking. Darüber hinaus schufen die neuen Finanzinstrumente viele unvorhergesehene Probleme, weil sie eine ungeheure Menge von Informationsasymmetrien und systemischen Risiken in das makroökonomische System injizierten. Dies alles fiel den großspurigen Ökonomen der Federal Reserve nicht auf.

Ein weiteres großes Problem war, dass die Investoren, die diese neuen Finanzinstrumente kauften, keine Erfahrung damit hatten, die Risiken dieser Instrumente zu bewerten. Historische Vergleichswerte für ihre Volatilität während einer Blase, eines Abschwungs oder einer Finanzmarktpanik existierten nicht. Deshalb wurden während der euphorischen Jahre des leichten Geldes die Risiken völlig falsch bewertet. Das Finanzsystem war nicht für solche Innovationen geschaffen. Die außerordentlichen Gewinne waren trügerisch, da sie unmittelbar und offensichtlich waren, während die Kosten in Form von übermäßigen Risiken immateriell, undurchsichtig und unsicher waren. Es war praktisch unmöglich, unter solchen Bedingungen ein umsichtiger Bankier zu bleiben. Darüber hinaus waren die Investmentbanken überwiegend fremdfinanziert und mussten sich ständig refinanzieren, um im Geschäft zu bleiben. Als es offensichtlich wurde, dass sie systematische Fehler bei der Bewertung der Risiken ihrer Anlagen gemacht hatten, wurde der Kreditfluss unterbrochen und sie alle gerieten in Konkursgefahr. So war es ein sehr riskantes Geschäftsmodell mit vielen versteckten, gefährlichen Triggerpunkten, das auf negativen Externalitäten basierte.

Es gab spekulative Kreditnehmer in Hülle und Fülle: Investmentbanken im Schattenbankensystem wie Bear Stearns und Lehman Brothers, Versicherungsgesellschaften wie die AIG (einer der größten Spekulanten), die innovative Versicherungsverträge (Credit Default Swaps = Kreditausfallversicherung) ausgab, und schließlich jede Menge Haushalte, die auf der Suche nach lukrativen Investitionsmöglichkeiten übermäßige Risiken eingingen, wodurch sie zu Opfern verbrecherischer Kreditvergaben auf dem Wohnungsmarkt wurden. Die Risiken waren allgegenwärtig, wurden aber völlig unterschätzt.

Im Grunde umging das Schattenbankensystem, um seine Gewinne zu erhöhen, die institutionellen Sicherheitsvorkehrungen der 1930er Jahre durch den Einsatz neuer Finanzinstrumente, was aber gleichzeitig die Menge riskanter Anlagen im Finanzsystem ansteigen ließ. Statt Risikostreuung zu betreiben, verstärkte das Finanzsystem das Risiko um ein Vielfaches. Ein gutes Beispiel für eine solche riskante Innovation sind Kreditausfallversicherungen, die im Wesentlichen eine Versicherung für Finanzinstrumente wie Anleihen sind. Wenn zum Beispiel Goldman Sachs eine Anleihe von Lehman Brothers kauft, kann Goldman Sachs das Ausfallrisiko gegen Zahlung einer Prämie bei der AIG versichern. So erhält die AIG eine regelmäßige Zahlung von Goldman Sachs für diese Versicherung, was kurzfristig ein gutes Geschäft für die AIG ist, weil die erhaltene Prämie quasi als reiner und idiotensicherer Gewinn betrachtet wurde. Das Problem war jedoch, dass die AIG, als Lehman Brothers in Konkurs ging, nicht genug Reserven hatte, um alle ihre Verpflichtungen im Geschäft mit Kreditausfallversicherungen zu erfüllen. Die Swaps waren nicht reguliert, sodass die AIG nicht gezwungen war, ausreichend Kapitalreserven für diesen Fall zu haben. Credit Default Swaps wurden nicht Versicherung genannt, sodass Vorschriften in Bezug auf Versicherungsverträge, wie zum Beispiel in Bezug auf Mindestreserven, für sie nicht galten. Dies war ein kluger Schachzug, um ungeliebte, aber wichtige Regulierungen zu umgehen.

Daher passen die Entstehung des Schattenbankensystems, das explosive Wachstum des Subprime-Hypotheken-Markts und seine Auswirkungen auf die Gesamtwirtschaft perfekt in Minskys Modell der finanziellen Instabilität. Als die Erinnerung an die harten Zeiten der Weltwirtschaftskrise verblasste, wurde die Stabilität des Finanzsystems als selbstverständlich hingenommen und als die neue Normalität gesehen. Die von Präsident Roosevelt geschaffenen Institutionen und Regeln, die die Wirtschaft vor Bank-Runs (auch Schaltersturm genannt) schützen sollten, wurden in den folgenden Jahrzehnten nicht modernisiert und den ständig neuen Geschäftspraktiken angepasst. So konnte das Schattenbankensystem die bestehenden Vorschriften kreativ umgehen. Darüber hinaus wurden viele Vorschriften, die die Garanten für ein „langweiliges", aber sicheres Bankenwesen waren, ausgehöhlt oder ganz abgeschafft. Als archaisch und überflüssig bezeichnet, wurde der Glass-Steagall Act im Jahr 1999 aufgehoben. Das Dogma der letzten Jahrzehnte war, dass sich die Finanzmärkte selbst regeln können und keine strenge Aufsicht erfordern. Kurz gesagt, die Institutionen, die während der Großen Depression geschaffen worden waren, wurden über die Jahrzehnte hinweg von zu optimistischen Regulatoren und ideologischen Politikern und Finanziers beseitigt. Jeder, der die Möglichkeit der Schaffung neuer Institutionen, um mit der Entwicklung im Finanzsektor mithalten zu können, auch nur ansprach, wurde buchstäblich verunglimpft.[29]

Ein Finanzmarkt ohne einen lender of last resort ist, selbst in den besten Zeiten, grundlegend instabil, weil die Aktivposten der Banken eher langfristi-

---

[29] Brooksley Born versuchte, Derivate zu regulieren, kam aber gegen die Gegner jedweder Regulierung, angeführt von Alan Greenspan, Larry Summers und Robert Rubin, nicht an. Siehe PBS, Frontline, „The Warning".

ger und die Verbindlichkeiten eher kurzfristiger Natur sind. Diese Laufzeit-inkongruenz macht Banken anfällig für Schalterstürme, wie der Fall von Lehman Brothers so anschaulich gezeigt hat. Aber im September 2008 schuf eine explosive Kombination von Entwicklungen einen Finanz-Tsunami. Die scheinbare Stabilität der vorherigen Jahrzehnte kombiniert mit dem Verlangen nach hohen Renditen, niedrigen Zinsen, viel Geld, das Vermögenswerten hinterherjagte, und einer laschen Regulierung verführte Anleger dazu, in riskante Vermögenswerte zu investieren, deren Komplexität missverstanden wurde und auch eine Erhöhung des Verhältnisses von Fremd- zu Eigenkapital weit über vernünftige Grenzen hinaus zur Folge hatte. So wurden von Haushalten übermäßige Schulden angehäuft, die zwar refinanziert, aber nicht zurückgezahlt werden konnten, wenn sich die Situation verschlechterte. So verwandelte sich eine robuste Wirtschaft endogen in eine instabile, genau wie Minsky es vorausgesagt hatte, da die Märkte nicht in der Lage waren, Spekulationen in sicheren Grenzen zu halten. Daher erlebte das Finanzsystem eine „nicht aufrechtzuerhaltende spekulative Euphorie."[30] Stabilität führte zu Fragilität, die zu einer Finanzblase mutierte, was, als die Blase platzte, eine Krise der Schuldendeflation in Gang setzte. Das ist eine Kurzversion von Minskys Modell des Konjunkturzyklus, der „Hypothese der finanziellen Instabilität".[31]

Die Krise hatte auch einen ideologischen Hintergrund. Milton Friedman und Ronald Reagan initiierten eine ideologische Revolution, die im Grunde gegen den Staat gerichtet war, und priesen den falschen und dogmatischen Glauben, dass „freie" Märkte selbstregulierend seien. Die wirtschaftswissenschaftliche Elite half mit dem Argument, dass Regulierung im Wesentlichen wachstumshemmend und überflüssig sei.[32] Diese Ideologie prägte den Zeitgeist der Deregulierung. Wenn selbst die für die Geldpolitik Verantwortlichen wie Alan Greenspan nicht an die Bedeutung von Regulierung glauben, stehen die Chancen gut, dass die Bankiers Wege finden, die noch existierenden Regulierungen zu umgehen.

Die Finanzkrise von 2008 wies alle Bestandteile auf, die Märkte dysfunktional machen: Es gab a) viele asymmetrische Informationen wie das Unwissen der Käufer von hypothekarisch gesicherten Wertpapieren über den Anteil der Subprime-Hypotheken in ihren Anlagen, b) viel opportunistisches Verhalten, da die Banken Informationen über Risiken von Vermögenswerten, die sie

---

[30] L. Randall Wray, „Minsky Crisis", in *The New Palgrave Dictionary of Economics*, Online-ausgabe, Hrsg. Steven N. Durlauf und Lawrence E. Blume (2011), URL: www.dictionaryof economics.com/dictionary. Paul McCulley, „The Shadow Banking System and Hyman Minsky's Economic Journey", PIMCO, Mai 2009.

[31] Minsky, *Stabilizing an Unstable Economy*.

[32] Wikipedia Autoren, „Inside Job (film)", *Wikipedia: The Free Encyclopedia*.

nicht ehrlich offenlegten, zu ihrem eigenen Vorteil nutzten, c) systematisch falsche Erwartungen, d) falsche Anreize und e) Aufsichtsbehörden, die ihre Aufgabe nicht ernsthaft wahrnahmen.[33]

Schuldenabbau

Konventionelle Makromodelle tendieren dazu, die Kreditmärkte zu vernachlässigen. Die Finanzkrise hat gezeigt, dass die Geldpolitik die Bedingungen stärker berücksichtigen muss, unter denen sich Konsumenten und Unternehmen Geld leihen können. Greenspans Politik des billigen Geldes führte nicht nur zu den Doppel-Blasen in der Wende des 21. Jahrhunderts,[34] sondern auch dazu, dass Menschen ihr Immobilienvermögen wie Geldautomaten benutzten, was wiederum den Konsum weit über ein nachhaltiges Niveau hinaus anheizte.

Übermäßige Verschuldung war ein weiterer Grund für die Instabilität des Finanzsystems. Im Vorfeld der Finanzkrise hielten Investmentbanken mehr als dreißigmal so viel Fremd- wie Eigenkapital. Das bedeutete, dass ihr Eigenkapital nur einen winzigen Bruchteil (3%) ihres Gesamtkapitals ausmachte. Des Weiteren nutzten sie kreative Buchhaltung, um riskante Anlagen vor ihren Investoren zu verstecken, was alles noch schlimmer machte. Wenn der Wert ihrer Aktiva nur um wenige Prozentpunkte fiel, waren sie faktisch bankrott. Das ist ein äußerst riskantes Geschäftsmodell und anfällig für Schalterstürme, wie es bei Bear Stearns und Lehman Brothers der Fall war. Sie verließen sich darauf, dass Investoren ihnen jeden Tag Millionen von Dollar leihen würden. Als sich aber ihre Bilanz verschlechterte, das heißt der Wert ihres Vermögens einbrach, waren die Anleger immer weniger bereit, ihnen das Geld zu leihen, das sie täglich brauchten. Nur mit Unterstützung der Regierung wurde dieses System letztlich gerettet.

Der Schuldenabbau folgt einer Finanzkrise auf den Fersen. Nachdem die Immobilienblase im Jahr 2008 platzte, mussten die höchstverschuldeten Individuen ebenso wie die meisten großen Banken Schulden abbauen bzw. den Eigenkapitalanteil erhöhen, um ihre Bilanzen in Ordnung zu bringen. Fast das gesamte Kapital, das von den Banken benötigt wurde um Schulden abzubauen, wurde von der Regierung zur Verfügung gestellt. Der Schuldenabbau verstärkte die Rezession, weil er bedeutete, dass die Banken die staatlichen

---

[33] Goldman Sachs wurde für zweifelhafte Geschäfte mit durch Hypotheken gesicherten Wertpapieren mit 550 Millionen Dollar bestraft.

[34] Die Dotcom-Blase und die Immobilienblase.

Hilfen zum Schuldenabbau und nicht zur Kreditvergabe verwendeten. Das Ergebnis war eine Kreditklemme und ein langsameres Wirtschaftswachstum.

Der Rettungsschirm und die Große Rezession

Im Herbst 2008 waren alle fünf großen Investmentbanken Geschichte: Lehman Brothers war bankrott, Bear Stearns wurde dank 29 Milliarden Dollar finanzieller Unterstützung durch die Federal Reserve von JP Morgan Chase übernommen, die Fed erpresste die Bank of America, Merryl Lynch in einer Mussheirat zu übernehmen, während Goldman Sachs und Morgan Stanley nach dem Erwerb einer traditionellen Bankenlizenz durch Milliarden Steuerdollar von der Bundesregierung gerettet wurden.[35]

Mainstream-Makroökonomen erwähnen die im Finanzsystem inhärenten Gefahren nicht in ihren Vorlesungen. Minskys Name wurde aus den Lehrbüchern verbannt, die vor allem das langweilige Bankenwesen behandeln, in dem das Finanzsystem einfach als Mittelsmann routinemäßig Geld von Sparern an Investoren weiterleitet. Als 2008 die Blase schließlich platzte, wurde Ben Bernanke von der Fragilität des Systems überrascht. Bernanke, Finanzminister Hank Paulson, Alan Greenspan und andere bei der Federal Reserve übersahen die offensichtlichsten Zusammenhänge im Finanzsektor, dass nämlich der Konkurs eines der großen Finanzinstitute bei den anderen zu großen Abschreibungen und daher zu Panik, klassischen Schalterstürmen und einer Kaskade von Insolvenzen führen würde. Das ist die Natur des systemischen Risikos und war nichts Neues, sondern spätestens seit der Südseeblase von 1720 Teil der Finanzgeschichte.

Die Große Rezession folgte dem Platzen der Subprime-Blase und führte zu einem erheblichen Rückgang der Einkommen, erhöhter Arbeitslosigkeit und Unterbeschäftigung, einer spektakulären Zunahme der Zwangsvollstreckungen und zu Schmerzen und Leiden in der amerikanischen Bevölkerung. Zum Beispiel sanken die Investitionen im privaten Wohnungsbau zwischen 2006 und 2009 um die Hälfte, was einem Rückgang der Gesamtnachfrage der U.S.-

---

[35] Die Literatur über die Krise ist inzwischen sehr reichhaltig. Siehe unter anderem Simon Johnson und James Kwak, *13 Bankers: The Wall Street Takeover and the Next Financial Meltdown* (New York: Pantheon, 2010); Robert Shiller, *The Subprime Solution: How Today's Global Financial Crisis Happened, and What to Do About It* (Princeton, NJ: Princeton University Press, 2008); Carmen M. Reinhart und Kenneth Rogoff, *This Time Is Different: Eight Centuries of Financial Folly* (Princeton, NJ: Princeton University Press, 2009); Paul Krugman, *The Return of Depression Economics and the Crisis of 2008* (New York: W.W. Norton, 2009).

Wirtschaft um 400 Milliarden Dollar entsprach. Nettoinvestitionen in Sachanlagen nahmen sogar um 78% oder 614 Milliarden Dollar ab.[36]

Erzkonservative wie Hank Paulson waren sehr schnell bereit, die Laissez-faire-Prinzipien, die er als CEO von Goldman Sachs vertreten hatte, aufzugeben und sich auf die Macht des Staates zu berufen, als es seinen Interessen und denen seiner Freunde von der Wall Street diente. Dementsprechend meint Joseph Stiglitz, dass der Kapitalismus das Wirtschaftssystem der Main Street bleibe, während der Sozialismus ausschließlich der Wall Street vorbehalten sei.[37] Durch die Rettung der Wall Street schufen Paulson und Bernanke einen Finanzsektor, von dem viele Ökonomen wie Simon Johnson, Nouriel Roubini und Nassim Taleb glauben, dass er durch einen Teufelskreis wiederkehrender finanzieller Instabilität charakterisiert sein wird.[38]

Durch den mit neugeschaffenem Geld finanzierten Kauf toxischer Finanzanlagen im Wert von 3,7 Billionen Dollar hat eine interventionistische Fed die Wall Street wiederbelebt, aber gleichzeitig so viel Moral Hazard in das System eingeführt und systemrelevante Banken am Leben erhalten, dass jede der Riesenbanken die Steuerzahler in der Zukunft um weitere Mittel erpressen kann. Damit hat die Fed im Grunde die Logik der Schumpeter'schen „schöpferischen Zerstörung", die das Wesen des Fortschritts im Kapitalismus ist, außer Kraft gesetzt. Sie hat Verluste sozialisiert, Gewinne privatisiert und den Bankiers ihre Boni belassen und so die größte Umverteilung der Geschichte von den Armen und der Mittelschicht zu den Reichen bewirkt. Es ist fraglich, ob ein solches System auf Dauer mit so viel Moral Hazard wie heute existieren kann. Doch zeigen endemische Arbeitslosigkeit und Unterbeschäftigung[39] und die Millionen von Menschen, die jährlich ihre Häuser verlieren, dass die Fed und das Finanzministerium kläglich an ihrem erklärten Ziel, der Rettung der Main Street, gescheitert sind.

Ein weiterer wichtiger Faktor, der von vielen übersehen wird, ist, dass sich die Wirtschaft im Grunde schon vor der Finanzkrise nicht mehr auf einem nachhaltigen Pfad befand. Es gab schon vorher immense Handelsungleichgewichte und Haushaltsdefizite. Diese beiden Defizite lasteten schwer auf dem zukünftigen Wachstum und Lebensstandard. Darüber hinaus hangelte

---

[36] Board of Governors of the Federal Reserve System, „Flow of Funds Accounts of the United States. Flows and Outstandings Fourth Quarter 2010".

[37] Joseph Stiglitz, *Freefall: America, Free Markets, and the Sinking of the World Economy* (New York: W.W. Norton, 2010).

[38] Peter Boone und Simon Johnson, „The Doomsday Cycle", *CentrPiece* (Winter 2009/ 10): S. 2-6.

[39] 2009 waren ungefähr 22 Million Menschen bei einem Erwerbspersonenpotenzial von 149 Millionen Menschen in den USA unterbeschäftigt. URL: ftp://ftp.bls.gov/pub/special.re quests/lf/aat8.txt.

sich die Wirtschaft als Folge der Expansion der Geldmenge durch die Geldpolitik Alan Greenspans von einer Blase zur anderen: Von der Dotcom-Blase
zu der Immobilienblase. Mit anderen Worten platzte die Immobilienblase zu
einer Zeit, in der sowohl die Geldpolitik als auch die Fiskalpolitik kontraproduktiv waren.

Als ob das alles nicht schon genug wäre, nahm auch die Ungleichheit zu,
was die Menschen dazu verführte, durch zunehmende Verschuldung im
Konsumwettbewerb zu bestehen. Daher war das Wirtschaftswachstum der
letzten zehn Jahre eine Fata Morgana aus Mitteln des chinesischen Politbüros.
Die Idee der Obama-Administration, dass wir „die Wirtschaft wachsen" lassen können, indem die Steuern für alle gesenkt werden und normale keynesianische Konjunkturpolitik betrieben wird, klingt unglaubwürdig angesichts der
enormen Ungleichgewichte und strukturellen Probleme der Wirtschaft schon
vor der Krise. Die Wirtschaft wurde zu einem Wachstumspfad unterhalb des
potenziellen Wachstums verurteilt, weil keine grundlegenden Strukturreformen verabschiedet wurden, die die oben dargestellten tiefgreifenden und be-
ständigen Ungleichgewichte beseitigt hätten, weil es an Investitionen in Bildung und Infrastruktur mangelte, die für langfristiges Wirtschaftswachstum
benötigt werden, und weil die Unterstützung „grüner Industrien", die helfen
könnten die Umwelt und damit unsere Lebensgrundlage zu retten, nicht aus-
reichte.

Alles in allem war der Umgang mit der Krise schädlich für eine langfristige
gesunde wirtschaftliche Entwicklung. Gallup berichtet am Ende des Jahres
2010, dass die Amerikaner „schlechter Stimmung" wären, da nur 17% der
Bevölkerung damit zufrieden wären, wie die Dinge liefen.[40] Die Bereiche, die
als größte Quelle der Unzufriedenheit gesehen wurden, waren die Wirtschaft
(30%) und die Arbeitslosigkeit (24%).

In einem engagierten Artikel kommt Jeffrey Sachs zu dem Schluss, dass die
Krise ein Höhepunkt der über einen längeren Zeitraum verpatzten makroökonomischen Politik war: „Der Crash des Jahres 2008 zeigt die eklatanten
Mängel im Herzen der makroökonomischen Politik ... in den Vereinigten
Staaten auf ... Die amerikanischen Vertreter des Ancien Régime hoffen, dass
ein paar oberflächliche Korrekturen uns auf unseren Weg [des Wirtschafts-
wachstums] zurückführen. Dies wird nicht passieren. Nachhaltiger und breit
gestreuter zukünftiger Wohlstand erfordert grundlegende Reformen in der
globalen makroökonomischen Steuerung und neue Wege des Denkens in der
makroökonomischen Wissenschaft ... Doch alles wie bisher seinen Gang gehen

---

[40] Jeffrey M. Jones, „In U.S., Satisfaction Dips to 17 Percent at Year's End", *Gallup*,
20. Dezember 2010.

zu lassen, könnte sich als katastrophal erweisen ..."[41] Im Gegensatz zu Sachs' Vorschlag, verbreitet die Politik von Obamas Summers/Geithner/Bernanke-Wirtschaftsteam eine Aura, die das alte ökonomische Denken beibehält: den Weg des geringsten Widerstandes gehen durch möglichst sofortige Stützung des Bankensystems um jeden Preis und das Bankensystem unversehrt lassen, sodass die Banken wieder mit der Kreditvergabe starten können, und gleichzeitig die Wirtschaft nach keynesianischem Rezept ankurbeln, damit sie wie im Lehrbuchmodell wieder läuft. Während die Fed ein paar Lehren aus der Krise von 1929 gezogen hat, war sie nicht in der Lage, sie ausreichend den heutigen Herausforderungen anzupassen.

Am Ende entschloss sich Bernanke, die heutigen Kämpfe mit den gestrigen Strategien auszufechten. Getreu seinem Versprechen an Milton Friedman, ließ Bernanke 3,7 Billionen Dollar drucken, was eine Vermögensblase verursachte – aber wer zählt schon mit?[42] Darüber hinaus war der Zinssatz von null Prozent genau der richtige, sodass die Banken nicht nur wiederbelebt wurden, sondern dank des unbegrenzten Vorrats an billigem Geld von Uncle Sam wieder zu alter Stärke zurückfanden. Folglich konnten die Finanzbosse weiterhin ihre gigantischen Boni beziehen, seit dem Platzen der Blase rund 80 Milliarden Dollar, während der Rest von uns am Ende für ihre toxischen Vermögenswerte, das berüchtigte „Cash for Trash"-Programm, zahlen musste.[43] Und die Zwangsräumung der Plebejer wurde fortgesetzt, wie in früheren Epochen durch Metaphern gerechtfertigt und nicht durch Sachargumente.

Dies war jedoch von Anfang an eine Strategie, mit der man nicht gewinnen konnte. Die Obama-Wall-Street-Allianz veränderte die Dynamik des Gesellschaftsvertrags radikal und war nur sinnvoll, solange die Wall Street Uncle Sams Unterstützung benötigte. Sobald sie jedoch wieder auf eigenen Füßen stehen konnten, unternahmen die Herren der Finanzwelt alles, um die Bemühungen, sie zu regulieren, zu untergraben. Offenbar hatte niemand in der Regierung sorgfältig genug Machiavellis „Der Fürst" gelesen, um vorwegzunehmen, wie man seine Gegner behandelt, wenn sie überflüssig werden. Als Ergebnis bleiben die systemrelevanten Banken im Grunde unverändert und die Kreditvergabe blieb begrenzt.[44] Geithner musste ehrerbietig die Finanzgötter anflehen, die wirtschaftliche Erholung zu unterstützen, während der

---

[41] Jeffrey Sachs, „Rethinking Macroeconomics", *Capitalism and Society* 4 (2009) 3: S. 1-9. Bill McGuire, „Fed Loaned Banks Trillions in Bailout, Bloomberg Reports", *ABC News*, 28. November 2011.

[42] McGuire, „Fed Loaned Banks Trillions in Bailout".

[43] Paul Krugman, „Financial Policy Despair", *The New York Times*, 22. März 2009.

[44] Simon Johnson sagt, dass das Versprechen, keine Banken mehr zu retten, nicht glaubwürdig ist. Simon Johnson, „Could Goldman Sachs Fail?", *Baseline Scenario*, 14. April 2011.

Präsident mit erbärmlicher Rhetorik predigte, „… dass die Kreditgeber der Nation, die von den Steuerzahlern in der Krise unterstützt wurden, durch Kreditvergabe an kleine, sich in der Kreditklemme befindliche Unternehmen ‚ihre Verantwortung erfüllen' müssen."

Krugmans ironischer Appell für die Rückkehr zum „langweiligen Bankgeschäft" blieb unbeachtet.[45] So blieben die Mega-Banken in den Händen zwanghafter Spieler, die so reuelos wie immer waren, aber nicht scharf darauf, der Wirtschaft aus ihrer Krise zu helfen. Credit Default Swaps waren viel spannender – können aber auch schiefgehen: Kürzlich schrumpfte der Berg von Chips von JP Morgan um sechs Milliarden Dollar.

Die stark expansive Konjunkturpolitik hatte auch eine Achillesferse. Nobelpreisträger Krugman hat wiederholt darauf hingewiesen, dass das Konjunkturpaket gegenüber dem „weit über zwei Billionen Dollar großen Loch in der Wirtschaft"[46] zu klein war, über zwei Jahre gestreckt wurde und zur Hälfte aus lahmen Steuererleichterungen bestand, die vor allem den Reichen zugute kamen, die diese Steuerersparnisse nicht in dem Umfang in den USA ausgeben würden, wie es nötig wäre, damit es einen signifikanten Multiplikatoreffekt gehabt hätte. Oft kann zu wenig Medizin – wie zum Beispiel eine halbe Dosis Antibiotika – schlimmer sein als überhaupt gar keine Medizin. Sie macht nur die Bakterien widerstandsfähiger und ist daher kontraproduktiv. Die einzige langfristige Wirkung des amerikanischen Stimuluspakets von 2009 war, dass der Keynesianismus diskreditiert wurde. Darüber hinaus klingen 787.000.000.000 Dollar wie ein Haufen Geld, das aus dem Fenster geworfen wurde, da wenig sichtbar Gutes bewirkt wurde und die kontrafaktischen Argumente hohl klangen. Die allgemeine Ernüchterung führte zur Bildung der pseudo-populistischen und staatsfeindlichen Tea-Party-Bewegung, was beweist, dass schlechte Wirtschaftslehre und schlechte Politik zwei Seiten einer gefälschten Münze sind.

Summa summarum beruhte die Wirtschaftspolitik nicht nur auf falschen Annahmen, sondern wurde auch falsch verstanden und schlecht und nicht ausreichend aufeinander abgestimmt konzipiert. Sie war auch politisch wirkungslos und strategisch naiv. Angesichts eines so schwachen Gegners begannen die Republikaner eine aufsässige Blockadepolitik, die alles noch verschlimmerte. Darüber hinaus betrachtete die Mehrheit der Bevölkerung die wirtschaftspolitischen Maßnahmen als ungerecht, da sie offensichtlich die Verteilung des Wohlstands von unten nach oben noch weiter beschleunig-

[45] Paul Krugman, „Making Banking Boring", *The New York Times*, 9. April 2009.

[46] „Paul Krugman: Stimulus Too Small, Second Package Likely (VIDEO)", Huffington Post, geposted am 20. März 2009, URL: www.huffingtonpost.com/2009/02/17/paul-krugman-stimulus-too_n_167721.html.

ten.[47] So wurde der Gesellschaftsvertrag, das heißt die Grundlage des Kapitalismus, noch weiter ausgehöhlt: Niemand konnte sich wirklich vorstellen, dass die Bundesregierung den Mut haben würde, das oberste Prozent mit einer solch dreisten Missachtung des Rests der Bevölkerung zu begünstigen.

Zwar hat die Strategie des Dreigestirns den freien Fall der Wirtschaft gestoppt, aber auf Kosten jedweder Chancen für echte Reformen und der Aussicht auf eine solide langfristige Erholung. Obwohl das reale Bruttoinlandsprodukt (BIP) wieder zunahm, wie Geithner, Bernanke und Summers nicht müde wurden zu betonen, wuchs die Bevölkerung ebenfalls, sodass das reale BIP pro Kopf sechs Jahre später den bisherigen Höchststand vom vierten Quartal 2007 noch nicht erreicht hatte (Abb. 15.1).[48] Das BIP ist noch 1,2 Billionen Dollar niedriger, als sein langfristiger Wachstumspfad suggerieren würde. Kein Wunder, dass die sogenannte wirtschaftliche Erholung sich, in Krugmans Worten, wie eine „säuerliche Wirtschaft" anfühlt.[49]

Abb. 15.1: U.S.-Bruttoinlandsprodukt pro Kopf (Dollar)

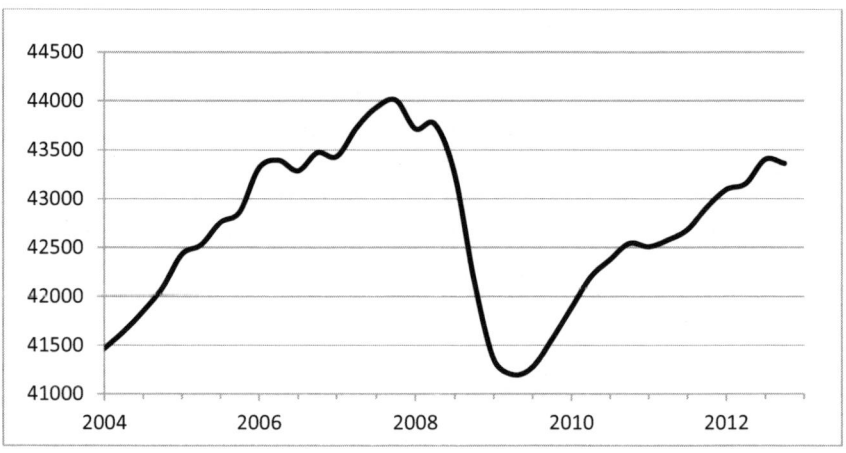

Die Trickle-down-Rettungsaktionen[50] scheiterten kläglich, obwohl sie kurzfristig gesehen eine Depression abgewendet haben. Sie schufen ein Wirtschaftssystem, das sich auf dem besten Weg befindet, dem verlorenen Jahrzehnt von

[47] John Rawls, *A Theory of Justice* (Cambridge, MA: Harvard University Press, 1971).

[48] U.S. Department of Commerce, United States Census Bureau, 2010 „Population Estimates. National Intercensal Estimates (2000-2010)"; U.S. Department of Commerce, Bureau of Economic Analysis, „National Economic Accounts 2011".

[49] Paul Krugman, *End This Depression Now!* (New York: W.W. Norton, 2012).

[50] Auch Pferdeäpfel-Theorie genannt.

Japan zu ähneln. Darüber hinaus unterstützt es den Geltungskonsum der Finanzelite mit Billionen von Dollar, während gleichzeitig Millionen von Menschen am unteren Ende der Gesellschaft mit einem Butterbrot abgespeist oder schlimmstenfalls ganz vernachlässigt werden.

Die weit verbreitete Weisheit ist, dass die Billionen für die Banken eine absolute Notwendigkeit waren, um den „Sturz von der Klippe" zu vermeiden, dass das Leid aller jetzt sogar noch größer wäre, wenn wir nichts getan hätten. In Timothy Geithners Worten: „Wenn wir nicht das Feuer [des drohenden Konkurses der AIG] gelöscht hätten ..., wäre es zu einem Flächenbrand gekommen ... Schauen Sie sich nicht nur die Auswirkungen auf die Ersparnisse der Amerikaner an, die um über 10 Billionen US-Dollar fielen, sondern auch die Tausende von Unternehmen, die schließen mussten, und die Millionen von Arbeitnehmern, die entlassen wurden."[51] Es herrschte kein Mangel an Metaphern, sondern nur einer an gesundem Menschenverstand.[52] Das Paulson/Bernanke/Geithner/Summers-Team[53] scheint vergessen zu haben, dass nichts zu tun nicht die einzige Alternative zu Rettung der AIG und der Wall Street war. Wir hätten ohne Weiteres die Main Street durch die Verstaatlichung der Banken retten können.

Den Bankiers die Aufgabe zu überlassen, „dem amerikanischen Volk zu helfen", war naiv. Selbst konservative Republikaner wie Alan Greenspan waren einer anderen Strategie gegenüber, der Verstaatlichung der riesigen bankrotten Banken, nicht abgeneigt. Greenspan hat tatsächlich gesagt, dass „... es notwendig sein kann, einige Banken vorübergehend zu verstaatlichen, um eine rasche und geordnete Umstrukturierung zu erleichtern."[54] Auch Stiglitz[55] sprach sich, ebenso wie Roubini, dafür aus: „... man übernimmt Banken, bringt sie in Ordnung und verkauft sie so schnell wie möglich wieder an den

---

[51] Timothy Geithner, „Secretary Geithner's Testimony on AIG", *RealClearPolitics*, 27. Januar 2010.

[52] „Wenn das Haus des Nachbars brennt, fragt man nicht, wessen Schuld es war" war eine der ständig wiederholten Metaphern.

[53] Laurence Summers, Gelegenheitsakademiker, half den Glass-Steagall Act, der dem Finanzsystem zu sechs Jahrzehnten der Stabilität verhalf, abzuschaffen, wetterte gegen die Regulierung von Derivaten wie Credit-Default-Swaps und hat Brookeley Born kaltblütig ausgetrickst. Summers wurde von den Herren der Finanzmärkte fürstlich dafür entlohnt, dass er es ihnen ermöglichte, uns zu schikanieren: Goldman Sachs zahlte ihm für eine Rede allein 135.000 Dollar. Kein Wunder, dass er einen Reichtum von 25 Millionen Dollar anhäufen konnte. Philip Rucker und Joe Stephens, „White House Economics Aide Summers Discloses Income", *Washington Post*, 4. April 2009.

[54] Tunku Varadaraja, „‚Nationalize' the Banks: Dr. Doom Says a Takeover and Resale Is the Market-Friendly Solution", *The Wall Street Journal*, 21. Februar 2009.

[55] „Stiglitz: Temporary Nationalization Necessary to Save Troubled Banks", YouTube video, gepostet von „ColumbiaBusiness", 19. Februar 2009.

privaten Sektor, sodass es klar ist, dass dies [die Verstaatlichung] eine temporäre [Lösung] ist … Die Idee ist nicht attraktiv, dass die Regierung Billionen
von Dollar berappt in dem Versuch, die Finanzinstitute zu retten, und dass
sie dem schlechten Geld noch mehr Geld hinterherwirft, weil dann die fiskali-
schen Kosten viel höher sind. Daher ist die Verstaatlichung nicht als etwas
Bolschewistisches zu sehen, sondern sie ist pragmatisch … Der Vorschlag ist
marktfreundlicher als die Alternative in Form von Zombie-Banken."[56]

Die Verstaatlichung hätte immense Vorteile gehabt: Es würde keine systemrelevanten Banken mehr geben und daher kein systemisches Risiko, keine
Rettungspakete, keinen Moral Hazard und keine Tea Party, keine Zwangsversteigerungen und somit keine faulen Vermögenswerte. Am wichtigsten: Präsident Obama hätte die Banken per Dekret zwingen können, wieder Kredite
zu vergeben, von Zahlungsausfall betroffene Hypotheken umzustrukturieren
und die Zwangsräumungen von Häusern zu unterbinden. Dann hätten die
Steuerzahler die Boni der Banker zusammenstreichen können und wir hätten
Manager einsetzen können, die die Main Street gerettet hätten. Anstatt Banken
Kredite zu Nullzinsen zu gewähren, hätten die verstaatlichten Banken problematische Hypotheken zu einem nominalen Zinssatz refinanzieren können.[57]
Hypothekarisch gesicherte Verpflichtungen wären nicht mehr faul gewesen.
Es hätte nur wenige Zwangsversteigerungen gegeben und alle damit verbundenen Probleme hätten gemildert werden können. Jedermann und nicht die
Banken hätte von der Nullzinsfinanzierung profitiert. Die Rezession wäre viel
milder und kürzer verlaufen. Wenn die Regierung 6 Millionen Hypotheken
zu je 250.000 Dollar erworben hätte, wären die Gesamtkosten des Rettungs-
pakets lediglich 1,5 Billionen Dollar gewesen, viel weniger als die Hälfte des
derzeitigen Niveaus und mit viel größeren positiven Auswirkungen für jedermann auf der Main Street sowie für die Wirtschaft insgesamt. Ich denke, dass
hätte der erste Schritt zur Überwindung der humanen Herausforderungen
der Krise sein können.[58]

Diese Strategie hätte bedeutet, dass eine effektive Regulierung des Finanzsektors und die Wiedereinführung des Glass-Steagall Act hätten Wirklichkeit
werden können. Ein Großteil der Gewinne des Finanzsektors, eine Summe
von immerhin einer halben Billion Dollar jährlich, wäre Uncle Sam und nicht

---

[56] Varadaraja, „‚Nationalize' the Banks".

[57] „Stiglitz Says U.S. Is Paying for Failure to Nationalize Banks", *Bloomberg News*, 1. November 2009.

[58] Noch jemand, der sich für den Rettungsschirm für das Finanzsystem durch die
Unterstützung von unten aussprach, hier durch Subventionen für Hauseigentümer.
Allen H. Barton, „Letter: Another Take on ‚Why Paulson is Wrong,'" *The Economists'
Voice*, 5 (2008) S. 5: Article 9.

Leuten wie Jamie Dimon und Lloyd Blankfein (die Geschäftsführer von JP Morgan Chase und Goldman Sachs) zugeflossen. Erheben Sie eine spürbare Steuer auf Finanzgeschäfte und die „verhungernde Bestie" (d.h. der Staat) hätte der Vergangenheit angehört.

Die Folge wäre gewesen, dass Obama von den Massen bejubelt worden wäre, nicht nur als Ritter in der glänzenden Rüstung des Kapitalismus mit menschlichem Antlitz, sondern auch als bereit und in der Lage, sein Schwert zu schwingen. Die Demokraten hätten die Prügel an der Wahlurne 2010 vermieden, und die Nachwirkungen der Finanzkrise, die auch heute noch deutlich fühlbar sind, wären nichts als ein böser Traum gewesen.

Bernanke wusste sicherlich, dass ein solches Szenario in der Tat möglich war. In einem internen Vermerk der Fed wurde festgestellt, dass den Hausbesitzern zu helfen eine sinnvolle Option sei: „Die Kosten des Plans sind moderat und die Vorteile sollten nicht nur den teilnehmenden Hausbesitzern, sondern auch der Wohnungswirtschaft, den Finanzmärkten und der Wirtschaft im weiteren Sinne helfen."[59] Aber er und Geithner fanden es bequemer, die Billionen den gleichen Finanziers zu übertragen, deren Gier die Ursache für das ganze Schlamassel war. Fünf Jahre nach der Krise scheint die Rettung der Main Street politisch und wirtschaftlich viel wünschenswerter, als es die Rettung der Wall Street gewesen wäre. Schließlich gibt es immer noch zu viel endemische Arbeitslosigkeit und Unterbeschäftigung und in Washington ein gefährliches politisches Patt.

Um die grundlegenden Strukturreformen umzusetzen, die dringend benötigt wurden, hätte das Land einen Präsidenten mit unerschütterlichem Selbstvertrauen gebraucht, unterstützt von einem kreativen Team von Experten, und sicher nicht das Bernanke/Geithner/Summers-Triumvirat mit seiner schweren Last von Fehlern aus der Vergangenheit. Stattdessen hatten die USA einen Präsidenten, der nur allzu bereit und willens war nachzugeben, wenn Banker oder Republikaner ihn zwangen, Farbe zu bekennen,. Man kann die tiefgreifenden strukturellen Ungleichgewichte der US-Wirtschaft nicht beseitigen, wenn man nicht bereit ist, mit harten Bandagen zu kämpfen. Die Wirtschaft ist pfadabhängig: Ihre Institutionen sowie die Dynamik der sozialen, kulturellen und politischen Prozesse, in denen sie eingebettet ist, können nicht einfach transformiert werden. Mit der oben beschriebenen Strategie und Politik hätte aus dem Turbokapitalismus ein humanistischer Kapitalismus werden können. Dazu hätten wir aber einen Präsidenten gebraucht, der die Stärke

---

[59] Chris Foote, Jeff Fuhrer, Eileen Mauskopf und Paul Willen, „A Proposal to Help Distressed Homeowners: A Government Payment-Sharing Plan", Federal Reserve Bank of Boston, Public Policy Brief No. 09-1, zuletzt geändert am 9. Juli 2009; Allen H. Barton, „Letter".

von Lincoln mit der listigen Durchtriebenheit und dem Selbstvertrauen von Franklin Roosevelt oder Lyndon Johnson vereint. Stattdessen entschied sich Präsident Obama tapfer, die Banker vor den Mistgabeln zu schützen.[60]

Das war kaum ein Zufall: Der Präsident und seine Regierung verkörpern die vorherrschende Kultur der Ungeduld. Der konservative Soziologe Daniel Bell argumentierte vor mehr als einer Generation, dass der Kapitalismus eine Kultur schafft, die auf sofortige Bedürfnisbefriedigung ausgerichtet ist, was langsam aber sicher die protestantische Arbeitsethik untergräbt, die von grundlegender Bedeutung für den Erfolg des Kapitalismus war. Im Jahr 1976 sah er frühzeitig, dass es ein „Problem bei der Verwaltung eines komplexen Gemeinwesens gibt, wenn die Werte der Gesellschaft hemmungslose Gier betonen. Die Widersprüche, die ich im zeitgenössischen Kapitalismus sehe, leiten sich ... von dem Einfluss des Hedonismus ab, der der vorherrschende Wert in unserer Gesellschaft geworden ist."[61] Eine solche Gesellschaft findet es schwer, langfristige Pläne zu machen, die so dringend benötigt werden, um Amerikas makroökonomisches Unbehagen des 21. Jahrhunderts zu überwinden.

Kapitelzusammenfassung

Die Finanzkrise von 2008 war eines der bedeutsamsten Ereignisse in der Geschichte der Menschheit. Stiglitz verglich es mit dem Fall der Berliner Mauer.[62] Sie wurde zur traurigen Realität, weil Alan Greenspan, Ben Bernanke und andere Machtinhaber töricht die Warnungen im Vorfeld der Krise missachtet haben, die von einer großen Zahl von Ökonomen wie Dean Baker, Paul Krugman, Hyman Minsky, Raghuram Rajan, Nouriel Roubini und Robert Shiller, um nur einige zu nennen, geäußert wurden. Mit anderen Worten, es war einfach nicht wahr, dass niemand die drohenden Probleme kommen sah. Die Mächtigen waren nur einfach nicht bereit, zuzuhören und unvoreingenommen zu sein.

Die Große Rezession, die dem Zusammenbruch des Finanzsystems in 2008 folgte, wird so viel Bedeutung auf die Entwicklung der Weltwirtschaft haben wie es die Große Depression in den 1930er Jahren hatte. Die Große Depression beendete im Wesentlichen den klassischen Kapitalismus, in dem die Regierung kaum einen Einfluss auf die Wirtschaftstätigkeit hatte. Nach 1929 war es

---

[60] Lindsey Ellerson, „Obama to Bankers: I'm Standing ‚Between You and the Pitchforks'", *ABC News*, 3. April 2009.

[61] Daniel Bell, *The Cultural Contradictions of Capitalism* (New York: Basic Books, 1976).

[62] Joseph Stiglitz, „Market Fundamentalism Is Dead", YouTube video, gepostet von „ForaTV", 10. November 2008.

klar, dass Märkte sich nicht selbst korrigieren und staatliche Aufsicht und Unterstützung der Fiskal- und Geldpolitik erfordern. Genauso beendete die Große Rezession die Ära, in der der „American Dream" noch für einen großen Teil der Gesellschaft erreichbar war. Wir stehen jetzt an der Schwelle zu einer neuen Ära mit dem Aufstieg und der Dynamik der Wirtschaften Chinas, Indiens und anderer Schwellenländer wie Brasilien. Die Hegemonie der US-Wirtschaft ist Vergangenheit. Was bleibt, ist eine Wirtschaft, in der es der Hälfte der Bevölkerung ganz gut und einem Prozent der Bevölkerung sogar extrem gut geht, während der Rest darum kämpft, über die Runden zu kommen. Es fehlt an kreativen Ideen, wie man diese unausgeglichene Wirtschaft in eine verwandeln kann, die integrativ ist und ein menschenwürdiges Leben für alle ermöglicht. Der Zweck dieses Buches ist es, ein Feuer in den Köpfen der Leser zu entzünden, damit sie sich einen Kapitalismus mit menschlichem Antlitz vorstellen können, sodass die nächste Krise nicht verschwendet wird und wir ein paar progressive Ideen parat haben, um uns den Herausforderungen der Zukunft zu stellen.

Fazit

16 Über den Tellerrand hinausschauen

„Wir können Demokratie haben,
oder wir können Reichtum in den Händen weniger konzentriert haben,
aber wir können nicht beides haben."
Louis Brandeis,
Richter am Obersten Gerichtshof der Vereinigten Staaten (1916-1939)[1]

Während die herkömmlichen Lehrbücher Hymnen auf Adam Smiths unsichtbare Hand singen, betont dieses Buch Aspekte der real existierenden Märkte, deren Ergebnisse wesentlich von den Vorhersagen der oft verwendeten theoretischen Modelle abweichen. Ohne gut durchdachte Anreizstrukturen und verlässliche und effiziente Institutionen neigen Märkte in der realen Welt dazu, ineffizient und instabil zu sein und die wirtschaftliche Ungleichheit zu vergrößern. Ohne angemessene Kontrolle und Struktur führen reale Märkte zu enttäuschenden, oft chaotischen und für die Gesellschaft potenziell gefährlichen Ergebnissen. Die Idee, dass die Märkte durch spontane Ordnung entstehen, ist blanker Unsinn. In Wirklichkeit entstehen Märkte durch „Blut und Eisen" und beginnen zu funktionieren, sobald die Waffen ruhen und Institutionen geschaffen werden, die die Marktteilnehmer intelligent regulieren. Imperialismus in Afrika, Revolutionen in der arabischen Welt, die Vernichtung der Kultur der Indianer und ihre Deportation in Reservate, die Umstrukturierung des amerikanischen Arbeitsmarkts durch den Bürgerkrieg, blutige Streiks in den 1930er Jahren, die Gründung der EU, nachdem Millionen von Menschen im Kampf um den Besitz von Land gestorben waren – die Liste ist endlos. Freie Märkte haben nie lange existiert und können nicht wirklich existieren, weil opportunistisches Verhalten – in Kombination mit militärischen, finanziellen oder durch korrupte Polizeimacht bedingten Machtstrukturen in Abwesenheit von starken institutionellen Strukturen – Korruption und Selbstbedienung auf Kosten der Gesellschaft bewirkt. Im Laufe der Zeit hat die Menschheit gelernt, dass Märkte ohne eine schützende Struktur nicht funktionieren.

---

[1] Wie von Raymond Lonergan zitiert aus Irving Dillard, Hrsg., *Mr. Justice Brandeis, Great American* (St. Louis, MO: Modern View Press, 1941), S. 42.

Dies wird besonders in der heutigen globalen Wirtschaft deutlich, in der der Grad der Komplexität eine große Herausforderung an unsere Fähigkeit darstellt, durch das Wirtschaftssystem zu navigieren. Dies wiederum bedeutet, dass zu viele Risiken die Entstehung instabiler Situationen fördern und dass diese Achillesfersen der Märkte akzeptable Ergebnisse verhindern. Dazu gehören die großen Herausforderungen unserer Zeit wie unvollkommene Informationen, opportunistisches Verhalten, heterogene kognitive Fähigkeiten, negative Externalitäten, mangelnde Sicherheit, nicht vorhandene Märkte, Transaktionskosten, Nachhaltigkeit, Oligopole, Monopole, die Notwendigkeit, Kinder zu schützen und Machtungleichgewichte zu verhindern, fehlende Rationalität und die ungleiche Verteilung von Reichtum. Das sind genau die Themen, die Einführungslehrbücher in der Regel verschweigen. In den meisten Fällen verschweigen die herkömmlichen Lehrbücher die wichtigen Durchbrüche der nobelpreisgekrönten Ökonomen Herbert Simon (Satisfizierung), Amartya Sen (Wohlfahrtsökonomie), George Akerlof (asymmetrische Information), Michael Spence (Signaling), Joseph Stiglitz (unvollkommene Information), Daniel Kahneman (begrenzte Rationalität), Paul Krugman (neue Handelstheorie) und Oliver Williamson (Transaktionskosten) oder erwähnen sie nur ganz am Rande.

Es ist einfach falsch, dass diese Themen aufgrund ihrer Komplexität oder wegen Zeitmangels nicht in den Einführungsvorlesungen behandelt werden können. In der Tat ist es außerordentlich wichtig, diese Themen an den Anfang des wirtschaftlichen Studiums zu stellen, da Studenten sonst ein völlig verzerrtes Bild von der Art und Weise gewinnen, wie reale Märkte funktionieren und wie die Früchte der wirtschaftlichen Produktion verteilt werden. Dieser Band ergänzt die Standardtexte, da er alle diese wichtigen Themen behandelt. Er ist im Vergleich zu den herkömmlichen Lehrbüchern, was die Ingenieurswissenschaft im Vergleich zur theoretischen Physik ist. In der theoretischen Physik werden Modelle ohne Schwerkraft und ohne Reibung behandelt, aber Ingenieure müssen diese berücksichtigen, da sonst die Autos, die sie entwickeln, kaum fahren würden. Dieses Buch befürwortet eine Alltagsökonomie, die über den Ansatz der grundlegenden theoretischen Modelle hinausgeht, ist also quasi das Herangehen eines Ingenieurs an die Wirtschaft. Dies erfordert, dass die Wirtschaft sich mehr zu einer experimentellen Wissenschaft entwickelt, das heißt eine mehr induktive und weniger deduktive Disziplin wird.

Um die Einführung in die Wirtschaftswissenschaften angemessen zu unterrichten, müssen wir mehr empirische Evidenz in unsere Lehre integrieren und von Anfang an anerkennen, dass es unmöglich ist, Ideologie und Werturteile aus unserer Modellwelt zu verbannen. Ein Grund dafür ist, dass die Perspektive, aus der wir wirtschaftliche Wechselwirkungen wahrnehmen, zwangsläufig von unseren eigenen Werten abhängt, die in unsere Kultur und unser Weltbild eingebettet sind. Die einzige Möglichkeit, präziser und weniger ideologisch zu sein, ist es, die empirische Basis unserer Disziplin zu verbessern. Ein weiteres Argument für diesen Paradigmenwechsel ist, dass die Ökonomie untrennbar mit der politischen und der Moralphilosophie sowie der Soziologie verflochten ist, was zu einer weiteren Dimension der ideologischen Vorausveranlagung innerhalb der Disziplin führt.

Ökonomen neigen dazu, viele Werturteile zu treffen: Es ist offensichtlich, dass wir Wert auf Effizienz legen, und es scheint keiner weiteren Erklärung zu bedürfen, dass wir Wirtschaftswachstum wollen. Dies sind angeblich universelle Werte. Allerdings sollte man anerkennen, dass Gerechtigkeit, Nachhaltigkeit und eine gerechte Verteilung der wirtschaftlichen Erträge von vielen als wichtiger betrachtet wird als Effizienz und Wachstum. Die meisten Ökonomen glauben an einen Kompromiss zwischen Gerechtigkeit und Effizienz, während andere die Welt nicht so sehen und glauben, dass Gerechtigkeit viel wichtiger ist als Effizienz bzw. dass die Gerechtigkeit selbst effizient sei.

Es ist notwendig, dass künftige Einführungskurse in die Wirtschaftswissenschaften offen die Endogenität unseres Geschmacks, der Kultur und der Nutzenfunktion sowie die Bedeutung des Freud'schen Unbewussten und der Pawlow'schen Konditionierung in unseren Entscheidungsprozessen anerkennen. Erst wenn sie dies tun, können wir damit anfangen, uns zu verteidigen und vor allem unsere Kinder, zumindest teilweise, vor der Einflussnahme der Unternehmenswelt zu schützen. Wenn unsere moralischen Werte nicht richtig sind, können die Preise nicht stimmen. Darüber hinaus muss in den Einführungsveranstaltungen von der Betonung vollkommener Wettbewerbsmärkte, die in der heutigen, von marktbeherrschenden Firmen dominierten Wirtschaft aus praktischer Sicht irrelevant sind, Abstand genommen werden. Vielmehr sollten sich unsere Kurse in ihrer Analyse besonders auf oligopolistische und monopolistische Marktstrukturen konzentrieren.

Solche zukünftigen Kurse müssen betonen, dass die heutigen marktbeherrschenden Strukturen ineffizient sind. Wettbewerb allein führt in Gegenwart der oben genannten Unvollkommenheiten nicht zu effizienten Märkten. Oligopolistische und monopolistische Unternehmen sind ineffizient – das heißt, fast die gesamte Wirtschaft. Diese Unternehmen produzieren nicht die korrekten Mengen zu den richtigen Preisen. Natürlich ist auch endemische Arbeitslosigkeit ineffizient, weil sie dazu führt, dass viel produktive Energie ungenutzt bleibt, was eine enorme Verschwendung menschlicher Ressourcen darstellt. Endemische Unterbeschäftigung kostet alleine die Vereinigten Staaten rund eine halbe Billionen Dollar pro Jahr.[2]

Daher ist Marktversagen die Norm. Das, was nach Auffassung der Mehrheit der Ökonomen eine Ausnahme ist, ist eigentlich die Regel. Das Standardmodell, das wir für die Analyse der Wirtschaftspolitik verwenden sollten, ist eigentlich das Modell oligopolistischer Märkte mit unvollständiger Information, in dem Konsumenten mit Hilfe von Faustregeln und Satisfizierung Entscheidungen treffen, die von denen anderer Konsumenten abhängen und so auf endogenen Nutzenfunktionen basieren, in dem Statussucht eine erhebliche Rolle spielt und in dem Begierden künstlich sind und durch die Werbeindustrie manipuliert werden. Diese Sorte Markt ist nicht effizient, überhaupt nicht demokratisch und sehr weit von dem Modell entfernt, das Studenten in den Einführungsvorlesungen üblicherweise vermittelt bekommen.

Das Mantra des freien Marktes führte zur Schwächung der Gewerkschaften und, daraus resultierend, zum sozialen Abstieg der unteren Mittelklasse. So gewannen Großkonzerne ungebührlichen Einfluss auf die öffentliche Meinungsbildung und verfügten über ausreichend Mittel, um Politiker zu beeinflussen, die Interessen der Konzerne anstatt die der Menschen zu vertreten. Das Ergebnis haben wir klar vor Augen: große und wachsende Ungleichheit, keine wirkliche Energiepolitik, die die globale Erwärmung bekämpft, endemische und bedrohlich hohe Arbeitslosigkeit, kurz gesagt, eine wachsende Proletarisierung der Arbeiterschaft mit einem ungewöhnlich hohen Niveau der Erwerbsarmut, ein Heer von Menschen, die von Lebensmittelmarken leben, private und öffentliche Verschuldung, mangelhafte Schulen, hohe Inhaftierungsraten, Unzufriedenheit mit dem politischen System, eine große Anzahl von Drogenabhängigen und hartnäckige wirtschaftliche und politische Probleme. Ökonomen sind daran teilweise schuld, wie in dem Film *Inside Job* argumentiert wird, weil sie die intellektuelle Fundierung der Ansicht befürwortet und verbreitet haben, dass die Regulierung der Märkte überflüssig ist, dass die Märkte sich selbst überlassen effizient sind und dass die CEOs ausreichend verantwortungsbewusst und reflektiert sind, um zu wissen, was sie tun, und daher ihre exzessiven Boni verdienen. Natürlich profitieren die Mächtigen und Einflussreichen enorm von dieser Sichtweise. Berühmte Ökonomen, die diese Denkweise vertreten, verdienen Millionen durch ihre weit verbreiteten Lehrbücher, durch Berufungen in Aufsichtsräte oder durch ihre astronomischen Vortragshonorare.

---

[2] Dies schließt Teilzeitbeschäftigte ein, die gerne Vollzeit arbeiten würden, und auch diejenigen, die den Arbeitsmarkt mangels Aussicht auf Beschäftigung verlassen haben. Nicht eingeschlossen sind die ungenutzten Kapazitäten des Kapitalstocks, das würde die Unterproduktion um weitere 300 Milliarden Dollar erhöhen.

Die Laissez-faire-Ideologie als dominantes Paradigma ist nicht verteilungs- oder machtneutral. Sie stellt eine enorme Hilfe für die leistungsfähigen, gut ausgebildeten, durch Geburt privilegierten, talentierten, schönen und intelligenten Menschen dar, ebenso für diejenigen, die im richtigen Schulbezirk wohnen, die ein Vermögen erben oder die richtigen Freunde und Verbindungen zu den Zentren der Macht haben. Doch für diejenigen, die keinen dieser Vorteile nutzen können, um im Arbeitsmarkt Erfolg zu haben und Aufstiegschancen zu erhalten, und für die, die ihre Familien „falsch ausgewählt" haben, wird Laissez-faire-Ökonomie zu einem gnadenlosen und grausamen System, das sie in der Unterschicht gefangen hält und zu einem Teufelskreis der Armut verurteilt, der zu absoluter und relativer Deprivation, Ausgrenzung aus dem Arbeitsmarkt und allzu oft zu Kriminalität führt. Die Unverletzlichkeit des Privateigentums zu betonen und die richtigen Leistungsanreize zu schaffen, hilft nicht denen, die weder besonders schön noch talentiert sind, in einem schlechten Schulbezirk leben und wenig oder gar keine Ausbildung haben, also denjenigen, die nicht privilegiert sind. Individuelle Verantwortung ist kein nützliches Konzept für jemanden, der in einem Slum voller Kriminalität, Armut und Entbehrung aufgewachsen ist, oder für jemanden, der gerade seinen Job in einem Alter verloren hat, in dem eine Umschulung nicht mehr möglich ist. Dass die Zahl der Selbstmorde unter den Männern in den Fünfzigern zwischen 1999 und 2010 um fast 50% gestiegen ist, ist ein deutlicher Hinweis auf die Verzweiflung der Menschen, die in einer gleichgültigen Wirtschaftsordnung leben müssen.[3]

Wir müssen daher Ideen der Verteilungsgerechtigkeit in die wirtschaftswissenschaftlichen Einführungskurse integrieren, besonders was die Vorstandsgehälter betrifft. Wir sollten uns der Tatsache bewusst sein, dass die astronomischen Steigerungsraten der Gehälter der CEOs nicht auf Marktkräfte zurückzuführen sind, sondern auf die Fähigkeit der CEOs, sich mit Hilfe der institutionellen Struktur der Unternehmensführung dem Wettbewerb zu entziehen. Ihre Gehälter werden nicht von ihren Arbeitgebern, also den Aktionären, sondern von Mittelsmännern bestimmt, die keine Anreize haben, das Grenzprodukt der CEOs akkurat zu messen.[4] Wir sollten auch anerkennen, dass Macht ein entscheidender Faktor in der Wirtschaft ist und dass sie in den herkömmlichen Lehrbüchern vollständig unberücksichtigt bleibt. Marktmacht, Wirtschaftsmacht und politische Macht sind äußerst wichtige Determinanten bei der Gestaltung der institutionellen Rahmenbe-

---

[3] Tara Parker-Pope, „Suicide Rates Rise Sharply in U.S". *The New York Times*, 2. Mai 2013.
[4] Ungefähr 42% des oberen Managements und der Geschäftsführer wussten von Fällen in ihrer Firma, in denen Gewinne im vorherigen Jahr übertrieben wurden. Floyd Norris, „A Troubling Survey on Global Corruption", *The New York Times*, 17. Mai 2013.

dingungen, die letztendlich die Verteilung von Einkommen, Reichtum und Privileg bestimmen.

Die Standardbehandlung der Märkte verlässt sich zu sehr auf die Dynamik von Angebot und Nachfrage, um den richtigen Preis der Güter zu bestimmen, und suggeriert, dass es, wenn die Preise über dem Marktgleichgewicht liegen, ein Überangebot gibt, was wiederum Druck auf die Preise ausübt, bis sie auf das Gleichgewichtsniveau fallen. Aber der größte Teil der heutigen Wirtschaft befindet sich nicht im vollkommenen Wettbewerb, sondern besteht aus Monopolen und Oligopolen, die keine Angebotskurve haben. Anders, als es das Modell des vollkommenen Wettbewerbs voraussagen würde, beseitigt selbst Konkurrenz zwischen ihnen die Gewinne nicht vollständig. In solchen Marktstrukturen wird nicht unbedingt ein effizientes Gleichgewicht erreicht. Unternehmen haben Marktmacht und verwenden sie, um ihre Gewinne zu steigern. Apple Inc. erzielt beispielsweise trotz des brutalen Wettbewerbs nach wie vor immense Gewinne. Anstatt durch Preise zu konkurrieren, differenziert Apple seine Produkte mit neuen Funktionen und Design. Im Jahr 2013 kostete ein iPhone von Apple 649 Dollar (ohne Vertrag), während 2007 die erste Version 500 Dollar kostete. Dies sind natürlich verschiedene Modelle mit unterschiedlichen Funktionen, aber sie sind beide stilvolle Smartphones. So muss man trotz zunehmenden Wettbewerbs im Markt für Smartphones heute etwa 30% mehr für das Recht zahlen, mit dem Besitz der neuesten Technologie anzugeben. Es ist für seinen Wert als Geltungskonsumgut hoch begehrt. Dadurch, dass Apple nicht über den Preis, sondern über neue Anwendungen konkurriert, liegt Apples Gewinnspanne bei etwa 40% des Verkaufspreises. Der iPhone-Markt zeigt, dass die Dynamik von Angebot und Nachfrage in oligopolistischen Märkten nicht den Standardmodellen der Lehrbücher entspricht. Darüber hinaus wenden Oligopole Unsummen für Werbung auf, um unseren Geschmack, unsere Kultur und unsere Einkaufsgewohnheiten, das heißt unseren Lebensstil, beginnend mit unserer Kindheit entscheidend zu beeinflussen. Zum Beispiel hat Apple für Werbung für das iPhone seit seiner Markteinführung 2007 rund 650 Millionen Dollar ausgegeben.

Ein weiteres und oft übersehenes Problem ist, dass hohe Preise zu einer positiven Rückkopplungsschleife führen können, wie wir in der jüngsten Immobilienkrise gesehen haben. In diesem Fall sahen Investoren hohe und steigende Immobilienpreise als Zeichen dafür an, dass die Preise weiter steigen würden, was falsche Erwartungen und eine systematische Fehlbewertung von Immobilien zur Folge hatte und letztlich die größte Blase der Menschheitsgeschichte geschaffen hat. So sind die Gesetze von Angebot und Nachfrage allzu oft nicht in der Lage – wie in den Standardlehrbüchern dargestellt –, zum Nirwana der freien Märkte zu führen.

Die ebenfalls in diesem Buch vorgestellte Verhaltensökonomie wird als die nächste Entwicklungsstufe der Volkswirtschaftslehre gesehen. Durch die Erforschung der Grenzen der Rationalität formuliert sie die psychologischen Grundlagen einer neuen Mikro- und Makroökonomie. Sie ersetzt das Modell des rationalen und nutzenmaximierenden Agenten mit Modellen von Satisfizierung, Heuristiken oder begrenzter Rationalität und impliziert, dass unsere kognitiven Defizite häufig zu ineffizienten Ergebnissen führen. Wir verwenden häufig Faustregeln anstelle von komplexen logischen Regeln, um Entscheidungen zu treffen. Als Konsumenten leiden wir oft unter Statusstreben und folgen der Masse. Wir verwenden relatives Einkommen anstelle von absolutem Einkommen, um unseren Nutzen zu messen. Als Investoren reagieren wir oft zu viel oder zu wenig auf sich ändernde Bedingungen. Auch sind wir anfällig für eine Vielzahl von kognitiven Bias: Wir haben Schwierigkeiten, Risiken und Unsicherheiten zu verstehen und abzuschätzen, wir sind in der Regel nicht gut in der Zukunftsplanung und wir sind oft zu optimistisch.

Die Vorhersagekraft der herkömmlichen Ökonomie ist minimal. Sechs große Widersprüche der aktuellen Lehrmeinung zeigen, dass die ökonomische Theorie in der Krise ist und dass ein Paradigmenwechsel notwendig ist:

(1) Die Wirtschaft war trotz des immensen Anstiegs der Einkommen und Vermögen seit dem Zweiten Weltkrieg nicht in der Lage, die Lebensqualität der meisten US-Bürger zu steigern. Vor allem entzieht sich uns das emotionale Wohlbefinden. Ein größerer Anteil der amerikanischen Bevölkerung als je zuvor nutzt Antidepressiva oder sitzt im Gefängnis. Ein größerer Teil der Bevölkerung als zu irgendeinem Zeitpunkt seit den 1960er Jahren lebt in Armut. Das mittlere Haushaltseinkommen ist seit 14 Jahren rückläufig und das Durchschnittseinkommen von Männern ist seit mehr als einer Generation nicht mehr gestiegen. Der durchschnittliche Amerikaner ist heute übergewichtig und tief verschuldet, nicht in der Lage, seine Finanzen oder seinen Appetit zu kontrollieren. Das sind die Fakten. Man kann aus ihnen ableiten, dass es keinen Grund gibt zu glauben, dass das zukünftige Wirtschaftswachstum sozial integrativer als das bisherige oder in der Lage sein wird, die Bedürfnisse der Mehrheit der Bevölkerung zu erfüllen.

(2) Dies bedeutet auch, dass die Einkommensverteilung viel wichtiger ist, als bisher angenommen, und dass das Durchschnittseinkommen nicht der wichtigste Faktor für die Bestimmung der Lebensqualität ist. Das Mantra des Wirtschaftswachstums ist sowohl ungeeignet als auch irreführend. Es ist wichtig zu beachten, dass das gesamte Wirtschaftswachstum in den USA in diesem Jahrhundert nur den reichsten 10% der Bevölkerung zugute kam. Das oberste Prozent (etwa 1,3 Millionen Familien in den USA)

haben ein durchschnittliches Haushaltseinkommen von rund 700.000 Dollar pro Jahr. Das durchschnittliche Einkommen der unteren 90% (etwa 137 Millionen Familien) beträgt 30.000 Dollar pro Jahr. Die 15.000 einkommensstärksten Familien hatten ein Durchschnittseinkommen von 27 Millionen Dollar. Zwischen 1982 und 2006 stieg das Einkommen des obersten 1% der Erwerbstätigen um rund 127% von 800.000 Dollar auf 1,8 Millionen Dollar. Im Gegensatz dazu nahm das Einkommen der unteren 40% der Erwerbstätigen von 19.000 Dollar auf 20.000 Dollar zu. Im Jahr 1982 verdiente das oberste 1% das 42fache der untersten 40%, während es 2006 schon das 88fache war.[5] Das mittlere Haushaltseinkommen stieg nur noch deshalb, weil es jetzt immer mehr Doppelverdienerhaushalte gibt. Diese Entwicklungen deuten auf nichts Gutes für die Zukunft des Landes hin.

(3) Sehr prominente Mainstream-Ökonomen, darunter Larry Summers, Ben Bernanke und Alan Greenspan, haben das Funktionieren der Finanzwelt und des Geldmarktes im Vorfeld der Subprime-Hypotheken-Blase völlig missverstanden. Sie scheiterten daran, die Natur und die Kraft systemischer Risiken richtig einzuschätzen. Ihre Ad-hoc-Reaktion auf die Krise führte zu übermäßig viel Moral Hazard im Finanzsystem und es wird extrem schwierig, wenn nicht unmöglich, dass sich das Finanzsystem davon erholt.

(4) Auch sind diese Ökonomen völlig verloren, wenn es darum geht, eine wirksame Wirtschaftspolitik zu gestalten, die Stabilität und einen Aufschwung mit Würde bewirken kann. Das würde zumindest die Beseitigung der Doppelbelastung durch Haushaltsdefizit und Leistungsbilanzdefizit erfordern. 2011 schuldeten die Vereinigten Staaten dem Ausland 12,6 Billionen Dollar, beinahe den Wert des jährlichen BIP, wofür für ewige Zeiten Zinsen gezahlt werden müssen.[6] Dies bedeutet, dass das verfügbare Einkommen der zukünftigen Generationen wahrscheinlich sinken

[5] Edward N. Wolff, „Recent Trends in Household Wealth in the United States: Rising Debt and the Middle-Class Squeeze – An Update to 2007", Levy Economics Institute of Bard College Working Paper No. 589, März 2010.
[6] U.S. Department of the Treasury, Treasury International Capital System, Statistics 1. Securities Data. d. Holdings of Long-Term Securities. A.1. Total holdings by all foreign countries; by type, holder and issuer. URL: www.treasury.gov/resource-center/data-chart-center/tic/Pages/ticsec3.aspx.

wird. Für einige scharfsinnige Beobachter war dieser Rückgang schon in den 1970er Jahren offensichtlich.[7]

(5) Es gibt ein gesamtwirtschaftliches Patt, wie die aktuelle Krise zu beenden ist und wie wir zu einem „normalen" Niveau der Unterbeschäftigung, das deutlich höher als ein gesellschaftlich akzeptables Niveau ist, zurückfinden können; dies bedeutet, dass die hohe Arbeitslosigkeit und Unterbeschäftigung uns noch auf unbestimmte Zeit beschäftigen werden. Das ist die unbequeme Wahrheit nicht nur für die USA, sondern auch für die meisten westeuropäischen Länder.

(6) Das Experimentieren mit freien Märkten ist in einem solchen Ausmaß nach hinten losgegangen, dass deren konzeptionellen Schwächen und Ungereimtheiten bloßgelegt wurden. Das Industrieland, dem es in der Krise am besten erging, war Deutschland, welches viel stärker reguliert ist als die Vereinigten Staaten oder Großbritannien. Zum Beispiel hat Deutschland viel strengere Gesetze zum Schutz der Arbeitnehmer.[8] Doch mit einer Arbeitslosenquote von 5,5% und einer Wirtschaftsleistung, die zwischen 2007 und 2011 um insgesamt 3,5% pro Kopf zunahm, hat die BRD die Finanzkrise wesentlich besser überstanden als die Vereinigten Staaten, die eine Arbeitslosenquote von 8% vorweisen und deren BIP pro Kopf im gleichen Zeitraum um 2,7% zurückging (siehe Tab. 16.1). Diese Daten widersprechen der Vorstellung von den Heilkräften des freien Marktes, die denen eines Systems überlegen sind, in dem die wichtigsten Akteure, die Arbeitnehmer, die Arbeitgeber und die Regierung, kooperieren. Deutschland hat nicht den freiesten Arbeitsmarkt, hat aber im Vergleich zu den meisten anderen fortgeschrittenen Volkswirtschaften die Große Rezession gut überstanden, und das, obwohl die Vereinigten Staaten stark davon profitieren, dass der US-Dollar eine Reservewährung ist und Ben Bernanke die Geldmenge vervierfachen konnte, während die deutsche Wirtschaft nicht über diese Optionen verfügte.

[7] Christopher Lasch, *The Culture of Narcissism: American Life in an Age of Diminishing Expectations* (New York: W.W. Norton, 1979). Daniel Bell, *The Cultural Contradictions of Capitalism* (New York: Basic Books, 1976).

[8] Auf einer Skala für Arbeitnehmerschutz von 0 bis 6 erzielt Deutschland einen Wert von 2,1 (mehr als der OECD-Durchschnitt), während die USA traurige 0,2 erreichen. Danielle Venn, „Legislation, Collective Bargaining and Enforcement: Updating the OECD Employment Protection Indicators", Organization for Economic Cooperation and Development (OECD), Social Employment and Migration Working Papers, 2009.

Tab. 16.1: BIP-Wachstumsrate pro Kopf (2007-2011)

Positives Wachstum		Negatives Wachstum	
Deutschland	3,5	Irland	–9,4
Schweiz	1,9	Italien	–6,6
Australien	1,1	Dänemark	–5,8
Schweden	1,1	Spanien	–5,4
Österreich	0,8	Großbritannien	–5,2
		Norwegen	–4,9
		Finnland	–4,4
		Japan	–3,9
		Portugal	–3,0
		USA	–2,7
		Frankreich	–2,1
		Niederlande	–1,2
		Kanada	–1,2
		Belgien	–1,0

Quelle: OECD.StatExtracts http://stats.oecd.org/

Diese sechs wichtigen Entwicklungen widersprechen der herkömmlichen Theorie und betonen die Notwendigkeit eines Paradigmenwechsels. Märkte sind nicht an sich schlecht, aber Märkte brauchen die richtigen Institutionen und die richtige Kultur, um vernünftig zu funktionieren, damit ihre Mitwirkenden sorgenfrei in Würde leben können. Es erfordert ein hohes Maß an Beweisresistenz, im Angesicht der größten Finanzkrise der Menschheitsgeschichte weiterhin zu lehren, dass Märkte effizient sind. Daher müssen wir die Wirtschaftswissenschaften so umkonstruieren, dass sie mit empirischen Daten als Grundlage beginnen und nicht mit deduktiven Theorien. Ich hoffe, dass dieses Buch einen bescheidenen Beitrag zur Schaffung eines neuen Ansatzes für eine Volkswirtschaftslehre liefert, die als Grundlage für ein neues System des Kapitalismus mit menschlichem Antlitz dienen kann.